民航服务专业新形态系列教材

客舱防卫与控制教程

铁斐祎 于恒飞 于威 主编

清华大学出版社
北京

内 容 简 介

本书教学内容通俗易懂，图文并茂。书中内容涵盖了客舱防卫与控制的基础理论、基本功、徒手技能、器械技能、体能训练、损伤与预防等方面。书中介绍的客舱防卫与控制技能和训练方法是编者十多年从事航空安全员格斗教学训练工作的实践经验和研究的成果。本书既能起到增强体魄、磨炼意志的作用，又贴近航空安全员客舱执勤处突实战。本书既可作为民航院校空保专业训练教学的教程，也可作为航空安全员和空警日常训练、培训的参考用书。

本书封面贴有清华大学出版社防伪标签，无标签者不得销售。
版权所有，侵权必究。举报: 010-62782989, beiqinquan@tup.tsinghua.edu.cn。

图书在版编目(CIP)数据

客舱防卫与控制教程/铁斐祎,于恒飞,于威主编.—北京:清华大学出版社,2024.3
民航服务专业新形态系列教材
ISBN 978-7-302-65408-7

Ⅰ.①客… Ⅱ.①铁…②于…③于… Ⅲ.①民用运输－客舱－保卫工作－教材 Ⅳ.①F560.6 ②D631.3

中国国家版本馆 CIP 数据核字(2024)第 043625 号

责任编辑: 聂军来
封面设计: 刘　键
责任校对: 刘　静
责任印制: 宋　林

出版发行: 清华大学出版社
网　　址: https://www.tup.com.cn, https://www.wqxuetang.com
地　　址: 北京清华大学学研大厦 A 座
邮　　编: 100084
社 总 机: 010-83470000
邮　　购: 010-62786544
投稿与读者服务: 010-62776969, c-service@tup.tsinghua.edu.cn
质量反馈: 010-62772015, zhiliang@tup.tsinghua.edu.cn
课件下载: https://www.tup.com.cn, 010-83470410

印 装 者: 三河市龙大印装有限公司
经　　销: 全国新华书店
开　　本: 185mm×260mm
印　　张: 20
字　　数: 522 千字
版　　次: 2024 年 4 月第 1 版
印　　次: 2024 年 4 月第 1 次印刷
定　　价: 59.00 元

产品编号: 102984-01

本书编写组

主　编：

　　铁斐祎　于恒飞　于　威

副主编：

　　韩光强　冯尚金

动作设计：

　　铁斐祎　于恒飞　于　威　韩光强　冯尚金

图片拍摄：

　　王润声　林嘉屹　李澄澄　周忠义

视频录制：

　　铁斐祎　于恒飞　于　威　王润声

前 言

安全是人们的基本需求,也是一个社会文明和进步的标志。安全是民航正常运行的生命线,客舱安全是飞行安全的重要组成部分,客舱安保工作是客舱安全管理的重要内容。

随着经济的发展、科技的进步以及管理的创新,民用航空器的安全性有了较大幅度的提升。民航运输规模和旅客周转量均有明显提高,大部分旅客是遵守公民文明规范和民航有关法律法规的。但是目前客舱安全形势依然严峻复杂,一些新问题、新威胁依然存在,给航空安全和客舱安全带来了安全隐患。

航空安全员肩负着维护航空器内客舱秩序,制止威胁或危害民用航空器安全飞行的行为,保护旅客生命和财产安全的重要职责。在出现危及人身安全、财产安全和飞行安全的紧急情况时,航空安全员应挺身而出,及时处置,降低安全风险,维护客舱秩序,保障客舱安全。

客舱防卫与控制是民航航空安全保卫专业的必修课和专业核心内容,其目的是培养能够在客舱受到安全威胁的情况下妥善应急处置的专业技能型人才。针对目前空保格斗技能类型教材内容陈旧且不够基础和全面的现状,本书以"实用、专业"为主旨,在民航局关于航空安全员技能考核大纲内容的基础上,紧密结合行业特点,细化教学内容、强化教学环节、切实提高学生的客舱执勤技能水平和处突能力,加强学生勇于担当的职业意识和团结协作的职业能力,也为兄弟院校的创新和个性化教学提供素材。

2023年是全面贯彻落实党的二十大精神的开局之年,是民航高质量发展的关键之年。为深入贯彻落实党的二十大精神,坚持正确育人方向,本书内容编写始终以习近平总书记关于民航工作系列重要指示批示精神为根本遵循,以空保岗位要求和职业能力、航空安全员岗前客舱格斗技能培训内容为依据,将最新实践经验和专业成果融入教材,强化课程思政,坚持立德树人,忠诚担当的政治品格、严谨科学的专业精神、三个敬畏和民航精神贯穿整本教材,紧密结合和总结行业需求与企业实践经验,使专业需求和行业需求无缝对接,人才培养目标和岗位技能目标零距离吻合。

本书编写组根据民航空保专业技能课程大纲和标准,结合机上扰乱和非法干扰行为的情景处置,将教材内容整合为基本概述、理论应用、基本功、基本技术、基本解脱与控制技术、伸缩棍的应用技术、匕首的应用技术、格斗体能训练理论与方法、格斗运动损伤与预防共九章。采用"课堂导入—提升与拓展—组织与训练"的结构方式,安排和设置了"思考与练习"或"项目综合实施与考核"环节,配备考核标准和考核评价表,培养学生对知识技能学以致用能力以及对问题的分析、解决能力。

本书的主要特色如下。

(1) 本书以职业技能考核大纲为依据,以学生为中心,以培养职业能力为主线,教授学生专业知识的同时在实践锻炼中培养学生探究创新的能力。

(2) 授人以鱼不如授人以渔。本书注重学生自主学习能力的培养,细化教授内容,强化实践教学环节。以"预备式—动作过程—动作要领与方法—易犯错误—纠正方法—练习作用"的结构方式向学生全面、细致地介绍和讲解技术动作,增强学生对基础知识技能的理解和掌握,为未来行业岗位高级技能的获得打下坚实的基础。

(3) 本书强化课程思政,坚持立德树人。通过引入"课程思政"元素,树立素质教育理念,培养学生吃苦耐劳的精神品质、乐于奉献的职业操守和团结协作的职业能力,旨在培养德才兼备的民航人才。

(4) 本书由空保专业资深的"双师型"教师编写,将最新实践经验和专业成果融入教材,使教材内容更具有前沿性、专业性和科学性。

本书编写组成员具有多年一线的教学实践和企业培训经验。铁斐祎,硕士研究生学历,毕业于上海体育大学武术学院。研究方向为武术散打,现任上海民航职业技术学院教师,主要教授防卫与控制和空保体能技术两门课程,担任民航局航空安全员培训基地教员。于恒飞,硕士研究生学历,毕业于哈尔滨体育学院。现任上海民航职业技术学院教师,主要教授防卫与控制和空保体能技术两门课程,担任航空安全员初复训培训教员。于威,硕士研究生学历,毕业于上海体育大学武术学院。现任上海民航职业技术学院教师,主要教授防卫与控制和空保体能技术两门课程。韩光强,硕士研究生学历,毕业于上海体育大学体育教育训练学院。研究方向为体育教学,现任上海民航职业技术学院教师,主要教授航空安全保卫专业"空保体能技术"课程。冯尚金,硕士研究生学历,毕业于上海体育大学武术学院。研究方向为武术散打,现任上海民航职业技术学院教师,主要教授防卫与控制和空保体能技术两门课程。

本书第一章由冯尚金负责编写;第二~五章由铁斐祎负责编写;第六章和第七章由于威负责编写;第八章由韩光强负责编写;第九章由于恒飞负责编写。

在该书编写过程中参考并借鉴了许多专业书籍或文献资料,在此向有关作者、学者表达由衷的谢意!

由于编者水平有限,书中存有不妥之处,恳请广大读者给予批评指正。

编 者

2023 年 7 月

目 录

第一章　客舱防卫与控制概述 ·· 1
　　第一节　客舱防卫与控制的概念和特点 ··· 1
　　第二节　客舱防卫与控制的主要内容与作用 ·· 3
　　第三节　客舱防卫与控制的发展演变 ·· 5
　　第四节　客舱防卫与控制的训练原则与要求 ·· 7
　　第五节　航空安全员技能训练与民航精神 ··· 9
　　思考与练习 ··· 9

第二章　客舱防卫与控制的理论应用 ··· 10
　　第一节　客舱防卫与控制的攻防原理 ·· 11
　　第二节　人体要害薄弱部位、易控关节和穴位 ·· 13
　　第三节　控制与击打人体的要害部位等级划分 ·· 20
　　第四节　客舱防卫与控制的使用原则和要求 ·· 21
　　思考与练习 ··· 23

第三章　客舱防卫与控制的基本功 ·· 24
　　第一节　基本步型 ··· 25
　　第二节　基本拳法 ··· 31
　　第三节　基本腿法 ··· 35
　　第四节　基本身法 ··· 39
　　第五节　基本功法 ··· 45
　　思考与练习 ··· 63
　　综合实施与考核 ··· 63

第四章　客舱防卫基本技术 ··· 65
　　第一节　常用戒备姿势 ··· 65
　　第二节　常用步法 ··· 70
　　第三节　基础进攻技术 ··· 74
　　第四节　基础防守技术 ··· 102
　　第五节　基础组合技术 ··· 113
　　思考与练习 ··· 129
　　综合实施与考核 ··· 130

第五章 客舱解脱与控制技术 132

第一节 客舱解脱与控制的概念和运用原则 133
第二节 客舱解脱与控制基础技能 134
第三节 客舱解脱技术 152
第四节 客舱解脱控制技术 179
第五节 客舱主动控制技术 193
思考与练习 205
综合实施与考核 206

第六章 伸缩棍的应用技术 208

第一节 伸缩棍基本动作 208
第二节 伸缩棍基本技术 209
第三节 伸缩棍组合技术 234
第四节 伸缩棍控制解脱技术 240
思考与练习 255
综合实施与考核 256

第七章 匕首的应用技术 258

第一节 匕首基本技术 258
第二节 匕首组合技术 272
思考与练习 278
综合实施与考核 278

第八章 格斗体能训练理论与方法 281

第一节 力量素质训练的基本理论与方法 281
第二节 速度素质训练的基本理论与方法 288
第三节 耐力素质训练的基本理论与方法 292
第四节 灵敏素质训练的基本理论与方法 294
第五节 柔韧素质训练的基本理论与方法 297
思考与练习 302

第九章 格斗运动训练常见损伤与预防 303

第一节 格斗运动损伤的概念与分类 303
第二节 影响格斗运动训练损伤的因素 305
第三节 预防格斗运动训练损伤的措施 307
第四节 常见损伤的处理与运动恢复 309
思考与练习 311

参考文献 312

第一章

客舱防卫与控制概述

知识目标
(1) 了解客舱防卫与控制的概念与特点。
(2) 了解客舱防卫与控制的内容与作用。
(3) 了解客舱防卫与控制的发展演变。
(4) 熟练掌握客舱防卫与控制的训练原则。

技能目标
增强学生客舱防卫与控制技能理论水平。

职业素养目标
(1) 培养学生的职业素养和职业意识。
(2) 培养学生的团队合作能力。

课堂导入

在民航客舱安全工作中,航空安全员承担着主要任务,其职责是保卫机上人员与飞机的安全,处置机上非法干扰及扰乱性事件,航空安全员必须在机长的领导下进行工作。在客舱这一特殊环境下,航空安全员是阻止违法犯罪行为的第一道屏障,也是最后一道防线,故非常容易遭受违法犯罪嫌疑人的突然袭击。因此,在民航飞行任务中,航空安全员需具备应对暴力违法行为的防卫与控制知识和技能,熟知相关法律法规,防范、制止民航违法犯罪活动,确保旅客人身安全,保障飞行安全。

航空安全员作为维护客舱安全的"第一人",其控制与防卫技能的高低、理念的优劣直接决定着客舱内突发事件的处置效果与人员的人身及财产安全,对维护客舱秩序发挥着重要的作用。

鉴于此,为加强航空安全员维护客舱安全能力,提升其控制与防卫技能水平,本章从客舱防卫与控制理论概述角度出发,对客舱防卫与控制理论依据进行系统分析和总结。找出客舱防卫与控制不同方面理论特征,并依据相关法律法规,分为概念与特点、发展演变、作用与内容、训练原则与要求四部分进行客舱防卫与控制的理论概述。

第一节 客舱防卫与控制的概念和特点

一、客舱防卫与控制的概念

民航领域一直是高风险的领域,安全是民航赖以生存和发展的重要基础,而客舱安全作为飞行安全的重要组成部分,直接影响民航整体安全水平。目前民航客舱安全形势发生了新变化,产生了新问题,出现了新威胁。除去传统暴恐袭击、劫机、炸机等严重威胁仍存在外,扰乱行为、个人极端行为以及针对航空运输出现的新型犯罪方式层出不穷。防卫与控制技术被广泛应用于军队、警察、各单位安保部门等安全保卫职业领域。

客舱防卫与控制是指航空安保人员在进行安全保卫过程中,以法律为依据,以防卫与控制技能为手段,通过徒手或使用器械、武器的形式,制止不法行为,保障客舱秩序,控制或者制服扰乱行为或者非法干扰行为人的专项技能。客舱防卫与控制属于航空安保人员的实战训练体系中的技能范畴,也是民航安全员必须掌握的职业核心技能。

二、客舱防卫与控制的特点

《公共航空旅客运输飞行中安全保卫工作规则》第24条规定:"机组成员应当按照机长授权处置扰乱行为和非法干扰行为。根据机上案(事)件处置程序,发生扰乱行为时,机组成员应当口头予以制止,制止无效的,应当采取管束措施;发生非法干扰行为时,机组成员应当采取一切必要处置措施。"该条规定了航空安全员在维护客舱秩序,保障客舱安全的过程中运用徒手、器械或武器进行防卫与控制技术技能使用的权利。

客舱防卫与控制技术技能是航空安全员勤务技能训练中最具职业特点的专项技能。各个民航院校、航空公司以及培训机构很重视其教学和训练。客舱防卫与控制的技术构架是在吸收我国传统武术搏击精华的基础上,借鉴世界先进格斗术的技术优点和实战经验,紧密结合民航安保行业特点的一项实战对抗性技能。其特点主要具有以下四个方面。

(一)合法性

法律是由国家制定或认可并依靠国家强制力保证实施的,反映由特定社会物质生活条件所决定的统治阶级意志,以权利和义务为内容,以确认、保护和发展对统治阶级有利的社会关系和社会秩序为目的的行为规范体系。法律是维护国家稳定、各项事业蓬勃发展的最强有力的武器,也是捍卫人民群众权利和利益的工具,法律是一系列的规则,通常需要经由一套制度来落实。但在不同的地方,法律体系会以不同的方式来阐述人们的法律权利与义务。客舱防卫与控制技术使用必须受到法律的约束,严格遵守相关法律,做到依法行事。"依法、规范、文明"执勤是航空安全员必须遵从的职业操守,航空安全员在防卫与技术运用中受到法律的支持和保障,同时也受法律的制约。因此,航空安全员应提高依法制止犯罪活动的自觉性,避免行动的盲目性,避免法律风险,提高实战技能。

航空安全员在执勤过程中何时进行防卫与控制,选择何种方法、技术和战术,应根据对方的暴力或抗拒程度,结合客舱实际处置需要,依法依规采取适当的方法和手段。依法执勤是维护航空安全员自身权利的基本条件,法律规范并保障了航空安全员的权益,是航空安全员施展防卫的特点与规律的集中体现。抓住主线,坚持严格遵循法律程序和行动程序,才能够更好地履行职责,圆满地完成任务。

(二)对抗性

客舱防卫与控制并不是一种套路表演,而是一种实战对抗。对抗是客舱防卫与控制的"关键"。航空安全员在客舱执处突过程中,不可避免会与扰乱行为人或违法分子进行身体对抗。客舱防卫与控制就是在这一系列对抗中,能够控制与制服违法分子所必须掌握的技术。航空安全员在客舱执勤时,在遇到突发危险事件时,在必要情况下需采取武力处置技术的动作时,应遵循系统性、科学性的原则,积极对抗,以克敌制胜为目的。结合人体要害薄弱部位的生理特点,以及不同部位受外力打击后的生理反应变化,可以快速有效地控制处置对象、提高处置的效率和防卫与控制技能。

（三）直接性

根据民航飞行的实际情况，航空安全员工作十分紧凑。大部分航空安全员处于连续工作状态中，很少有较长时间进行防卫与控制的训练，要像传统武术那样"未练拳，先站桩"，先站三年的桩，显然不符合航空安全员的职业特点，只有符合直接、速成的原则才能适应航空安全员工作的需要。因此，能使航空安全员在较短时间内掌握基本的擒拿格斗技能并在实战中良好的运用，是客舱防卫与控制的又一重要特征。

航空安全员往往是犯罪分子的"第一接触人"，要根据自身特点和旅客情况以及抓捕条件，充分精确地考虑到对方的行为意图以及犯罪能力，针对性地运用多种手段实施抓捕，做到一击必中，在短时间内快速制敌。制敌过程时间的减少，充分降低了制敌过程中存在的各种不确定性因素。依据以上特征，需要对一些防卫与控制技术进行有效的提炼，突出客舱防卫与控制技术的直接性。

客舱防卫与控制技术需要对头部、裆部等致命部位的直接打击较多，对手腕、胳膊等非致命部位的直接控制较多。客舱防卫与控制是对什么部位的打击与控制都遵循直接有效的原则进行的技术，确保制止违法行为的及时有效。

（四）简洁性

目前我国民航的机型种类繁多，无论是何种机型，客舱通道左右均有座椅，上有货架，只够两人侧身通过，其客舱环境十分地拥挤狭小，形成了较小的活动范围。飞机客舱内受空间限制，人难以做大幅度的移动与动作，客舱防卫与控制技术的使用必然会受到客舱空间的约束或影响。

航空安全员在处置紧急事件时，运用一般格斗技巧往往事倍功半，因此航空安全员防卫与控制技能选择受限，难度增加。例如转身、抱摔、地面控制等技术不适用在客舱空间使用，折腕、击头、别臂等技术更适合在客舱空间使用。

第二节　客舱防卫与控制的主要内容与作用

一、客舱防卫与控制的主要内容

客舱防卫与控制技术是在吸收中国传统武术搏击精华的基础上，融合现代武术散打、摔跤、拳击等世界格斗术的技击动作，结合客舱实战的特点和要求，主要以踢、打、摔、拿、别、抓、擒等攻防格斗动作为方法和手段，配合徒手、器械或武器的形式，按照攻守进退、动静疾徐、刚柔虚实等技击规律，以达到有效防卫、快速控制和制服的目的而组成各种客舱技击技能。

客舱防卫与控制离不开世界武术对抗踢、打、摔的技术技能，但由于航空安全员法律职责的特殊性，决定了其在客舱执勤过程中所采取的约束、管束和强制手段具有典型的行业特点——控制或制止对方。因此，客舱防卫与控制不同于一般的武术格斗教材，教学内容具有更强的实效性和实用性。

客舱防卫与控制内容主要包括基础知识、应用理论、基本功、基本技术、解脱和控制、器械和体能素质七个主要方面。

（一）客舱防卫与控制的基础知识

客舱防卫与控制的基础知识主要包括概念、特点、主要内容、作用、发展演变和法律适用。

（二）客舱防卫与控制的应用理论

客舱防卫与控制的应用理论主要包括客舱攻防理论、人体生理、人体击打部位等级划分、使用原则与要求四个方面。其中"客舱攻防理论"主要包括攻防含义、内容、作用以及基本攻防原理;"人体生理"主要包括人体要害薄弱部位、人体主要关节、穴位、控制方法;"人体击打部位等级划分"主要包括一级要害部位、二级要害部位、三级要害部位和注意事项;"使用原则与要求"主要包括航空安全员使用客舱防卫与控制技术的基本原则和基本要求。

(三)客舱防卫与控制的基本功训练

客舱防卫与控制的基本功训练内容主要包括基本步型、拳法、腿法、掌法、肘法、柔功和硬功。基本功训练,是基于航空安全员和专业学生学习与训练特点,结合航空安全员客舱执勤处突的实际情况和需求,根据客舱防卫与控制技术的特点和训练要求,以武术基本动作为形式的基础动作训练。"基本步型"主要以弓步、马步和虚步为主;"拳法、掌法、肘法"基本功的训练主要以弓步和马步为主要练习方法;"柔功"又叫武术柔韧基本功,主要包括腿部、腰部、关节等方面;"硬功"又叫武术硬度基本功,主要包括拳头、手掌、手臂、肘部、膝部、腿部等方面。

(四)客舱防卫与控制的基本技术训练

客舱防卫与控制的基本技术训练主要以戒备式、拳法、腿法、掌法、膝法、摔法等技法为主,是攻防对抗练习。此部分内容与武术散打、警察格斗、军警武术等方面的技术比较相似,结合客舱"狭小空间、小范围、近距离"的环境特殊性,放弃一些幅度较大、难度较高的技术动作,针对性地选择适合客舱环境的搏击动作。

(五)客舱防卫与控制的解脱和控制技术训练

解脱与控制技术是客舱防卫与控制的核心内容之一,通过运用抓、别、撅、压、按、切、挂等动作元素对人体主要关节、穴位、要害和薄弱部位进行击打刺激,以达到解脱和控制的目的。该部分主要包括基本擒控动作、解脱技术、控制技术和解脱与控制技术四个方面内容。

(六)客舱防卫与控制的器械使用技术

器械使用技术是航空安全员客舱防卫与控制的主要技能之一,也是客舱执勤中的必备技能。航空安全员器械装备主要包括攻击性器械和约束性器械,通过对器械的性能特点、使用方法、客舱运用等方面进行介绍。其中"攻击性器械"主要包括伸缩棍和匕首;"约束性器械"主要包括警绳和约束带。

(七)客舱防卫与控制的体能素质训练

拳谚"练武不练功,到老一场空",强调的就是在武术搏击训练中要重视身体素质的训练。体能训练对航空安全员有着重要的意义。体能素质是技能训练与运用的基石,为航空安全员技能发挥和运用提供重要的信心储备。客舱防卫与控制的体能素质训练内容主要包括力量、速度、耐力、灵敏、柔韧等方面。

二、客舱防卫与控制的作用

随着国民经济的快速发展,民航旅客运输量大幅增长,个别旅客不听指令、不听劝告、不服从机组管理的现象逐渐增多,甚至有故意与机组人员发生肢体冲撞等扰乱客舱秩序的行为。不仅破坏了客舱内的正常管理秩序,更有可能直接危及机上乘客的人身安全。

航空安全员作为维护客舱安全的"第一人",在执勤过程中,应当根据现场和违法行为人的具体情况,适度运用徒手防卫与控制动作和强制手段制止违法犯罪行为,达到控制、制服的目的,并尽量将对执法对象、无关人员以及周围环境的损害降到最低程度,避免造成严重后果。这就要求航空安全员既要遵循使用强制手段的一般程序,又要根据现场具体情况及时作出判断,决定采用何种徒手防卫与控制动作和强制手段。必须使用武力时,要避免激化矛盾,在保证最小伤害的同时使用直接性的武力。

因此，防卫与控制作为航空安全员必备技能，其作用是维持机舱内秩序，保护民用航空器、旅客及财产的安全。其控制与防卫技能的高低、理念的优劣直接决定着客舱内突发事件的处置效果与人员的人身及财产安全，对维护客舱秩序发挥着重要的作用。

第三节　客舱防卫与控制的发展演变

客舱防卫与控制是武术擒拿格斗技术在客舱环境中运用和发展的一种产物。擒拿控制和格斗防卫是其核心内容的主要组成部分，在航空安全员日常客舱执勤活动中起着重要作用，是维护客舱秩序，保障飞行安全的核心技能。

客舱防卫与控制作为民航局对航空安全员技能培训与考核的重要内容，有着比较完备、成熟的考核模式和评价标准。在民航院校中"客舱防卫与控制"是一门专业必修课。在长期的摸索、实践过程中逐步形成了一套具有行业特色的教学课程体系，但在学科研究、教材建设与心理发展等方面发展还比较滞后，亟待加强与提高。

客舱防卫与控制的根基来源于中国武术，在军警擒拿格斗技术、警察防卫与控制技术基础上演变而来。

一、客舱防卫与控制起源于中国武术

武术的起源可以追溯到原始人类的生产活动、社会活动和宗教意识。从产生那天起，人类就在为自己的生存同大自然、同自然界各种动物之间进行着生死搏斗。最初只是简单地打、踢、咬、抓等本能的动作，用这些动作击打对方以便更好地保护自己，这是格斗的雏形。原始人类以粗陋的原始木石工具，采集果实和猎取鸟兽作为生活资料，也以这些原始工具作为抵御猛兽侵袭、与相邻部落争生存的兵器。这时，工具和兵器实为一体。"以石片砍物则为器，以石片格斗则为兵"（见周纬《中国兵器史稿》）。出于生存需要而本能地使用这些原始工具，并没有生产技术和格斗技术之分。但是，某些原始工具的式样，正是后世某些兵器形制的萌芽，其使用方法孕育着武术兵械格斗技术的因素。

中国武术自奴隶社会产生后，经历了漫长的历程，直至明代才逐渐露出近代武术运动的雏形。在明以前，武术以军阵格杀技术为主体，训练内容主要是兵械实用技法，而拳术（手搏）占的比例较少。这时的武术是军事技术不可缺少的部分。军阵格杀中兵种的变化（或车兵，或骑兵，或步兵）和兵器的形制、长短、轻重的变化，都影响和制约着武术技术的发展。由军旅武术流入民间而形成的民间武术，也以攻防性能的高低来衡量技法的优劣，武术的健身价值和审美价值处于次要的从属地位。随着武术技术、练习和运用武术的心得要诀的积累，以及传统文化对武术的渗透，套子武艺流入军旅武术训练等多种原因，明代武术出现了较大的发展演变。派将实用的攻防技术融汇于套路之中，大量的攻防技术通过各种套路保存下来。同时套路又为攻防格斗提供了熟练的技术，随着时代的发展在格斗技法上也有了进一步提高。掌、肘、膝、头、足、胯、肩、齿等部位都可以运用于格斗之中。随之各种练功方法也应运而生，武师们通过掌握一、两手绝招以此来保证在格斗中的取胜。

二、军用近身格斗术

随着人类社会的发展，人们大脑思维的增强格斗技术不断发展，格斗技法日益繁多地应用

于军事斗争中。中国自夏朝起就开始在军队中对士兵进行拳击、格斗和各种兵器的训练。到了秦朝时期,秦始皇统一六国后收天下兵器铸铜人,大批士兵解甲归田,当时只允许军队训练,严禁民间操戈习武,士兵离开军队后,只能偷偷习武,由于没有兵器只能徒手练习,从而促进了徒手格斗技术的发展,开创了徒手格斗对抗项目。当时出现的有角抵和手搏,并出现了角抵社等民间组织。三国时期角抵和手搏技术又被应用到军队训练中,格斗技术遍布于军队和民间。人们利用训练、学习、劳动间隙进行比武,通过切磋武艺提高技术水平和身体素质。三国时期著名大将甘式就是手搏名家,据说干拧就是他发明的一种摔法。唐、宋时期格斗技术有了进一步的发展。军队把它作为战场杀敌的主要手段,民间把它作为强身健体的训练方式。其形式有两种:一种为套路演练,即把各种技击动作按套路编排下来,既有美观又实用的徒手对练套路,也有器械对练套路;另一种为格斗技术,以实用为主。有徒手格斗,也有持械格斗,当时还把擂台比武作为选拔武状元的一项主要内容。

军用近身格斗术是一种格斗术。军用格斗术以高效著称,吸收了各国知名拳术、武术的精华与元素,如中国的咏春拳和截拳道、日本的空手道、巴西的柔术、俄罗斯的桑搏……融合了许多武道流派中的其他技术,如柔道中的投、固技,柔术中的寝技以及合气道中的反关节技巧等。它以最短时间打倒对手,将对方致死致残为目的,由于军队格斗术拥有非常大的杀伤力,因此在战斗中常常会起到一击必杀的作用。军用近身格斗术的武术类型与其他武道不同,不仅仅局限于"格斗",除了格斗技巧外,还包括刺刀术、匕首术以及短棍术等。

三、警察格斗术

政权建立之后,都会产生为维护国家安全、稳定社会治安秩序和打击各种违法犯罪的警察机构。为了提高警察战斗力而对警察进行发展体质,增强体能和提高警体实战技能警察格斗训练。因此,警察格斗术是随着警察的诞生,主要在擒拿格斗和中国武术的基础上产生。我国人民警察的格斗训练体系是在中国人民解放军和军事体育格斗训练的孕育中逐步形成和发展的。

1927年后,中共中央成立了特别委员会,下设中央特科,主要负责训练,内容为格斗技术,沿用军事格斗技术。在周恩来的主持下,中央特科在保卫工作方面积累了大量的宝贵经验。1931年11月,中华苏维埃共和国中央临时政府在江西瑞金成立,下设国家政治保卫局,负责苏区革命政权的保卫工作和社会治安。由于当时中华苏维埃和苏区革命根据地还较弱小,中央临时政府的警察机构即国家政治保卫局,是我国人民公安机关的雏形。从而无论是中央特科还是国家政治保卫局,格斗是每位特科人员、公安保卫人员必备的技术,也是警察实战教学训练的必要内容。因此,警察格斗术也伴随着中央特科和国家政治保卫局机构的需要而形成。

1949年10月1日,中华人民共和国成立后,根据《中国人民政治协商会议共同纲领》和《中央人民政府组织法》的规定,在原军委公安部的基础上建立了中央人民政府公安部。当时全国各级公安机关对公安人员的格斗等教育训练,完全依照中国人民解放军和军事体育训练的内容及要求进行。1950年1月,政务院决定在原华北公安学校的基础上建立中央公安干部学校,全国各省(市)自治区公安机关也都相继成立了公安干部学校。为加强在警校培训人员警察格斗技能训练,各校均在机构上设置了军事体育教研室,教员基本上由部队转业干部组成。训练内容仍采用部队的军事和军体教材,格斗是教学训练的主要内容之一。在整整半个世纪中,军事和军事体育在为格斗训练、培训和培养我国公安人员,提高公安队伍的警务技能、体质和良好的组织纪律及意志品质等方面都作出了重大贡献。

1981年，为了更好地培养和训练预备警察，提高公安院校学生的实战能力，格斗教学内容均成为警务实战、警察体育教学的重要内容。1989年，我国警校成立了警察体育系。有了独立的专业，这时格斗技能从军事体育中剥离，形成具有警察特色的实用对抗技术。1992年后，随着警察体育的蓬勃发展，警察格斗术根据职业需求和专业技术特点进行了技术革新，使其更加适合执法现状，并将擒拿格斗更名为警察防卫与控制。民航客舱防卫与控制就是在其技术体系上根据职业岗位特点和特有的执勤环境转化而来的。

四、客舱防卫与控制

1973年，国务院、中央军委决定在国际航班上派遣安全员，组建了航空安全员队伍，执行安全保卫任务；1982年，国务院批准在国际和国内主要干线航班增配安全员；1983年5月5日，卓长仁劫持中国一架民航飞机到韩国，爆发了震惊全国的"5·5劫机事件"。同年，中央根据当时国内治安形势的发展变化和保证空防安全的需要，成立了一支空中特种警察部队，当时隶属武警编制。此时期的民航客舱防卫与控有着一招制敌的风格。为适应国家民航发展的新形势、新任务和新特点，1987年国务院正式批准民航组建航空安全员队伍。

从航空安全员队伍成立至今，客舱防卫与控制技术始终是航空安全员勤务工作顺利开展的重要保障。经过多年实践和探索，以中国武术为基础，通过借鉴和吸收其他擒拿格斗术的技术内容和优点，不断总结和丰富适合客舱特殊空间擒拿格斗的手段和方法，逐步形成了具有民航特色的防卫与控制技术。

第四节 客舱防卫与控制的训练原则与要求

一、客舱防卫与控制的训练原则

客舱防卫与控制的训练原则，是依据防卫与控制训练活动的客观规律而确定的组织技能与战术教学训练所必须遵循的基本准则，对航空安全员和专业学生的日常训练具有普遍的指导意义。航空安全员勤务技能和战术的训练的最终目的是帮助航空安全员能够成功处置客舱突发事件，维护客舱秩序，保障客舱和旅客的生命财产安全。因此，它不同于一般运动项目的训练原则和方法，有自己特殊的训练指导内容和要求，训练内容、方法和手段的选择以及训练符合节奏的安排均应围绕客舱处置需要而组织实施，具有较强的实用性和实效性。

（一）实战需要原则

实战需要原则即根据提高航空安全客舱勤务技能与战术能力的需要，遵守实际的基本要求，以突出实战为基本准则，科学安排训练的阶段划分和训练计划。在训练中应克服理论与实践相脱离的弊病，避免各种套路演练模式，强调训练应充分贴近客舱实战，在教给受训者怎么做的同时，应注意告诉其技击原理和注意事项。在客舱防卫与控制技术的训练过程中，贯彻"实战需要原则"有助于训练更好地结合航空安全员客舱执勤过程中法律法规的特点和实战的需要，提高勤务技能与战术训练的针对性、实战性和实效性，可以增强航空安全员使用防卫与控制技术的信心。

（二）从难从严原则

从难从严训练原则即根据提高航空安全客舱勤务技能与战术能力的需要，训练内容和要求应该把握从难、从严与实战相结合的原则。从难，首先要讲究训练是否具有实效性。只有经过艰苦的训练才能打下良好的基础，在日常训练中发扬"掉皮掉肉不掉队，流血流汗不流泪"的空保精神。从严,首先应对受训者所表现出来的各种思想问题严肃对待,及时进行思想疏通和教育引导。在日常训练过程中,应对其作风纪律严格要求,包括队列纪律、训练态度、言谈举止、衣服穿着等方面的日常培养。

(三) 针对性原则

针对性原则即根据提高航空安全客舱勤务技能与战术能力的需要,训练方法和内容应该具有针对性和实用性。由于客舱防卫与控制技术的掌握与运用对人体速度、力量、柔韧、灵敏等素质具有较高的要求,因此对训练中的具体内容必须要有针对性的要求和科学的训练安排。训练过程中,应对主要、实用的技能进行反复训练,强化肌肉记忆,提高动作熟练程度,注重操练与对抗模拟。对一些难度较大的技术动作,要针对性地选择不同的讲授方法和练习形式,以便于受训者快速掌握。

(四) 循序渐进原则

在训练的安排中,应根据受训者的年龄、身体素质、技能水平等实际情况,因材施教,精讲多练。在训练过程中,对于静止性技能的练习内容、时间不宜过长。要善于启发受训者的思维,培养他们自己分析问题和解决问题的能力。注意时间的间歇合理化,训练内容、操作方法、负荷大小、顺序安排要遵循由易到难、由简到繁、循序渐进、不断提高技能的原则。技能掌握的规律,主要是从泛化、分化到自动化的过程。任何技能的获得都是在无数次的练习中逐步实现的,因此,客舱防卫与控制技术的训练与获得要遵循循序渐进的原则。

(五) 灵活善变原则

由于航空安全员执勤中出现的突发情况是复杂多样的,根据提高其客舱勤务技能与战术能力的需要,客舱防卫与控制技术的训练和运用应该把握灵活善变的原则,这也是核心和灵魂所在。在日常训练中,在熟练掌握动作要领和方法的基础上,应该善于结合客舱实际处置需求因案施策、因情施变,以问题为导向,以善变为原则,对动作技能要活学活用,不可死搬硬套,只有这样才能使客舱防卫与控制技术的训练具有合理性和科学性。

二、客舱防卫与控制的训练要求

(一) 端正态度,培养优良的职业品质

客舱防卫与控制技术训练中,受训者首先应端正训练态度,明确训练目的,能够充分认识到技能训练对提高客舱执勤能力的重要性和必要性。其次要牢记相关的法律法规,严格遵纪守法,正确使用技术方法和手段。最后要培养敢打敢拼,英勇顽强,坚定自信的优良品质。

(二) 刻苦训练,夯实过硬的体能基础

客舱防卫与控制技术训练中,专门的体能素质训练是基本要求和任务。良好的身体素质是掌握和使用防卫与控制技术的根本基础和前提,因此对身体素质的训练必须持之以恒,刻苦训练,练就持久的耐力、强劲的力量、敏捷的反应、迅猛的爆发力、良好的柔韧以及坚韧的抗击打能力。

(三) 追求卓越,力求精湛的擒敌技能

精湛的客舱防卫与控制技术是航空安全员客舱执勤能力的重要体现。航空安全员在日常客舱执勤中面临的突发情况是复杂多样的,可能会受到威胁、恐吓、伤害和生命危险,只有具备精湛的客舱擒敌技能,才能有效保护自己不受到非法侵害,才能更好保护客舱和旅客生命财产安全。在日常训练过程中,要高标准严格要求自己,正确理解动作要诀,准确把握动作要领,对每一动作都要反复练习和推敲。

第五节　航空安全员技能训练与民航精神

一、当代民航精神

2016年12月7日至8日,全国高校思想政治工作会议在北京召开。习近平总书记在会上做重要讲话。他强调,高校思想政治工作关系高校培养什么样的人、如何培养人及为谁培养人这个根本问题。要坚持把立德树人作为中心环节,把思想政治工作贯穿教育教学全过程,实现全程育人、全方位育人。思想政治工作的开展必须围绕学生、关照学生、服务学生,不断提高思想水平、政治觉悟、道德品质、文化素养,让学生成为德才兼备,全面发展的人才。

中国民航人在长期的历史和实践中形成了富有民航特色的优良传统和文化成果。2017年全国民航会议提出,永暑礁试飞行动展现出来的"忠诚担当的政治品格、严谨科学的专业精神、团结协作的工作做作风、敬业奉献的职业操守"的当代民航精神,是全行业的宝贵精神财富,是激励我们为实现民航强国而奋斗的强大精神动力,强调要着力弘扬和践行当代民航精神。2017年春季,民航局人事科教司向5所直属院校下发《关于在民航院校中大力弘扬和践行当代民航精神的通知》。

航空安全员队伍是保障民航安全发展的重要群体和核心力量,展现着民航的形象和服务品质,在具备扎实过硬的专业技能的同时,应该传承和弘扬老一辈航空安全员的宝贵精神财富,努力成为当代民航精神的传播者和践行者,展现出新时代民航新形象,为民航强国建设作出贡献。

二、技能训练与民航精神的融合

航空安全员的技能训练是一个科学、系统的过程。任何一项专项技能的获得和掌握都需要练习者进行持之以恒、坚持不懈的训练,拥有智慧的头脑、坚强的毅力和持久的精神动力。航空安全技能训练内容不同于一般的格斗类训练科目,练习者在学习训练过程中应将技能与技击原理、客舱环境、行业要求等因素进行紧密结合,用更加合理、智慧、高效的方法进行学习和训练。

航空安全员在客舱执勤过程中遇到的情况是多样复杂的,有时也是危险、致命的。因此,航空安全员只有具备了精湛、专业的客舱防卫与控制技能才能在关键时刻临危受命,处置、应对各种复杂情况,以保障飞行安全和旅客的生命财产不受侵犯。

在客舱防卫与控制技能的训练过程中,练习者应发扬当代民航精神,面对困难不害怕、迎难而上,面对失败不气馁、再接再厉,运用科学高效的训练方法掌握娴熟专业的技能本领。

思考与练习

1. 客舱防卫与控制的基本概念是什么?
2. 客舱防卫与控制的特点是什么?包括哪几个方面?
3. 客舱防卫与控制主要是由哪些擒敌术发展而来?
4. 进行客舱防卫与控制训练时主要有哪些原则?
5. 当代民航精神主要有哪些内容?

第二章

客舱防卫与控制的理论应用

知识目标

(1) 了解和掌握客舱防卫与控制的攻防内容、基本概念和运用原理。
(2) 熟练掌握人体主要要害部位、关节和穴位的特点以及控制方法。
(3) 了解和掌握人体要害部位在受到击打时的等级划分以及注意事项。
(4) 熟练掌握客舱防卫与控制技术的使用原则和基本要求。

技能目标

(1) 增强学生客舱防卫与控制的攻防意识和攻防水平。
(2) 提高学生对客舱防卫与控制相关人体生理知识实际运用能力。

职业素养目标

(1) 培养学生客舱执勤技能的基础理论能力和业务能力。
(2) 培养学生团队合作能力和依规守法的意识。
(3) 培养学生勇敢机智、乐于奉献的精神品质。

 课堂导入

据报道,旅客在机舱内吸烟、打架、寻衅滋事、冲闯驾驶舱等影响航班正常运行的扰乱事件屡见不鲜,由于受到近期暑假出游以及天气影响,近期机闹事件也呈多发态势。

2023年5月30日,北京一男子在飞机上以照顾79岁师傅为由,滞留商务舱。乘务员劝说其对号入座,该男子以座位没人为由拒绝,并伸手拉扯乘务员,情绪激动。

2023年6月19日,一架由北京飞往贵州的航班上,当飞机进入跑道后,一女子突然站起来要求飞机停下,视频显示该女子擅自解开安全带,从座位上站起来,并大声叫嚷。

2023年6月20日,一架从青岛飞往沈阳的航班登机时,一名年长旅客想与邻座女子调换靠窗位置,遭到女子拒绝后,二人因座位调换事件发生激烈争吵。

中国民航飞行学院副教授钟凯认为:"在航空器内实施机闹行为,由于发生在高空飞行、密闭运输的环境中,危害性更大。抢占座位、殴打他人的行为可能造成客舱秩序的严重混乱,旅客的大面积移动可能会影响航空器的正常运行。"

针对出现的机闹行为,7月初民航局部署了依法整治机闹维护客舱安全秩序的专项行动,从严从重处置机闹行为,对于情节严重将会依法追究刑事责任。

(资料来源:央视财经. 针对机闹,从严从快从重打击[EB/OL]. (2023-07-10)[2023-09-10]. https://app.myzaker.com/article/64acd0141bc8e0b467000004.)

第一节 客舱防卫与控制的攻防原理

一、攻防概述

防卫与控制作为航空安全员练习和掌握的一种客舱克敌制胜的技术技能,攻击和防守是它的基本形式。攻防内容一般包括攻防意识、攻防距离、攻防招法和攻防战机四个方面。了解和掌握客舱防卫与控制的攻防内容对提高航空安全员技能基础理论水平和训练水平具有重要的指导意义。

(一)攻防意识

攻防意识,指航空安全员在客舱防卫与控制过程中力争攻防主动性的心理活动,一般包括进攻意识、防守意识和反击意识。

1. 进攻意识

进攻意识是指航空安全员在客舱防卫与控制过程中有敢打必胜的心理,积极寻找战机,采用适宜的打法,能在有效的距离内快速有效制敌。

2. 防守意识

防守意识是指在航空安全员在客舱防卫与控制过程中能及时根据客舱内形式的变化,预测对方进攻路线、方法和部位,进行主动防守,运用时间差、距离差或者角度差避开对方控制,以达到化解对方进攻招式,保护自己的目的。

3. 反击意识

反击意识是指航空安全员在客舱防卫与控制过程中能根据客舱情况,考虑到对方可能的反击方法和部位,而做好防守反击的思想准备。

(二)攻防距离

攻防距离是指航空安全员在客舱防卫与控制过程中自身控制或防守动作开始处至动作触及目标间的距离。航空安全员在客舱武力处置过程中攻防距离不是一成不变的,它是随双方的进退闪跃而变化。

在客舱武力处置过程中,适宜的攻防距离对航空安全员成功处置具有非常重要的作用。双方之间的距离远一点点,就不能有效击中或控制对方,距离过近则不利于招式的发力。因此,根据客舱情况及时调整与对方之间的距离,抢占有利于进攻或防守的位置是非常重要的。

(三)攻防招法

攻防招法是指航空安全员在客舱武力处置时,根据攻防距离变化选择和采用的防卫与控制技术动作。不同的攻防距离所采用的攻防招法也不同。结合客舱狭小空间的特点,有效攻防距离内可采用的攻防招法一般可分为四类。

1. 一腿长距离

当航空安全员与行为人之间攻防距离约为自身一腿长的间距时,多采用各种腿法,例如正蹬腿、弹踢腿、撩腿等招法,以脚击之。

2. 一臂长距离

当航空安全员与行为人之间攻防距离约为自身一臂长的间距时,多采用各种手法,以拳、掌、指、爪击之。

3. 二分之一臂长距离

当航空安全员与行为人之间攻防距离约为自身二分之一臂长的间距时,采用各种肘法和膝法,例如横肘、挑肘、顶肘、顶膝等招法,以肘、膝撞击之。

4. 贴身近距离

当航空安全员与行为人间距小于自身二分之一臂长至对方贴拢,采用各种靠法、撞法和顶法,例如头撞、肩顶、膝裹等招法,以身法击之。

(四) 攻防战机

攻防战机是指航空安全员在客舱武力处置时采用防卫与控制技术的时机。在客舱实战对抗中,良好的战机主要受技击的距离差、可击的空虚部位、技击的时间差和技击的角度差四个因素的影响。

1. 技击的距离差

在客舱武力处置过程中,双方距离稍远一点,就打不着。因此,在对方攻来时,如来不及防守,只需微微退步至对手进攻动作够不着即可,然后迅速利用技击距离差对对方进行防守反击。当主动进攻时,则善于运用有效的技击距离进行防卫与控制。因此,航空安全员和安保专业学生在练习客舱防卫与控制技术动作时要练步法快速和身法灵便,提高调整攻防距离,精准把握战机的能力。

2. 可击的空虚部位

在客舱武力处置过程中,航空安全员趁其不备控制对方身体的空虚部位,往往能达到一招制敌的效果。当对方攻来时,可根据进攻招法选择可击打的空虚部位,例如当行为人从侧面勒住航空安全员颈部时,可对其裆部、腹部等身体空虚部位进行有效击打,达到解脱和控制的目的。当主动进攻时,根据对方不同的身体姿态和位置朝向,选择便于击打和控制的身体空虚部位,例如当行为人从客舱后方走至航空安全员前方位置,背对航空安全员时,可伺机对其背部、头部、下肢进行有效击打,以达到控制和制服的目的。

3. 技击的时间差

技击的时间差,指攻防双方完成相关技术动作的时间差数。在时间差中,完成动作的时间越短,越容易把握战机取得攻防主动权和制胜权。在客舱武力处置过程中,航空安全员运用客舱防卫与控制动作的速度越快越好。时间差短,对方来不及进行有效防守和反击,能抢先击中对方有效部位,成功制服和控制对方的机会越大。即所谓的"手快打手迟"。因此,航空安全员和安保专业的学生在进行客舱防卫与控制技术学习与训练过程中要做到攻防快捷,就需要努力提高动作速度和身体敏捷性,培养以最快速度进行有效击打的能力。

4. 技击的角度差

技击的角度差,指攻防动作偏离目标的差数。在技击格斗中,动作稍微偏离攻防目标,出现角度差,就能导致打不中或防不住。因此,在躲闪对方进攻时,只要使我的身体正中闪开对手进攻动作的发劲方向,就能避过其锋。在格防对方进攻动作时,只要破坏对手动作的控制方向,就能避开其锋。航空安全员在运用客舱防卫与控制技术动作时,应注意寻找对方不易变化的"死角"而击之,同时考虑到对方防守可能出现变化的角度击对方于变化之中。

在客舱武力处置过程中,战机稍纵即逝,航空安全员应根据客舱形势进行果断处置,可通过观察对方姿势与位置、重心与平衡、招法与意图、神情与注意力等方面审时度势,把握战机,择机而击之。

二、攻防技法原理

客舱防卫与控制攻防技法是在狭小密闭的特殊环境中进行完成的,航空安全员应根据对方身高、体重、年龄、人数、持有武器种类等综合情况,能够预测对方攻守变化,采取合理的攻防手段,充分发挥个人的技能和体能,以保证在客舱武力处置中能始终处于主动地位,达到自卫防身、擒捕或制胜的目的。因此,客舱防卫与控制攻防技法应遵循以下基本原理。

(1) 敢打敢拼、沉着应对。戚继光曾说:"懒扎衣出门架子,变下势霎步单鞭。对敌若无胆向先,空自眼明手便。"航空安全员在进行客舱武力处突过程中首先应有不畏强敌、敢于与之对抗的胆气,以充分发挥个人的体能和技能。其次,又不能有轻视之心,鲁莽行事,应随机应变,沉着应对。

(2) 器躯皆兵,占中求中。"器躯皆兵"是指在自卫防身和擒敌格斗中,任何器具只要能顺手抓到,都可作为控制对方的武器。在现代格斗比赛对抗竞技运动中,亦应在规则允许的范围内合理使用技法,明确禁击身体部位,禁止使用危险招式。当航空安全员在处置机上非法扰乱行为时,只要能有效控制或制服对方,确保航班和旅客生命财产安全,身体的任一部位以及客舱内任一可利用资源都可作为进攻的武器。"占中求中"是指航空安全员客舱防御姿势的重心,要落于接近支撑面的中心位置,以加强动作的稳定性。在客舱防卫与控制过程中,航空安全员两臂屈肘、两手占中的防御姿势,既可向下保护肋部和腹部,又可向上保护头部和面部,还能在防守中迅速击中对方要害部位,是非常沉稳又灵变的防御姿势。

(3) 连击快打,攻其不及。在客舱防卫与控制中航空安全员在与其格斗中不能有前手无后手,要招法连环,连续控制。从方法上说,要踢打摔跌,推拿撞靠兼施,不限一法,不执着一部。从速度上讲,不仅要单个动作快,而且前一动要为后一动创造机会,后一动要借助前一动的惯性力或弹性力,使动作更加衔接快速。

(4) 避正驱斜,打其不备。在客舱防卫与控制中航空安全员避开对方发力、便于变化以及存有戒备的正面,寻找对方不便发力,难以变化以及缺乏戒备的斜面,以我的正面击打对方之斜面,以有准备的整体劲打击对方无准备的局部,这样,即便航空安全员身体条件或格斗能力不及对方,也能在局部转化出我强敌弱的状态,取得制胜的主动权。

(5) 攻防相依,灵活处置。客舱防卫与控制过程中攻与防是相互依存,相互转化的。防守是航空安全员保护自己创造进攻条件的基本方法,通过进攻控制与制服对方又是最好的防卫。此外,进攻亦是战胜对方达到控制的主要手段,防守是航空安全员保护自己、创造进攻条件的必需方法。因此,在客舱武力处置中,航空安全员不防或只防不攻,都不是制胜方法,应结合客舱情况,根据对方变化,灵活转化攻防。

第二节 人体要害薄弱部位、易控关节和穴位

航空安全员在运用客舱防卫与控制技术对行为人进行武力处置时,通过击打对方的薄弱部位、关节、穴位等人体部位可以达到一招制敌的效果或将对方进行有效控制的目的。客舱防卫与控制技术利用人体解剖学、生理学和生物力学的知识,根据人体关节运动规律、要害部位的生理知识和人体薄弱部位,运用技术动作对其关节进行擒拿控制及要害部位击打制服。

因此,航空安全员和航空安全保卫专业学生要学好客舱防卫与控制技术,有效防卫或控制不法行为人,就必须熟练掌握人体关节、要害与薄弱部位、经络穴位等方面的生理学基本知识。

一、人体要害薄弱部位

人体要害薄弱部位是指受外力击打和压迫易致伤残,或影响活动能力的部位。在世界竞技格斗对抗中遵循规则规定,不击打规则禁止的部位。在客舱武力处置过程中,则可择而击

之，达到制服或控制对方的目的。了解和掌握人体要害与薄弱部位及击打方法的相关知识，对航空安全员或航空安全保卫专业学生提高客舱格斗防卫与控制技术水平具有十分重要的作用。

根据人体结构，人体的要害部位可以划分为头部、颈部、躯干三大部分。每个部位均有一个或几个部位通过击打可以产生较为明显的痛觉、眩晕、昏迷、伤残等后果。

（一）头部

头部是人体行动的指挥中心，由颅和面部两部分组成，是人体最重要的部位，也是客舱控制技术控制和防守的主要目标。头部颅腔内有大脑、小脑和脑干，是控制人体生命活动的神经中枢。面部主要包括眼、耳、鼻、嘴等感觉器官以及呼吸、消化系统门户。人体五官和脑部都非常脆弱和敏感，一旦受到外力击打常常会出现脑震荡、脑损伤、休克和死亡的严重后果。

1. 太阳穴

太阳穴一般指颞区，位于两颊两侧，眼眶的外上部，眉尖和外眦之间向外移约一指的凹陷中。颞区是由薄弱的颞骨保护，对应的大脑部位是颞叶，受到撞击或击打会出现严重的头晕、昏迷、休克，严重会导致生命危险。

控制方法：站立或坐姿状态下常可通过拳法、肘法、掌法击之，例如透骨拳、摆拳、顶肘、横肘、劈掌；弯腰或趴地状态下常可通过膝法和脚法击之，例如顶膝、砸膝、勾踢。

2. 耳后穴

耳后穴位于下颌上缘，下耳郭的后面，耳后静脉中，由于皮下组织的颅骨较薄，距离大脑位置较近。这个部位一旦受到外力击打，轻则耳膜受损，重则脑震荡或死亡。

控制方法：对耳后穴击打常用的技法主要为掌法，常通过指尖部位对其进行戳、点、刺等。

3. 两眼

眼是人的视觉器官，当眼受到外力击打时，轻则视线模糊，影响其分辨能力，重则造成出血或失明。

控制方法：对眼的控制多采用掌法技术，例如通过手指戳击、按压、弹打等。

4. 鼻梁

鼻梁在面部中央，鼻腔内有丰富的血管和神经分支。鼻骨比较脆弱，击打此处极易导致鼻骨骨折，引起鼻内出血，造成呼吸困难。同时因鼻骨与泪骨相邻，受到外力击打还会造成鼻部酸痛难忍、流泪。

控制方法：在客舱环境中对鼻梁的控制主要采用拳法、掌法，例如直拳击之；也可通过腿法和膝法，例如拉肩顶膝撞之。

5. 耳门

耳是人的听觉和位置感觉器官，其前后处有大量的重要血管、神经通过。击打耳门形成的冲击波经过耳内传导后，轻则能引起耳鸣、眩晕、耳聋，重则脑震荡、休克，失去抵抗能力。

控制方法：在客舱环境中对耳的控制一般采用掌法或拳法由后进行击打，例如航空安全员由后接近行为人用双掌或拳猛力击之。

6. 下颌

下颌是人体头部唯一能够活动的关节，虽比较坚硬，但结构较为薄弱，一旦遭到外力击打极易脱臼和骨折，常会出现晕厥、呕吐、脑震荡或脑部受损等现象，可使对方瞬间失去抵抗能力。

控制方法：常采用拳法和肘法技术击打，例如在近距离可利用勾拳或横击肘进行击打。

7. 脑枕部

脑枕部，俗称后脑，又称人字点，位于脑后枕外隆凸上方，是颅骨联结的矢缝状与人字缝的相交点,是头部的薄弱和要害部位。此处受到暴力击打容易引起颅内损伤,造成脑震荡或脑损伤的后果。

控制方法:常采用拳法和肘法进行击打,例如航空安全员由后靠近行为人后趁其不备,运用直拳击打制服。当被由前抱腰控制时可通过下砸肘进行击打解脱控制。

(二)颈部

颈部位于头、胸和上肢之间,是人的头部和躯干连接的部位,是人体主要的呼吸通道、神经通道和血液循环通道,是客舱控制技术击打和防守的重要部位。

1. 咽喉

咽喉是构造复杂的管状器官,位于人体颈前部,是人的重要呼吸通道和发音器官,还有部分味觉和吞咽功能。此处受到外力击打可造成呼吸受阻不畅、吞咽和语言功能障碍,严重则会造成致命的后果。

控制方法:对咽喉部位的击打常采用掌法,例如掐锁、戳击、砍切、点按、箍勒等技术动作。

2. 颈侧动脉

颈侧动脉位于颈部两侧,是心脏向脑部供应血液和营养的主要通道。通过外力压迫、掐锁、箍勒等方法刺激此部位,会出现"加压反射",可迅速有效地阻断、锐减脑血流量,一般阻断10秒左右可引起脑部缺氧,使人出现眩晕、四肢无力或窒息的症状,时间延长可造成严重的脑损伤或死亡。

控制方法:对颈侧部位进行击打多采用掌法,例如用掌猛力砍、切击之。此外也可通过手臂勒扼控制或制服对方。

(三)躯干部

胸部和腹部是人体躯干主要组成部分,内有心脏、肺等重要器官。胸部内有心脏、肺和大量血管,在受到骤然的暴力作用下,血管可因外力压迫而膨胀,会使血液循环受阻,易造成血压下降、心跳减慢或骤停,严重可导致休克或死亡。

腹部分为上腹部和下腹部。上腹部内有胃、十二指肠,靠近心脏,击打力量重可引起腹部剧烈疼痛而失去正常功能,甚至会出现心脏骤停、昏迷或休克。下腹部主要有肝脏、脾脏和肾脏,在暴力打击下可能会出现脏器损伤、破裂、出血,引起昏迷或死亡。

控制方法:对胸腹部控制常采用拳法、掌法、肘法和腿法,例如在客舱控制技术进攻与防卫过程中,航空安全员可通过勾拳或顶肘对其胸口、腹部进行击打,使其失去反抗能力,进而将其控制或制服。

1. 心窝部

心窝部是心脏所在的位置,即心口窝,也就是胸骨剑突下正中凹陷处。因为剑突是软骨组织,通过击打此处可以直接伤及心脏,刺激膈肌与下位肋间神经,使人感觉胸闷,呼吸困难,腹部疼痛,从而失去抵抗能力。

控制方法:对心窝部的击打通常采用拳法、掌法和肘法,例如直拳、推掌、顶肘。

2. 肋部

肋部是胸廓下部,腰的两侧,位于第11和第12两游离肋端,由12对肋骨组成,与胸骨共同构成胸廓,保护人体的内脏器官,并参与呼吸系统。两侧肋部受到击打后,极易发生骨折,而挤压或刺伤肝脏、脾脏、胸膜和肺组织,造成损伤,危及生命。

控制方法:对肋部击打通常采用拳法、膝法和肘法,例如摆拳、撞膝、顶肘等方法。

3. 腋窝部

腋窝部即腋下,又称胳肢窝,是上肢和肩部的连接处。腋窝内有丰富的神经、血管和淋巴由于腋窝处没有骨骼保护,受到外力击打后可使手臂产生剧烈的疼痛感,从而失去运动能力。

控制方法:由于腋下所处人体位置比较隐蔽,对此部位的击打常采用掌法,例如抓掐、点戳等方法。

4. 后心部

后心部在人体第五胸椎棘突下旁。因第五胸椎与第九胸椎之间正好是心区,俗语讲"前心深入井,后心薄如饼",故此处受到外力击打,可直接震及心脏,引起突发性窒息,从而失去抵抗能力。

控制方法:对后心部的击打常采用掌法、拳法和肘法,例如推掌、直拳、顶肘等方法。

5. 腰部

腰部位于身体的背部两侧,由5个腰椎骨、韧带和腰部肌肉组成。腰部主要分布有肾脏器官,是人体重要的泌尿器官,左右各一,紧贴腹部后壁,位置较浅。由后侧或两侧对此部位进行暴力击打,极易造成肾脏挫伤、破裂和出血,引起剧烈疼痛,而失去抵抗能力。

控制方法:对腰部击打主要采用拳法、肘法和膝法,例如摆拳、顶肘和顶膝。

6. 裆部

裆部是人体重要的要害部位,在世界格斗搏击比赛中属于禁击部位,是客舱控制技术控制与防卫的重要部位。男性裆部神经系统比较丰富、敏感,轻微的击打即可引起比较剧烈疼痛和不适,使人难以忍受,全身乏力,瞬间失去抵抗能力。

控制方法:对裆部的击打常采用掌法、膝法和腿法,例如拍击、顶膝和弹踢。

二、人体关节部位

人体各骨骼之间相互连接能活动的部位称为关节。人体关节受到生理限度的击打、拧转、扳拉,极易造成关节的脱臼或韧带撕裂,从而失去正常功能。航空安全员和空保专业学生熟悉和掌握人体关节活动范围,在实施客舱控制与防卫技术中具有十分重要的意义,俗话说"拿其一点,制其全身",指的就是反关节控制的精髓。

根据人体结构特点,客舱控制中比较易控关节主要有颈椎、肩关节、肘关节、腕关节、掌指关节、膝关节和踝关节。人体关节主要的运动形式可分为屈伸、内收、回旋和环转。

(一)颈椎

颈椎是人体头部与躯干相连接的部位,由7块颈椎骨组成。颈椎活动范围较大,比较灵活,能前俯后仰、左右侧弯、旋转,但均有一定的活动范围限制。如果颈椎受到外力的拧转、扳拉时,极易造成颈椎的脱位、骨折,从而失去正常的生理功能。若伤及神经和大脑,可造成肢体瘫痪。

控制方法:对颈椎的控制方法有掌法和肘法,例如砍掌、砸肘。此外在客舱控制中经常采用由后的勒颈、压颈控制。

(二)肩关节

肩关节为大臂和肩的连接处,由肩胛骨的关节盂和肱骨头组成,是典型的球窝关节,是人体最为灵活、稳固性较差的一个关节。由于关节盂浅,附近缺乏韧带和肌肉保护,故在用力击打和扭转时,极易造成关节脱臼、韧带撕裂和骨折的现象。

控制方法:对肩关节的控制和控制常采用别臂、压肩、扳拉等方法。

(三)肘关节

肘关节位于小臂和大臂之间,由肱骨远侧端和桡尺骨近侧端关节组成,是手臂运动的主要枢纽。它主要做屈伸、旋内、旋外的运动,其活动范围、幅度较小。在完全伸直,处于旋外向上或旋内向下状态下，如果受到向上或向下击打力，极易造成肘关节的骨折、脱位等后果。在自然屈肘状态下，通过暴力旋拧超过其活动范围时，容易造成关节的挫伤、韧带撕裂等后果。

控制方法：对肘关节的控制经常采用扳拉、反拧、别肘、扛肘、托肘等方法，常和腕部、肩部配合控制。

（四）腕关节

腕关节由桡腕关节、腕骨间关节和腕掌关节组成，是一个多关节组成的联合关节。腕关节是一个活动范围小，且较灵活的关节，可以做前屈后伸、环转、内旋外展的运动。由于腕关节结构复杂，关节骨骼较小且多，周围附着韧带较薄，故当向一个方向过度旋拧、折压时容易造成腕关节脱位或骨折。

控制方法：根据控制方向的不同，对腕关节的控制常采用向下或向前折腕、向外或向内旋拧，也可通过对肩部、肘部和指关节配合控制。

（五）掌指关节

掌指关节由掌骨小头和第一节指骨底构成，属于球窝关节。指关节活动范围比较受限，仅可以做屈伸、抓握的运动，且指骨比较细小脆弱，容易被利用控制。俗话说"十指连心"，就是指每个指头都有经络连大脑。若手指受到外力暴力击打、折压时，瞬间产生的疼痛感使人难以忍受，若过度旋拧则极易造成指骨骨折或脱臼。

控制方法：对掌指关节的控制，根据受力方向的不同，可以分为向内叠压、向侧外掰扯、向上折压、向下撅压等。

（六）膝关节

膝关节是由股骨下端、胫骨上端的关节面、髌骨、半月板和腓骨连接而成，是人体最大且构造最复杂的关节。膝关节主要可以做屈伸运动，也可做幅度较小的内旋和外旋运动。膝关节如果超过正常的动作范围，尤其是在伸直时，由前或两侧击打，轻则使人倒地，重则造成关节脱臼、韧带撕裂或骨折。另外，膝关节外侧凸起处有腓总神经经过，暴力击打这些部位会引起剧烈疼痛，使对方疼痛难忍，失去反抗能力。

控制方法：对膝关节的控制常采用腿法，例如踢击、踹击。除此之外，在运用客舱控制技术时也可以运用别膝、跪压等方法进行控制，多和脚踝控制配合使用。

（七）踝关节

踝关节是由胫骨下端关节面、腓骨外踝关节面、内踝关节面以及距骨滑车的关节头连接而成。膝关节主要可以做内收、外展、旋转等运动。踝关节虽灵活，但较为脆弱，在受到左右扳拧、旋转的外力时容易引起关节韧带撕裂、脱臼或骨折。

控制方法：由于位置的特殊性，对踝关节的控制经常是在把对方摔倒在地后通过运用扳拧、旋压、锁控等方法进行控制。

三、人体穴位

穴位，学名腧穴，主要指人体经络线上特殊的点区部位，多位于神经末梢和血管丰富的地方。中国武术博大精深，穴位在武术格斗攻防中既是攻击对方的刺激点，又是自身防守的保护点。武术讲究"以小搏大"。通过点穴位打要害，力求迅速以小力击败大力，从而控制或制服对手。在客舱武力处置过程中，通过运用点、掐、压、拿等方法攻击对方身体穴位，增强击打威力和效果，使对方瞬间感到疼痛难忍，肢体酸麻无力，甚至昏迷休克，从而失去反抗能力，以达到"击一点而控全身"的效果。

根据民航客舱防卫与控制技术使用原则和武力等级，将人体穴位分为可致残、致伤、致命的要害穴位和易于擒拿、便于控制、生理功能受限的一般穴位。

（一）要害穴位

1. 太阳穴

太阳穴位于眉梢与外眼角之间，向后约一寸凹陷处，学名称为"翼点"。人头骨比较坚硬，但太阳穴只有薄弱的颞骨保护，一旦受到撞击会出现严重的头晕、休克，严重甚至会影响生命安全。

控制方法：通常以拳法进行攻击控制，例如以摆拳、勾拳的拳锋或单珠拳进行攻击。在客舱控制技术运用中也可通过顶膝、顶肘或砍掌对此部位进行击打控制。

2. 百会穴

百会穴位于头部，当前发际正中直上 5 寸一凹处，此处不仅是手足三阳经和督脉的交汇处，且是头骨骨缝交界处，是枕大神经、额神经分支等脑神经的末端和头部毛细血管的集结处，是人体非常重要的穴位。此穴位一旦受到外力击打会导致严重的头晕头痛、四肢无力，严重可引起休克、昏迷，危及生命。

控制方法：通常采用拳法、掌法和肘法进行击打控制，例如若对方为直立姿态时，可正面运用盖掌、砍掌、反拳击之；若对方处于弯腰、下蹲身体姿态时，可利用砸肘、劈肘击之。

3. 玉枕穴

玉枕穴位于头部，后发际正中直上 2.5 寸，旁开 1.5 寸，约平枕外粗隆上缘凹陷处，属于人体足太阳膀胱经。玉枕穴处有枕动脉、静脉经过，及分布有枕大神经分支，因此遭到外界暴力击打时会引起头痛、头晕、耳鸣、不语等症状，严重会脑震荡、休克或死亡。

控制方法：通常采用拳法和肘法进行击打控制，例如客舱中由后接近对方时可利用直拳、反拳、顶肘、横肘等方法击之。

4. 人中穴

人中穴位于鼻柱下，上唇上方正中的位置，属于人体督脉，又名水沟穴。此部位受到外力击打刺激会产生剧烈疼痛感，严重会引起神经损伤，伤及牙齿。

控制方法：通常以拳法进行击打控制，例如直拳击之。在客舱控制技术运用中也可通过点刺、掐按等方法对此部位进行刺激，剧烈的疼痛感会迫使对方放弃反抗或失去反抗能力。

5. 缠中穴

缠中穴位于胸骨正中线上，两乳之间连线中点处，平第四肋间隙。由于缠中穴是任脉、脾经、肾经、手少阳三焦经的交汇处，两侧为肋软骨，里面临近心脏。故此穴位受到暴力击打会出现胸闷气滞，呼吸困难，失去运动能力，严重会导致心脏受损，危及生命。

控制方法：通常采用拳法、肘法和掌法进行击打控制，例如直拳、勾拳、推掌、穿掌、顶肘、劈肘击之。

6. 鸠尾穴

鸠尾穴位于脐上七寸，剑突下半寸处，此穴位为人体任脉上主要穴道。因为此穴位紧邻心脏位置，若受到外界击打后会冲击腹壁动、静脉，震击心脏以及肝胆，引起呼吸困难、头晕、气短，严重可造成休克，危及生命。

控制方法：通常采用掌法和拳法进行击打控制，例如直拳、勾拳、指戳等。

7. 气门穴

气门穴位于人体腹部，脐下三寸，旁开三寸处，周围分布有腹壁浅动、静脉以及第十二肋间神经，是人体非常重要的穴位。此穴位若受到外力击打后，可直接影响腹部神经，瞬间剧烈疼痛感使对方难以忍受，气喘心虚，失去反抗能力。

控制方法：通常采用拳法和腿法进行击打控制，例如近距离用直拳、勾拳击之，远距离用弹踢腿击之。

8. 章门穴

章门穴位于两腹侧腋前线，第一浮肋前端，屈肘合腋肘尖的位置。因为穴位深处有肋间动脉及神经，受到外力击打后会产生严重的腹痛、岔气、肢体酸痛乏力等现象。

控制方法：通常采用拳法和膝法击打控制，例如近距离时通过左勾拳和右勾拳击打"左章门穴"和"右章门穴"，使对方失去反抗能力而被控制。

（二）一般穴位

1. 肩井穴

肩井穴位于肩上部，当大椎与肩峰连线的中点上，肩胛骨与锁骨之间凹陷处，又称"肩窝"。因肩井穴布有锁骨上神经后支、副神经及颈横动、静脉，故此穴位若受到外力击打刺激会出现全身软绵无力、肢体酸痛、活动受限的症状。

控制方法：通常采用掌法、拳法和肘法击打控制，例如砍掌、反拳、砸肘等方法击之，也多用压按、掐戳等擒拿之法。

2. 曲池穴

曲池穴位于肘横纹外侧端，屈肘时在尺泽与肱骨外上髁连线中点，是人体腧穴之一，属于手阳明大肠经之合穴。因此穴位分布有前臂背侧皮神经、正中神经、桡神经、尺神经，以及桡反动脉的分支，故若受到外力击打刺激可直接影响上肢神经，使其肢体酸麻、无力，导致运动能力受限。

控制方法：此穴位通常采用掌法击打控制，例如抓掐、按拿等方法擒之。

3. 少海穴

少海穴位于肘部内侧，肘横纹内侧端与肱骨内上髁连线中点处，手少阴心合经合穴，是上肢要穴。因此穴位皮肤有前臂内侧皮神经，深处有桡侧正中神经，以及尺侧动、静脉，当受到外力击打刺激时可引起肢体酸痛、酸麻、无力等症状。

控制方法：此穴位通常采用掌法、拳法击打控制，例如近距离时趁其不备利用勾拳猛力击打肘内侧，可使对方上肢瞬间失去运动能力。此穴位常与曲池穴配合使用，利用提拿之法擒之。

4. 内关穴

内关穴位于前臂掌侧，腕横纹约2寸，掌长肌腱与桡侧腕屈肌腱之间，是腕部重要穴位。此穴位有前臂正中静脉、动脉以及骨间前动、静脉分布，且布有前臂内、外皮神经，深处有正中神经干及骨间前神经分布。因此穴位受到外力刺激后会直接影响正中神经、尺神经和桡尺动脉，使肢体产生酸麻、疼痛，失去活动能力。

控制方法：通常多采用掐抓、按压等擒拿之法进行控制。客舱武力处置过程中，当距离对方一腿距离，无法直接近身时可趁机通过腿法迅速弹踢对方腕部穴处，可迅速对其控制。

5. 阳池穴

阳池穴位于腕背横纹肌中，尺侧缘凹陷处，是手少阳三焦经的常用腧穴之一。该穴位布有腕部静脉网、尺动脉腕背支的分支、尺神经手背支以及前臂后皮神经，若受到外力刺激会引起腕部强烈的疼痛、酸胀、发麻感，造成腕部无法正常活动，失去反抗能力。

控制方法：此穴位通常采用掌法、拳法技术进行击打控制，例如在处置客舱扰乱行为时，航空安全员通过砍掌或反拳击打对方腕部阳池穴，瞬间产生的疼痛感迫使对方停止反抗而被控制。另外，此穴位也多用于擒拿控制，主要通过掐抓、按压、点刺等方法配合使用。

6. 委中穴

委中穴位于膝后区，腘横纹的中点，是足太阳膀胱经的重要腧穴之一。该穴位皮下有股腘静脉和腘动、静脉，深处分布有股后皮神经，正当胫神经。当受到外力击打刺激后会引起下肢酸痛、麻木，失去肢体活动能力。

控制方法：通常采用腿法进行击打控制，例如航空安全员由后侧接近对方利用脚尖猛力勾踢对方膝关节后侧中间的位置，剧烈的疼痛感会使对方瞬间失去活动能力。

7. 翳风穴

翳风穴属于腧穴，位于颈部，耳垂后，乳突下端前方凹陷处。此穴位周围有动脉、静脉血管经过，且分布有人体耳大神经，若受到外力击打会产生剧烈的不适和疼痛感，严重会引起耳鸣、头晕、恶心等症状。

控制方法：通常采用掌法中的指点、戳、顶、刺等方法进行击打控制。

8. 天突穴

天突穴位于颈部，胸骨上窝中央，在胸锁乳突肌之间凹陷处，属于人体任脉。此穴位皮下布有颈静脉弓、甲状腺动脉分支、气管，以及神经，一旦受到外力猛力击打刺激会引起咽喉部剧烈的疼痛感和不适感，严重可引起气管受损、呼吸困难等不适症状。

控制方法：通才采用掌法中的点刺、按压等方法进行击打控制，例如掌法中穿掌技术。

第三节 控制与击打人体的要害部位等级划分

航空安全员执勤过程中，在运用客舱防卫与控制技术处置机上扰乱行为或非法干扰行为时，应注意把握合适的尺度和方法，针对客舱当时的具体情况和事件的严重程度分别采用不同的应对方式，运用不同的手段予以控制和制止。为预防、制止扰乱客舱秩序、危害飞行安全行为而对扰乱行为人和非法干扰行为人依法使用客舱防卫与控制技术时，应依据民航安保现行的法律法规和客舱实际处置情况采取相应手段和方法。航空安全员运用徒手和器械对行为人进行制止所采取的控制、防反技术，按照身体要害不同部位可分为不同的等级。

一、一级要害部位

一级要害部位主要包括后脑、太阳穴、玉枕穴、百会穴、眼睛、咽喉、颈椎、心窝、裆部等。这些部位往往非常敏感、脆弱，易损伤，大多关联着人体重要的器官、神经和经络，对身体功能运转起着十分重要的作用，即便受到外力轻微的击打刺激，也极易造成对方伤残、死亡的严重后果。一级要害部位多用于处置机上非法干扰行为，主要配合客舱徒手和器械击打控制技术运用。

二、二级要害部位

二级要害部位主要包括鼻子、嘴巴、耳根、下颚、胸部、腰部、人中穴、缠中穴、章门穴等。相比较一级要害部位，这些部位敏感性相对较弱、稳定性较好，一般需要较大、精准的力量才能发挥作用。当受到较小力量攻击时会产生较为明显的疼痛感和不适感，使对方暂时失去反抗能力。若受到外界暴力击打刺激可使人休克、昏迷、器官损伤，甚至危及生命。二级要害部位常用于处置比较严重的扰乱行为和非法干扰行为，主要配合客舱徒手和器械击打控制技术运用。

三、三级要害部位

三级要害部位主要包括手指、手掌、手臂、肘关节、肩关节、腿部、膝关节脚趾、脚掌、踝关节等。相比较一级和二级要害部位，这些部位敏感性较弱，稳固性较好，具有良好的抗挫性，一般在受到较小击打力量时不会产生较为明显的效果，只有在受到比较大的击打力量和特定的攻击动作时才能发挥奏效。三级要害部位常用于机上一般性的扰乱行为，主要配合客舱徒手和器械的擒控技术运用。

众所周知，在武术格斗中人体要害部位是相对而言的，不是绝对的，它既受到对方抗击力、身体条件、客舱环境等客观因素的影响，也受到技能水平、身体素质、心理素质等主观因素的影响。因此，在航空安全员客舱执勤过程中，应根据自身能力，行为人的条件、现场处置需要以及行为人的抗拒程度，采取适宜的攻击部位和击打强度。

航空安全员在运用客舱防卫与控制技术处置过程中，无论是选择徒手还是器械制止，均应当不超过必要的限度，且以制止扰乱和非法干扰行为为目的，非必要情况下应尽量减少对头部、裆部等致命性部位的攻击，减少人员的不必要伤亡。

第四节 客舱防卫与控制的使用原则和要求

一、客舱防卫与控制的使用原则

航空安全员在客舱执勤过程中，当遇到一些比较严重的机上干扰行为或者非法干扰行为时不可避免地使用防卫与控制手段进行处置，而客舱防卫与控制手段的使用是一种武力实施的过程，是政策性、法律性较强的敏感问题。它的使用必须在法律允许的范围内进行。脱离法律依据随意使用是不允许的，也是违法的行为。因此，航空安全员在运用客舱防卫与控制技术时应依据现行的法律法规，根据客舱现场处置需要，遵循以下使用原则。

（一）合法性原则

客舱防卫与控制技术的使用人员应熟练掌握防卫与控制技术运用原理、技巧和方法，全面了解约束性、进攻型器械的结构、性能、特点和注意事项，熟悉并遵守有关的民航法律法规，保证执勤处置手段和方法的正确性、合法性和安全性。

航空安全员在使用客舱防卫与控制技术前，必须经过严格的技能培训与考核，必须在法律赋予的职权范围内履行安保职责，以制止扰乱和非法干扰行为，保障客舱和飞行安全为目的。

（二）必要性原则

客舱防卫与控制的实施运用是为了保护社会公共利益、公民和自身免受暴力侵害或使侵害行为终止，或使侵害行为人放弃抵抗时才适时使用的。对制止客舱扰乱行为和非法干扰行为，并非只有使用武力处置手段，只是在有必要的情况下才能合理使用。对于一个具体的事件，是否需要使用、使用何种方法、强度如何，应考虑违法犯罪行为发生的程度、侵害行为的危害性大小等情况。

（三）最低使用原则

航空安全员在处置客舱突发事件时，应讲究恰当的处置手段和方法，以便获得及时、高效的处置效果。只有在进行了劝阻、警告等方法仍不能实现处置目的的情况下才能使用防卫与控制技术技能。当在处置过程中行为人停止扰乱行为或违法犯罪行为时应当停止使用，应以制止违法犯罪行为为限度，不得超出职务所必需的范围。

（四）相当性原则

客舱防卫与控制技术的种类较多，航空安全员在运用不同的技术种类时，轻重的程度都要与对方可能或已经造成的危害程度相适应，不得过度使用，以免造成不必要的损害与伤亡。

（五）法定程序原则

航空安全员在执勤过程中使用客舱防卫与控制技术时应当遵守法定程序，应先表明身份，予以警告。无论是口头命令、徒手武力控制，还是使用器械和武器控制都要符合法定程序。按照有关法律法规规定，航空安全员在使用客舱防卫与控制技术之前首先应向行为人表明身份，并采取口头警告的措施，如果警告无效，航空安全员可以使用徒手、器械或者武器进行制止或制服。在来不及警告或者警告后可能导致更为严重的危害后果时，才可以直接使用器械或者武器。

二、客舱防卫与控制的使用要求

客舱防卫与控制作为航空安全员客舱执勤的一种必备技术技能。如何在具体的实战环境下合理运用，以最高效的方法，最少的损失和伤亡成功处置客舱突发事件，应遵循哪些基本使用要求是航空安全员熟练、合理运用防卫与控制技术的重要前提和依据。

客舱防卫与控制是一项能动变化的对抗性较强的技术技能，是方法、力量、心理、战术的综合形式。在客舱实际对抗运用中不仅要运用各种击打、防卫反击、主动擒控等技术方法和扎实的理论基础，还要包括心理、战术、沟通、谈判等诸方面的因素。因此，遵循客舱防卫与控制技术的使用要求和规律，选择行之有效有的技术方法，有助于提高航空安全员执勤中处突效率。

（一）主动出击，攻其不备

在客舱与犯罪行为人进行搏斗对抗时，"主动出击，攻其不备"是基本使用要求之一。航空安全员首先应做到判断准、反应快，根据对方进攻的意图和招式，及时采取相应的防御和反击的手段和方法，找准攻防转换的时机，以迅雷不及掩耳之势，以快速敏捷的招法，主动出击，攻其不备，使对方难以反应和招架，抓住机会将其迅速控制或制服。

（二）出手果断，技法灵活

在客舱实战对抗中战机稍纵即逝，航空安全员运用客舱防卫与控制技术时需要做到出手果断、招法灵活多变。出手果断是要求航空安全员在客舱处突时要能抓住机会，利用有利空间和时机迅速出手抢占先机，快速控制或制服对方。技法灵活是要求航空安全员在客舱防卫与控制过程中应根据实际情况的变化及时调整技术动作和战术思路，始终使自己处于主导的位置。

（三）招式简单、动作隐蔽

武术格斗中有"不招不架，一下两下，犯了招架，七下八下"的说法，其意思是在武术实战对抗中要目标明确、一招制敌，做到动作直截了当，攻中有防，防中有攻，招招直奔要害或薄弱部位。由于客舱环境比较拥堵狭窄，不适合运用结构复杂、幅度较大的技击动作，要求客舱防卫与控制技术动作尽量简单有效，且动作隐蔽。招式简单是要求防卫与控制动作结构简单，一般以两到三下组合结构为宜，技击意图明确，动作衔接连贯。航空安全员在客舱处突中运用简单有效的动作对行为人进行制止和控制。动作隐蔽是要求客舱防卫与控制技术动作幅度小、技击距离适宜、动作突然、位置有利及招式合理。航空安全员在客舱武力处置时应结合客舱实际处置需要，综合对方身体姿态、位置方向、器械种类、抗拒程度等情况进行评判选择最隐蔽、有效的防卫与控制技术动作。

（四）沉着勇敢，机智灵活

客舱防卫与控制运用的过程是航空安全员与行为人斗智斗勇、搏斗对抗的过程，既需要精湛高超的技术技能为保障，也需要坚强的意志和无畏的气概作为支撑。沉着勇敢是要求航空安全员处置突发情况时能够做到沉着冷静、手脚有序、勇敢胆大，当需要与之武力搏斗时敢于出手、勇于搏斗，体现航空安全员的威武霸气。机智灵活是要求航空安全员在运用客舱防卫与控制技能时不施拙力，施以技术，智取巧胜，手法、身法、步法、技法灵活多变，不能对某个擒敌动作生搬硬套。

思考与练习

1. 客舱防卫与控制的攻防内容主要包括哪些？
2. 人体要害部位与穴位有哪些？对抗时如何对其进行击打控制？
3. 人体有哪些主要关节？控制原理是什么？
4. 人体要害部位等级划分有几层？实际运用时有哪些注意事项？
5. 客舱防卫与控制的使用原则是什么？使用要求有哪些？

第 三 章

客舱防卫与控制的基本功

知识目标
(1) 了解基本功的概念和典型特征。
(2) 了解基本功的训练内容。
(3) 掌握基本功的训练方法和技巧。

技能目标
(1) 提高学生擒拿格斗的运动能力。
(2) 增强学生擒拿格斗的技击能力。
(3) 提高学生的专项体能素质。

职业素养目标
(1) 培养学生的职业意识和职业素养。
(2) 培养学生客舱执勤处突的灵活运用能力。
(3) 培养学生的团队合作能力。

 课堂导入

2007年11月14日20时53分,四川航空由厦门飞往重庆的3U8952航班起飞后,一名旅客离开座位,在往机尾卫生间的过程中,突然指着驾驶舱方向大声呼喊要劫机,航空安全员闻声后立即上前进行处置,在其他旅客的协助下,将其成功控制,事件并未造成人员伤亡。经事后调查得知,旅客因感情和工作问题导致精神波动,出现异常行为。

航空安全员在客舱执勤过程中类似的机上扰乱行为案例常有发生,一旦处理不及时,极有可能会引起客舱秩序混乱,危及飞行安全。扎实过硬的客舱执勤技能是航空安全员维护客舱秩序,保障客舱安全的重要手段和方法。精湛的技能离不开扎实的基本功训练。俗话说:"冰冻三尺,非一日之寒。"意指任何成就的获得都离不开持之以恒的付出和努力。武术谚语云:"拳无功不精,招无速不灵""练拳不练功到老一场空"均强调了基本功训练的重要性和基础性。

"基"有基石之意。"本"是草木的根,泛指事物的根源,与"末"相对。"功"是劳绩、功绩,与"过"相对。百度对"基本功"的基本释义为:从事某种工作所必需的基本知识和技能。基本功在事物发展中有着基础性、不可或缺性的作用。

众所周知,武术是中华民族的文化瑰宝,是中国传统文化的载体,武术运动非常注重武术基本功的训练,武术家们常说"打拳不遛腿,到老冒失鬼;练拳不活腰,终究艺不高",说明基本功在武术练习中的重要作用。以武术运动中具有共性的基础训练为运动内容、以获得和运用武术技法必备的各种根本能力为锻炼目的的一类武术运动形式,总称为"武术基本功"①。

客舱防卫与控制作为武术技击的一种发展与演变的特定产物,两者基本功有着共同的基本属性。因此,客舱防卫与控制基本功是指以提高航空安全员客舱防卫和控制能力为目的各类基础性技术动作或功法的总称。

第一节 基本步型

步型,武术术语,在武术运动中两腿按一定规格形成的形态。按照两腿两脚空间位置可将步型分为五类:左右开步、前后错步、交叉辗转、双脚并立、单腿独立。②

不同的武术拳种,武术步型也不尽相同,比较常见的有马步、弓步、虚步、仆步、歇步等五种步型。

步型训练是传统武术和现代武术运动重要的基本功内容。武术谚语常讲练武要能"静如玉兔,动如猛虎",静则成型、动则迅快是步型在武术训练中的目的。常见的步型训练主要包括静练和动练两种。其中静练主要是指以某一种武术步型为静止动作,结合武术意念和呼吸方法,进行由外及内,再由内及外的功力训练方法,例如常见的"马步桩"。而动练主要是指将步型与上步、退步、闪步、跳步等基本武术步法结合在完成一个步型静定片刻后,再动步变势。武术步型的训练既可以提高学生动作动静转换定型的能力,也可以提高学生的肌肉力量和舒缩能力。

航空安全员是客舱安全保障的重要力量,要想在飞行中密闭狭小的空间里顺利完成防卫与控制的技术动作必须要具备扎实的基本功。步型训练可以为航空安全员提供稳健坚实的下盘力量,提高在颠簸状态下的核心稳定性和平衡能力。经过较长时间的步型训练可以提高航空安全员的身体肌肉力量和击打力量,提高客舱安全处突能力。

基于客舱环境的特殊性和局限性,结合航空安全员的技能考核内容和要求,本节从武术常用步型中选取马步、弓步和虚步三种步型作为航空安全员客舱防卫与控制步型训练基本功内容。

一、马步

马步是武术的基本步型之一,又称骑马步、马裆步、拒马步或者"地盆步"。在传统武术训练中常有"入门先站三年桩""要学打先扎马"的说法,马步训练主要用于提高学生腿部的武术功力,在武术技术训练中起着十分重要的作用。在武术实战中马步主要作为一种步型与武术步法、身法、手法结合运用,可以变换出丰富多样的实用打法。

根据练习时的身体运动状态,可以将马步练习分为定点马步和活步马步两种方法。

(一)定点马步③

预备式:两脚并立,脚尖并拢朝前,两腿自然直立,收腹挺胸,手臂自然伸直贴于身体两侧,五指并拢,头顶上领,两眼目视前方。

动作过程:两脚开立,相距约本人脚长的三倍,两脚掌平行、脚尖朝向前微内旋,五趾抓地④;两腿屈膝半蹲约成90°,即大腿和小腿夹角成90°;膝盖前侧与地面垂直,不能超过自己

---

① 康戈武.中国武术实用大全[M].修订本.北京:中华书局,2014.
② 康戈武.中国武术实用大全[M].修订本.北京:中华书局,2014:442-443.
③ 定点马步是一种静态训练方法;活步马步是一种动态训练方法。文中的"定点马步",顾名思义就是原地不动的、静态的马步,又称"死马步"。它经常作为一种提升学生武术功力的桩功方法,通过长年累月的坚持训练,不仅可以提升学生腿部支撑能力和身体稳固性,也可以提升学生的内在精、气、神。
④ 五趾抓地是指脚弓随脚趾用力而加大弓度,形成脚心拱离地面,脚掌边缘着力参与支撑,具有增大支撑面、提高稳定性的作用。

的脚尖,小腿与脚背约 90°;髋关节回收向前,躯干与大腿成 90°,腰背挺直;重心放在两腿之间的位置;两眼目视前方,两手握拳于腰间,如图 3-1～图 3-3 所示。

图 3-1

图 3-2

图 3-3

动作要领与方法：马步要求挺胸、直背、塌腰、三直(即脚踝处 90°,膝盖后侧处 90°,髋关节处 90°)。学生在做马步时应有头顶百会穴上领之感,臀部如欲坐板凳上,不可向前趴腰,向后撅臀。该动作对学生的大腿力量要求较高,刚开始练习时可以减少静止屈蹲的时间,可以按照自己的情况达到双腿发酸发胀才会有练习效果。

常见错误与纠正：足尖外展是马步练习中常见错误。"足尖外展"多是由于练习者的踝关节韧带柔韧性不够引起的。练习者跪坐在体操垫上,使将脚背紧贴垫子,臀部坐在两脚后跟处让踝关节充分伸展,并能保持片刻。

练习作用：从客舱防卫与控制角度,航空安全员在机上若遇到劫炸机的非法干扰行为时常会被威胁双手抱头坐下或蹲下,这种状态下若想通过控制技术动作完成对行为人的控制,需要具备特殊姿态[①]下的力量素质作为前提条件。通过定点马步的专项训练可以为航空安全员在特殊情况下成功运用客舱防卫与控制技术动作奠定基础。

(二) 活步马步[②]

预备式：两脚并立,双手握拳于两腰侧,肘尖朝后,拳心向上,挺胸抬头,两眼目视前方。

动作过程：右脚向左脚正前方上步,距离约自身三倍脚长,转身屈膝半蹲成马步,两拳保持不动,拳心向上;两腿蹬地起身,左脚向身体右侧上步,屈膝半蹲成马步;依次反复,左右交替,如图 3-4～图 3-7 所示。

图 3-4

图 3-5

图 3-6

图 3-7

动作要领与方法：马步大腿屈平,直背挺腰,两脚距离约三脚长,脚尖朝前内扣,上步要稳,动作连贯。该动作上步马步行进路线为直线,练习时上步路线须为直线,故在练习时可以

---

① 特殊姿态在文中泛指非常规格斗的实战姿势或身体姿态。
② 活步马步是在定点马步的标准动作基础上,与武术基本步法"上步""退步""转身"身法的结合,是一种"动静结合"的马步桩功练习方法。

某一条直线为参考进行来回练习,一去一回各做 10 次,即可返回原点收势①。随着训练水平的提高,可以将"上步转身马步"和"撤步转身马步"结合起来进行练习,效果更佳。

易犯错误与纠正:练习者出现"动作不协调"可能是由于肌肉过于僵硬或者紧张造成的,进行纠正时可以通过降低动作难度的方法,先让学生体会动作过程,等熟练后再进行标准动作训练。

练习作用:从体能素质方面,通过练习既可以提高练习者腿部力量和身体稳定性,为技术动作的运用发挥提供稳定支撑,也可使练习者身体协调性得到锻炼和提升。客舱防卫与控制方面,该动作中步法练习中有身法,身法练习中包含步法,通过系统练习可以使航空安全员的身体手、足、肩、肘、膝、胯等各部位配合高度协调统一②,身体灵活性和运动能力得到提升,为未来学习客舱防卫与控制技术打下良好基础。

二、弓步

弓步是武术基本步型之一,俗称"弓箭步"或"弓裆步"。用于桩功练习时,称为"弓箭桩"或"弓步桩"。用于武术实战对抗时,弓步是身体力量和击打力量最大的一种步型,可以配合身法、手法既可攻击对方的下盘,可攻击对方裆部、腹部,例如"弓步顶肘""弓步撩掌"。

航空安全员通过掌握系统性的弓步基本功训练,可以使身体变得灵活敏捷,对提高客舱处突水平具有积极作用。根据练习时的身体运动状态,可以将弓步分为定点弓步和活步弓步两种练习方法。

(一)定点弓步③

预备式:身体侧向④两脚并立,脚尖并拢朝前,两腿自然直立,收腹挺胸,手臂自然伸直贴于身体两侧,五指并拢,头顶上领,两眼目视前方。

动作过程:左脚向左侧跨一大步,约本人脚长的四倍;左手臂屈臂于身前,小臂竖直,拳心朝内,拳锋朝上,高度与鼻尖齐平;右拳放在左肘内侧,高与胸口齐平,拳心向上;右腿蹬地转胯拧腰使身体向左转至正前方;左腿屈膝半蹲至膝盖与脚尖齐;直背塌腰,两眼目视前方,此为左弓步。右弓步则动作过程相同,放心相反,手臂位置相反,右手握拳屈臂在前,左手握拳贴肘在后,如图 3-8~图 3-10 所示。

动作要领与方法:前腿弓,后腿蹬,臀下沉,胯下压,头上领,下颌微收,两脚前后一条线。练习时注意前脚脚尖要内扣,后脚脚尖要内扣斜向前方⑤;两脚前后成一条直线⑥;弓步时前后腿夹角不易过大⑦,以前腿膝盖与脚尖齐为参考即可。另外,弓步必须左右两腿都要锻炼,即左弓步和右弓步分组练习,不可只练一侧。

---

① 收势在这里主要是指传统武术练拳结束后的"收势"整理动作。其具体做法:两手掌心向上由身体两侧缓缓抬至胸脯高度后,向下翻掌缓缓回落至小腹处,过程中向上缓缓吸气,向下缓缓至气沉丹田。

② 中国武术认为,肢体运动中应以腰为主宰,上与两肩相系,下与两腿两胯相随,若能手与足合、肘与膝合、肩与肘合,上下四肢就能相互配合,协调统一,使身体更加灵活稳定,便于发力。

③ 定点弓步分为左弓步和右弓步,左脚在前者称"左弓步",右脚在前者称"右弓步"。基于客舱环境,文中弓步动作在武术标准弓步动作的基础上结合了手部动作,和常规弓步略有不同。

④ 身体侧向指身体左侧朝向前进方向站立。在客舱实战对抗中身体侧向可以最大限度保护自己,可为进攻击打创造条件。

⑤ 弓步练习中通过前脚和后脚的内扣可以形成一种"螺旋劲",规范的内扣动作可以使学生两腿产生一种强大的螺旋力。前脚内扣可以形成"裹裆步",对其裆部要害部位进行保护。

⑥ 文中"弓步一条线"是从实战对抗角度出发,主要包括防护和攻击两个作用。

⑦ 前后脚距离过大使大腿屈平可能会造成骨头或韧带损伤,也会使弓步在实战对抗中不能提供持续支撑力。

易犯错误与纠正：敞裆、掀掌、重心过低和身体前趴是学生练习中比较常见的错误。其中"敞裆"主要表现为裆部敞开或前挺，主要是由于前脚脚尖外展没有内扣、两脚不在一条直线上使裆部敞开所致。纠正时可以针对不同原因进行相应纠正即可。"掀掌"表现为后脚跟或脚外侧掀离地面。错误根源是踝关节活动幅度不够和后脚掌蹬地不足。纠正时可以针对踝关节韧带进行专项拉伸。

练习作用：学生通过定点弓步训练可以提高双腿的力量和前后支撑能力。客舱防卫与控制动作中经常会需要弓步进行配合完成，以达到较好的控制效果。

（二）活步弓步

预备式：身体侧向两脚并立，脚尖并拢朝前，两腿自然直立，收腹挺胸，手臂自然伸直贴于身体两侧，五指并拢，两眼目视前方。

动作过程：在左弓步的基础上，右脚上步成屈膝半蹲成马步；同时，动作不停，右手握拳屈臂随身体摆至体前，小臂竖直，拳头与鼻尖齐平，左手握拳放于右肘内侧；左脚蹬地，身体向右拧腰转体成右弓步；连续上步，动作相反，左右交替，如图 3-11～图 3-16 所示。

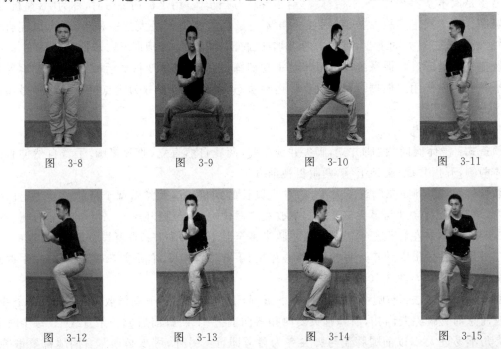

图 3-8　　　　　图 3-9　　　　　图 3-10　　　　　图 3-11

图 3-12　　　　　图 3-13　　　　　图 3-14　　　　　图 3-15

动作要领与方法：转胯拧腰，上下相随，自然发力，腰马合一。侧身转身弓步练习时要注意马步这一过渡环节，重点体会其中的闪躲、格挡、肘击、格挡的技击含义。拧腰转身和肘靠要同步进行，重点体会肩撞肘靠的技击含义。

初级阶段练习时，要自然发力，身体上下协调，动作连贯。学生从预备式开始左右上步做 6 次弓步靠肘，然后转身返回做 6 次弓步靠肘，返回原点为一组。根据自身情况和练习水平，调整练习组数。

图 3-16

易犯错误：转身弓步时只把手臂简单地摆至身体前方，没有肩撞肘靠的击打动作。这类错误多是由于拧腰转胯的力度或幅度不足，上下肢没有形成动作合力所致。

纠正方法：练习者两脚左右开立，双手屈臂握拳放于胸前，进行原地的左右拧腰转胯动作练习，每次练习左右各 10 次。

练习作用：通过活步弓步练习可以锻炼弓步在行进过程中的运用能力，可以使练习者拧腰转胯、上下肢合力的整体劲得到锻炼，进而提高弓步在实战对抗中的运用和应变能力。

三、虚步

虚步是武术基本步型之一，俗称"子午步""丁八步""寒鸡步""吊马"。在实战对抗中，虚步一腿支撑身体重心，另一腿则成虚步放置身前，步法灵活多变，步法可进可退，进可成弓步，退可抽脚后撤。

（一）定点虚步[①]

预备式：两脚并立，脚尖并拢朝前，两腿自然直立，收腹挺胸，手臂自然伸直贴于身体两侧，五指并拢，头顶上领，两眼目视前方。

动作过程：右脚向后撤步，约自身两倍的脚长，两脚错步站立，重心后移至右脚，屈膝下蹲至大腿接近水平，右脚脚尖朝向前方，前脚脚尖点地或前脚掌虚着地，脚尖微微内扣，两膝靠近，不要敞裆，两手臂屈肘握拳放于体前，左拳在前，拳锋高与鼻平，右拳在后高与下颌齐，成左虚步；右虚步动作相同，如图3-17和图3-18所示。

动作要领与方法：头顶上领，躯干正直，臀部不低于膝高。侧对扶撑物（肋木、窗台、栏杆等）直立，左手抓握于胸齐高处，右手侧平举成立掌或叉腰；左腿屈膝上抬成"提膝"；然后右腿下蹲成虚步，坚持片刻，放松休息，重复10次。可换练左腿。

易犯错误：虚实不清是学生学习虚步最容易出现的错误。主要表现为重心落于两脚中间，失去前虚后实的基本形态。

纠正方法：练习时学生要注意重心后移，后腿为支撑腿，感受大腿发力，臀部向后有坐板凳之感。

练习作用：提高练习定点虚步可以提高学生的腿部力量和耐力；虚步也可以作为客舱防卫与控制防御姿势或戒备姿势。

（二）活步虚步

在定点虚步的基础上，以左虚步为例。

预备式：同虚步。

动作过程：重心保持在右腿，左脚向左侧滑一步的同时，右脚蹬地向左快速跟步，身体顺势向右拧腰转体，使身体朝向右前方，两臂保持不动，成左虚步；动作不停，左脚抬腿提膝，小腿带动脚背向前快速弹踢，绷脚尖，力达脚背。右虚步动作相同，方向相反，如图3-19~图3-21所示。

图 3-17

图 3-18

图 3-19

图 3-20

[①] 基于客舱环境，文中的虚步动作和武术虚步动作略有不同。

图 3-21

动作要领与方法：重心前后腿交换要及时，身体保持中正，臀部尽量后坐。练习时，左边和右边各侧滑一次为一组，练习 10 组进行休息。

易犯错误：侧滑时脚步移动错误是学生学习侧滑虚步比较常见的问题。主要表现为左侧滑时右脚前脚先动后，右侧滑时右脚先动。

纠正方法：教师可以通过示范法为学生进行正确动作演示，学生要先建立正确的动作印象。学生练习时要注意向哪个方向侧滑先移动哪只脚。

练习作用：活步虚步在客舱环境中可以用于躲闪反击，动作小巧灵活，简单实用。例如航空安全员侧向站立，当对方用前正蹬腿进攻航空安全员腹部时，航空安全员迅速向左侧滑闪躲对方的蹬腿，成左虚步。闪躲后，航空安全员可用弹踢腿进攻对方，也可用拳法或掌法反击。

 提升与拓展

动作名称：马步抓手。

预备式：两脚并立，脚尖并拢朝前，两腿自然直立，收腹挺胸，手臂自然伸直贴于身体两侧，五指并拢，头顶上领，两眼目视前方。

动作过程：在马步的基础上左推掌，同时左掌由上至下，由外向内旋转至虎口[①]或掌心向上；五指缓慢用力抓握至握拳，收回至腰侧；右手方法同左手，如图 3-22～图 3-27 所示。

图 3-22　　　　　图 3-23　　　　　图 3-24

图 3-25　　　　　图 3-26　　　　　图 3-27

动作要领与方法：进行抓手动作练习时手腕旋转要有拧转缠丝劲，五指抓握要力达指梢。初级阶段，每次练习 10～25 次，感到手指有明显酸胀感觉即可。经过一段时间的训练后，每次练习约为 30 次，循序渐进，根据自身情况，逐步增加次数。马步抓手练习方法分为单手抓和双手抓，两种练习方法可以在不同练习阶段同时进行。

易犯错误与纠正：练习者出现"动作僵硬，不自然，发力不顺畅"的错误，大部分是因为没

---

① 虎口又称合谷，是人体重要穴位，在大拇指与食指中间的手背部，第一、二掌骨间。

有运用转胯拧腰之力,身体不够灵活,只会运用手臂和手指的力量,这也是初学者经常出现的问题和错误。纠正时,首先要原地站立姿态,手抓固定物体左右拧动,认真体会拧腰、转胯的发力,然后配合手臂放松练习。

练习作用：马步抓手是增加训练难度,进一步提高马步下盘力量。

组织与训练

（一）原地训练

学生可在实训馆或足球场等训练场地成体操队形横向依次散开,左右间隔1.5米的距离,进行弓步的定点训练。教师统一组织,固定相应的次数和组数或者时间。

（二）行进间训练

学生可在实训馆或足球场等训练场地成体操队形纵队站位,4名学生为一组同时向前进行动作训练,也可以由教师下口令,学生做动作。

第二节 基 本 拳 法

以拳完成的各种攻防技法称之为拳法。拳法内容非常丰富,根据不同的运动方向、着力部位和拳型,常见的有冲、钻、崩、抄、砸、勾等。拳法是技击格斗术中的常见技术,具有攻击性强,杀伤力大的技击特点。因此,在客舱处突中当遇到紧急危险的情况时,航空安全员具备精湛的拳法技术就显得尤为重要,成功的武力处置才能保证客舱旅客的生命财产安全。

通过拳法基本动作的训练,可以帮助学生练习并掌握不同运动状态下拳法的发力节奏和技巧,增强学生的攻防意识和自我保护能力,为学习客舱防卫拳法技术奠定基础。

基于客舱环境,结合航空安全员技能考核大纲和航空安全保卫专业的具体学情,本节重点对冲拳、摆拳和勾拳三种常见拳法的基本功训练进行介绍和讲解。

一、马步冲拳

预备式：两脚并立,脚尖并拢朝前,两腿自然直立,收腹挺胸,手臂自然伸直贴于身体两侧,五指并拢,头顶上领,两眼目视前方。

动作过程：两脚开步站立,两腿屈膝半蹲成马步,两手握拳抱于两腰侧[①],拳心向上,拳眼朝外,右拳从腰部向前拧转伸平冲出,拳心向下,拳锋向前,力达拳锋；右拳旋转收回腰侧的同时,左手向前拧转冲出,一左一右交替冲拳,两眼目视前方,如图3-28～图3-31所示。

图 3-28　　　　　图 3-29　　　　　图 3-30　　　　　图 3-31

---

① 在航空安全员国传统武术中,抱拳腰侧一般是指腰部两侧的章门穴。章门穴是人体要穴,在武术中是被称为气门穴,位于人体第一浮肋前端。

动作要领：拳从腰侧冲出时拳心朝上，当肘部靠近腰侧时臂内旋使拳在螺旋运动中向前冲出，变拳心向下。学生要特别注意冲拳、旋臂、变拳心向下，这三部分动作必须连贯起来，一气呵成。冲拳时，两肩膀必须放松下沉，出拳一侧的肩要顺势向前送出，抱拳一侧的肩则需同时向后拉。①

练习方法②：学生在初始阶段进行马步冲拳功力练习时建议每组可以坚持30次左右。经过一段时间的训练，可以每次冲拳50次，逐步增加次数，提高训练水平。马步冲拳速度练习时建议初始阶段每分钟50～60次，逐步达到每分钟80～100次。马步冲拳动作练习方法可以分为左右冲拳和同时双冲拳，原理相同，两种方法可以在练习中同步进行。

易犯错误与纠正：马步冲拳练习过程中经常出现的错误有趴腰撅臀、跪膝、抱拳腰侧两肘外旋、直臂或侧臂冲出没有旋转而出。

抱拳腰侧两肘外旋多是没有挺胸展肩或者肩关节韧带不够引起的。针对这个错误首先要对练习者的肩部韧带进行向后抻拉，提高肩部向后伸展的能力和灵活度，或者可以让帮助者站在其身后两手扶住练习者的肘关节外侧由外向内进行推压，并能保持片刻，反复训练后就会有较好的效果。

直臂或侧臂冲出没有旋转而出主要是练习者对动作概念理解不清楚引起的。针对这类错误，首先要帮助练习者明白"旋转而出"的概念和作用，具体做法是通过反复演示的办法帮助练习者了解动作意思。其次可以帮扶的办法进行纠正，具体做法是用手握住练习者的拳头引领其向前旋转冲出，反复几次直到其能独立完成。

练习作用：从身体力量方面，首先通过马步冲拳动作练习可以加强练习者的腿部力量，提高两腿支撑能力和身体稳定性。其次通过马步基础上的左右冲拳练习，可以起到锻炼练习者冲拳拧腰、送胯、螺旋发力的目的，马步冲拳可以帮助学生练习和掌握身体侧向时冲拳的发力技巧，为以后学习拳法技术打下基础。

二、弓步冲拳

预备式：动作同定点弓步。

动作过程：在左弓步的基础上，右拳保持不动，左拳快速向前冲拳，力达拳锋，随即快速屈肘收回，左拳收回同时，右拳迅速向前冲出，随即原路收回。收右拳同时，动作不停，身体向右转体，成右弓步，进行左右冲拳。如图3-32～图3-34所示。

图 3-32

图 3-33

图 3-34

---

① 蔡龙云.武术运动基本训练[M].北京：人民体育出版社，2013：48-49.

② 在传统武术训练中，根据不同的训练目的，可以将武术动作练习方法分为速度训练和功力训练。其中速度训练是以提升动作速度为目的的训练方法。练习时要求武术动作之间的衔接速度要快，即单位时间内要求最快的动作输出次数；功力训练是以提高功力为目的的训练，练习时每个动作要以最快速度和最大力量打出，即每个动作每次的最大输出功率。因此，学生在学习马步冲拳动作时，可以有速度训练法和功力训练法。

动作要领与方法：弓步冲拳时拧腰转胯，以胯促腰，以腰催肩，以肩送臂，小臂旋转带动拳头，做到"拳以滚而出"，力达拳锋。对于初学者来说左弓步的"左冲拳"和右弓步的"右冲拳"是练习的重点和难点。要求出拳时预兆要小，直接向前冲出①，冲出后迅速屈肘还原。初级阶段，左弓步左右冲拳两次，然后转身右弓步冲拳两次，左右交替练习。弓步冲拳练习熟练后，可以练习弓步双冲拳，练习时注意两拳略高于两肩或与肩平，身体略后倾。

易犯错误与纠正："弓步冲拳"常犯错误有冲拳过高或过低、拳握成立拳或仰拳两类错误。第一类错误的原因主要是由于出拳没有目标，动作比较随意，肌肉过于放松导致的，纠正时可以采用动作的分解练习，帮助练习者调整每次出拳后的高度，形成正确的动力定型。第二类错误的原因是出拳时没有旋转手臂，直接冲出引起的。纠正时握住练习者的拳头向前引导牵拉，体会动作过程和最终动作形态。

练习作用：通过弓步冲拳动作练习可以加强练习者的腿部力量，提高两腿前后的支撑能力和身体稳定性。通过弓步基础上冲拳练习，可以使学生练习与掌握身体正向时冲拳的发力技巧，为以后学习拳法技术打下基础。

三、弓步摆拳

预备式：同定点弓步。

动作过程：向左转身成左弓步，同时左臂由内向外旋转、横拦至额头上方架挡，拳心朝外；同时右拳从右向左划弧摆至头部正前方处，拳心向下，成左弓步摆拳；动作不停，向右拧腰转身成右弓步，左拳从头部左侧由左向右摆出；右手向右横拦握拳架挡，拳心向上，即右弓步摆拳；右脚蹬地还原成预备式，如图3-35～图3-39所示。

图 3-35　　　　　　图 3-36　　　　　　图 3-37　　　　　　图 3-38

动作要领与方法：横拦为抓手，摆拳要拧腰，身体要中正，动作连贯，上下相随，力达拳锋。练习时左弓步摆拳和右弓步摆拳为一次，每组10次，初级阶段练习时3组休息一次，每次休息15秒，进行3组。

易犯错误：摆拳和横拦动作僵硬而没有力量是初学者在学习弓步摆拳时比较常见的错误和问题。这类错误多是由于手臂力量和腰部力量没有形成合力所致。还有一部分是腰部力量不足或者不协调导致的。针对大部分学生的问题。

图 3-39

纠正方法：两人配合，一人手握弹力带固定一端，在右侧为配手，另一人双手抓握弹力带另一端，在左侧为操作手。操作手两脚开立，向左转身成左弓步牵拉弹力带，感受腰部的拧腰和手臂的合力。

---

① 拳理是动作预兆小、攻击距离短速度快。这种方式的冲拳在实战对抗中能起到出其不意的作用。

练习作用：通过弓步摆拳动作练习可以加强练习者的腿部力量，提高两腿前后的支撑能力和身体稳定性。弓步步型的摆拳训练更加贴近客舱防卫的摆拳技术动作，可以帮助学生练习和掌握身体正向时摆拳的发力技巧，为以后学习摆拳技术奠定基础。

四、弓步勾拳

预备式：同定点弓步。

动作过程：左脚向左跨步拧腰转身成左弓步，同时左手由拳变掌，由内向外旋转手臂手腕至额头前上方，距离约自身两拳的高度，掌心斜向上，五指自然分开，右拳随身顺势向前向上冲出，拳心朝内，拳锋向上，高度与鼻尖齐平，大臂与小臂夹脚约为120°，向右拧腰转胯的同时左手变拳由下向前上方冲拳，右拳变掌由内而外旋转手臂至右侧头部上方，左脚蹬地还原预备式，右弓步动作同左弓步，如图3-40～图3-43所示。

图 3-40　　　　　图 3-41　　　　　图 3-42　　　　　图 3-43

动作要领与方法：转胯拧腰，蹬地挺膝，脚尖内扣，拳走中路，上呼下吸，力达拳锋。弓步上冲拳练习时应注意冲拳要与拧腰转胯的动作结合在一起，动作过程配合呼吸缓慢而有力道，不可猛冲直打。初级阶段练习时，学生动作要放松自然，不要刻意加快冲拳速度和力量，每组练习次数为10～15次；随着训练水平的提高，可以逐步加快冲拳速度。

易犯错误与纠正：弓步上冲拳最常见的错误是上冲拳出拳方向和路线错误。其具体表现是上冲拳幅度过大或者过小，高度忽高忽低。这类错误主要是因为学生对动作认识不够充分或者理解不够透彻引起的。纠正时，首先要通过示范法和情景模拟法为学生进行慢动作演练，使学生了解动作含义和作用，明白动作过程细节，然后进行动作练习逐步纠正错误。

练习作用：通过弓步勾拳动作练习可以加强练习者的腿部力量，提高两腿前后的支撑能力和身体稳定性。弓步步型的勾拳训练更加贴近客舱防卫的勾拳技术动作，可以帮助学生练习和掌握身体正向时勾拳的发力技巧，为以后学习勾拳技术奠定基础。

 提升与拓展

动作名称：弓步盘手①。

预备式：同定点弓步。

动作过程：向左转身成左弓步的同时，左手向外旋转并向上横拦至头部上方架挡，拳心朝外，同时右拳从右向左弧线盘至胸口处，拳心向下，肘关节屈臂架肘②，肘尖朝前，目视前方，即左弓步盘手，动作不停，向右拧腰转身成右弓步，左拳从头部左侧由左向右盘出，右手向右横拦

---

① 盘手，武术术语，又称"盘锤"。"盘""盘手"即用拳缠打，有回旋、回绕、弯曲之意。弓步盘手分为左弓步盘手和右弓步盘手。

② 屈臂架肘，在文中的意思是肘关节内侧向下，手臂屈臂与地面平行。

握拳架挡，拳心向上，即右弓步盘手；右脚蹬地还原呈预备式，如图3-44～图3-47所示。

　　图 3-44　　　　　　图 3-45　　　　　　图 3-46　　　　　　图 3-47

动作要领与方法：弓步转身要拧腰转胯，后腿要蹬地挺膝，两脚尖内扣，横拦、盘手要与弓步转身动作形成合力打出。盘手和横拦是动作学习的重点和难点。左右横拦动作在练习时要重点体会拦、挡、抓、握、拧的动作含义；左右盘手在练习时要重点体会转胯拧腰发力。练习时左弓步盘手和右弓步盘手为一次，每组10次，初级阶段练习时3组休息一次，每次休息15秒，进行3组。

练习作用：马步盘手是拳法和弓步、马步的结合动作，通过练习可以提高练习者的摆拳技术并增强上下肢的肌肉力量。

组织与训练

学生可在实训馆或足球场等训练场地成体操队形横向依次散开，左右间隔1米的距离，进行拳法基本动作的训练。

（一）集体练习

由教师规定演练动作内容，学生根据教师的口令进行集体练习。

（二）分组练习

由教师根据班级学生人数进行分组，学生按照教师布置的演练动作，在组内轮换练习，每一组时间约为30秒，然后交换下一组。

第三节　基本腿法

　　一条腿支撑，用另一条腿攻击对手和阻截对手进攻的一类技法，称之为腿法。腿较臂长，能远击对手，脚较手力大，能重创对手，腿较臂隐藏，能突击对手。因此，在客舱狭小的空间中腿法既可以截挡对方的进攻，又可用腿踢击重创对方，是航空安全员客舱处突必备的防卫技能。

　　腿法基本功训练是根据腿法的运动特点，通过直摆性和屈伸性腿法对腿法技术进行训练的一种方法。通过腿法基本功的训练，可以帮助学生练习并掌握不同运动状态下腿法的发力节奏和技巧，为学习客舱防卫腿法技术奠定基础。基于客舱环境，结合航空安全员技能考核大纲和航空安全保卫专业的学情特点，本节重点对正踢腿、外摆腿、里合腿、侧踢腿、弹踢腿和蹬踢腿六种腿法基本功训练进行介绍和讲解。

一、正踢腿[①]

预备式：并步站立，听到"预备"口令后，五指用力伸直并拢，大拇指蜷扣在虎口处，由下向

---

① 身体立起，一腿伸直支撑，另一腿挺直，勾脚向额头正前方或者头顶踢者称为正踢腿。

动作视频 3-1
正踢腿

上在胸前击掌,指尖朝上,然后两臂侧平举,翘腕立指,掌心朝外;同时,左脚向前迈步,脚尖虚着地,右腿支撑,两眼目视前方。

动作过程:左脚向前上步,右腿膝部挺直,脚尖勾紧,从后向前、向上、向前额出踢起,右脚落下与左脚并拢,右脚向前一步,左脚向前额出踢起。如此轮换连续前踢。

动作要领:头要正,顶要平,胸要挺,背要拔,腰要塌,胯要收,腿要直,脚要勾。

练习方法:保持身体正直,双臂侧平举,支撑腿站立不动,另一腿做踢腿练习。每条腿1次踢 10~20 次,左右交替练习。

易犯错误与纠正:低头猫腰是初学者较为常见的错误之一。主要表现为踢腿时头向前俯,腰背后凸。这类错误多是由于踢腿高度超过了自身柔韧性许可的范围。

纠正方法:加强腿部柔韧性训练。

练习作用:通过正踢腿动作训练,可以增强学生的腿部和腰腹力量;通过身体正向的直摆性腿法练习可以提高学生腿法的向前勾踢能力,为以后学习客舱防卫腿法技术奠定基础。

二、外摆腿①

预备式:同正踢腿。

动作过程:左脚向前上步,右腿膝部挺直,脚尖勾紧,从后向身体左侧踢起,经面部向右侧外摆,右脚从身体右侧落下,右脚上一步,左腿向右侧踢起做外摆。左右轮换做。

动作视频 3-2
外摆腿

动作要领与方法:踢腿要从异侧斜前上方踢起,侧落要沿同侧体侧落下,经过面部或高点外摆时要加速,腿直、腰直、胳膊直、手腕勾(三直一勾)。练习方法:侧对肋木站立,内侧手抓扶肋木,外腿经身前向外侧划弧开胯于侧后方落下,脚尖在身后点地,每条腿练习练 20~30 次,左右交替练习。

易犯错误:外摆时弧度较小是初学者练习时较为常见的错误。摆弧小的原因多是由于腿起落的方向不清楚或者开胯不够。

纠正方法:学生首先要明确外摆腿的摆动腿是由斜踢腿起,外摆至体侧落下。然后进行手扶肋木练习,每条腿练习 20~30 次,过程中学生要重点体会摆动腿的路线轨迹和方向。

练习作用:通过外摆腿动作练习,可以提高学生的髋关节灵活性以及腰腹力量;通过身体正向的直摆性腿法练习可以提高学生腿法的外摆能力,为以后学习客舱防卫腿法技术奠定基础。

三、里合腿②

预备式:同正踢腿。

动作过程:左脚上一步,右腿膝部挺直,脚尖勾紧,从后向前侧起踢至头侧,经面前向对侧斜前上方划弧摆落至体侧左边,右脚上步,左脚挺膝向前侧起踢至头侧,经面前向右侧斜前方划弧摆落至体侧右边,如此左右交替做。

动作要领与方法:上摆要高,下落要快,侧起斜落,支撑腿脚尖要朝正前,三直一勾。练习方法:侧对肋木站立,内侧手抓扶肋木,外腿经身前向内侧划弧开胯于内侧方向落下,脚尖点地,每条腿练习练 20~30 次,左右交替练习。

动作视频 3-3
里合腿

---

① 身体直立,一腿伸直支撑,脚尖微外摆,另一腿挺直勾脚斜踢,再经面前向体侧划弧摆动落下称为外摆腿。
② 身体直立,一腿支撑,另一腿挺直侧起踢至头侧,经面前向对侧斜前方划弧摆落的动作称为里合腿。

由于里合腿和外摆路线相同,方向相反,故也可以和外摆腿结合起来练习。

易犯错误:起踢腿和支撑腿弯曲是里合腿比较常见的错误。弯曲的主要原因多是学生的腿部柔韧性不足导致的。

纠正方法:加强腿部的柔韧性练习,同时要直背立腰,踢腿时用脚去找自己的头部,不要养成用头够脚的习惯。

练习作用:通过里合腿动作练习,可以较好地锻炼学生髋关节的灵活性;通过身体正向的直摆性腿法练习可以提高学生腿法的运动能力,为以后学习客舱防卫腿法技术奠定基础。

四、侧踢腿①

预备式:同正踢腿。

动作过程:左脚上步,脚尖朝向左侧与右脚成丁字步,身体左转,左手握拳,左臂屈肘上举于额头上方,拳心朝前,右手握拳屈肘竖臂于左胸侧,拳心朝内,右腿膝部挺直,脚尖勾紧,从后向前、向上、向脑后踢起,右脚落下时与左脚成丁字步,右脚上步,脚尖外展,上身随之向右后转,右拳屈臂上举,左臂屈肘竖臂于右胸侧,拳心朝内,左腿从后向上踢起。左右连续交替做。

动作要领与方法:踢腿时身体要向对侧后方转身成侧身,踢起腿要直腿勾脚尖,上踢过程要快速,落脚后与后脚成丁字步,踢腿外旋要开胯,三直一勾。侧对肋木站立,内侧手抓扶肋木,外侧腿膝盖挺直向肩右侧直腿勾踢,脚尖向上,落地后还原即可,每条腿练习20~30次,左右交替进行。

动作视频 3-4
侧踢腿

易犯错误:向前踢腿时形成正踢腿是初学者比较常见的错误。这类错误的原因有两种:第一,踢腿前身体没有形成侧身或不充分;第二,两脚没有形成丁字步。

纠正方法:教师要先进行动作的示范,重点对踢腿侧身和两脚丁字步重点示范;学生可以通过对镜子练习的方法纠正自己的身体姿态。

练习作用:通过侧踢腿动作练习,可以提高学生腿部力量和灵活性;通过身体侧向的直摆性腿法练习可以提高学生腿法的侧向勾踢能力,为以后学习客舱防卫腿法技术奠定基础。

五、弹踢腿②

预备式:两脚并脚站立,脚跟并拢,脚尖朝前,挺胸收腹,两手握拳抱于腰际,拳心向上,两眼目视前方。

动作过程:左脚向前上一步,左腿屈膝下蹲;右腿在身后屈膝,右脚离地提起,脚面绷直;右脚绷直脚面从后向前踢出,高度不超过腰脐③;右脚向前落步,右腿屈膝,换左腿弹踢。

动作要领与方法:提腿要屈膝,膝关节要稳固不歪斜,弹踢要力道劲促,脚尖要绷直,力达脚尖。练习方法:对于初学者要先手扶肋木进行原地弹腿练习,每腿 20 次,然后换腿练习。当学生能够达到立身正直,坐胯松肩,弹腿脆快,高度适宜的程度时,可以进行行进间的弹腿练习。

动作视频 3-5
弹踢腿

易犯错误:脚跟掀起是弹踢腿比较常见的错误。其主要动作表现为一腿踢腿时,另一腿脚后离开地面。这类错误常见的原因多是学生的腿部力量不足引起的。

纠正方法:首先进行腿部力量的练习,例如徒手深蹲,每次 30 下;单腿起蹲,每次 6~8 下;

---

① 身体立起,一腿伸直支撑,脚尖外摆,另一腿挺直沿体侧向脑后勾脚上踢称为侧踢腿。
② 一腿支撑,另一腿先屈膝踢起、脚面绷平,然后向前挺膝弹出,力达脚尖的屈伸向腿法称为弹踢腿。
③ 弹踢腿根据踢腿的高度可分为平弹踢和低弹踢两种。平弹踢高度与髋齐,低弹踢不超过膝盖。

其次进行手扶肋木练习。

练习作用：通过弹踢动作练习，可以锻炼腿部的肌肉力量和爆发力；通过身体正向状态下的屈伸性腿法可以提高学生腿法的弹踢能力，为以后学习客舱防卫腿法技术奠定基础。

六、蹬踢腿

预备式：两脚并脚站立，脚跟并拢，脚尖朝前，挺胸收腹，两手握拳抱于腰际，拳心向上，两眼目视前方。

动作视频 3-6
蹬踢腿

动作过程：左脚向前上一步，左腿屈膝下蹲；右腿在身后屈膝，右脚离地提起，脚尖紧勾；右脚从后往前蹬出，脚尖朝上，高度不超过腰脐；右腿屈膝落步，换左腿弹踢。

动作要领与方法：挺胸直背，塌腰身正，屈膝勾脚尖，提腿蹬踢要力沉，支撑腿稳定如磐石，力达脚跟劲要促。练习方法：对于初学者要先手扶肋木进行原地蹬腿练习，每条腿练习 20 次，然后换腿练习。当学生能够达到立身正直，坐胯松肩，蹬腿脆快，高度适宜的程度时，可以进行行进间的蹬腿练习。

练习作用：通过蹬踢动作练习，可以锻炼腿部的肌肉力量和爆发力；通过身体正向状态下的屈伸性腿法可以提高学生腿法的蹬踢能力，为以后学习客舱防卫腿法技术奠定基础。

 提升与拓展

动作名称：侧踹腿[①]。

预备式：身体侧向两脚并立，脚尖并拢朝前，两腿自然直立，收腹挺胸，手臂自然伸直贴于身体两侧，五指并拢，头顶上领，两眼目视前方。

动作过程：左脚向左迈一步，约与肩宽，双手叉腰，两眼目视左方；右脚向身体左侧后方叉步，前脚掌着地，脚跟抬起；左腿屈膝提起至身体左侧，略比髋高，重心过渡至左腿，膝盖朝右斜前方，脚尖向上抬起；膝关节挺伸的同时向左侧踹腿，脚高过腰，脚尖横勾，眼看出腿方向；左脚落地还原开立叉腰。

动作视频 3-7
侧踹腿

动作要领与方法：叉步时身体要微向后转，提腿要屈膝，膝关节要稳定，前伸蹬踹时发力要脆，力达脚跟。练习方法：学生面对肋木，左手抓扶肋木，向左叉步侧踹腿一次，还原后再重复，连续 20 次，左右腿交替练习。动作熟练后，可以双手叉腰做行进间的动作练习，一条腿连续做 8～10 次，然后换方向换腿连续。

练习作用：通过侧踹腿的动作训练，可以提高学生腿法的灵活性和腿部肌肉力量；通过身体侧向的屈伸性腿法练习可以提高学生腿的蹬踹能力，为以后学习客舱防卫技术奠定基础。

 组织与训练

（一）原地训练

学生可在实训馆或足球场等训练场地成体操队形横向依次散开，左右间隔 1 米的距离，进行各种腿法的原地训练。

（二）行进间训练

学生可在实训馆或足球场等训练场地成体操队形纵队站位，4～6 名学生为一组同时向前

---

① 一腿支撑，另一腿屈膝提起，脚尖勾回，上体向支撑腿侧屈，挺伸膝关节出腿，脚尖横勾称为侧踹腿。

进行动作训练。每一腿法行进间做 6～8 次动作,然后从队伍回到队伍末尾,依次循环三组休息一次。每一组学生之间间隔 3 个动作,交替进行。

第四节 基本身法

　　武术运动中躯干的运动方式称为身法。在格斗搏击中,人的四肢和头项都与躯干相连,躯干运转能带动或制约四肢和头部的运转。从运动方向来说,躯干拧转可带动手臂向两侧横击;从运动幅度来说,躯干前探,可加长上肢的前伸距离,躯干回缩可增加上肢的后移距离;从劲力的蓄发来说,躯干的拧转交替,有助于劲力的蓄发转换。

　　在学习客舱防卫与控制技术过程中,通过基本身法动作的练习可以增强学生四肢的协调能力与运动能力,还能增强格斗攻防能力。

　　结合客舱环境和行业特点,选取马步和弓步作为身法练习的两个基础步型。在此基础上,练习者按照一定的技击规律,在行进移动过程中通过配合冲拳、摆拳、勾拳、推掌、顶肘等技击动作组合进行身法的练习和演练。

一、转身马步双冲拳

　　预备式：两脚前后开立,左脚在前,右脚在后,距离略比肩宽,脚尖朝向前;左手臂屈肘约 90°放在头部和躯干正前方;左手握拳,拳背朝前,拳心朝内,拳头高度不低于鼻子,不高于眼睛;右手臂屈肘约 60°放在体侧,大臂内侧紧贴肋部,小臂自然放于躯干前侧;右手握拳,拳心朝内,拳锋向上,放在下巴下方。

　　动作过程：右脚向前方迅速上步,转身抬肘,双腿屈平半蹲成马步,沉肩坠肘,两臂握拳屈肘放于体前,距离约 40 厘米;双拳同时向前冲出,拳与肩平,力达拳锋,拳心向下。双拳屈臂屈肘回收的同时,左脚向身体右侧上步,转身抬肘,双腿屈平半蹲成马步,后面动作同上。连续上步,左右交替,如图 3-48～图 3-53 所示。

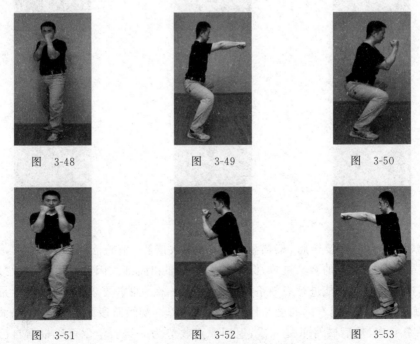

图 3-48　　　　　　图 3-49　　　　　　图 3-50

图 3-51　　　　　　图 3-52　　　　　　图 3-53

动作要领与方法：上步要正前方，落脚要内扣脚尖，脚趾抓地，直背挺腰；转身马步时沉肩坠肘，两拳高度不低于鼻子不高于眼睛。上步转身中的肘部动作是练习的难点和重点，此过程中肘部的运动状态包括了挂、裹、脓等动作用途，训练中学生要反复体会。初学者，可以从预备姿势开始，每做一次动作后就还原，进行反复练习。此过程中可以放慢动作节奏，主要观察身体和肘部的运动轨迹，重点体会沉肩坠肘的拳理。熟练后，可以做连续动作，每组6个，然后转身换成右脚在前，左脚在后的反架站立。

易犯错误与纠正：常犯错误是上步成马步时脚尖外展，没有趟、裹之感，脚步动作过于随意摆、跨。这类错误的主要是由于练习者没有掌握动作要领，没有正确理解动作含义或者用途引起的。纠正时，首先要通过反复观看动作的正确演示，建立正确的视觉影像，然后厘清动作的用途，反复练习。

练习作用：转身马步双冲拳是拳法结合马步的一种身法练习。通过训练可以帮助学生行进间冲拳的发力技巧，提高学生的技击灵活性和身体运动能力。

二、转身弓步架挡冲拳

预备式：同定点弓步。

动作过程：在左弓步的基础上，向左拧腰转身，同时左手由拳变掌，由内向外旋转手臂手腕至额头前上方，距离约自身两拳的高度，掌心斜向上，五指自然分开；肘关节略低于腕关节；右拳胸口处迅速向前冲出，高于肩平，两眼目视前方；两手迅速收回还原；紧接着上右脚上步成右弓步，右手上架，左手冲拳，方法同上；左右上步，交替进行，如图3-54～图3-59所示。

图 3-54　　　　　图 3-55　　　　　图 3-56

图 3-57　　　　　图 3-58　　　　　图 3-59

动作要领与方法：拧腰转胯，架挡要快，冲拳要快准狠，坐胯立腰，动作连贯，发力自然。手臂架挡主要是格挡对方的拳法进攻，保护自己的头部和面部。因此学生在进行"架挡"练习时要反应迅速，动作标准，能进行有效格挡保护自己头部。冲拳要求快准狠，目标是对方的胸口或面门，练习时要注意出拳的高度和目标意识的培养。初级阶段练习时，从预备式开始连续左右弓步冲拳6次，然后转身重复6次，返回原点收势为一组。学生可以根据自己的训练水平,逐步提高自己的训练强度。

易犯错误与纠正:弓步架打冲拳最常见的错误是两手动作不同步。具体表现为左手架挡和右手冲拳不能做到同时打出,或是左手先出,或是右手先出。这类错误的主要原因有两个:其一是身体协调配合能力较弱引起的;其二是对动作用途和技击含义认识不够充分所引起的。

针对第一类错误原因纠正时,可以采用分解动作练习的方法进行纠正。具体做法是把动作分为两步:第一步先做弓步上格挡动作,10次为一组;第二步做冲拳,10次为一组。经过反复练习后,再将两个动作结合起来进行连贯动作的练习,逐步提高左右手臂的协调配合能力。

针对第二类错误原因纠正时,可以通过示范法和情景模拟法为学生进行慢动作示范、演练,使练习者逐步了解动作的含义和作用、掌握动作要领和过程细节,然后反复进行练习,逐步纠正错误。

练习作用:从客舱防卫与控制角度,通过转身弓步架挡冲拳练习可以使航空安全员在客舱环境中技术运用更加灵活、敏捷,对提升客舱处突水平具有较好的辅助作用。例如,在客舱狭小空间里,可以巧妙运用贴身架挡进行格挡防护,运用冲拳进行防守反击。

三、转身弓步架挡摆拳

预备式:同定点弓步。

动作过程:左脚向左跨转身成左弓步;左手向左向上横拦至头部左上方架挡;同时右拳从右向左弧线摆至头部正前方,约50厘米,拳心向下,目视前方;动作不停,右脚上步转身成右弓步,右手向右向上横拦至头部右上方架挡;左拳从左向右弧线摆至头部正前方,约50厘米,拳心向下,目视前方;左右上步,交替进行,如图3-60~图3-63所示。

图 3-60

图 3-61

图 3-62

图 3-63

动作要领与方法:拧腰转胯,上下相随,手到脚到,力达拳锋,直背立腰坐胯。初级阶段练习时,从预备式开始连续左右弓步摆拳6次,然后转身重复6次返回原点收势,这为一组。学生可以根据自己的训练水平,逐步增加自己的训练强度。

易犯错误与纠正:转身弓步摆拳比较常见的错误是动作僵硬,表现单一,身体灵活度不够。这类错误具体表现是在做左右横拦和摆拳动作时肢体动作僵硬,重心一直保持在一个较高的位置上,肢体表现看上去没有明确的技击目标和正确的技击意图。

出现这类错误的主要原因有两个:第一,腰部灵活度不够。针对这一原因纠正时,可以加强腰部柔功入手(具体可以参考上文"腰部柔功"),增强腰部活动能力;也可以通过练习马步和弓步的相互转换动作锻炼腰部拧腰转胯的能力。第二,对动作用途和作用了解、认识不够充分。纠正时,可以通过"说招喂招"的方法进行练习纠正。其具体做法是配手一方向前伸出左拳,操作手一方用左手横栏其手腕,同时用摆拳进攻其头部。练习过程中应重点体会动作的具体作用表现。

练习作用：通过行进间摆拳结合弓步的身法训练，可以帮助学生练习和掌握摆拳的发力技巧，提高学生的身体灵活性和身体运动能力，为以后学习客舱防卫与控制技术奠定基础。

四、转身弓步架挡勾拳

预备式：同定点弓步。

动作过程：左脚向左跨转身成左弓步；左手向左向上横拦至头部左上方架挡；同时右拳由下向上勾击至面部前方，约50厘米，拳心朝内，目视前方；动作不停，右脚上步转身成右弓步，右手向右向上横拦至头部右上方架挡；左拳呈弧线勾击至面部前方，约50厘米，拳心朝内，目视前方；左右上步，交替进行，如图3-64～图3-67所示。

图 3-64　　　　图 3-65　　　　图 3-66　　　　图 3-67

动作要领与方法：拧腰转胯，上下相随，手到脚到，力达拳锋，直背立腰坐胯。由于转身弓步摆拳在实战对抗中主要是进攻对方的肋部以及头侧部，故学生在练习前一定要有正确清晰的技击意图，明确招式击打的部位或目标。实际对抗中，要灵活多变，左右手的横拦动作既可以针对对方的拳法，也可以是对方的腿法。因此，在训练中每次要以马步这一动作为标准，严格要求，只有这样才能在实战对抗中去加以运用和变化。初级阶段练习时，从预备式开始连续左右弓步勾拳6次，然后转身重复6次返回原点收势，这为一组。学生可以根据自己的训练水平，逐步增加自己的训练强度。

易犯错误与纠正：转身弓步勾拳练习时常犯错误如下。一是勾拳时身体过度前倾，出现身体前趴。这类错误的主要原因是练习者没有坐胯立腰引起的。纠正时可以采用的帮扶纠正的方法，具体做法是一手放在腰部位置，另一手放在胸脯的位置，帮其扶正，定型片刻再还原。错误二是上冲拳出拳方向和路线错误。其具体表现是上冲拳幅度过大或者过小，高度忽高忽低。具体纠正方法可参考"弓步上冲拳"。

练习作用：行进间结合弓步的勾拳训练，可以进一步帮助学生练习和掌握勾拳的发力技巧，提高学生的身体灵活性和身体运动能力，为以后学习客舱防卫与控制勾拳技术奠定基础。

五、转身马步双推掌

预备式：两脚前后开立，左脚在前，右脚在后，距离略比肩宽，脚尖朝向前；左手臂屈肘约90°放在头部和躯干正前方；左手握拳，拳背朝前，拳心朝内①，拳头高度不低于鼻子，不高于眼睛；右手臂屈肘约60°放在体侧，大臂内侧紧贴肋部，小臂自然放于躯干前侧；右手握拳，拳心朝内，拳锋向上，放在下巴下方。

---

① "朝内"文中指动作朝向自己的为内，反之则为外。

动作过程：右脚向左脚正前方上步,距离约自身三倍脚长,转身屈膝半蹲成马步;两手从两腰侧同时变掌向前推出,五指自然分开,掌心向前,力达掌心;两手臂屈肘回拉,由上向下,由左至右转动两手臂至头部正前方;左脚向身体右侧迅速上步屈腿成马步,两手握拳于腰侧,拳心向上;两掌迅速向前推出;左右上步即可,如图3-68~图3-72所示。

图 3-68　　　　　图 3-69　　　　　图 3-70　　　　　图 3-71

动作要领与方法：马步需大腿屈平、直背挺腰、脚尖朝前内扣、推掌迅速有力、十指抓握缓慢而有劲,向前推掌均匀呼气、回拉抓握均匀吸气。手臂摆动至头部正前方时切记勿将拳头低于鼻子或高于眼睛,此招主要起到保护头部的作用。"转身马步双推掌"练习时上步路线须为直线,故在练习时可以某一条直线为参考进行来回练习,每上步转身成马步后完成一次抓手,一去一回各做5次上步转身马步,即可返回原点收势。

图 3-72

易犯错误与纠正：该动作练习时经常出现的错误有"趴腰撅臀""脚尖外展""马步过高""向前推掌时抬肘外展""抓手回拉摆臂时动作僵硬"。其中"趴腰撅臀""脚尖外展"两类错误的纠正方法见上文"定点马步"的易犯错误与纠正。"马步过高"的错误纠正可参考"上步转身马步"的易犯错误与纠正方法。

出现"向前推掌时抬肘外展"的错误动作多是由于对"推掌"概念认识不清造成的。首先要通过正确动作演示让其明白动作含义、路线方向以及最终着力点,然后单独反复练习即可有明显改善效果。

练习作用：行进间结合马步的推掌训练,可以进一步帮助学生练习和掌握推掌的发力技巧,提高学生的身体灵活性和身体运动能力,为以后学习掌法技术奠定基础。

六、转身弓步顶肘

预备式：同弓步。

动作过程：左脚向左跨一大步屈膝半蹲成马步;左臂屈臂上抬置于胸部左侧,左手握拳,拳心向下;同时,右手五指并拢,环握左拳锋;右脚蹬地,左肘随身体转胯拧腰之势,向左顶出,高与肩平,成左弓步顶肘;右脚上步向右转身成右弓步顶肘;左右上步,交替进行,如图3-73~图3-76所示。

动作要领与方法：转胯拧腰、后腿蹬地挺膝,托肘顶肘合力、力达肘尖,上下相随,动作连贯。学生从预备式开始,先左上步转身左顶肘,再右上步右顶肘,一左一右沿直线行进,连续8~10次,然后转身重复,返回起点收势。

易犯错误：上步步幅过小,弓步重心过高是初学者比较常见的错误之一。这类错误多是由于学生腿部力量不足或者上步步幅小引起的。

纠正方法：首先,教师要通过示范的方法为学生进行演练,过程中学生要认真观察动作过

图 3-73

图 3-74

图 3-75

图 3-76

程,总结动作细节和方法,教师再进行补充或纠正。其次,学生进行练习时步幅大小以大约四倍自身脚长作为参考,反复练习几次,过程中注意总结步幅的距离,逐步形成步幅定型。

练习作用:通过行进间顶肘动作结合弓步的身法练习,可以提高学生身体的灵活性和协调性,帮助学生练习掌握身体移动状态下顶肘的发力技巧,为以后学习和提高肘法技术奠定基础。

 提升与拓展

动作名称:马步三冲拳①。

预备式:同转身马步冲拳。

动作过程:左拳变掌,抬肘勾手腕,指尖向下,经额前绕头一圈后放于腰侧②;动作不停,右脚向左脚正前方上步,转身屈膝半蹲成马步;右拳向前伸出,肘部到腰侧位置时小臂向内螺旋冲出,肩膀前送,力达拳锋,臂与肩平;右拳旋转收回腰侧的同时,左拳快速冲出,收回腰侧时,右拳快速冲出,此时不用收回;右拳变掌,下面动作同开始动作,左右交替即可,如图 3-77~图 3-84 所示。

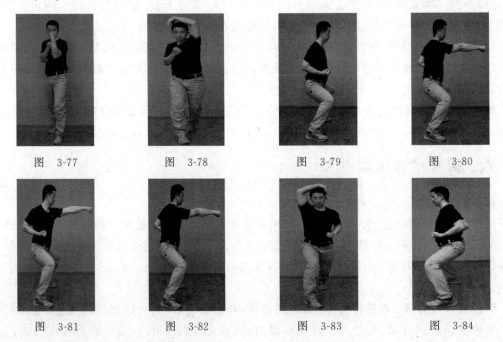

图 3-77　　　图 3-78　　　图 3-79　　　图 3-80

图 3-81　　　图 3-82　　　图 3-83　　　图 3-84

---

① "三冲拳",武术术语,是一种组合技击动作,借鉴于偃师缑氏镇康氏猿猴通背拳。其出拳要求快如流星、收如闪电,急打急收,灵如猿猴。此招式拳理是一拳为虚、二拳打胸、三拳归阴。即一拳击打对方头部时,对方闪躲避开,二拳急出击打对方的胸口,对方胸部后缩避闪造成头部前倾,三拳急攻对方头部将其击倒重创,例如"上步连三锤""急步三冲拳"。

② 此动作借鉴于猿猴通背拳的"猿猴脱帽"的动作招式。在实战对抗中具有云手拨挡护头之意。

动作要领与方法：大腿屈平、直背挺腰、脚尖朝前内扣、上步要稳、拳以滚而出、动作连贯。"转身马步三冲拳"练习时上步路线须为直线，故在练习时可以某一条直线为参考进行来回练习，每上步转身成马步后完成三次冲拳，一去一回各做 5 次上步转身马步，即可返回原点收势。

易犯错误与纠正：该动作练习时经常出现的错误有趴腰撅臀、脚尖外展、马步过高、冲拳没有旋转手臂。其中趴腰撅臀、脚尖外展两类错误的纠正方法见上文定点马步的易犯错误与纠正。马步过高的错误纠正可参考上步转身马步的易犯错误与纠正方法。冲拳没有旋转手臂错误纠正可参考马步冲拳。

练习作用：通过马步三冲拳练习可以起到对定点马步、马步冲拳等动作已学动作进一步复习巩固的作用，进而提高动作的熟练程度，形成正确的动力定型。在客舱防卫与控制方面，通过长期练习可以使航空安全员的肢体运动更加协调灵活，动作输出效率更加高效，动作发力更加具有穿透力和整体劲[①]，培养"手眼身法步"协调配合的技击意识。

 组织与训练

学生可在实训馆或足球场等训练场地成体操队形纵队站位，教师规定训练内容，4~6 名学生为一组同时向前进行身法动作训练。每名学生每一组动作连续重复 8 次，返回队尾，交替进行。

第五节　基 本 功 法

武术功法是武术运动的一种运动形式，是为了掌握和提高武术套路和格斗技术，诱发武技所需的人体潜能，围绕提高身体某一运动素质或锻炼某一特殊技能而编组的专门练习[②]。

武术功法内容丰富，具有养身、健身、护身和增强技击能力的作用。拳谚"练武不练功到老一场空"说明功法训练对武术训练的重要性。

在武术技击训练中，功法训练和技术训练既是独立的部分组成，又相辅相成，不可分割。功法训练是技术运用与提升的基石和动力源泉。如果技术是高楼，功法就是地基，地基越牢靠，高楼越安全。若没有扎实的功法训练，再高深精湛的技术也将成为纸上谈兵。

航空安全员是客舱安全的守护者，是客舱安保的重要力量。复杂的工作环境和特殊的工作性质决定了航空安全员除了要具备精湛细腻的客舱防卫与控制技术，还要有扎实可靠的功法基础。

结合行业发展现状和专业学情特点，本节重点通过柔功、拳功、腿功、掌功、肘功和臂功六个部分进行介绍和讲解。

一、柔功

柔功训练是指锻炼肢体活动幅度和肌肉舒缩能力、提高柔韧性的练习方法。在客舱对搏中无论是击中对手和闪避对手的攻击，都直接受着肢体关节活动幅度的大小、肌肉舒缩能力的优劣的影响。因此，柔功是航空安全员客舱防卫与控制能力的基本能力，主要包括腿部柔功、肩部柔功和腰部柔功。

---

① 整体劲是传统武术的一种重要发力形式和发劲要求。主要表现为：全身肌肉和关节能够协调一致，力量能够传递到人体四梢，即所谓的"节节贯通，周身一体"。
② 康戈武.中国武术实用大全[M].修订本.北京：中华书局，2014：21.

（一）腿部柔功

1. 正压腿

预备式：面对肋木或其他器具，大约本人一腿之长的距离并脚站立。

动作过程：将右腿提起脚跟放在肋木或器具上，脚尖回勾，膝关节绷直，跨根回缩；左腿作为支撑腿伸直站立，脚尖朝前；两臂屈肘，两手自然放在膝盖或大腿处，上身前俯向下振压，挺胸挺膝，略停片刻后再起身还原，然后再重复，如图3-85～图3-88所示。

图 3-85　　　　　图 3-86　　　　　图 3-87　　　　　图 3-88

动作要领与方法：腿要伸直、膝关节绷直、腰背部要挺直、髋关节要回落、被压腿脚尖要回勾绷紧、支撑脚的脚尖朝前；遵循循序渐进的原则，初级学生每次俯压15～20次为好，每次俯压时要均匀缓缓呼气，俯压幅度可以根据自身状况由小到大，避免用劲过猛出现肌肉拉伤的情况；熟练后可以用手抓拉脚的内外侧进行向前俯压，每次可以俯压20～30次。

易犯错误：支撑腿脚尖外展是学生练习正压腿时常见的错误。其具体表现是支撑腿脚尖没有朝向压腿的正前方，成脚尖外展。

纠正方法：脚尖主动前扣，如果踝关节韧带不足，教师或者同学可以帮忙把脚尖摆正方向。

练习作用：通过正压腿可以拉长下肢和髋关节的后侧肌群，有助于学生形成腿法的正确技术规格，为学生学习客舱防卫与控制腿法技术奠定基础。

2. 侧压腿

预备式：侧对肋木或其他器具，大约本人一腿之长的距离并脚站立。

动作过程：以右腿为例，并脚侧身站立于肋木或其他器具旁，保持大约人一腿的距离；右腿抬起用脚跟放在器具上，脚踝紧张用力脚尖回勾翘起，膝关节挺直；左腿自然伸直支撑站立，脚内侧朝向器具；左臂屈肘侧上举，右臂屈肘立掌于胸前；上体向右侧屈震压，同时左手随之向右脚尖侧摆，然后直立身体，如图3-89～图3-92所示。

图 3-89　　　　　图 3-90　　　　　图 3-91　　　　　图 3-92

动作要领与方法：挺胸、背直、腿直、挺膝、勾脚尖。初学者每次侧压15～20次，侧压经过一个时期的锻炼后可以渐渐将支撑脚脚尖外展，加大开胯的幅度，这样能够增强髋关节的活动能力。

易犯错误：压腿绷脚尖是学生在进行侧压腿时比较常见的错误。其具体表现是脚踝前伸脚尖前压。

纠正方法：教师要通过讲解法向学生讲解勾脚尖的意义。练习时学生可用自己的同侧手牵拉脚尖，帮助脚尖紧勾。如果脚踝的韧带不足，要针对踝关节韧带进行拉伸。

练习作用：侧压腿是对髂骨韧带、腹股沟韧带、股阔筋膜以及梨状肌、长收肌进行有效拉伸和伸展，同时对腹外斜肌和腰肌以及腰背部筋膜进行有效锻炼。为学生学习客舱防卫与控制技术的侧踢腿技术奠定基础。

3. 后压腿

预备式：

动作过程：以右腿为例，两脚前后脚错步站立，左脚在前，右腿在后；左腿屈膝下蹲，右腿直膝绷脚后抬，用脚面放置于肋木或者其他器具上；两手臂屈肘掐腰于身体两侧；左腿屈膝下蹲，髋部松沉向下振压，右腿始终保持直腿，如图 3-93～图 3-95 所示。

图 3-93

图 3-94

图 3-95

动作要领与方法：挺胸、挺腰、压腿绷紧绷脚尖、支撑腿屈膝收紧。此动作在练习时容易发生重心不稳的现象，因此初练者可以手扶物体，最好选择高度较矮的物体以便于屈膝时撑力。初始阶段可以每次屈膝镇压 15～20 次，经过一段时间的锻炼后可以将后脚放置在更高的位置以加大压腿的幅度。

易犯错误：后压腿膝盖弯曲是学生练习时比较常见的错误。

纠正方法：学生了解后压腿的目的和意义，自航空安全员纠正，压腿时后腿主动伸直。教师也可帮助学生将后腿挺直。

练习作用：后压腿可以有效锻炼髋关节向后翻转的灵活性，加强股直肌、股四头肌、髂腰肌、缝匠肌和腹股沟韧带的拉伸。

（二）腰部柔功

腰部在人体结构中有着承上启下的作用。在人体活动中，腰部将人体上肢和下肢行之有效地连接在一起，使之上下贯通。在武术技艺发展过程中腰部柔功一直是非常重要的训练部分，有着"主宰于腰""以腰为轴""以腰促力"的说法。

1. 并步拔筋

预备式：并脚站立，两臂自然放于身体两侧，两眼目视前方。

动作过程：动作开始，两手掌心向上，指尖朝向前，五指自然分开，吸气的同时从身体两侧缓缓抬起；至肩膀平时翻转手掌使掌心向上，抬举至头部正上方；身体前俯呼气的同时，两手十指交叉，手臂伸直由上至下移动至掌心触及脚背或脚面；收脚还原直立，同时两手从身体两侧从上至下还原至身体两侧，气沉丹田，如图 3-96～图 3-99 所示。

动作要领与方法：上吸下呼、直腿、挺膝、脚尖向前、面部贴腿。此动作在练习时，注意配合呼吸，抻腰拉伸时应呼气使得身体放松（呼气应遵循"细""匀""长"的原则），回拉时应吸气调整呼吸和身体节奏。初级阶段，学生可以减小抻压的幅度，要求直腿挺膝，每次抻压的时间为 20～30 秒。

图 3-96　　　　　图 3-97　　　　　图 3-98　　　　　图 3-99

易犯错误：膝关节弯曲是学生练习该动作时比较容易出现的错误。

纠正方法：膝关节主动向后挺伸。若学生腿部韧带不足，可以减小前俯幅度。

练习作用：并步拔筋是锻炼腰部柔韧性和腰椎灵活度，使腰椎在运动中能够达到较为理想的前屈幅度。同时此动作也可以对腿部韧带和肌腱进行有效伸展拉伸。

2．侧拔筋

预备式：同并步拔筋。

动作过程：同并步拔筋；身体左转或左后转，两腿并拢保持不动；两手十指交叉掌心向下贴于脚背外侧或地面；然后起身进行右侧拔筋；收脚还原直立，同时两手从身体两侧从上至下还原至身体两侧，气沉丹田，如图3-100～图3-103所示。

图 3-100　　　　图 3-101　　　　图 3-102　　　　图 3-103

动作要领与方法：上吸下呼、直腿、挺膝、脚尖向前、拧转充分。初级阶段，学生可以先用手掌触及脚背外侧即可，经过一段时间训练后可以逐步贴于地面或脚后跟处，每次押压的时间可为20～30秒。

易犯错误：腰部没有转体或者不充分是学生进行练习时比较容易出现的错误。

纠正方法：两脚保持不动，脚尖朝前并拢，身体用力主动向两侧体转至最大幅度。

练习作用：侧拔筋是进一步锻炼腰部柔韧性和腰椎左右拧转的灵活度。同时对人体腿部韧带和筋膜均有一定的伸展作用。

3．开步拔筋

预备式：两脚自然分开约人体两脚的长度，直行站立，两眼目视前方。

动作过程：同并步拔筋。两小臂交叉向下押压，用小臂外侧贴于地面处；身体向左前俯，向左脚处押压；身体向右转，向右脚处押压；收脚还原直立，同时两手从身体两侧从上至下还原至身体两侧，气沉丹田，如图3-104～图3-107所示。

动作要领与方法：分腿站立、直腿、挺膝、押压充分。呼吸节奏同并步拔筋。该动作相比较并拔筋难度要小，学生可以根据自身情况选择左右开步的距离，距离越大前俯押压越简单，在初级阶段也可以选择用手掌触及地面和脚背，每次押压的时间为30秒左右。

图 3-104

图 3-105

图 3-106

图 3-107

易犯错误：两脚间距过大是学生练习该动作时比较容易出现的错误。

纠正方法：两脚间距约自己三倍脚长。

练习作用：开步拔筋是进一步锻炼腰椎前屈的能力以及腰部韧带的柔韧性，同时对腿部韧带和筋膜有一定的抻拉作用，提高腿部柔韧性。

4.弹腰

预备式：同开步拔筋。

动作过程：开步站立，两臂由身前上举，手心朝上；抬头，眼看两手；屈腰向后弯，使腰部向上下振摆弹动；收脚还原直立，同时两手从身体两侧从上至下还原至身体两侧，气沉丹田，如图 3-108～图 3-110 所示。

图 3-108

图 3-109

图 3-110

动作要领与方法：脚尖向前、腰后摆不小于 90°角、挺腹、抬头。该动作在练习时应注意弹摆腰时体会上下的摆动，不要扭动腿部和膝盖造成动作变形，初练者每次弹动的次数为 20～25 次。此动作在初始练习时也可采用两人配合的方法，帮助者坐于凳子上，小腿与地面垂直，学生站于前，两人膝盖相贴，帮助者两手手指交叉握紧成环，搂住学生的腰部，学生两臂伸直用力向后反抡带动腰部向后向下弹摆。

易犯错误：向后弹腰幅度过小是学生练习该动作时比较常见的错误。

纠正方法：主动充分屈腰后弯，形成大约 90°的夹角。学生可以借助墙面或者固定物体向后屈腰。

练习作用：弹腰是提高学生腰椎的坚韧和力量。

（三）肩部柔功

肩关节的柔韧性几乎与所有上肢动作有关。腰动驱动肩动，肩动驱动臂动，肩部在人体活动力量传递和动作伸展中扮演着重要角色。肩部不仅关系到上肢动作幅度，而且关系到动作速度和力度，所以肩僵则拳慢，肩紧则力滞。灵活的肩关节可以使力量发挥得更加极致，有助于航空安全员对客舱擒敌动作的掌握和有效运用。

1.正压肩

预备式：学生两脚左右站立于肋木或其他器具前，约人体肩膀的宽度或 3 个脚长的距离。

动作过程：两手抓握肋木，手间距大约略比学生肩膀稍宽即可，手部位置略高于腰臀部；保持腰背、腿臂要伸直，肘关节和膝关节要挺直；头部略微抬起，两眼目视前方；肩关节及其周边肌肉韧带要放松，以肩关节为轴着力向下沉压，如图 3-111～图 3-113 所示。

图 3-111　　　　　　　　　图 3-112　　　　　　　　　图 3-113

动作要领与方法：直背、直腰、直腿、直臂、抬头。学生在做该动作时可以根据自身条件灵活调整两脚间距，间距越小沉压幅度越小，反之越大。每次沉压时应注意肩关节和周围肌肉、韧带的放松，并能较好地配合呼吸。学生经过一定时间的训练，可以逐步在正压的基础上进行左侧压和右侧压，每次沉压的次数约为 25～30 次。

易犯错误：趴腰躬背是学生练习该动作时比较常见的错误。

纠正方法：腰部主动塌腰，肩关节要充分向下沉肩。

练习作用：正压肩是对肩关节的冈下肌、大圆肌、小圆肌、背阔肌、三角肌及其周围韧带具有较好的拉伸作用。

2. 反压肩

预备式：学生两脚并脚站立，背对肋木或其他器具约人体一臂的距离站立。

动作过程：两臂内旋后伸，手心向下抓握肋木；屈膝向下、向前拉压；抬头目视前方，如图 3-114～图 3-116 所示。

图 3-114　　　　　　　　　图 3-115　　　　　　　　　图 3-116

动作要领与方法：直臂、挺肘、屈膝沉臀、沉肩下压、沉肩前压。该动作具有一定难度，因此在初级阶段练习时，学生可以适当减小手抓握肋木的位置以降低压肩的难度，避免幅度过大造成肌肉韧带的拉伤。随着训练水平的提高，逐步增加反臂上握的高度、减少两手的握距。练习时应注意每次沉压拉肩时应并脚靠膝，不要将两腿分开，造成动作错误。每次沉压拉肩的次数为 25～30 次。

易犯错误：手正握肋木是学生练习该动作时比较容易出现的错误。

纠正方法：手心向上反握。

练习作用：反压肩能对肩关节的三角肌、斜方肌、三角肌胸大肌间沟、胸大肌、喙肱肌进行较好的拉伸作用。同时该动作对手臂的肱二头肌、胸腹部的前锯肌都有一定的拉伸作用。

3. 侧压肩

预备式：两脚左右站立，脚距约人体肩宽或三倍脚长。

动作过程：左臂屈肘架于头上；右臂屈肘上举，抓握左手腕关节，向右下方牵拉左手臂，身体随之向右侧倾。如此轮换做，如图 3-117～图 3-119 所示。

图 3-117　　　　　　图 3-118　　　　　　图 3-119

动作要领与方法：屈臂上举、身体侧倾、腋肋外展，两腿直立。在初级阶段练习时，学生抓拉手臂时可以通过减小拉臂的力量，减小拉伸幅度，降低拉肩侧压的难度。随着训练水平的提高，逐步增加拉臂的力量和幅度。学生每次拉肩侧压 10～12 次较好。

易犯错误：侧压时身体直立是学生练习该动作时比较容易出现的错误。其主要表现在腋肋部垂直于地面，没有侧倾。

纠正方法：同侧手臂充分向对侧伸展，加之手臂的牵拉力量，身体会出现侧倾。

练习作用：侧压肩可以增加肩关节上下伸展活动的能力，提高肩关节的灵活度。

4. 抡臂

预备式：两脚左前右后错步站立。

动作过程：左转腰使右臂向前向下、左臂向后向上同时在各自体侧成圆形抡臂；两臂变换抡绕方向交替练习，如图 3-120～图 3-123 所示。

图 3-120　　　　图 3-121　　　　图 3-122　　　　图 3-123

动作要领与方法：转腰顺肩配合臂的抡绕，下抡时要用力加速，臂绕立圆。练习方法：一个方向抡绕 8～10 圈，换方向练习。

易犯错误：同方向抡绕是学生在练习该动作时比较容易出现的错误。

纠正方法：学生首先要明白动作运动规律：一手臂向前、向下抡绕，一手臂向后、向下抡绕。练习时可以先进行一只手臂的抡绕，再进行两个手臂的抡绕。

练习作用：通过抡臂练习可以提高学生肩关节前后活动的幅度和灵活性。

 提升与拓展

动作名称：前劈叉。

动作过程：并脚站立开始，左腿勾脚尖向前迈一步屈膝下蹲，右腿绷脚尖向后撤步伸直；两手置于身体两侧地面或支撑物；髋关节放松向下振压，逐步拉开两腿之间的距离，直到左腿后侧、右腿前侧和脚背贴于地面，两腿前后成一条直线；左脚脚背翻转贴于地面，右脚脚尖向上翘起，髋关节自左向右转动身体至另一侧，改成右腿在前，左腿在后的前劈叉，如图 3-124～图 3-126 所示。

图 3-124　　　　　　　　图 3-125　　　　　　　　图 3-126

动作要领与方法：前腿勾脚尖、后腿绷脚尖、挺膝绷腿、髋关节松沉下压。初练者可以在身体两侧放两个凳子，手扶凳子两腿分开进行练习劈压，两腿一定要伸直不可屈腿，每次坚持时间约为 30 秒，经过一段时间练习后可以逐渐加大两腿间距，延长劈压的时间。初级阶段练习时不可过度强调腿贴地面的标准压，以免造成腿部肌肉和髋关节韧带的损伤。

易犯错误：脚掌掀起是学生进行劈叉练习时比较容易出现的错误。其主要表现是脚掌离开地面，脚内侧贴于地面。这类错误多是由于学生的踝关节韧带不足引起的。

纠正方法：针对踝关节韧带进行拉伸。学生两腿并拢，臀部坐于足跟处，身体后仰压踝。

练习作用：前劈叉主要锻炼人体髋关节前后屈展的柔韧性，也可对腿部后侧肌肉、筋膜进行有效伸展。

 组织与训练

（一）组织热身

学生在操场或室内训练馆成集合队形站立，由教师统一带队进行五分钟的慢跑和其他一些准备活动。

（二）集体练习

学生在体操房或瑜伽房等配备有压腿、体操垫、肋木等器械的场馆依次排队站位，根据教师制定的动作进行柔功动作练习。教师可以统一规定压腿时间，下达交换的口令后学生自行交换练习。

二、拳功

（一）拳卧撑

预备式：身体侧向两脚并立，脚尖并拢朝前，两腿自然直立，收腹挺胸，手臂自然伸直贴于身体两侧，五指并拢，头顶上领，两眼目视前方。

动作过程：右脚向后撤一大步，约自身四倍脚长的距离；两手握拳，拳心相对，拳锋朝向撑于地面，两拳距离与肩同宽或略宽；左脚向后伸直与右脚平行并拢，脚尖着地；两肘弯曲，身体贴近地面；挺肘直推撑起身体；如此重复做，如图 3-127～图 3-130 所示。

图 3-127　　　　　图 3-128　　　　　图 3-129　　　　　图 3-130

动作要领与方法：全身挺直保持一条直线，平起平落，腰腹收紧。初级阶段训练时，学生可以在较为柔软的地面上（如瑜伽垫、草地）进行练习，以减轻拳面的疼痛感，每次 6~8 个为一组，每次练习三组。学生可以选择在坚硬的地面上进行练习，每次 10~15 个为一组，每次练习三组。

对于力量比较薄弱的同学可以采用双拳静止支撑的练习方法；对于力量相对较好的同学可以采用单拳静止支撑的练习方法；支撑时间应遵循渐进性原则，逐步增加每次练习时间。

易犯错误：撅臀部是拳卧撑练习时较为常见的错误。其具体表现是臀部处在一个较高的位置上，身体姿态像似一个拱形。这类错误主要是由于身体肌肉力量不足引起的。

纠正方法：可以通过降低动作难度的方法，学生膝关节代替两脚支撑身体，每组 15 个，练习三组。

练习作用：拳卧撑是锻炼身体肌肉力量，拳面的耐受力和拳头硬度。

（二）功力沙包

动作名称：马步冲拳。

练功器具：散打沙包。

预备式：面向沙包约自身握拳一臂的距离成马步姿势准备。

动作过程：可参考本书第三章基本功训练的冲拳训练，如图 3-131~图 3-134 所示。

图 3-131　　　　　图 3-132　　　　　图 3-133　　　　　图 3-134

动作要领：冲拳发力要劲脆力沉，拧腰转胯沉肩，每次冲拳时要呼气。

练习方法：第一阶段练习，距离沙包握拳一臂的距离，左右冲拳交替做 15~20 次为一组，练习三组；第二阶段练习，距离沙包自身小臂的距离；第三阶段练习，距离沙包自身一掌的距离。左右交替冲拳，练习次数同上。

用同样的方法，学生可以选择不同的步型和拳法进行轮换训练。

易犯错误：冲拳距离沙包太近或者太远是初学者比较容易出现的错误。马步冲拳的目的是将拳头和力量作用于沙包，如果距离太近力量将不利于力量的发挥，距离太远就不能进行击打沙包，因此，学生在练习时一定要注意身体与沙包的距离要适宜。

纠正方法：站在沙包前约自身握拳一臂的距离。

练习作用：通过功力沙包可以锻炼冲拳的弹抖之力和拳的击打力；通过击打沙包可以提高拳面的耐受力和抗击力。

提升与拓展

动作名称：铁牛耕地。

预备式：身体侧向两脚并立，脚尖并拢朝前，两腿自然直立，收腹挺胸，手臂自然伸直贴于身体两侧，五指并拢，头顶上领，两眼目视前方。

动作过程：在拳头俯卧撑动作的基础上，身体成平板姿态；两肘逐渐弯曲下放，使重心逐渐向下、向后移动至两臂逐渐伸直，重心逐渐向后、向上移动，臀部凸起；两臂逐渐弯曲再逐渐伸直，使身体重心循上述后移动作的运动轨迹前移返回至身体平板姿态，如图 3-135～图 3-138 所示。

图 3-135　　　　　图 3-136　　　　　图 3-137　　　　　图 3-138

动作要领：屈肘下放身体要贴地面；向后移动双腿挺胸伸直；向后移动臀部凸起高度要高，身体俯贴地面；向后向上移动重心要均匀呼气至臀部凸起；向后向下移动重心要均匀吸气至身体平板。

练习方法：先通过手掌俯卧撑的方法进行练习，掌握动作的运动轨迹和发力要领，熟练后再进行拳卧撑动作练习，每3～6次为一组，练习三组。

易犯错误：重心上下起伏是学生练习这个动作时比较常见的错误。

纠正方法：铁牛耕地动作原理是通过重心前后上下的弧状运动对学生手臂和拳头力量进行训练。因此学生在进行练习时要重点体会重心从下向后、向上再向后向下向前的运动轨迹和规律。

练习作用：学生经过拳功常规动作的训练后，拳头和手臂具备了一定的耐受力和力量基础，通过"铁牛耕地"较高难度的动作练习，可以进一步增强拳头的耐受力和力量。

组织与训练

（一）分组练习

学生在搏击房或者配备有沙包的场地进行拳卧撑和功力沙包练习，5～6人为一组，组内学生循环进行训练，具体练习次数可参考文中"练习方法"。每项练习结束后交换项目进行训练。

（二）集体练习

学生在搏击房或者配备有沙包的场地成体操队形散开，教师统一组织下口令，提出相应的训练数量进行拳卧撑和功力沙包的各种练习。

三、腿功

（一）腿部拍打功

1. 第一阶段：徒手拍打

预备式：身体开步站立，距离约自身三倍的脚长，脚尖朝前，两腿自然直立，收腹挺胸，手臂自然伸直贴于身体两侧，五指并拢，头顶上领，两眼目视前方。

动作过程：两手五指自然伸开，俯身弯腰，用手掌内侧从一条腿小腿下端开始，两手掌一左一右由下至上到大腿上端后，再由上至下循环至起点，依次拍打大腿和小腿的外侧和内侧；用同样方法拍打腿部的前侧和后侧；左右腿交换练习，如图3-139～图3-143所示。

图 3-139　　　　　图 3-140　　　　　图 3-141　　　　　图 3-142

动作要领：拍击次数由少渐多，拍击力量由小渐大，密密拍击。

练习方法：一条腿拍打由下至上再至下为一组，每条腿每次练习三组。左右腿轮换练习。然后由掌变拳进行拍击练习，方法同上，拍击时注意用拳心部位。

易犯错误：拍击不均匀是学生比较容易出现的错误。

纠正方法：遵循密密麻麻依次拍击的原则。

练习作用：通过徒手拍打初步提高学生腿部肌肉和肌腱的抗击力。

2. 第二阶段：器械拍打

拍击器具：包棉软棒。

预备式、动作过程、动作要领与方法、易犯错误与纠正方法可参考"徒手拍打"，如图3-144～图3-147所示。

图 3-143

图 3-144　　　　　图 3-145　　　　　图 3-146　　　　　图 3-147

练习作用：通过器械拍打进一步增强腿部抗击的耐受力。

注意事项：器械拍击时应严格遵循力量由小渐大的原则，切不可力量过大而造成身体损伤。

（二）功力沙包

练功器具：散打沙包。

动作名称：弹踢腿、蹬踢腿、踹踢、勾踢。（下文动作以"弹踢腿"为例）

预备式：面向沙包约自身一腿的距离站立，姿势同弹踢腿预备式。

动作过程：左脚向前上步，右腿从后向前弹踢沙包的底端，脚尖紧绷，踢击后迅速还原；变换右腿练习，方法同上，如图3-148～图3-151所示。

图 3-148　　　　　图 3-149　　　　　图 3-150　　　　　图 3-151

动作要领：弹踢腿动作要标准，踢击沙包的发力要自然，力量由小渐大，踢击时要呼气，收腿还原时要吸气，力达脚背。

练习方法：右腿弹踢沙包连续20次，两腿交换，再踢击。

易犯错误：弹踢速度快是初学者在进行该动作练习时较为常见的错误。其具体表现为连续踢击节奏较快，动作前后衔接时间间隔短。

纠正方法：每一次弹踢后间隔3～5秒，再进行下一次踢击。过程中应注意呼吸的调整。

练习作用：通过弹踢、蹬踢、踹踢、勾踢动作踢击沙包提高腿部力量以及脚的击打力和抗击力。

 提升与拓展

动作名称：踢桩练习。

练功器具：木桩（或者树、竖立于地面的沙包）。

动作过程：不同动作，其过程也不尽相同。可参考"弹踢腿"，如图3-152～图3-155所示。

图 3-152　　　　　图 3-153　　　　　图 3-154　　　　　图 3-155

练习方法：以桩为敌之下盘，采用各种腿法，两脚交替踢击。可以脚尖、脚背踢，以脚跟蹬，以脚前掌点，以脚内侧勾，脚外侧铲。使脚的四周都得到撞击锻炼。

动作要领：动作标准，发力自然，力量由小渐大，踢击时要呼气，收腿还原时要吸气。

练习方法、易犯错误与纠正方法可参考"弹踢腿"。

练习作用：通过运用各种踢击动作的踢桩练习可以有效地提高学生的腿脚功力。

 组织与训练

（一）分组练习

学生在搏击房或者配备有沙包的场地进行腿部拍打和功力沙包练习，5～6人为一组，组内学生循环进行训练，具体练习次数可参考文中"练习方法"。每项练习结束后交换项目进行训练。

（二）集体练习

学生在搏击房或者配备有沙包的场地成体操队形散开，教师统一组织下口令，提出相应的训练数量进行腿部拍打和功力沙包的各种练习。

四、掌功

（一）拍打功

练功部位：掌面①、掌背、掌外侧②、掌内侧③。

练功器具：散打沙包或橡胶假人。

预备式：面向沙包约自身一臂的距离开步站立，两手立掌放于胸前，掌心相对，左掌在前，右掌在后，高与臂齐。

动作过程：向右转体拧腰左掌从左至右以掌面拍击沙包侧面，然后立于右胸侧，指尖朝上；在向左拧腰转体的同时用掌背击打沙包右侧；左掌收回还原的同时，向左拧腰转体用右掌面击打沙包右侧，立于右胸侧，指尖朝上；向左拧腰转体右掌背击打沙包右侧；如此轮换做，如图3-156～图3-161所示。掌内侧和掌外侧的动作过程同上。

图 3-156　　　　　　　　图 3-157　　　　　　　　图 3-158

图 3-159　　　　　　　　图 3-160　　　　　　　　图 3-161

---

① 文中掌面指手指前侧、掌心和掌根。
② 文中掌外侧指小拇指至掌根的侧面。
③ 掌外侧，文中指食指侧至大拇指指根处。

动作要领与方法：拧腰转体以腰发力，掌背击打时小臂以肘关节为轴向前甩动力达掌背；脚趾抓地。练习方法：左右掌连续轮换击打沙包30次为一组，每次三组。

易犯错误：挺肘直臂是这个动作练习时学生经常会出现的错误。

纠正方法：先由教师做慢动作示范和讲解，学生认真观看动作的过程，揣摩发力技巧；掌内侧击打时肘关节微屈，掌背击打时以肘关节为轴甩动小臂。

练习作用：通过沙包的拍打练习，可以提高掌面、掌背、掌内侧和掌外侧的击打力和抗击力，同时可以提高手臂、腰腹的肌肉力量。

（二）推掌功

练功部位：掌根。

练功器具：散打沙包。

预备式：同弓步预备式。

动作过程：向左拧腰转体成左弓步，同时两掌从胸前同时或者交替向前推击沙包正面，然后迅速还原。如此连续做，如图3-162～图3-164所示。

图 3-162

图 3-163

图 3-164

动作要领与方法：劲起于腰、顺于腰、传于臂、达于手。弓步推掌时要注意后腿脚尖要内扣朝前，虚步推掌时要注意上步成前后错步站位。练习方法：双推掌或连续左右推掌20次为一组，练习三组。虚步练习方法同上。

易犯错误：推击沙包力量不足是练习时学生比较常见的错误。这类错误多是由于学生在弓步或虚步推掌时发力节奏、技巧不正确引起的，也可能是距离沙包间距较远或者力量不足引起的。

纠正方法：先通过徒手练习，体会弓步或者虚步推掌发力，然后再推击沙包。针对力量不足的学生，可以采取推击重量较轻的沙包进行练习。

练习作用：通过推击沙包可以增强学生掌根的推击力。

 提升与拓展

动作名称：卷棒功。

练功器具：木棒、绳子、哑铃或哑铃片。

预备式：两脚左右开立略比肩宽，两臂前平举，手心朝下握住木棒两端。

动作过程：左右手交替向前转拧木棒，使绳索逐渐缠卷于棒上，至重物接近木棒；两手向后转拧木棒，将绳松开，恢复至预备式。

动作要领与方法：手臂直臂，均匀卷拧。练习方法：根据重物重量和学生自身力量制定相应的练习数量。

易犯错误：卷拧或下放速度过快是初学者练习时比较容易出现的错误。

纠正方法：卷棒功讲究无论是向上卷拧还是向后转拧速度均匀，以慢为好。

练习作用：增强学生的抓、握和拧转力以及臂力。

组织与训练

（一）分组练习

学生在搏击房或者配备有沙包的场地进行拍击和推击沙包的练习。教师将学生进行分组，根据沙包配备的数量分配组数，一般6或8个人为一组，不要出现人数单数的情况。根据教师指定的掌功训练内容，组内进行循环练习。

（二）配合练习

根据教师规定的练习内容和数量，两名学生为一组，进行推掌或拍击练习。以弓步推掌为例，一名同学左弓步，另一同学右弓步，调整好适当距离，进行左右或者同时双推击掌的练习。

五、肘功

（一）顶肘功

练习部位：肘尖。

预备式：俯卧撑姿势。

动作过程：在俯卧撑姿势的基础上，两臂屈肘将肘尖抵地支撑起身体，脚趾撑地，支撑片刻，至疲倦起身休息，如图3-165和图3-166所示。

动作要领与方法：身体直板撑起、肘尖抵地、力达肘尖。练习方法：初级阶段练习时应该选择草地、土地或者瑜伽垫子，每次练习时间根据学生身体条件而定。

易犯错误：小臂平放是学生练习动作时比较常见的错误。

纠正方法：屈肘竖臂，肘关节与地面垂直，两手握拳。

练习作用：顶肘功可以增强学生肘部撞击力。

（二）功力沙包

练习部位：肘尖。

预备式：面向沙包约30厘米的距离开步站立，两臂屈臂握拳放于胸前。

动作过程：向右转体拧腰左肘从左至右以肘关节前侧横向撞击沙包侧面，向右摆至肘关节至胸前；向右拧腰转体的同时用肘尖击打沙包右侧；左肘收回还原的同时，向左拧腰转体用右肘内侧横向击打沙包右侧，向反方向肘尖撞击沙包右侧；如此轮换做，如图3-167～图3-170所示。

图 3-165

图 3-166

图 3-167

图 3-168　　　　　　　图 3-169　　　　　　　图 3-170

动作要领与方法：动作连贯，发力自然，劲起于腰、顺于腰、传于臂、达于肘。练习方法：左右肘连续轮换击打沙包30次为一组，每次三组。

易犯错误：反方向肘击动作僵硬是初学者练习时比较容易出现的错误。这类错误多是由于学生动作掌握比较生疏引起的。

纠正方法：肘尖横向击打沙包后应向相同方向牵拉肘关节至胸脯前方，增大肘尖和沙包的距离，肘击时注意拧腰转体。

练习作用：功力沙包可以增强学生肘的撞击力和抗击力。

 提升与拓展

动作名称：霸王顶肘[①]。

练习部位：肘尖。

预备式：身体侧卧于地，身体伸直。

动作过程：以贴地肘侧的肘尖和足外侧抵地支撑身体；另侧手叉腰，脚附于抵地脚上。支撑片刻，换练另侧，如图3-171和图3-172所示。

图 3-171　　　　　　　　　图 3-172

动作要领与方法：身体侧向成平板，腰腹收紧，肘尖着力。练习方法：初级阶段练习时，应根据学生具体情况分配练习数量，遵循渐进性原则。也可将难度降低，学生面向墙壁约自身一臂的距离侧身站立，将近墙面的肘尖顶靠在墙面上，两腿侧向直立，脚尖朝前。倾斜角度越大，肘尖承受力量越大。

易犯错误：侧身顶肘时肘尖前倾学生练习这个动作时比较常见的错误。其具体表现是肘尖没有与地面垂直。

纠正方法：肘尖前倾时将肘尖放放于地面垂直即可，使肘尖成为手臂与地面的支撑点。

练习作用：霸王顶肘可以增强学生肘部的撞击力和击打力。

[①] 康戈武.中国武术实用大全[M].修订本.北京：中华书局，2014：356.

组织与训练

（一）分组练习

学生在搏击房或者配备有沙包的场地进行肘击沙包的练习。教师将学生进行分组，根据沙包配备的数量分配组数，一般 6 或 8 个人为一组，不要出现人数或单数的情况。根据教师指定的肘功训练内容，组内进行循环练习。

（二）集体练习

学生在搏击房或者配备有沙包的场地成体操队形散开，教师统一组织下口令，提出相应的训练数量进行顶肘撑的练习。

六、臂功

（一）靠臂功

练功部位：手臂。

预备式：两人相距一臂的距离成马步姿势，两拳抱于腰际，拳心向上，目视前方。

左靠臂动作过程：两人同时左转身，内旋右臂向前下格击，成双方右前臂桡侧相击于腹前；两人右臂同时向左、向上弧形格击，拳心朝外，高与头平，成双方右前臂后侧相击于脸前；动作不停，两人右臂同时向左、向下弧形格击，拳心朝内，成双方右拳臂尺侧①相击于腹前。

右靠臂动作过程：接右势，手抱右拳于腰间，伸左手靠臂，动作同右靠臂，方向相反，如图 3-173~图 3-178 所示。

图 3-173

图 3-174

图 3-175

图 3-176

图 3-177

图 3-178

动作要领与方法：拧腰转体，直背立腰，击力由轻渐重，动作连贯。练习方法：初级阶段练习时，学生先进行一只手臂的靠臂，连续格击 30 次，换另一只手臂练习。当学生动作标准连贯，发力松沉的时候进入第二环阶段练习，左右手臂连续格击，每 30 次为一组，每次练习三组。

---

① 前臂近尺骨者为尺侧，即小拇指侧。

易犯错误：两人配合不连贯不协调是学生练习时比较常见的错误。其主要表现为两人手臂格击的部位、方向、力量、时机等方面配合不协调。这类错误在刚开始练习阶段是比较常见的，主要由于学生对动作比较生疏引起的。

纠正方法：学生先单独练习动作，熟练动作的路线和方向，然后进行两人的配合练习。

练习作用：增强学生手臂（小臂）的格挡能力，提高学生腿部力量和身体协调性。

（二）沙包功力

练功部位：小臂四周。

练功器具：散打沙包。

预备式：距离沙包一臂开步站立，两臂屈肘握拳放于胸前，目视前方。

动作过程：动作路线与掌功沙包功力重合，撞击的部位不同，如图 3-179～图 3-183 所示。

图 3-179　　　　　图 3-180　　　　　图 3-181　　　　　图 3-182

动作要领与方法：转体拧腰发力、发力自然、力达小臂，动作连贯。练习时应注意小臂的每个部位均要练习到，不可只练习某一个点。练习方法：以学生为参照物将沙包分为上、中、下三个部分，胸脯前沙包部分为中、头部前上方沙包部分为高、髋关节前沙包部分为低。小臂格击沙包上、中、下三个位置分别可以练习到小臂的前端、中端和后端。左右连续轮换击打沙包30 次为一组，每次三组。

易犯错误：小臂肌肉僵硬是学生在练习时比较常见的错误。其主要表现为小臂格击沙包前和格击时肌肉绷紧僵硬。若绷紧肌肉格击，沙包对小

图 3-183

臂的反作用力就不能渗透到小臂骨头，导致训练效果欠佳。

纠正方法：手臂放松，五指自然伸开，每次击打沙包犹如甩鞭子一般的感觉。

练习作用：增强学生小臂的击打力和抗击力，还可以增强小臂的肌肉力量。

 提升与拓展

动作名称：木桩功。

练功器具：埋在地下的木桩（露出地面约 1.8 米）或者树干。

预备式：动作过程同手臂格击沙包动作。

练习方法：遵循渐进性原则，注意手臂安全，不可操之过急，用力过大可能造成手臂肌肉或骨头的损伤。

练习作用：通过手臂靠击木桩的练习，可以进一步增强学生手臂的抗击力。

 组织与训练

（一）学生一对一配合靠臂练习

学生可在实训馆场地内成体操队形散开，两人为一组，进行手臂的靠臂练习。教师可

以统一组织进行集体练习,分为一个口令一下动作的分解练习和一个口令几个动作的连贯练习。

(二) 分组沙包练习

学生在搏击房或者配备有沙包的场地进行手臂格击沙包的练习。教师将学生进行分组,根据沙包配备的数量分配组数,一般6~8个人为一组,不要出现人数单数的情况。根据教师指定的训练内容,组内进行循环练习。

思考与练习

1. 客舱防卫与控制基本功的概念是什么?包括哪些内容?
2. 练习客舱防卫与控制基本功的作用是什么?对我们学习技术技能有哪些帮助?
3. 常见步型有哪几种?有几种练习方法?动作要领有哪些?
4. 客舱防卫与控制功力训练主要有哪些?试举例说明。
5. 作为一名航空安全员或专业学生,如何在日常训练中安排自己进行基本功训练与提高?

综合实施与考核

一、任务实施

(一) 任务目标

通过实操演练,检验学生客舱防卫与控制基本功掌握程度与训练水平,激发学生的学习热情,提高学生的武术运动能力和格斗技击水平,增强学生应对客舱突发事件的能力。通过实操演练增强学生自我防范意识,培养学生机智勇敢、沉着冷静的意志品质。

(二) 任务背景

此模块综合实训主要以会操演练的形式来检验学生基本功的掌握水平。

(三) 实施步骤

步骤1:地点是实训场馆场地内。教师根据班级学生人数进行分组,8~12名同学为一组,指定一名同学担任小组长,负责本组演练内容编排统筹工作。

步骤2:教师安排组织学生进行热身活动,强调演练注意事项。

步骤3:按照编排顺序逐组上场进行会操演练。

步骤4:教师现场指导,针对学生实操训练中存在的问题及出现的错误,教师在纠错的同时进行示范并讨论分析,最后对学生的练习情况给予总结和评价。

二、任务考核

本章节教学内容的学习评价主要采用基本功会操展示的方式进行综合实操演练,旨在全面提高学生武术运动能力和格斗技击水平。现针对不同教学内容制定相应的考核评价标准,明确考核要点,为教师全面把握学生学习情况,调整教学方法和制定教学计划提供参考依据。

(一) 考核标准

客舱防卫与控制基本功内容考核标准见表3-1。

表 3-1 基本功考核评价标准

得 分	评 价 要 点
90 分以上	动作要领正确,动作结构完整,标准规格高,身体姿态规范,攻防意识强,功力基础扎实,精神面貌好
80~89 分	动作要领清楚,动作结构完整,标准规格较高,身体姿态较规范,攻防意识较强,功力基础较扎实,精神面貌好
70~79 分	动作要领基本清楚,动作结构基本完整,标准规格一般,身体姿态一般,攻防意识一般,功力基础一般,精神面貌较好
60~69 分	动作要领不清楚,动作结构不完整,标准规格较差,身体姿态不规范,攻防意识较差,功力基础较差,精神面貌一般
60 分以下	动作要领错误,无动作结构,无标准规格,身体姿态错误,无攻防意识,无功力基础,精神面貌差

(二)考核评分

客舱防卫与控制基本功会操演练考核评分表见表 3-2。

表 3-2 基本功会操演练考核评分表

班级		组别		
项目	评分标准	配分	评分人	得分
仪容仪表	服装按要求穿着整齐;头发、面容整洁大方	5 分	学生	
			教师	
精神面貌	队列整齐、纪律良好	10 分	学生	
			教师	
基本功会操演练	动作要领	10 分	学生	
			教师	
	动作结构	10 分	学生	
			教师	
	标准规格	10 分	学生	
			教师	
	身体姿态	10 分	学生	
			教师	
	攻防意识	10 分	学生	
			教师	
	功力基础	10 分	学生	
			教师	
处置后	设备归位整理	5 分	教师	
			学生	
团队协作	小组配合默契,分工明确	10 分	学生	
			教师	
学生评分(40%)			合计	
教师评分(60%)				
评语备注				
评分人				

第四章

客舱防卫基本技术

知识目标
(1) 了解客舱防卫基本技术的使用原则和基本要求。
(2) 正确认识客舱防卫基本技术在航空安全员客舱执勤中的重要作用。

技能目标
(1) 熟练掌握客舱防卫的常用戒备式。
(2) 熟练掌握客舱防卫的基本步法。
(3) 熟练掌握客舱防卫的基本进攻技术。
(4) 熟练掌握客舱防卫的基本防守技术。
(5) 熟练掌握客舱防卫的基本组合技术。
(6) 提高学生熟练、灵活运用基本技术的能力与水平。

职业素养目标
(1) 培养学生互帮互助的团队协作能力和责任意识。
(2) 培养学生客舱执勤中的防卫能力和应急事件的处理能力。
(3) 培养学生的职业素养和职业意识。

课堂导入

2012年6月29日,由新疆和田飞往乌鲁木齐GS7554次航班起飞十分钟后,飞机上有6名歹徒用手持器械暴力方式砸击驾驶舱门,试图劫持飞机,被机组人员和乘客合力制服。类似暴力事件虽然不可能经常发生,也不是每一个航空安全员或者乘务员都会经历的,但是类似事件一旦发生,产生的后果将是极其严重的,损失也是不可估量的。因此,作为一名航空安保专业的学生只有熟练掌握扎实的防卫技术技能,才能符合航空安保行业的需求,成为一名称职的航空安全员。作为一名航空安全员只有具备精湛扎实的防卫技术,才能在客舱执勤中保护自己不受侵害,并能够成功处置客舱突发事件,维护客舱秩序,保障客舱安全。

第一节 常用戒备姿势

一、戒备姿势的基本原则

戒备姿势又称实战姿势或警戒式,是攻防格斗的基本姿势。客舱防卫戒备姿势是航空安全员客舱巡视或对行为人进行防卫与控制前所采用的临战戒备姿势。

在世界格斗技击术中,戒备姿势是攻防动作的起始和终了形态。各种攻防运动皆以它为中介型进行变化,而不能过多偏离,因此,称之为戒备姿势。以竞技为目的的技击比赛,或以制服、控制、防卫为目的的技击实战,因其应用场景和运用目的不同,戒备姿势也不尽相同。但无论是哪一种戒备姿势都应该有利于步法的进退闪移,有利于保持身体平衡,静待时身体暴露面积小,动变时意图预兆小,能迅速防及任一方位或出击对方。

结合客舱防卫来说,适宜的戒备姿势,有利于航空安全员合理合法地履行自己的职责,守护客舱的安全,有助于灵活运用战术。总的来说,客舱戒备姿势要符合灵活多变、克敌制胜、保护自我的总原则。灵活多变是指航空安全员应能够根据不同的客舱情况和武力等级采取不同的戒备姿势。克敌制胜是指航空安全员采取的戒备姿势应有利于其防卫、控制或制服技术的发挥运用。保护自我是指航空安全员所采取的戒备姿势应达到在其受到攻击时能最大限度地保护自己免受或减轻伤害的目的。

二、戒备姿势的基本要求

(1)错步站立,重心靠中。两脚前后分开,间距约本人脚长的2倍。相对两脚平行横开的步法来说,错步是体侧对敌。在两脚位置不变的情况下,身体重心靠近两脚的中间,四周稳定角相近,易于维持平衡。在两脚欲移动时,重心能快速向任一方向移动。

(2)前扣后摆,裹膝屈髋。前脚尖微扣,两膝微内裹,有护裆之形。如果前脚尖外摆,两膝外展,则裆部敞开,易受攻击。其次,前脚尖微扣,后脚尖微摆,稳定性较好。

(3)手不离中,垂肘护肋。手不离中是指两手始终能够保持在自己躯干中间的位置。一方面能起到护中的作用,向下能格挡,向上能架挡,前手漏防,后手补防;另一方面能随时发动向任何一个方向的进攻,根据对手的进攻可灵活使用手推、手切、手裹、手缠、手打等动作进行快速防守或反击。垂肘护肋是指两肘屈蓄,有保护自己的两肋、腋下的作用。

(4)眼顾四周,随机应变。眼顾四周是指在航空安全员在戒备时能够眼观六路耳听八方,注意力高度集中,不断观察自己四周的情况,以做出及时正确的判断。面对突发或突变的情况,航空安全员要能迅速作出相应的反应即随机应变。

三、常用戒备式

(一)自然戒备

预备式:两脚并立,脚尖并拢朝前,两腿自然直立,收腹挺胸,手臂自然伸直贴于身体两侧,五指并拢,头顶上领,两眼目视前方。

动作过程:右脚向后方撤一步,约自身脚长2.5倍的距离,两脚呈前后错步站立,左脚脚尖微内旋,右脚脚尖微外展朝向前,重心放在两腿之间;两臂自然下垂放于身体两侧,两眼目视前方,神态自然大方,如图4-1和图4-2所示。

图 4-1

图 4-2

动作要领：身体侧向站立，两脚前后约成一条直线，左脚内旋有裹腿护裆之意，右脚内扣与前腿形成螺旋合力，增加身体稳定性；自然戒备时要做到外松内紧，要时刻集中注意力，不断观察周围环境，内心保持戒备状态。

练习方法：初步阶段主要练习动作为主，学生面对镜子站立，身体肌肉保持放松，反复练习，做到动作协调一致，撤步自然，身体保持侧向站立。注意脚型细节，充分感受两腿内旋合胯的身体变化。

易犯错误：身体肌肉僵硬，撤步不自然是学生在练习动作时比较常见的错误。其主要表现为动作不协调，撤步距离过大或过小，身体易失去平衡。这类错误多是由于学生精神紧张，刻意发力引起的。

纠正方法：学生面对镜子进行自我纠正，过程中首先要克服刻意发力、戒备的心理，要求身体自然放松，松而不懈。

戒备原理："身体侧向"可以减小身体在受到攻击时接触面积，技能化解对方进攻力量，又能起到保护身体要害部位的作用。"自然戒备"是外松内紧，肢体要松而不懈，做到注意力要高度集中，时刻观察周围情况变化，一旦发现异常情况，提前做好分析和预判。

客舱作用：自然戒备是航空安全员在客舱内进行巡视时应采取的戒备姿势。掌握自然戒备式可以使航空安全员在客舱日常巡视、情况询问或者行为制止时既能显得落落大方又能迅速反应做出判断。

（二）搭手戒备

预备式：两脚并立，脚尖并拢朝前，两腿自然直立，收腹挺胸，手臂自然伸直贴于身体两侧，五指并拢，头顶上领，两眼目视前方。

动作过程：右脚向后撤出约自身 1.5 倍脚长的距离成两脚错步站立，左脚尖微微内扣，膝盖微内裹，右脚尖朝向斜前方，约 50°；身体成侧向约 45°站立；两臂屈肘贴于腰侧，右掌在上左拳在下环抱放于腹部位置（约自己肚脐的位置）；两眼目视前方，神态自然。右脚在前，动作相同，两手相反，如图 4-3～图 4-5 所示。

图 4-3

图 4-4

图 4-5

动作要领：前后错步侧向站立，重心放在两腿中间，两手环抱，两肘贴肋，神态自然。

练习方法：学习该动作时可以采用先部分后整体的方法，即先练习两手环抱的动作，20 次为一组，两手交换；再练习错步开立的动作，20 次为一组，两脚交换；最后练习完整动作，20 次为一组，左右交换。

易犯错误：两脚左右开步。其主要表现为两脚横向开立或裆部敞开。

纠正方法：学生首先要明白动作的意义和目的，其次通过观看正确的示范形成正确的印象，再反复练习形成动作定型。另外，两脚距离过大就达不到自然戒备的目的，距离过小则站立就会影响动作的协调发力。在了解动作作用的前提下，学生可对着镜子练习，过程中重点体会重心高低的变化对身体四肢的影响。

戒备原理："身体侧向"可以最大限度减少身体暴露面积，保护身体要害部位。"两手环抱于腹前"一方面可以保护腹部免受攻击的同时，上可架挡防守面部和头部，下可格挡防守小腹和裆部；另一方面此位置位于身体中心非常有利于身体肢体的发力和动作技击。"左手为掌，右手为拳"包含了拳法和掌法两种比较快捷实用的技法，可以随时进行有效的攻击和防御；同时"掌在上，拳在下"符合礼仪之道，比较适合客舱戒备场景的应用。

客舱作用：航空安全员在客舱内对实施约束人员进行监控时或者行为人出现语言较为激烈抗拒时应该使用搭手戒备姿势。

（三）提手戒备

预备式：两脚并立，脚尖并拢朝前，两腿自然直立，收腹挺胸，手臂自然伸直贴于身体两侧，五指并拢，头顶上领，两眼目视前方。

动作过程：在自然戒备姿势的基础上，身体侧向，右臂向前自然提放于胸前中间位置，大小臂的夹角约150°，五指并拢，翘腕立掌，掌心向前；左手为掌提放于胸前，掌心向前；两眼目视前方，保持警戒与防护状态，如图4-6和图4-7所示。

图 4-6　　　　　　　　图 4-7

动作要领：身体侧向，左手向前提放，右手握拳，精神集中。在初级阶段练习时，学生要注意左手向前提放时不要将肘关节挺直，应保持手臂的自然弯曲，既能达到和对方保持安全距离，又能在紧急情况下做出有效防御动作。熟练掌握左手向前提放是提手戒备姿势动作学习的重点与难点。

练习方法：在练习时学生可以先对照镜子对右手动作进行重点练习，从自然戒备姿势开始，10次为一组；学生结合右手握拳进行连贯动作练习，10次为一组，每次练习三组。

易犯错误：错误一是左臂挺肘直臂是学生练习该动作时比较常见的错误。

纠正方法：学生先要理解动作和意义和作用，练习时手臂自然伸直，弯曲约150°即可。

易犯错误：错误二是左手臂提放方向或位置偏离。其具体表现是左手臂放在自己身体侧方的位置，造成身体中路敞开。

纠正方法：学生在了解动作意义和作用的情况下，对照镜子反复练习，保证自己的手臂在身体正中间偏上的位置。

戒备原理："两臂上举放于胸前"既是一种提手防御，也是一种提手进攻。两臂在胸前上举前伸，可以达到保持安全距离的目的，在使其突然攻击时可以发挥阻挡和缓冲的作用。"两手为掌"不失为一种比较含蓄委婉的格斗姿势，既可以掌攻击，也可以掌防守，可攻可防，灵活多变。

客舱作用：提手戒备是航空安全员在遇到行为人情绪比较激动或顽强抵抗时需要采取的戒备姿势。运用提手戒备可以使航空安全员在处理可能存在潜在危险行为的事件时既能保持安全距离，又能达到提醒和威慑对方的目的。

（四）格斗戒备

预备式：两脚并立，脚尖并拢朝前，两腿自然直立，收腹挺胸，手臂自然伸直贴于身体两侧,五指并拢,头顶上领,两眼目视前方。

动作过程:听到"格斗式准备"的口令后,右脚迅速向后方撤步约两倍脚长成错步站立,脚掌撑地,脚跟微微抬起;前脚脚尖微内旋,膝盖微内裹,右脚脚尖朝斜前方或外摆约45°;两膝自然微屈,重心放在两腿中间的位置,略微偏靠前脚;双臂自然上举,屈臂沉肘,两手握拳拳心相对。左臂夹角约为120°放于身体左侧,拳头高度不高于眼睛,不低于鼻子;右大臂内侧紧贴肋部,拳头紧挨右脸颊;下颌微收,稍含胸拔背,两眼目视前方,如图4-8~图4-10所示。

图 4-8　　　　　　　图 4-9　　　　　　　图 4-10

动作要领:身体放松自然,立腰拔背,腿护裆,手护中,肘护腰。

练习方法:在初级阶段练习的时候,第一步从预备姿势开始反复练习错步站立;第二步配合手部动作进行连贯动作练习。可以是学生自己单独练习,也可以由教师统一下口令集体练习,每8~10次为一组。

易犯错误:错误一是两腿直立,其具体表现是两腿或一腿膝盖挺直。

纠正方法:学生首先要了解若两腿直立步法就会迟钝缺乏弹性的道理,练习时膝盖自然弯曲保持一定弹性。

易犯错误:错误二是两拳位置过低。其具体表现就是拳头高度放在胸脯以下。

纠正方法:拳头过低就会失去对自己头、颈、胸等部位的保护作用,同时出击路线也会变长,容易被对方识破。

戒备原理:"两手握拳,屈臂上举"是航空安全员进入格斗戒备状态的标志性动作,具有警告的作用。此动作既是防守动作,又是一切进攻动作的发起点,可以最快的速度,以最有效的方式向对方发动攻击。

客舱作用:格斗戒备式是航空安全员在面对已经出现暴力行为或致命攻击的行为人时要采取的戒备姿势。运用格斗戒备姿势可以使航空安全员快速进入精神高度集中的戒备状态,有利于做出及时有效的攻击或防御动作。

 提升与拓展

动作名称:实战戒备式。

预备式:两脚并立,脚尖并拢朝前,两腿自然直立,收腹挺胸,手臂自然伸直贴于身体两侧,五指并拢,头顶上领,两眼目视前方。

动作过程:听到"格斗式准备"的口令后,右脚迅速向后方撤步约两倍脚长成错步站立,全脚掌着地;前脚脚尖微内旋,膝盖微内裹,右脚脚尖朝斜前方或外摆约45°;两膝自然微屈,重心放在两腿中间的位置;左臂夹角约90°,屈臂沉肘,拳心朝内,拳锋向上放于躯干正中间位置;右臂夹角约45°,屈臂沉肘贴紧肋部,拳头放于下颌下方一拳的位置,拳心朝内;两眼目视前方,微收下颌,如图4-11~图4-13所示。

图 4-11　　　　　　　图 4-12　　　　　　　图 4-13

动作要领：左臂握拳中间放,前脚内扣膝内裹,精神专注劲力猛。

练习方法：可参考"格斗戒备式"。

易犯错误：左手距离鼻尖过近是学生练习该动作时比较容易出现的错误。这类错误多是由于学生的小臂后倾与大臂没有形成垂直的原因引起的。

纠正方法：小臂垂直,一方面可以作为"盾牌"起到防护的作用,另一方面可以以最快速度、最近距离发动进攻。练习时,学生主动摆正小臂的位置,与大臂保持垂直。

戒备原理："左手握拳,屈肘竖臂置于体前"此动作犹如盾牌一般,可以阻挡对方的直线攻击,若绕开采用弧线进攻,则可用拳直线攻击,快而突然,使对方很难防守。"右手握拳置于下颌处"犹如进攻长矛,前手若漏,后手可补,保护胸口、颈部和下颌,可以在前手的掩护下以不及迅雷掩耳之势发动攻击。

客舱作用：实战戒备式是在格斗戒备式的升级演变动作,两者均是航空安全员在面对已经出现暴力行为或致命攻击的行为人时要采取的戒备姿势。相比较格斗戒备式,实战戒备式是更加贴合客舱实战,既便于发动快速进攻又能实施有效防护。

 组织与训练

（一）分组练习

学生在实训场馆或者训练场地针对几个不同的戒备姿势动作进行练习。教师将队伍分成若干个小组,6~8名学生分为一组,学生根据教师指定的训练内容进行练习。

（二）集体练习

学生在实训场馆或者训练场地成体操队形散开,由教师统一组织学生练习某一个戒备姿势动作。

（三）快速反应练习

学生通过分组和集体练习熟练掌握戒备姿势基本动作后,实训场馆或者训练场地成体操队形散开。口令"1"是自然戒备式,口令"2"是提手戒备式,口令"3"是格斗戒备式,学生根据教师不同的口令以最快速度做出相对应的戒备姿势。根据学生掌握水平,教师可以不断调换口令,逐步增加训练难度,提高学生动作熟练掌握的程度。

第二节　常用步法

一、步法的基本原则

武术实战对抗中,脚步按照一定规则移动和变换方向的方法,称为步法。步法具有运载身体前进后退、左右闪展的作用。著名武术技击家李小龙先生曾说过："步法本身是一项强猛有力的武器。"步法对于任何格斗家拳脚技术的发挥运用有着非常重要的作用和影响。在世界格斗技击中步法内容十分丰富多样,风格也不尽相同。无论是哪一种步法都应有利于拳脚技术的发挥和战术的运用,在实战对抗中既能够保证身体动作的平衡迅猛,又能使动作敏捷灵便。

结合客舱环境来说,首先步法选择要多用碎步,少用大步。在格斗时采用小步幅的快速移动,比大步幅的移动要快、要稳。小步疾动时重心变化小,易于迅速建立新的支撑面。其次多用滑步,少用跳步。在格斗时脚掌贴近地面滑行移动,比高抬脚底或跳步行进要快、要稳。

二、步法的基本要求

（1）沉稳。沉稳是指步法稳重扎实,不轻飘摇晃。对航空安全员来说,在飞行状态下运用防卫与控制技术对动作的平衡能力要求较高,而步法沉稳是动作平衡的根本。

（2）快疾。快疾是指步法快速突然,不拖泥带水。航空安全员在客舱处理冲突过程中遇到比较危险的行为时要能够快速有效地进行处置,脚步的快慢对动作实施效果有着比较重要的影响,快疾的步法是动作迅猛的保证。

（3）灵便。灵便是指步法轻盈灵巧,不僵硬呆滞。狭小密闭的空间,人多拥挤的环境对航空安全员客舱处理冲突的能力提出了较高的要求,动作敏捷是处理冲突能力的重要内容之一,而灵便的步法是动作敏捷的基础。

三、常用步法

（一）前滑步

预备式：格斗戒备式。

动作过程：右脚蹬地,左脚前脚掌擦地向前滑动半步,重心随左脚前滑向前移,后脚迅速滑地跟上,重心恢复至两腿之间呈格斗戒备式状态,如图4-14~图4-17所示。

图 4-14　　　　　图 4-15　　　　　图 4-16　　　　　图 4-17

动作要领：后脚蹬地,擦地滑步,前脚上步后脚跟,重心放在两腿中间。

练习方法：练习前滑步一般采用连续向前的方法,即左脚向前滑进,右脚跟进,左脚再向前滑进,右脚再跟进,向前8~10步后随即转身重复返回原点。

易犯错误：前脚抬脚迈步是学生学习该动作时比较容易出现的错误。其具体表现是前脚明显抬起离开地面向前迈步。

纠正方法：首先,学生通过反复观看正确的示范动作,重点观察前脚向前滑步时擦地的动作细节；其次,通过对照镜子的方法反复练习后脚蹬地前脚擦地前滑的动作。

客舱作用：前滑步在客舱防卫中多用于主动进攻,动作快而突然,能迅速向前移动重心接近对手。双方对峙时,航空安全员趁其不备突然前滑步疾速向前靠近对方,趁机将其制服。

（二）后滑步

预备式：格斗戒备式。

动作过程：右脚向后撤步的同时，左脚掌蹬地借力推动身体重心向后移动，右脚向正后方擦地滑行约一步，左脚随即向后跟步呈格斗戒备式，如图 4-18～图 4-21 所示。

图 4-18　　　　　　图 4-19　　　　　　图 4-20　　　　　　图 4-21

动作要领：后脚撤步前脚蹬，擦地滑行，重心平稳，身体中正。

练习方法：后滑步练习一般采用连续后退的方法，即后脚撤步前脚跟步，后脚再撤步，前脚再跟步，连续后滑步 8～10 次转身再重复返回原点。

易犯错误：后跳步是学生练习后滑步动作时较为常见的错误。其具体表现是后脚高高跃起撤步，前脚向后跟步。这类错误多是学生没有了解和掌握滑步的动作要领和特点引起的。

纠正方法：教师首先要通过示范法和讲解法向学生讲明动作要领，然后针对这一典型错误进行原因分析，使学生明白动作错误的根源。在此基础上，学生通过反复练习体会动作要领和发力技巧。

客舱作用：后滑步在客舱防卫中多用于防守反击。后滑步能够使身体重心迅速后移的同时快速移动步法与对方拉开距离。双方对峙时，对方突然踹腿向我方腹部袭来，我可迅速后滑步向后撤步避开对方的进攻继续呈格斗戒备式，随即既可保持安全距离也可用拳腿给予反击。

（三）左闪步

预备式：格斗戒备式。

动作过程：左脚向左斜方滑出一步的同时，右脚蹬地，借力推动身体重心前移，使左脚快速滑行约一步的距离，上体随之右转，保持身体左侧对前方，右脚随即向左后方滑一小步跟步呈格斗戒备式，如图 4-22～图 4-25 所示。

图 4-22　　　　　　图 4-23　　　　　　图 4-24

图 4-25

动作要领：前脚滑步快后脚跟得快，重心要稳，身体侧对前方，动作连贯，身体协调。

练习方法：初级阶段练习时，学生可以找一个参照物（树、人等）于身前进行练习，要闪步移至参照物侧面即可，不必闪移幅度过大。

易犯错误：右脚进步左脚跟。这类错误在学生刚开始练习时比较容易出现，主要是由于没有了解动作意义或者动作生疏引起的。

纠正方法：先了解"左闪步"动作的意义或者作用，练习时注意右脚蹬地，左脚向左边侧滑，右脚再随即跟步。

客舱作用：左闪步是向左横移的步法，在客舱防卫中多用于防守反击。左闪步可以调动身体迅速向左横移的同时呈侧身向前,在实战对抗中能有效闪避对方的进攻,并从左侧方进行反击。

(四)右闪步

预备式:格斗戒备式。

动作过程:右脚向右斜方上一步的同时,左脚蹬地借力推动身体重心前移使右脚快速滑行约一步的距离,上体随之左转,保持身体右侧对前方,左脚随即向右后方滑一小步跟步呈反架格斗戒备式,如图4-26~图4-29所示。

图 4-26

图 4-27

图 4-28

动作要领:前脚滑步快后脚跟得快,重心要稳,身体侧对前方,动作连贯,身体协调。

练习方法:初级阶段练习时,教师在地面上画出一个"十"字标志,学生右脚站在十字架中心的位置,左脚站在十字架下端的位置,然后根据动作要领进行练习,每10~12次为一组。熟练后学生可以结合左右闪步的交替练习,连续20次为一组。

图 4-29

易犯错误:侧身不充分或不明显是学生练习该动作时比较常见的错误。其主要表现在右侧身体或肩膀朝向前方没有呈侧身对前。这类错误多是由于学生在进行向左转身的时候幅度不足引起的。

纠正方法:学生面对一标志物站立,以标志物为敌手进行练习,要求闪步移至"对手"体侧。

练习作用:右闪步是向右横移的步法,在客舱防卫中多用于防守反击。右闪步可以调动身体迅速向右横移的同时呈侧身向前,在实战对抗中能有效闪避对方的进攻,并从右侧方进行反击。

 提升与拓展

动作名称:前滑步+后滑步。

预备式:格斗戒备式。

动作过程:上接前滑步的动作,左脚蹬地,右腿向后滑步,左脚跟步还原呈格斗戒备式。如此交替做。

动作要领:蹬地充分,滑行擦地,前后滑行重心平稳,动作连贯,节奏明确。

练习方法:学生可按照十字架的练习方法,从左脚在十字架中间位置开始,先前滑步再接后滑步,要求滑步线路清晰,动作协调连贯,前后滑步连续30次为一组,每次练习三组。

易犯错误:拖步是学生练习时比较常见的错误。

纠正方法:学生要了解跟步的动作要求,即后脚主动向前脚移动,而拖步是后脚被动地向前脚移动。在此基础上,练习时应注意后脚要主动向前脚移动跟步。

客舱作用:前滑步+后滑步是一个实用性较强的步法组合,要求快速向前移动进攻的同时又能快速撤回至原点,正如武术"进如闪电退如流星"的步法要求。该步法组合在客舱防卫中经常结合拳法技术使用,具有较强的技击性和实用性,是航空安全员客舱防卫的必备技能。

 **组织与训练**

(一) 集体信号练习

学生在实训场馆内呈体操队形散开针对不同步法进行原地或行进间的练习。教师可组织单一技术练习,可以口令或哨音指挥学生进行练习。教师也可以通过信号提示的方法进行反应练习,具体组织方法是:长哨音代表前滑步,短促音代表后滑步,按照规律指挥学生练习,也可用口令或者手势来指挥学生练习,达到锻炼学生快速反应能力和步法移动能力。

(二) 分组讨论练习

学生在实训场馆内通过分组的形式练习步法内容。教师将队伍分成若干个小组,8~10名学生为一组,针对单一步法技术进行练习,并进行小组讨论和演练。

(三) 两人配合练习

两名学生为一组,均以格斗戒备式站立准备,一人以前滑步进攻,另一人以后滑步撤步防守,一人为配手以拳脚进攻,另一人为操作手以左闪步和右闪步防守反击。

第三节 基础进攻技术

一、进攻技术概述

进攻技术主要是由拳法、腿法、掌法、肘法、膝法和摔法技术组成,是客舱防卫的主要进攻技法。

(一) 进攻技术的基本要求

1. 速度快

击打速度快是提高攻击效能的关键,以快攻敌,做到突然发力,眼到拳到,才能使敌防不胜防。速度快还必须快打快收,以保证连续快速攻击和及时进行防守。要做到快,必须进行进攻技术的基础训练,扎扎实实地打牢基础。

2. 力量重

爆发力越强,力量就越重。要做到爆发力强,必须在进攻前使全身肌肉保持放松,做到松而不懈。在击敌的瞬间,肌肉猛然收紧,并随即迅速放松,使全身之力在着力点上突然收紧,力量能快速传递到目标上,力道劲促有渗透劲。

3. 击打准

攻击时,要看得准,打得准,力争能招招命中,提高进攻效率。要做到击打准确,充沛的体力是前提,娴熟的技巧是基础,良好的时机是关键,准确的距离感是保证。

4. 预兆小

攻击动作要预兆小,否则对方就会有所防备,使进攻成功率降低,还会给对方反击自己的机会。因此航空安全员要强调严格按技术要求和动作要领进行练习,不断提高攻击动作的隐蔽性和突然性。

(二) 攻击身体部位

人体中有许多要害部位,有的部位一击便可毙命,有的部位被击可以使其生理机制暂时或永久地消失。在客舱防卫中我们要以人体中眼睛、耳朵、咽喉、裆部、面部、头部、肋部、穴位等一些要害部位为攻击目标,有针对性地采取准确、有力的击打技术,就能更快更有效地制服对方,保障客舱安全。

二、拳法技术

(一)拳法技术运用的基本原则

拳法技术是格斗技术体系的重要组成部分,是航空安全员在中距离和近距离徒手防卫与控制中运用拳的直、摆、勾等打的技术动作,对行为人身体要害部位、器官和关节实施进攻,以达到有效控制和自我防卫目的而使用的攻击方法。拳法作为进攻技术在运用中应遵循以下几点原则。

(1)拳到脚到,随步进攻。武术谚语——拳到脚到方为真,说明拳和脚协调配合的重要性。在实战对抗中,拳法的有效进攻依赖于灵活的步法,仅站立原地依靠上肢的放长是很难击中目标的,只有拳和脚步协调配合才能在移动中实现技击的目的。

(2)蹬地借力,拧腰转胯。在实战对抗中出色的爆发力和弹抖力是拳击打效果的重要保证。拳的爆发力和弹抖力是身体各个部位高度协调配合的整体劲,通过以脚蹬地借力,以腿促腰,以腰催肩,以肩带臂,以手发力的过程来实现的。其中拧腰转胯的腰腹力量是核心和关键,绝不仅单纯依靠手臂的力量。

(3)滚进滚入,富有弹性。滚进滚入是指出拳时拳头、手腕、手臂要像球体一样滚动出入,通过滚动产生旋转之力,可以增加拳的击打力量,也可以有效化解对方的力量。富有弹性是指出拳时肌肉要放松,不可僵硬抽力,当拳击打目标时要肌肉绷紧发力。

(4)坐胯立腰,重心稳定。在运用拳法进行攻击时要通过坐胯立腰确保身体重心始终放在两腿中间,不可出现趴腰撅臀的现象。

(5)快打快收,攻防兼顾。在实战对抗中,把握出拳的时机非常重要,机会稍纵即逝,因此运用拳法攻击时要果断坚决,出拳速度要快如流星,收拳时要快如闪电,力达拳锋,攻防兼顾。

(二)直拳

直拳是以拳直接出击的攻击方法,是格斗技击中重要的拳法之一。相比较其他拳法,直拳沿水平正中线出击,具有路线最短,出入最快,常能以快打慢,便于快速出击,也便于快速回收的优点,是航空安全员必备的客舱防卫技能。直拳分为左直拳和右直拳两种拳法。

1. 左直拳

预备式:格斗戒备式。

动作过程:右脚蹬地,转胯拧腰,身体微向右转,以腰促肩,肩膀前移,大臂推动小臂,拳头由内向外沿水平正中线旋转伸出,击打到目标时,肌肉收紧,力达拳锋,快打快收;右手臂保持不动,拳头高与右脸颊齐,沉肩坠肘,始终放在右侧做好防护;两眼目视前方,下颌微收,如图 4-30~图 4-32 所示。

图 4-30　　　　　　　　图 4-31　　　　　　　　图 4-32

动作要领：沿直线直接向前出击，不要有小臂向后回拉的预兆动作；拧腰转胯肩膀前送，加大出拳的长度；拳头旋转伸出，增大出拳的爆发力；快打快收，收回时屈臂沉肘沿原路还原。

练习方法：初级阶段练习时，首先学生进行原地定点左直拳练习，速度稍慢，注意出拳的路线和发力的节奏。其次结合进行原地的打靶训练，适当增加击靶力量，注意打靶的准确性和力达拳锋的要领。最后结合前滑步进行练习，适当增加出拳的速度，注意手脚的协调配合和动作准确性。每20次为一组，每次练习三组。

易犯错误：小臂下撩是学生学习左手直拳时比较常见的错误。其主要表现是小臂带动拳头由下向前挥撩，而不是沿直线直接出击。这类错误多是由于学生出拳时肩膀先于拳头先动引起的。

纠正方法：练习时两人帮扶的方法，帮扶者站于练习者身体左侧，右手扶压练习者的左肩膀上侧，左手扶托肘关节外侧向前引导出拳，动作稍慢，学生重点体会出拳的节奏。

客舱作用：左直拳位于身体前侧，距离较短，动作预兆小，既可攻上又可攻下，变换较多。因此在客舱防卫中用途较多，既可以作为主动攻击的拳法，也可以作为防守反击的拳法，多用于配合其他技法使用。例如当对方用左摆拳攻击头部时，右手挂挡后，同时用左直拳反击对方胸部或面部。

2. 右直拳

预备式：格斗戒备式站立。

动作过程：右脚蹬地脚尖内扣，膝关节内旋合转胯拧腰之力，身体充分向左转，以腰促肩，肩膀前送，大臂推动小臂，拳头内旋向前沿水平正中线伸出，击打目标时，肌肉绷紧，拳心向下，力达拳锋，快打快收；左臂保持不动，屈臂沉肘，拳头高于左脸颊齐，始终放于身体左侧做好防护；两眼目视前方，下颌微收，如图4-33～图4-35所示。

图 4-33

图 4-34

图 4-35

动作要领：右脚蹬地借力，脚尖充分向内旋转，不可外展；直背立腰收胯，腹部核心收紧，不可趴腰撅臀身体过于前倾；小臂旋转沿直线伸出，力达拳锋，手腕肌肉绷紧端平；出右拳时，左拳应收回放于左脸颊。

练习方法：学生可先进行原地定点练习，放慢速度，重点体会出拳的路线和落点。其次结合左直拳和步法进行训练，具体方法是：前滑步配合左直拳和右直拳各一次；前滑步配合两次左直拳加一次右直拳；一个后滑步加一个右直拳。每20次为一组，练习2～3组。

易犯错误：错误一是上肢过于倾斜。这是学生练习右直拳时比较常见的错误。其主要表现为出右直拳时上肢向前移动过多，造成身体核心肌肉没有充分发力，使身体重心偏移不稳定。这类错误多是由于学生在运用右直拳时髋关节没有充分合紧引起的。

纠正方法：学生多体会核心肌肉群发力点纠正身体前倾的问题。

易犯错误：错误二是肘关节外翻。其具体表现为出拳时肘关节先于拳先动成向外向上翻肘或架肘，小臂向前挥撩。

纠正方法：练习时由教师或同学进行帮扶，面对镜子站立，帮扶者左手扶握练习者的右肩膀上侧，右手扶托肘关节使其稳固并引导向前伸出，动作稍慢，重点体会出拳的路线。

客舱作用：右直拳位于身体后侧隐蔽性较强，出拳快，击打力量大，在客舱防卫中既可作为主动进攻的拳法，也可作为防守反击的拳法使用，攻击对方的腹部、胸部和头部。例如，当对方左直拳攻击上盘时，俯身下躲，同时右直拳攻击对方腹部。

（三）摆拳

摆拳是弧线形拳法，主要由外侧弧形向前横击对方太阳穴、耳门、腮等部位，其特点是腰腹拧动带动其手臂发力。因其攻击路线长，攻击力量强，是格斗拳法中的重拳。在散打、搏击等格斗技击比赛中使用频率较高。在客舱狭小空间中，运用大幅度摆拳进行攻击或反击受空间限制较大。

1. 左摆拳

预备式：格斗戒备式站立。

动作过程：右脚蹬地拧腰转胯，身体向左转体，重心下压，核心肌肉收紧稳固；左脚脚掌蹬地，膝盖和股四头肌顺势发力，身体向右旋转的同时带动手臂从左向右呈弧线摆出至身体正中线，拳心向下，力达拳锋，高与鼻子水平延长线齐，屈臂沉肘原路快速还原；右臂保持不动放在身体右侧保护好肋部和右脸颊；两眼目视前方，下颌微收，如图4-36～图4-38所示。

图 4-36

图 4-37

图 4-38

动作要领：练习左摆拳时要控制好预兆动作，不要出现拉臂过大的动作；出拳时做到肩部肌肉放松自然，不可紧张僵硬，做到松而不懈；击打时肌肉要紧而不僵，充分利用拧腰转胯的力量带动手臂的摆动；左摆拳练习时要与身体协调配合练习，才能发挥其最大的威力。

练习方法：在初级阶段练习时，学生可以先进行定点摆拳的空击和打靶练习，过程中注意力量和速度要适中，重点体会动作的出击路线和发力技巧。经过一段时间的练习后，可以配合前滑步的步法练习，注意拳脚的协调配合以及落点的准确性。

易犯错误：错误一是摆拳幅度过大。其主要表现为小臂向左摆动幅度过大使其出击路线变长。这类错误多是由于学生比较着急于摆拳发力引起的。

纠正方法：学生要先学会放松肌肉，克服急于发力的思想。在同学的帮助下，对照镜子重点体会和练习摆拳的出击原理和线路。

易犯错误：错误二是肘关节外翻出现甩拳。其主要表现为出拳时，肘关节先向上抬起或架起，小臂向前横向挥动。

纠正方法：学生可在教师或同学的帮助下进行纠正，具体方法是：对照镜子，同伴右手抓握肘关节外侧，左手牵拉其左拳面沿弧线摆出，然后还原反复练习。

客舱作用：在客舱防卫中左摆拳作为前手摆拳，进攻距离较短，变向灵活，往往使对方猝不及防，是击打对方面部两侧的有力武器。双方对峙时，突然向左闪步，左摆拳强攻对方的头部右侧。

2. 右摆拳

预备式：格斗戒备式站立。

动作过程：左脚撑地，身体微向右转使其重心下压，右脚蹬地转胯拧腰的同时脚后跟外旋，身体向左转身；同时右拳向前向左呈弧线摆出至头部正前方，拳心向下，高与鼻齐平，力达拳锋；左拳屈臂沉肘放于身体左侧；右拳沉肘屈臂收回还原格斗式；两眼目视前方，下颌微收，如图 4-39～图 4-41 所示。

图 4-39

图 4-40

图 4-41

动作要领：右摆拳摆击时要充分借助右脚蹬地以及拧腰转胯的合力，不可仅挥摆手臂发力；练习右摆拳时要身体协调配合，肩部肌肉尽量放松，做到松而不懈，紧而不僵；右摆拳摆击时出拳预兆要小，摆动幅度不可过大。

练习方法：初级阶段练习右摆拳时，学生可以先进行单人的空击动作练习，重点掌握右摆拳的运行路线，20 次为一组，练习 2～3 组，动作熟练后，可加以打靶训练，重点体会拳的落点和发力的节奏。经过一段时间的训练后，配合步法进行练习，体会右摆拳和步法的结合移动训练。

易犯错误：摆拳幅度过大是学生学习右摆拳动作比较常见的错误。其具体表现为出拳摆击时右拳向右划弧幅度较大，运行路线较长。

纠正方法：学生要在同伴或教师的帮助下对照镜子进行慢动作练习，肌肉放松，体会动作的运行路线，反复练习后逐步形成技术定型。

客舱作用：右摆拳因位于身体后侧，其隐蔽性较好，攻击力量较大，属于拳法中的重拳。在客舱实战对抗中经常配合其他拳法和技术运用，往往能给对手以重创。例如用左直拳佯攻头部，当对方举臂防守的瞬间，俯身用右摆拳击其左侧肋部。

（四）勾拳

勾拳是格斗技击中比较常用的一种近距离拳法，分为平勾和上勾两种。在实战对抗中，勾拳距离对手较近，肘关节弯曲程度较大，可充分利用腰部发力，隐蔽性强，力量较大，故是一种相当凶猛，对对手极其危险的拳法技术。勾拳幅度小、隐蔽性强、贴身近打的特点使其非常适合在狭小空间里运用，是航空安全员必备的客舱防卫技能。

1. 左勾拳

预备式：格斗戒备式站立准备。

动作过程：右脚蹬地，转胯拧腰身体向左转，左手臂微降低，沉肩坠肘，右膝弯曲；左脚蹬地，身体向右转胯拧腰发力，肘关节弯曲内扣以合适的角度向前击打目标；拳锋向上，拳心朝内，腕关节微内扣；右手臂保持不动防护好身体右侧；前勾拳出拳后迅速还原格斗式状态；两眼目视前方，下颌微收，如图 4-42～图 4-44 所示。

动作要领：在完成左勾拳的练习时，左臂下降幅度不可过大，使其动作预兆过大；左勾拳练习时应注意与脚蹬地、转胯拧腰协调配合发力，发挥其最大威力；上体应稍含胸拔背，能充分借助背部肌肉拳发力，但身体不可过于前倾；勾拳练习时应注意目标明确，拳的落点要清晰准确。

图 4-42　　　　　　　图 4-43　　　　　　　图 4-44

练习方法：在初级阶段练习时，学生可通过对照镜子进行原地定点空击练习，每20次为一组，过程中速度要慢，自然发力，能做到肌肉放松不松懈，重点体会拳的运行路线和发力节奏，逐步形成基本的技术定型。熟练后，学生可进行打靶训练，每一拳间隔2～3秒，重点体会打靶时力量的传递。

易犯错误：错误一是左勾拳出拳路线错误。其主要表现为出拳时拳头向外绕行，由外向斜上勾击。

纠正方法：学生主要可通过对照镜子的方法纠正自己的问题，纠正时适当减小发力的力量，重点观察总结前勾拳的运行路线。

易犯错误：错误二是身体后仰挺腹。其主要表现是勾拳时左胯向前挺出，腹部前挺。这类错误多是由于学生没有了解和掌握勾拳的发力特点导致的。

纠正方法：先通过观看教师的正确动作示范，在练习时要重点体会脚蹬地转胯拧腰和腰部肌肉群的发力要领。

客舱作用：左勾拳距离对手距离较近，变化较快，隐蔽性较好，在客舱防卫中可以运用此拳法攻击对方的头部和腹部。例如，当对方左拳击头时，右手挂挡的同时，沉身，用左勾拳反击对方腹部。

2.右勾拳

预备式：格斗戒备式站立准备。

动作过程：身体向右侧转的同时屈膝降低重心，右脚蓄力；右脚蹬地，扣膝合胯，微向左拧腰转体的同时，右拳由下向前、向上勾击，上臂与前臂夹角在90°至110°之间，拳心朝里，力达拳面，高与下颌齐平；左拳回收至左下颌，下颌微收，两眼目视前方。如图4-45～图4-47所示。

图 4-45　　　　　　　图 4-46　　　　　　　图 4-47

动作要领：右勾拳要借助右脚蹬地、扣膝、合胯、转腰的力量，发力由下至上，协调顺达；勾拳时右臂先微微内旋再外旋，路线呈螺旋形运行。

练习方法：同左勾拳。

易犯错误：错误一是右拳后拉。这种错误主要是由于学生可能想加大动作力度，以至于右拳先后拉再上勾，出现严重的预摆。

纠正方法：应先消除单纯用劲心理，着重体会动作路线和全身的协调配合。

易犯错误：错误二是身体向上立起。这类错误多是由于学生没有体会合胯转腰的用力方法，过分追求蹬地伸髋引起的。

纠正方法：请同伴协助控制重心的起伏，如一手按头，一手给靶，体会力从腰发的要领。

客舱作用：右勾拳具有击打力量大、杀伤力大的特点，在客舱防卫中一般用于重击对手，可攻击对方的下颌、腹部和肋部。例如，对方右勾拳攻击上盘右侧时，左手挂挡后，迅速用右勾拳勾击对方腹部或下颌部位。

 提升与拓展

动作名称：鞭拳。

预备式：格斗戒备式站立准备。

动作过程：右脚撑地，左脚向右前方上步，约自身一脚的距离，重心随即过渡到左腿；右脚向左脚后方叉步，脚掌撑地，脚后跟抬起；动作不停，身体向右后方转体，以腰带动右手臂向前横向鞭击对方头部或颈部，肘关节微屈，拳呈立拳，拳心朝左，力达拳背；左手保持不动防护在身体左侧位；两眼目视鞭拳击打方向，下颌微收，如图4-48～图4-50所示。

图 4-48　　　　　　　　图 4-49　　　　　　　　图 4-50

动作要领：练习鞭拳时要求动作连贯，叉步转身的动作能一气呵成，能充分运用身体转身的力量带动手臂向前鞭打；出拳时能先摆动头部，再转动身体鞭击；重心过渡要平稳，保持身体平衡。

练习方法：鞭拳是一种需要转身以腰带臂的拳法技术，动作难度较大。因此在初级阶段练习时，学生要重点体会身体重心移动过程中的平衡稳定以及叉步转身的角度选择的合理性。学生在格斗式站立的基础上，先反复练习转身叉步，过程中重点观察自己交叉步的幅度和方向，然后再配合摆头转身的动作进行练习。熟练后，进行完整动作的练习，要求肌肉放松，重点体会动作的连贯性和运行路线。

易犯错误：前臂直臂抢甩是学生练习该动作时比较常见的错误。其主要表现是手臂直臂挺肘横向横击。这类错误多是学生没有了解和掌握鞭拳的技术特点以及肢体动作错误造成的。

纠正方法：学生先进行原地定点的鞭拳练习，体会和总结手臂鞭甩的运行路线以及肢体转动的整体发力。

客舱作用：鞭拳是一种十分凶猛的拳法，动作比较突然隐蔽，击打力量较大且灵活多变，令对手防不胜防。在客舱防卫中，原地后手鞭拳可以直接鞭击身体后侧的目标，也可转身鞭击对方的颈部和头部两侧。例如，对方以左或右直拳攻击头部时，身体右后转身，躲过对方进攻的同时，迅速以右鞭拳反击其头部。

组织与训练

（一）空击练习

空击练习可分为定点空击练习和移动空击练习两种。通过定点空击练习重点使学生逐步了解和掌握每单个拳法技术的运行路线和上下肢的协调配合。通过移动空击练习重点使学生了解移动下的拳法特点，掌握如何在步法的基础上运用各种拳法技术，使之逐步转变为比较贴合实战对抗的技能。

进行空击练习，学生可在实训场馆内由教师统一组织进行，可以集体练习。也可以是分组循环练习。

1. 定点空击练习

学生从格斗戒备式站立准备开始，教师规定练习内容，学生根据教师的口令或哨音进行的单个技术动作的单击或连击练习。练习过程中，可以对照镜子进行动作的分解练习以达到对动作细节的强化，使之形成正确稳固的技术定型。

2. 移动空击练习

学生从格斗戒备式站立准备开始，教师规定练习内容，学生根据教师的口令或哨音进行拳法和步法的结合练习。例如，前滑步1次直拳单击，后滑步1次右直拳单击，8～10次为一组，练习三组。练习过程中，注重强调步法和拳法的衔接连贯性，学生要做得肌肉松而不懈，紧而不僵，不要刻意强调出拳的力量和速度，使其能手脚协调配合，发力自然即可。

（二）打靶练习

打靶练习分为定点打靶练习和移动打靶练习两种。在空击练习的基础上，通过定点打靶练习，重点使学生掌握蹬地借力和拧腰转胯的发力节奏和技巧。通过移动打靶练习，重点使学生掌握移动中拳合理、正确的击靶落点以及动作连贯性。

1. 定点打靶练习

学生成体操队形散开后，从格斗戒备式站立准备开始，由教师统一组织将学生分为两人一组，一人为持靶的配手，一人为击靶的操作手。教师规定训练内容，各组根据教师的口令或哨音进行单个技术的打靶练习，10～12次为一组，然后两人进行交换练习。

2. 移动打靶练习

学生成多路纵队，从格斗戒备式站立准备开始，两人一组，结合步法练习各种拳法技术。教师规定练习内容，每路纵队的第一组学生听到口令后朝一个方向连续进行移动打靶，10～20次为一组进行组内循环练习。

（三）速度练习

速度练习是在学生熟练掌握拳法单个技术的基础上结合移动步法旨在提升连续快速出拳能力的练习方法。速度练习主要一般分为空击速度练习和沙包速度练习。

1. 空击速度练习

学生成体操队形散开后，从格斗戒备式站立准备开始，教师规定练习内容，学生根据教师的口令或哨音针对某一拳法进行连续快速的练习。例如，前滑步直拳的练习，学生听到"开始"口令后，连续快速地进行移动空击练习，每20次一组，练习三组，每组间隔8～10秒。

2. 沙包速度练习

学生在搏击房或配备有沙包的训练场地进行拳法的速度练习。根据沙包数量，由教师统一组织将学生分为若干组，每个沙包6～8名学生。学生根据教师规定的练习内容，每人连续快速地进行10～14次击打沙包练习，组内循环进行即可，每人轮换三组。

（四）力量练习

力量练习主要是结合沙包练习提升学生拳法击打力量的练习方法。相比较速度练习,在初级阶段结合沙包的力量练习注重强调学生每次出拳的力量。

学生在搏击房或配备有沙包的训练场地进行拳法的力量练习。根据沙包数量,由教师统一组织将学生分为若干组,每个沙包6～8名学生。教师规定练习内容,学生进行组内循环练习,每人每组10～12次,轮换三组。

三、腿法技术

（一）腿法技术的运用原则

腿法技术是格斗技术体系的重要组成部分,是航空安全员在中距离和远距离徒手防卫与控制中运用腿的蹬、踹、弹等击打的技术动作,对行为人身体要害部位、器官和关节实施进攻,以达到有效控制和自我防卫目的而使用的攻击方法。由于客舱环境的特殊性,腿法作为进攻技术在运用中应遵循以下几点原则。

（1）目标明确,快速出击。在客舱防卫中,航空安全员要能根据客舱情况迅速明确要进攻的目标,并能抓住时机做到快速出击迅速制服对方。

（2）攻防兼备,迅速回收。拳谚说"快打快收似闪电",说明在格斗技击中速度的重要性。无论使用何种技法均要求能快速出击的同时要能快速回收,减小进攻破绽,不给对方任何反击的机会。故在客舱防卫中,使用任何腿法都要考虑周全,要求能做到攻防兼备,进退自如,切不可慌不择路随意踢击。迅速回收能使踢腿后身体及时还原格斗式,能蓄势攻击,稳住重心,也能有效预防对方的反击,使腿法运用做到攻防兼备。

（3）善用直线腿法,直截了当。客舱防卫不同于任何一项格斗项目的竞技比赛,在客舱空间里面相对狭窄的过道、拥挤的座位以及人群旅客等因素,腿较臂长之优势反而是劣势,使用率较高的弧线腿法都很难施展开来,因此在客舱防卫中应多采用一些直线腿法进行攻击。

（4）善用低位腿法,稳定重心。拳谚说"起腿半边空",说明起腿击敌时,支撑面小了很多,身体的平衡就会受到影响容易失去平衡倒地或被对方反击。在客舱防卫中航空安全员面对的多是比较凶险的人群,在运用腿法进行踢击时要善于采用一些低位腿法,以对方裆部及以下作为主要进攻目标。

（二）正蹬腿

正蹬腿是技击格斗中的一种直线腿法技术,是腿法技术的重要组成部分。它具有动作预兆小、启动快、力量大、不易防守的技术特点。正蹬腿是航空安全员客舱防卫的必备技能。

1. 前正蹬腿

预备式：格斗戒备式站立准备。

动作过程：右脚向前半步或垫步,约自身脚长的距离,重心移至右腿,同时左腿屈腿提膝,膝盖高与腰部齐平；右脚勾脚尖,踝关节绷紧；上体向后微倾,右髋关节向前挺出,两手保持不动；腰部发力通过胯部带动腿部,大腿推动小腿向前直线蹬出,脚尖向上勾起,力达脚跟；蹬完后迅速收回还原格斗式；两眼目视前方,下颌微收,如图4-51～图4-53所示。

动作要领：练习左正蹬腿时屈膝抬腿要充分,高度与自己腰部齐平；左髋关节应充分前挺,以达到放长击远的效果；身体肌肉要协调配合发力,充分运用腰部和背部肌肉,以增加腿击的击打力量；蹬腿时力道劲促,结合快速收腿的动作,以加大腿击的爆发力。

图 4-51　　　　　　　图 4-52　　　　　　　图 4-53

练习方法：学生可以先练习垫步屈膝抬腿的动作,10次为一组,练习三组。首先,要求动作自然连贯,重点体会重心的过渡转换以及提膝挺髋的动作;其次,在屈膝抬腿的动作基础上反复练习原地的空击蹬腿或蹬击沙包,体会发力的技巧和节奏;最后,进行动作的完整练习,要求动作连贯、准确即可,速度和力量由慢至快、由小渐大,逐步形成正确的动作定型。

易犯错误：屈膝抬腿不充分,蹬腿没有力量是学生在练习前正蹬腿时比较常见的错误。其主要表现是屈膝高度没有到自身腰腹的位置或者明显过低,蹬腿时位置较低且没有力量。

纠正方法：首先,学生可以对照镜子进行屈膝抬腿动作的练习,注意提膝的高度要充分;其次,练习左右轮换的蹬腿练习,过程中注意挺胯的动作细节。

客舱作用：在客舱防卫中,前正蹬腿可以配合步法和拳法在远距离有效攻击对方的胸、腹部,击打力量大,速度快,可以有效重创对方;前正蹬腿距离对方目标较近,隐蔽性较好,可以快速阻截对方对我的突然攻击,使其保持安全的客舱防卫距离。

2. 后正蹬腿

预备式：格斗戒备式站立准备。

动作过程：左脚向前步,脚尖稍外展,右腿提膝抬腿,高与腰部齐平,左脚脚后跟向前旋转,重心过渡至左腿;腰部和臀部肌肉配合发力带动腿部,大腿推动小腿向前直线蹬出;蹬击完成后迅速收回还原格斗式,双手保持不动护好身体两侧;下颌微收,两眼目视前方,如图4-54~图4-56所示。

图 4-54　　　　　　　图 4-55　　　　　　　图 4-56

动作要领：屈膝高度要与腰部位置一致,不可出现提膝过低的现象;腰部和臀部要配合发力,以增加蹬腿的力量;右脚蹬地提膝、左脚旋转和挺胯要协调配合、整体发力;膝关节要保持稳定,不可松懈,以免造成膝关节的损伤;蹬腿时大腿主动推动小腿发力,力达目标后迅速收回还原格斗式,以增加蹬腿的爆发力。

练习方法：学生先练习上步提膝的动作,每20次为一组,练习过程中注意体会重心的过度转化、左脚脚尖外展和脚后跟跟随向前旋转的动作细节;练习蹬腿的空击练习或蹬沙包练习,过程中重点体会发力节奏和脚后跟着力的动作要领,每20次为一组;学生可进行完整动作的练习,重点要求动作正确连贯。速度和力量遵循渐进性原则,不可急于发力或追求速度。

易犯错误：坐胯和踝关节松弛是学生在练习该动作时比较常见的错误。其具体表现是蹬腿时右髋关节没有向前挺而是保持不动，踝关节放松导致蹬腿时没有力量。

纠正方法：学生对照镜子反复练习提膝抬腿的动作，注意要送胯或挺胯，动作速度稍慢，过程中重点观察髋关节的运动轨迹。针对踝关节松弛的问题，首先，学生要通过踝关节韧带拉伸的方法解决韧带不足的问题；其次，脚尖提重物练习，体会脚踝发力上抬的肌肉感觉。

客舱作用：在客舱防卫中后正蹬腿较前正蹬腿击打力量更大，可以直接攻击对方的腹部或胸部，能更有效地击退对方的进攻，为后续技术动作的运用发挥创造机会。

（三）侧踹腿

侧踹腿是一种屈伸性的直线腿法，是格斗技法中的重要腿法之一。在实战对抗中，它具有攻击距离长、攻击范围大、击打力量大、不易防守的特点，是航空安全员必备的客舱防卫技能。

1. 前侧踹腿

预备式：格斗戒备式站立准备。

动作过程：右脚向前半步或垫步，约自身脚长的距离，脚尖外展，左腿提膝翻胯，提膝高度与腰部一致，脚后跟朝向正前方或进攻目标，脚尖侧向勾紧；腰部带动腿部发力，支撑脚的脚后跟应跟随腰部向前旋转配合发力，大腿推动小腿直线向前蹬踹，力达脚面；左手握拳顺势下摆，右手握拳保持不动防护好身体右侧；身体略向后倾，下颌微收，两眼目视踹击方向；踹击完成后迅速还原格斗式，如图4-57～图4-60所示。

图 4-57　　　　　图 4-58　　　　　图 4-59　　　　　图 4-60

动作要领：提膝翻胯要充分、连贯；发力踹击时腰部带动腿部发力要充分；提膝、送胯与支撑脚旋转要协调配合整体发力；脚面要朝向进攻方向，蹬踹力道劲促，力达脚面。

练习方法：首先，学生可以先练习提膝翻胯的动作，每10～12次为一组，过程中应注重髋关节和膝关节的运行轨迹的变化，使脚后跟方向能朝向正前方；其次，在提膝翻胯的基础上进行踹腿的空击或沙包练习，重点体会身体肌肉的协调配合以及发力节奏；最后，进行完整动作的连贯练习，每10～12次为一组，以动作路线准确、击打目标或落脚点的清晰、发力自然顺畅为练习目标和要求。

易犯错误：踹击时伴有屈胯、收腹、撅臀的身体姿势以及踹出后躯干与踹腿不能形成一条直线是学生在练习该动作时比较常见的错误。这类错误常常会导致学生踹腿进攻距离较短，动作僵硬，踹击力量较小。

纠正方法：学生可以通过手扶物体稳固重心，降低踹腿高度的方法进行纠正，具体做法是后侧手扶肋木或其他物体以稳固重心，保持身体平衡，提膝翻胯的动作基础上反复练习蹬踹的动作，动作节奏由慢到快，重点体会送胯、展腹的动作细节。

客舱作用：在客舱防卫中，前侧踹腿可以分为低、中、高三种腿法，分别可以进攻对方的腰部、胸部和头部，既可以作为进攻腿法也可防守腿法。作为低位腿法时可以在对方贴身进攻时用其踹击腰部以达到阻止近身的目的；作为中高位腿法时可以出其不意地攻击对方的胸部和头部达到迅速制服的目的。

2. 后侧踹腿

预备式：格斗戒备式站立准备。

动作过程：左脚向前半步，脚尖外旋，重心过渡到左腿；右腿向前提膝翻胯的同时向左旋转身体，提膝高度与腰部一致，脚后跟或脚掌朝向正前方或击打目标，脚尖侧向勾紧；腰部和臀部配合发力，通过送胯带动腿部，大腿推动小腿向前直线踹出，力达脚掌；右手臂顺势下摆配合发力，左手臂保持不动，保护好身体左侧，身体略向后微倾，下颌微收，两眼目视踹击方向；踹击完成后迅速收回还原格斗式，如图 4-61～图 4-64 所示。

图 4-61　　　　　图 4-62　　　　　图 4-63　　　　　图 4-64

动作要领：练习后侧踹腿时提膝、旋转、送胯动作要协调一致，做到动作连贯；肢体与支撑腿要协调配合能在合适角度进行踹击；大腿和腰部要配合胯部将腿部踹出，发挥其最大击打力量；踹出后上肢与踹腿形成约一条直线，力达脚掌或脚跟，发力紧促。

练习方法：首先，学生可以进行抬腿侧提膝的动作练习，10～12 次为一组，动作速度由慢到快，过程中重点注意翻胯、扣膝、身体旋转的动作细节；其次，学生进行动作的连贯练习，动作速度由慢到快，逐步形成正确的技术定型；最后，进行打靶练习，培养学生的踹击目标的距离感和准确性。

易犯错误：抬腿提膝后脚掌方向错误是学生在练习该动作时比较常见的错误。其具体表现是小腿和大腿明显折叠，脚掌或脚后跟朝向身体侧向。

纠正方法：通过找参照物练习的方法进行纠正。学生在沙包或树干前格斗戒备式站立，提膝翻胯后注意将脚掌对准参照物，动作由慢到快，逐步纠正自己的动作。

客舱作用：在客舱防卫中后侧踹腿主要可用于主动进攻对方腹部或头部，由于运行距离长，攻击力量较大，可迅速有效地重创对方，达到制服的目的。

（四）弹踢腿

弹踢腿是绷平脚背向前踢击对方裆腹部的屈伸性腿法，由于其动作启动快、攻击距离远、隐蔽突然、攻击要害等特点是航空安全员客舱防卫的必备技能。

1. 前弹踢腿

预备式：格斗戒备式站立准备。

动作过程：右脚向前垫步，约自身脚长的距离，脚尖微外旋，重心过渡到右腿；左腿抬腿提膝，高度与腰部一致，小腿与大腿自然折叠，脚面绷平；腰部和大腿配合送胯发力，小腿向前弹踢，力道劲促，力达脚尖；身体略向后倾，下颌微收，两眼目视踢击方向；踢击完成后迅速收回还原格斗式，如图 4-65～图 4-67 所示。

动作要领：前弹踢腿练习时垫步、提膝和弹踢动作要协调一致，做到动作连贯统一；送胯或挺胯动作要充分以达到放长击远的效果；提膝高度要与腰部一致，充分调动腰部和背部的肌肉力量，增加弹踢时的踢击力量；脚面绷平，踢击后迅速回收以增大弹踢时的脆劲和渗透劲。

练习方法：首先，学生可进行动作垫步提膝的反复练习，动作速度由慢到快，做到提膝高度

图 4-65　　　　　　　　图 4-66　　　　　　　　图 4-67

与腰部一致,脚面绷平,10~12次为一组;其次,在提膝动作的基础上练习送胯弹踢的动作,速度由慢到快,发力自然即可,重点体会腰部配合送胯的发力细节;最后,对照镜子进行连贯动作的练习,每20次为一组,重点体会动作运行轨迹和发力节奏,逐步形成正确的技术定型。

易犯错误:提膝高度过低,弹踢动作缺乏力量是学生在练习该动作时比较常见的错误。其具体表现为提膝高度明显低于腰部位置,小腿弹踢时僵硬无力。

纠正方法:学生侧向肋木或墙面站立,后侧手扶抓肋木,保持身体重心平衡,反复练习左脚上步抬腿提膝弹腿的动作,动作速度由慢渐快,过程中重点体会提膝的高度以及腰部、大腿、胯部和小腿的协调配合发力。

客舱作用:在客舱防卫中前弹踢腿既可作为主动进攻腿法,也可作为反击腿法。由于距离对手较近,动作突然隐蔽性较好,启动速度较快往往能以迅雷不及掩耳之势给对方以重创以达到制服的目的。

2.后弹踢腿

预备式:格斗戒备式站立准备。

动作过程:左脚向前步,脚尖微外旋,重心前移过渡至左腿;右腿向前提膝抬腿,高度与腰部一致,小腿和大腿自然贴紧,脚面绷平;身体略向后仰,两手臂保持不动护好身体两侧,下颌微收,两眼目视前方;腰部和大腿配合送胯发力,小腿快速向前弹踢,力道劲促,力达脚尖;踢击后迅速回收还原格斗式,如图4-68~图4-71所示。

图 4-68　　　　　图 4-69　　　　　图 4-70　　　　　图 4-71

动作要领:上步、提膝送胯、弹踢动作要协调一致,要求动作连贯自然;弹踢时膝关节要稳固,保证弹踢动作的平稳顺畅;踢击完成后要迅速回收以增加弹踢的脆劲。

练习方法:首先,学生先进行上步提膝的动作,每10~12次为一组,动作过程中重点体会支撑腿的支撑稳定以及上步旋转的动作要领;其次,进行弹踢腿的空击或沙包练习,动作速度和力量由慢到快、由小渐大,20次为一组,要求做到动作连贯协调,动作路线正确和发力自然顺畅。

易犯错误:右腿提膝方向偏离是学生练习该动作时比较容易出现的错误。其主要表现为向前提膝时膝关节朝向外侧或斜前方。这类错误常常会导致弹踢方向错误和裆部要害部位敞开。

纠正方法:学生侧向肋木或墙面站立,后侧手扶住肋木保持身体平衡,反复练习抬腿提膝的动作,注意提膝时要紧贴左腿内侧向身体正前方向。

客舱作用：在客舱防卫中后弹踢腿主要作为主动进攻的腿法，可远距离进攻对方腹部和裆部，由于运行距离远，击打力量较大，往往能使对方受到重创以达到制服对方的目的。

提升与拓展

动作名称：后截腿。

预备式：格斗戒备式站立准备。

动作过程：重心前移至左腿，左腿微屈支撑；右腿屈膝侧抬，小腿外旋，脚尖外摆，脚掌朝前；腰部和大腿配合送胯动作发力，大腿推动小腿向前下直线截击，力达脚掌内侧；身体略向后倾，手臂保持不动护好身体两侧，下颌微收，两眼目视截击方向；截击后迅速回收还原格斗式，如图4-72~图4-74所示。

图 4-72　　　　　　　图 4-73　　　　　　　图 4-74

动作要领：抬腿侧提膝，高与腰部齐平；脚掌朝前，力达脚掌内侧；提膝和截击动作要协调连贯；截击发力突然，力道劲促；目标为小腿胫骨和膝盖。

练习方法：首先，学生先进行抬腿侧提膝的动作练习，10~15次为一组，过程中速度由慢到快，要求做到动作连贯顺畅，注意侧提膝的动作细节；其次，进行连贯动作的空击练习或者截击沙包练习，10~15次为一组，过程中力量由小渐大，要求做到发力自然，路线准确，注意着力点为脚掌内侧。

易犯错误：截击腿前伸不够是学生在练习该动作时比较常见的错误。其主要表现为截击腿向前伸出距离比较近，难以形成有效截击。这类错误多是由于韧带不足或者髋关节活动受限导致的。

纠正方法：针对学生的大腿后侧韧带以及腰部韧带进行拉伸练习，提高身体柔韧性增加腿部和腰部的活动幅度。

客舱作用：在客舱防卫中后截击腿可作为主动进攻，也可防守反击，主要用于截击对方的膝关节或小腿胫骨部位。在防守反击中，通过后截击腿对对方膝盖或迎面骨进行突然截击，可以有效重创对方以达到制服的目的。

组织与训练

（一）定点练习

定点练习又叫原地练习。根据练习中是否击靶分为定点空击练习和定点打靶练习。学生通过定点空击练习，可以逐步掌握腿法的运行路线，提高身体各个部位协调配合的能力；学生通过定点的打靶练习，可以逐步掌握腿法的发力技巧和节奏，提高身体肌肉力量。总之，学生通过定点练习后，可以基本形成比较规范正确的技术定型，为后续技术的提升奠定基础。

学生可以在实训场馆内进行腿法的定点练习，可以是集体练习或是分组，进行组内循环练习。

1. 定点空击练习

学生成体操队形散开，从格斗戒备式站立准备开始，教师规定练习内容，学生根据教师的口令或哨音进行原地的各种腿法练习。20次为一组，每次练习三组。以前弹踢腿为例，教师一个哨音，学生集体做一次上步弹踢腿，每次踢击完成后迅速落脚撤步还原格斗式，如此循环重复做即可。

2. 定点打靶练习

教师统一组织将学生分为若干小组，每2名学生为一组，一人为配手持脚靶，一人为操作手进行击靶。两名同学互相配合，根据教师的口令或哨音进行原地打靶的练习，20次为一组，完成后听教师口令进行交换练习。

（二）移动练习

移动练习分为移动空击练习和移动打靶练习。学生通过移动空击练习可以进一步熟练掌握各种腿法的技术特点和运用规律，提高腿法的连续移动攻击能力。学生通过移动打靶练习可以进一步熟练掌握腿法的发力技巧和发力节奏，提高腿法在移动状态下的进攻距离感和空间感。学生通过长时间的移动练习，可以使技术定型更加巩固稳定，为日后腿法技能的提升打下坚实的基础。

1. 移动空击练习

学生成多路纵队站立，从格斗戒备式动作开始，教师规定练习内容。学生听到教师的开始口令后，每纵队第一名学生开始朝前连续地移动空击，15～20次为一组进行纵队内的循环练习。以前弹踢腿为例，听到"开始"口令后，学生朝前练习上步弹踢，每次弹踢后顺势落地还原格斗式，如此连续重复即可。

2. 移动打靶练习

教师统一组织将学生分为若干组，每2名学生为一组，一人为配手持脚靶，一人为操作手进行击靶。两名同学互相配合，根据教师的口令或哨音行进间的打靶的练习，20次为一组，完成后听教师口令进行交换练习。

（三）速度练习

1. 空击速度练习

学生成体操队形散开后，从格斗戒备式站立准备开始，教师规定练习内容，学生根据教师的口令或哨音针对某一腿法进行连续快速的练习。例如，前弹踢腿的练习，学生听到"开始"口令后，连续快速地进行移动空击练习，每20次一组，练习三组，每组间隔8～10秒。

2. 沙包速度练习

学生在搏击房或配备有沙包的训练场地进行腿法的速度练习。根据沙包数量，由教师统一组织将学生分为若干组，每个沙包6或8名学生。学生根据教师规定的练习内容，每人连续快速地进行10～14次击沙包练习，组内循环进行即可，每人轮换三组。

（四）力量练习

力量练习主要是结合沙包练习提升学生腿法击打力量的练习方法。相比较速度练习，在初级阶段结合沙包的力量练习注重强调学生每次出腿的力量。

学生在搏击房或配备有沙包的训练场地进行腿法的力量练习。根据沙包数量，由教师统一组织将学生分为若干组，每个沙包6或8名学生。教师规定练习内容，学生进行组内循环练习，每人每组10～12次，轮换三组。

四、肘法

拳谚"宁挨十拳，不挨一肘"说明肘击在实战对抗中具有较强的攻击性。肘关节运用灵活自如，肘的攻击方向既可自前而后，也可自上而下，具有贴身短打、隐蔽性强、速度快、击打力量大、破坏能力强的特点,比较适合在狭小空间中防卫技击。肘法技术是航空安全员客舱防卫的必备技能。

(一)肘法的运用原则

(1)拉近距离,贴身近打。由于肘关节的生理结构,攻击距离较拳腿短,在实战对抗中必须靠近对方才能发挥威力。在狭小拥挤的客舱空间里肘法运用要结合步法移动,抓住时机拉近与对方的距离贴身近打。

(2)结合步型,灵活运用。在客舱防卫中不同肘法技术应结合相对应的进攻步型,通过调整身体重心和姿势灵活运用发挥其最大威力。例如顶肘在实战对抗中要结合弓步,常见的有"弓步顶肘""转身弓步顶肘"。

(3)目标明确,一击必中。航空安全员在客舱防卫中面对的多是一些比较凶恶、危险的对象,稍有不慎就会造成比较严重的后果,尤其是在近距离徒手搏斗过程中危险重重。因此,在客舱防卫中近距离贴身肘击时必须要目标明确,果断利落,抓住时机一击必中。

(4)身肘合一,力道劲脆。在客舱防卫中肘法讲究隐蔽突然,不能大开大合预兆明显,因此肘法运用常常应和身法结合,以身动带动肘动,做到身到肘到、身肘合一,这样不仅使肘法运用更加隐蔽多变,也能通过身体拧动增加肘击的力量。

(二)顶肘[①]

1. 前顶肘

预备式:格斗戒备式站立准备。

动作过程:以左前顶肘为例。左脚向前上步,约自身脚长的距离,屈膝半蹲成马步,两臂保持不动随身右转,左手臂微内旋;左手臂屈肘握拳置于体前,拳心向下;右手变掌,五指并拢,掌心贴于左拳锋,五指自然环握拳背;右腿蹬地挺膝伸直,转胯拧腰,身体左转成左弓步;右掌推左拳,肘尖向左顶出,高与肩平;下颌微收,两眼目视前方;肘击后迅速收回还原格斗式,如图4-75和图4-76所示。

图 4-75

图 4-76

动作要领:顶肘要与弓步、马步相互结合练习,通过腰马合一的发力使其发挥最大威力;髋关节充分合紧配合腰部发力,增大顶肘的击打力量;肩关节前送以增加顶肘的距离;上肢不宜过度前倾,配合腰部发力;力道劲促,力达肘尖。

练习方法:首先,学生先进行上步转身成马步的动作,10~12次为一组,注意手臂要始终保护好头部两侧;其次,结合转身弓步顶肘进行连贯动作练习,10~12次为一组,动作速度由慢到快,正确把握动作的运行路线,身体上下肢协调配合发力。

易犯错误:缺少上步转身是学生在练习该动作时比较常见的错误。其具体表现为从格斗预备式直接向前步顶肘,动作僵硬,击打力量不充分。

纠正方法:学生站在同伴正前方格斗式站立准备,以同伴为参考物,先左脚上步转身使身

---
① 顶肘是以肘尖直冲对手胸、胃、腋、肋等部位的攻击动作。

体侧向同伴,步型为马步(练习时可先降低难度为高位马步即可),再向前顶肘。反复练习中要重点体会由马步到弓步转变中力量的传递。

客舱作用：在客舱防卫中前顶肘可以结合弓步使用,配合步法和身法顶击对方的腹部、胸部、头部和面部。

2. 后顶肘

预备式：格斗戒备式站立准备。

动作过程：以左后顶肘为例。左脚向右后方撤出一步,前脚掌着地,后脚跟抬起；动作不停,身体向左后方拧腰转身,同时向后摆头,以腰带肩,以肩带肘向后猛然顶出,肩关节充分前送,力达肘尖；下颌微收,两眼目视顶肘方向,身体保持立腰直背,右手握拳放于下颌处；肘击后迅速收回还原格斗式。如图4-77～图4-79所示。

图 4-77　　　　　　　图 4-78　　　　　　　图 4-79

动作要领：蹬地转身、转头、送肩、顶肘要协调一致,练习时做到动作连贯；髋关节充分合紧,充分调动腰部肌肉发力增加肘击的力量；肩关节向后发力迅猛以带动肘关节发力。

练习方法：首先,学生先进行原地蹬地转身转头的动作练习,10～12次为一组,重点体会胯部、腰部和肩部的运行轨迹和发力节奏；其次,进行完整动作练习,动作速度由慢到快,逐步形成正确的技术定型。

易犯错误：顶肘方向偏离是学生在练习该动作时比较常见的错误。其主要表现为身体向后转身幅度不足,肩关节带动肘关节向身体外侧顶出。这类错误多是由于学生腰部韧带不足引起的。

纠正方法：首先,针对学生的腰部韧带进行充分拉伸,增加腰部左右的活动幅度；其次,练习时可以在同伴的帮助下对照镜子进行顶击拳靶的练习,逐步提高转身顶肘的幅度和顶肘的准确度。

客舱作用：在客舱防卫中后顶肘可作为主动进攻肘法使用,左后顶肘可以迅速攻击对方的头部和面部,右后顶肘可以攻击对方的腹部和胸部。

（三）横击肘[①]

1. 前横击肘

预备式：格斗戒备式站立准备。

动作过程：左脚向前上步,约自身脚长的距离,脚尖微内扣；身体向右拧腰转体的同时,左臂屈肘夹臂,随转体之势以肘关节前端为着力点,向右前方横向击打；右拳自然收于下颌处,下颌微收,两眼目视肘击方向；肘击后,迅速收回还原格斗式,如图4-80～图4-82所示。

动作要领：左脚脚后跟随髋关节转动顺势略向外旋转；腰部和肩部通过髋关节配合发力带动肘关节横向击打。

---

① 横击肘又叫横击肘或盘肘,是以肘前部横打对手头、胸、肋、腰等部位的攻击动作。

图 4-80　　　　　　　　图 4-81　　　　　　　　图 4-82

练习方法：首先，学生进行原地的拧腰转身动作练习，重点体会腰部拧转，10～12 次为一组；其次，进行原地的上步拧腰转胯动作练习，重点体会腰胯发力，10～12 次为一组；再次，进行连贯动作的练习，做到拧腰、旋转、转身、横击肘协调一致，发力顺畅。

易犯错误：横击肘摆动幅度不足是学生在练习该动作时比较常见的错误。这类错误多是学生肩关节韧带不足引起的。

纠正方法：针对学生的肩关节进行韧带拉伸，增加肩关节的左右活动幅度。练习时，肘关节横向摆至头部正前方的位置。

客舱作用：在客舱防卫中前横击肘主要攻击对方的头部和面部侧位，多用于防守反击。

2. 后横击肘

预备式：格斗戒备式。

动作过程：左脚向前一步，约自身脚长的距离，随即右脚蹬地跟步，脚尖内扣朝前，脚后跟抬起外旋；身体向左拧腰转身的同时，右臂屈肘夹臂，随转体之势以肘关节前端为着力点，向左前方横向击打，左拳自然收于下颚处，下颌微收，两眼目视肘击方向；肘击后，迅速收回还原格斗式，如图 4-83～图 4-85 所示。

图 4-83　　　　　　　　图 4-84　　　　　　　　图 4-85

动作要领：右脚脚后跟随髋关节转动顺势略向外旋转；腰部和肩部通过髋关节配合发力带动肘关节横向击打。

练习方法：首先，学生先进行原地的拧腰转身动作练习，重点体会腰部拧转，10～12 次为一组；其次，进行原地的上步拧腰转胯动作练习，重点体会腰胯发力，10～12 次为一组；最后，进行连贯动作的练习，做到拧腰、旋转、转身、横击肘协调一致，发力顺畅。

易犯错误：右脚拖步是学生在练习该动作时比较常见的错误。其具体表现为左脚上步后右脚在其后没有主动向前跟步蹬地发力，而是随身体重心惯性向前擦地拖步。这种现象常常导致腰部发力不充分，肘击缺乏力量。

纠正方法：学生在练习时可以对照镜子进行纠正，右脚要主动跟脚上步，前脚掌蹬地，脚后跟随拧腰转胯之势顺势外旋。

客舱作用：在客舱防卫中后横击肘运行路线较长，击打力量较大，可以在步法和前手拳法的配合下进攻对方的头部和面部侧位以达到制服对方的目的。

（四）挑肘①

1. 前挑肘

预备式：格斗戒备式站立准备。

动作过程：左脚向前上步，约自身脚长的距离，脚尖微内扣；身体向右拧腰转体的同时，左臂屈肘夹臂，随转体之势以肘关节前端为着力点，从下往上向右前方挑肘；右拳自然收于下颚处，下颌微收，两眼目视肘击方向；肘击后，迅速收回还原格斗式，如图4-86～图4-88所示。

图 4-86　　　　　　图 4-87　　　　　　图 4-88

动作要领：挑肘时要挺腰直背；发力要协调顺达；左脚脚后跟随髋关节转动顺势略向外旋转；腰部和肩部通过髋关节配合发力带动肘关节向上挑击。

练习方法：学生先进行原地的拧腰、转身、挑肘等动作练习，速度由慢到快，自然发力即可，重点体会动作运行路线和身体协调发力。熟练后，学生进行完整动作练习，肩部肌肉要放松自然不可僵硬，向上挑肘时肩部要迅猛发力带动肘关节挑击。

易犯错误：挑肘幅度和方向错误是学生在初级阶段练习时比较常见的问题。其具体表现为挑肘幅度较低，肘尖明显低于要击打的目标位置，挑肘方向偏离目标。

纠正方法：学生要针对肩关节韧带进行拉伸，增加其上下活动的范围。练习时学生可对照镜子进行空击挑肘练习，适当增加左脚后跟外旋的幅度配合髋关节转动，以增加挑肘的幅度。

客舱作用：在客舱防卫中前挑肘距离对方身体较近，启动比较突然隐蔽，可以有效进攻对方的下颌部位。

2. 后挑肘

预备式：格斗戒备式站立准备。

动作过程：左脚向前一步，约自身脚长的距离，随即右脚蹬地跟步，脚尖内扣朝前，脚后跟抬起外旋；身体向左拧腰转身的同时，右臂屈肘夹臂，随转体之势以肘关节前端为着力点，从下往上向左前方挑击，左拳自然收于下颚处，下颌微收，两眼目视肘击方向；肘击后，迅速收回还原格斗式，如图4-89～图4-91所示。

图 4-89　　　　　　图 4-90　　　　　　图 4-91

动作要领：右脚蹬地借力，身体向左转体充分，以增加挑肘的幅度和击打力量；右脚脚后跟随髋关节转动顺势略向外旋转；腰部和肩部通过髋关节配合发力带动肘关节向上挑击。

---

① 挑肘是以肘尖前端从下至上攻击对方胸口、下颌等部位的攻击动作。

练习方法：学生先进行原地的拧腰、转身、挑肘等动作练习，速度由慢到快，自然发力即可，重点体会动作运行路线和身体协调发力。熟练后，学生进行完整动作练习，肩部肌肉要放松自然不可僵硬，向上挑肘时肩部要迅猛发力带动肘关节挑击。

易犯错误：挑肘时上肢过度前倾是学生在练习该动作时比较常见的错误。其具体表现为挑肘时通过上肢前倾向前挑肘、动作僵硬、后脚蹬地、拧腰转胯等动作细节错误。这类错误常常会导致学生后挑肘动作结构性错误，练习时要引起重视。

纠正方法：学生首先通过教师的正确示范了解动作的基本路线和发力特点，在此基础上分步骤进行练习，逐步掌握后挑肘的动作要领。

客舱作用：在客舱防卫中后挑肘位于身体后侧可以充分借助腰部发力的优势攻击对方的下颌、心窝等部位，从而重创对方达到制服的目的。

（五）砸肘[①]

1. 前砸肘

预备式：格斗戒备式站立准备。

动作过程：左脚向前上一步，约自身一脚的距离，脚尖微内扣；左臂屈肘夹臂随身体向右拧腰转身之势，肩关节带动肘关节从左至右划弧，以肘尖为着力点向身体右侧方位置砸击；两腿顺势屈膝下蹲成马步；右拳自然收于下颚处，下颌微收，两眼目视肘击方向；砸肘后，迅速收回还原格斗式，如图 4-92～图 4-94 所示。

图 4-92

图 4-93

图 4-94

动作要领：前砸肘由于位于身体前侧，为了便于发挥前砸肘的击打力量，进行砸击动作时应结合马步，身体转身呈侧向姿势；上步、转身拧腰、摆肘、下蹲砸肘等动作应连贯协调，充分发挥其整体力量；砸肘时应肩部放松，沉肩坠肘，力达肘尖。

练习方法：在初级阶段练习时，学生先练习马步下砸肘的动作，初步了解动作原理后，再进行完整动作的练习。练习时，每 10～12 次为一组，动作速度由慢到快，重点体会动作运行路线和上下肢的配合发力。渐渐熟练后，可以逐步增加砸肘的力量，要求动作连贯协调，力达肘尖。

客舱作用：在客舱防卫中若对方突然对我下肢进行搂抱攻击时，我可迅速用前砸肘屈膝下蹲砸击对方的头部、后颈部等位置将其制服。

2. 后砸肘

预备式：格斗戒备式站立准备。

动作过程：右臂屈肘夹臂，以肘尖为着力点由上向下呈弧线砸击；同时右脚向后撤一步，约自身脚长的距离，身体向左拧腰成左弓步姿势，重心下沉，力达肘尖；左拳自然收于下颚处，下颌微收，两眼目视肘击方向；迅速收回还原格斗式，如图 4-95～图 4-98 所示。

[①] 砸肘是以肘关节的肘尖位置从上至下砸击对方的头部、后颈、脊背、关节等部位的攻击方法。

图 4-95　　　　　图 4-96　　　　　图 4-97　　　　　图 4-98

动作要领：后砸肘进行砸击时应结合弓步,重心下沉以达到助劲的目的；砸肘时肩部放松,要求沉肩坠肘,力达肘尖；抬肘、撤步沉重心、砸肘等动作细节应一气呵成,要求动作连贯发力顺畅。

练习方法：在初级阶段练习时,学生先练习弓步下砸肘的动作,初步了解动作原理后,再进行完整动作的练习。练习时,每10～12次为一组,动作速度由慢到快,重点体会动作运行路线和上下肢的配合发力。渐渐熟练后,可以逐步增加砸肘的力量,要求动作连贯协调,力达肘尖。

易犯错误：趴腰撅臀是学生练习后砸肘动作时比较常见的错误。其主要表现为砸肘时通过身体前俯向下砸击,重心过高是造成趴腰撅臀现象的主要原因。

纠正方法：砸肘时应挺腰直背,充分借助腰腹的力量以增加肘击的力量。练习时学生可以对照镜子进行慢动作练习,体会腰部和背部肌肉的发力助力。

客舱作用：在客舱防卫中常常在其他技法的配合下对目标头部、后颈部等部位进行击打,或者当被对方搂抱下肢时通过后砸肘将其化解达到制服的目的。

 提升与拓展

动作名称：劈肘[①]。

预备式：格斗戒备式站立准备。

动作过程：以后劈肘为例。左脚向前一步,约自身脚长的距离,随即右脚蹬地跟步,脚尖内扣朝前,脚后跟抬起外旋；身体向左拧腰转身的同时,右臂屈肘夹臂由后向上划弧,随转体之势以肘关节前端为着力点,斜向下向左前方横向击打,左拳自然收于下颚处,下颌微收,两眼目视肘击方向；收回还原格斗式,如图4-99～图4-102所示。

图 4-99　　　　　图 4-100　　　　　图 4-101　　　　　图 4-102

动作要领：右脚脚后跟随髋关节转动顺势略向外旋转；腰部和肩部通过髋关节配合发力带动肘关节横向劈击。

练习方法：肘关节斜向下劈击的动作是该动作练习时的重点和难点。因此,学生在练习时要重点对劈击动作的运行路线和发力技巧加以揣摩和总结。学生可以对照镜子观察自己肘

---

① 劈肘是以肘关节前端为着力点斜向下劈击对方的颈部、头部、面部等部位的攻击方法。

关节的运行路线、方向以及肘尖的落点,速度由慢到快,逐步形成正确的技术定型。

易犯错误:水平横击是学生在练习该动作时比较常见的错误。其主要表现是肘关节前端水平横向击打,没有形成正确的运行轨迹。这类错误多是由于将横击肘和劈肘特点混淆导致的。

纠正方法:教师先通过示范和讲解的教学方法使学生理清劈肘的技术特点,然后对照镜子带领学生做模仿练习。待学生基本掌握技术要领后,反复进行空击练习或打靶练习使其形成正确稳固的技术定型。

客舱作用:在客舱防卫中劈肘既可作为主动进攻肘法,也可作为反击肘法。主动进攻时由于劈击力量较大,具有较强的破坏能力,可以在其他击法的配合下攻击对方的面部和头部两侧使其受到重创。

 组织与训练

(一)空击练习

学生可以在实训场地内进行各种肘法的空击练习,可以是集体练习,也可是分组练习。

1. 定点空击练习

学生从格斗戒备式站立准备开始,教师规定练习内容,学生根据教师的口令或哨音进行的单个肘法技术动作的单击或连击练习。练习过程中,可以对照镜子进行动作的分解练习以达到对动作细节的强化,使之形成正确稳固的技术定型。

2. 移动空击练习

学生从格斗戒备式站立准备开始,教师规定练习内容,学生根据教师的口令或哨音进行肘法的移动空击练习。以横击肘为例,学生连续向前移动空击,10~12次为一组,然后转身重复同样的次数后回到原地。

(二)打靶练习

学生可在实训场地内进行集体练习和分组循环练习。教师将学生分为两人一组,一人为配手持靶,一人为操作手击靶。每组学生根据教师规定的练习内容进行肘法击靶练习,10~12次击靶为一组,可以是连续三组,也可是轮换三组。

(三)拳击假人练习

学生可在配备有拳击假人的实训场地内进行肘法击打拳击假人的练习。通过假人练习提高学生肘法技击的目标感、距离感和真实感,为以后客舱防卫实际运用奠定基础。教师将学生分为若干组,每个假人分6~8名学生,针对某一肘法进行组内循环练习。

五、掌法技术

掌法是以掌心、掌背、掌指、掌外沿、掌内沿、掌根等部位运用戳、插、切、砍、盖、弹、抠、抓、推等动作攻击对方的眼、咽喉、胸口、裆部、穴等身体部位的攻击方法。掌法相比较拳腿的刚猛,其更具有劲力阴柔、穿透力强、变化多端、隐蔽性强的特点。拳谚说"宁挨十拳,不挨一掌"、"拳击表里,掌击至里"充分说明掌法在实战技击中的威力和作用。在客舱防卫中,航空安全员通过合理运用掌法技术可以迅速制服行为人,以确保客舱安全,因此,掌法技术是航空安全员客舱防卫的必备技能。

(一)掌法进攻技术应遵循的基本原则

(1)出其不意,攻其不备。在客舱防卫中,掌法的运用应选择比较合适的时机,抓住机会出其不意地攻击对方的要害部位,以达到迅速制服对方的目的。

(2)目标明确,直击要害。在客舱防卫中,掌法的运用应以对方的眼睛、心窝、颈部、咽喉、裆部等要害部位作为主要进攻目标，利用合适的时机直击其要害部位将其制服。

（3）灵活多变，手段多样。在客舱防卫中，掌法的运用应与拳法、肘法配合使用，拳可变掌，掌可变拳、肘带掌打，掌护肘击，面对不同的情况航空安全员应能做到随机应变，采用不同掌法技术迅速有效地制服对方。

（4）指打点，掌打面。在客舱防卫中，掌法的运用应根据攻击部位合理选择，针对眼睛、咽喉等部位可多用掌指进行戳、刺等动作击之，针对头、脸、胸、颈等部位多用掌面、掌背、掌沿击之。

（二）推掌①

预备式：以格斗戒备式站立准备。

动作过程：以右推掌为例。左脚向前一步，约自身脚长的距离，随即右脚蹬地跟步，脚尖内扣朝前，脚后跟抬起外旋；身体向左拧腰转身的同时，右拳变掌向前沿直线推出，高与鼻齐平，掌心向前，五指自然分开，力达掌根；左拳自然收于下颚处，下颌微收，两眼目视掌击方向；掌击后，迅速收回还原格斗式，如图 4-103～图 4-106 所示。

图 4-103　　　　　图 4-104　　　　　图 4-105　　　　　图 4-106

动作要领：右脚脚后跟外旋配合拧腰转胯，增加推掌的击打力量和击打距离；蹬地拧腰充分调动腰部和背部肌肉发力；力达掌根，有渗透劲和穿透力。

练习方法：推掌技术动作需要翘腕立掌要充分，只有这样才能力达掌根使其在实战中发挥推掌的威力。学生首先要进行立掌动作的针对性练习，增加腕关节的活动幅度。练习时，学生先进行原地拧腰推掌动作的练习，10～12 次为一组。过程中重点体会拧腰抖肩的发力技巧，推掌的时候要结合呼吸进行效果更好。其次进行完整动作的练习，15～20 次为一组，动作由慢到快，注意动作路线、方向等细节，逐步形成正确的技术定型后，可逐渐增加推掌力量。

易犯错误：推掌耸肩是学生在练习该动作时比较常见的错误。其主要表现为推掌时肩关节向上耸起，导致发力不畅，推掌无力。这类错误多是由于肩关节肌肉僵硬引起的。

纠正方法：推掌时应肩膀松沉，便于以送肩推臂发力。学生可以让其同伴帮扶肩膀上侧使其稳固，放慢推掌速度，逐步掌握动作要领。

客舱作用：在客舱防卫中推掌多用于防守反击，格挡对方拳击的同时迅速推掌攻击对方的下颌、面部等部位将其制服。

（三）插掌②

预备式：以格斗戒备式站立准备。

动作过程：以右插掌为例。左脚向前一步，约自身脚长的距离，随即右脚蹬地跟步，脚尖内扣朝前，脚后跟抬起外旋；身体向左拧腰转身的同时，右拳变俯掌向前沿直线插掌，指尖朝前，掌心向下，五指自然并拢伸直，力达指尖；左拳自然收于下颚处，下颌微收，两眼目视掌击

---

① 推掌是运用掌根推击对方的胸、心窝、下颌、面部等部位的攻击方法。
② 插掌是以掌指戳击对方的眼睛、咽喉等部位的攻击方法。

方向；掌击后,迅速收回还原格斗式,如图 4-107～图 4-110 所示。

图 4-107

图 4-108

图 4-109

图 4-110

动作要领：插掌为平掌,手腕部位要保持直腕,不要抬腕和压腕；右脚脚后跟外旋配合拧腰转胯,增加插掌的击打力量和击打距离；蹬地拧腰充分调动腰部和背部肌肉发力；力达掌尖,力道劲促。

练习方法：首先,练习时,学生先进行原地拧腰插掌动作的练习,10～12 次为一组,过程中重点体会拧腰抖肩的发力技巧,插掌的时候要结合呼吸效果更好；其次,进行完整动作的练习,15～20 次为一组,动作由慢到快,注意动作路线、方向等细节,逐步形成正确的技术定型后,可逐渐增加插掌力量。

易犯错误：五指分开是学生练习该动作时比较常见的错误。其具体表现为插掌时五指呈散开状态,指部肌肉松懈,这常常会导致插掌无力,在实战对抗中容易受伤。

纠正方法：学生首先通过四指并拢抻压的方法增加手指的柔韧性和伸展能力；其次用手指并拢戳击自己另一手心,力量由小渐大,增加手指的肌肉力量。

客舱作用：在客舱防卫中,插掌主要用于防守反击攻击对方的眼睛、咽喉等身体部位,趁机配合其他技法攻击对方的胸脯、心窝、裆部等身体部位,将其迅速制服。

（四）砍掌[①]

预备式：以格斗戒备式站立准备。

动作过程：以右砍掌为例。左脚向前一步,约自身脚长的距离,随即右脚蹬地跟步,脚尖内扣朝前,脚后跟抬起外旋；身体向左拧腰转身的同时,右拳变掌向左前方劈砍,指尖朝前,掌心朝左,五指自然并拢伸直,力达掌沿；左拳自然收于下颚处,下颌微收,两眼目视掌击方向；掌击后,迅速收回还原格斗式,如图 4-111～图 4-114 所示。

图 4-111

图 4-112

图 4-113

图 4-114

动作要领：砍掌发力有劈砍之意,因此砍掌要求五指并拢伸直以稳固砍掌的力量；砍掌过程分为左砍掌和右砍掌两个部分,前后过程要求动作连贯；右脚脚后跟外旋配合拧腰转胯,增加砍掌的击打力量和击打距离；蹬地拧腰充分调动腰部和背部肌肉发力；力达掌沿,力道劲促。

练习方法：首先,练习时,学生先进行原地拧腰砍掌动作的练习,10～12 次为一组,过程

---

① 砍掌是以掌沿砍击对方颈部的攻击方法。

中重点体会拧腰抖肩的发力技巧；其次，进行完整动作的练习，15～20次为一组，动作由慢到快，注意动作路线、方向等细节，逐步形成正确的技术定型后，可逐渐增加砍掌力量。

易犯错误：腕关节松懈是学生在练习该动作时比较常见的错误。其主要表现为砍掌时手腕肌肉松懈导致砍掌无力。

纠正方法：砍掌时腕关节紧绷保持直腕。学生可以借助砍击沙包的方法帮助增加砍掌时手腕的力量。砍击沙包过程中注意肌肉先松而不懈，砍击沙包时要肌肉绷紧发力。

客舱作用：在客舱防卫中砍掌多用于防守反击主要攻击对方的颈部两侧，也可灵活配合膝法攻击对方裆部。

 提升与拓展

动作名称：掸掌。

预备式：格斗戒备式站立准备。

动作过程：左脚向前一步，约自身脚长的距离，脚尖微内扣；右脚蹬地，随身体向右拧腰转胯之势，左拳变掌，掌背朝前，以手指背为着力点，左手臂送肩展胸，伸肘甩腕，向前甩击手掌，力达掌指背；右拳自然收于下颚处，下颌微收，两眼目视掌击方向；掌击后，迅速收回还原格斗式，如图4-115～图4-118所示。

图 4-115　　　　　图 4-116　　　　　图 4-117　　　　　图 4-118

动作要领：击出掸掌时肘关节、肩关节和腕关节要放松；击打目标时要用掌指背的弹抖力进行掸击；含胸拔背，利用蹬地拧腰转胯，将下肢力量充分传递到手背；抖腕甩掌，力道劲促。

练习方法：学生先放松身体，自然站立，练习左手掸掌，要求肩关节和肘关节充分放松，体会抖腕甩掌的发力技巧。

易犯错误：手臂僵硬是学生在学习该动作时比较常见的错误。这类错误常常会导致掸掌动作缺乏弹抖之力，且掸击速度较慢，不能达到迅速击打对方面部的目的。

纠正方法：学生可以先原地进行左右弹抖手腕的练习，重点体会手腕弹抖和甩掌的动作发力感觉，熟练后逐步配合小臂的前甩，掸击距离由近渐远。

客舱作用：在客舱防卫中掸掌可以主动进攻对方的面部，由于甩击力量较大，隐蔽性较好，往往可以出其不意，一招见效。

 组织与训练

（一）空击练习

学生可在实训场地进行各种掌法的集体练习或分组练习。

1. 原地空击练习

学生成体操队形散开以格斗戒备式站立准备，教师以口令或哨音指挥学生进行各种掌法的技术练习。

2.对镜空击练习

学生面对镜子以格斗戒备式站立准备,教师以口令或哨音指挥学生进行各种掌法的技术练习。

3.移动空击练习

学生成多路纵队排开以格斗戒备式站立准备,听到教师口令或哨音后从每纵队第一名学生开始进行行进间的某一掌法移动空击练习,连续空击10~15次后返回队尾,依次循环练习。

(二)沙包练习

学生可在散打搏击房或配备有沙包的实训场地进行掌法的击沙包练习。教师将学生分为若干组,每个沙包分配6~8名学生。教师规定将要练习的掌法内容,学生根据教师的口令或哨音进行组内循环练习。

六、膝法技术

膝法是格斗技击术的常见招法,是以膝关节为着力点运用顶、撞、砸、跪等动作攻击对方的裆、胸、心窝、肋、头等身体部位的攻击方法。在近距离的搏击格斗中膝法技术是一种十分有效的招法,此招法具有隐蔽性较好、启动速度快、击打力量大的特点。膝法技术是航空安全员在客舱防卫中近距离徒手搏击的必备技能。

(一)顶膝

预备式:格斗戒备式站立准备。

动作过程:以右前顶膝为例。两手自然前伸,重心移至左脚,右腿屈膝上提,含胸收腹,以膝关节为着力点向前方顶击,同时两手成拳向下按压,顶膝后迅速回落成格斗式,如图4-119~图4-122所示。

图 4-119　　　　　图 4-120　　　　　图 4-121　　　　　图 4-122

动作要领:收腹提膝速度要快,增加顶膝的速度和力量;双手按压和顶膝动作协调一致,形成上下合力,提高顶膝的击打效果;顶膝时应前送髋关节,以增加顶膝的进攻距离。

练习方法:首先,学生前后错步站立,原地进行左右顶膝的空击动作练习,体会提膝时腹部收腹发力的感觉,15~20次为一组;其次,对照镜子练习顶膝空击动作,动作速度稍慢一些,重点体会髋关节推动膝关节前顶的动作细节,10~15次为一组。熟练后,进行完整动作的练习,10~12次为一组,动作速度由慢到快,过程中重点体会蹬地、收腹提膝、送胯顶膝等动作细节。

易犯错误:上顶膝是学生在练习该动作时比较常见的错误。其主要表现为顶膝方向发生错误。这类错误多是由于学生顶膝时没有挺胯送胯引起的。

纠正方法:学生侧对肋木站立,对照镜子左手扶抓肋木保持身体平衡,右腿膝盖向前充分顶出进行控腿练习,坚持片刻后放下来休息,再重复练习,重点体会膝关节前顶的感觉。

客舱作用:在客舱防卫中顶膝即可作为主动进攻招法,也可作为防守反击的招法。作为主动进攻招法时一般是在其他技法的配合下出其不意攻击对方的裆部或腹部将其制服。

（二）横撞膝

预备式：格斗戒备式站立准备。

动作过程：以右横撞膝为例。左脚向左前方上半步，重心前移，左腿微屈支撑，上体微向左倾；右腿屈膝、展髋侧抬腿，随即利用上身向右拧转、两手向后拽拉之合力，以右膝关节为着力点向左前划弧横向顶击；两眼目视膝击方向，下颌微收；膝击后迅速收回还原格斗式，如图 4-123～图 4-126 所示。

图 4-123　　　　　图 4-124　　　　　图 4-125　　　　　图 4-126

动作要领：大小腿夹紧并尽量抬平将膝关节突出；右髋关节充分前挺以增加膝击的距离；充分调动腰部和背部肌肉发力增加撞膝的力量；拧腰合髋与双手拽拉动作协调一致，发力迅猛，以增加撞膝的力量；撞膝时脚尖要自然绷紧。

练习方法：横向撞膝的动作是练习的重点和难点。学生原地双手扶住肋木或同伴帮助练习侧提膝和横撞膝两个动作，每个动作练习 10～12 次为一组，重点观察体会动作的运行路线和发力节奏。

易犯错误：上顶膝是学生在练习该动作时比较常见的错误。其主要表现为膝关节由下向上进行顶膝，而不是膝关节划弧横向撞膝。这类错误在初学者中比较常见，要引起重视予以纠正。

纠正方法：学生面对镜子手扶肋木或同伴帮助保持身体平衡，反复练习膝关节划弧横撞的动作，动作速度由慢到快，过程中特别注意侧提膝是膝关节向外侧提，不要向正前方提膝。

客舱作用：在客舱防卫中横撞膝主要用于和对方的近身搏斗，主要攻击对方的肋、大腿、头等身体部位。

 组织与训练

（一）空击练习

学生可在实训场馆场地内进行集体练习或分组练习。

（1）原地空击练习：学生成体操队形散开以格斗式准备，教师以口令或哨音指挥进行膝法单个或组合技术。

（2）对镜空击练习：学生可分组面对镜子以格斗式准备，教师以口令或哨音指挥进行膝法技术练习。

（二）打靶练习

学生在实训场馆场地内进行集体练习或分组循环练习。学生成体操队形散开，两人一组，一名为操作手，一名为配手。配手持靶，操作手以格斗式准备，教师以口令或哨音指挥进行膝法技术练习。

七、摔法技术

拳谚道："远踢、近打、贴身摔。""摔"指的是运用勾、绊、挑、翻、靠、转等动作破坏对方重心将其摔倒的攻击方法,是构成防伪技术的重要组成部分。在运用摔法技术时必须要做到迅速快捷将对手摔倒,进而实施擒拿将其进一步控制。

在客舱防卫中由于客舱空间的限制和环境的复杂性,较多摔法很难施展开来,主要以小幅度、快捷方便的摔法为主。

(一) 前抱腿顶摔

预备式:格斗戒备式站立准备。

动作过程:在客舱中两人对峙,当对方突然上步用左右直拳向航空安全员面部袭来,趁其前冲重心前移之际,航空安全员突然下蹲潜入,两手合抱其双腿(大腿下端),左侧颈部贴紧对手侧腰,随即上步,用肩顶、双手后拉、俯冲之合力将其摔倒,如图 4-127～图 4-129 所示。

图 4-127

图 4-128

图 4-129

动作要领:下潜速度要快,抱腿要紧,肩顶、后拉要协调一致。

练习方法:首先,学生可以先练习原地下潜的动作,从格斗预备式站立开始,反复下潜,10～12 次为一组。过程中要求下潜速度尽量要快,注意上身前倾,肩关节前顶;其次,练习完整动作的空击练习和两人配合练习,过程中注意抱腿位置、肩侧顶等动作细节。

易犯错误:下潜后身体直立是学生在学习该动作时比较常见的一种错误。其主要表现为下潜后其重心在后侧腿,上身为自然直立的姿势,这种错误会造成顶摔动作无法顺利完成。

纠正方法:下潜后身体前倾,重心前移,前腿为支撑腿,肩关节应前侧倾。学生可在同伴的配合下练习纠正此类错误,注意动作速度由慢到快,正确把握动作要领。

客舱作用:在客舱防卫中航空安全员运用前抱腿顶摔的动作可以出其不意迅速将其摔倒制服。该动作既可以在防守反击中运用,也可在主动进攻中运用。

(二) 后抱腿顶摔

预备式:格斗戒备式站立准备。

动作过程:当行为人在客舱内与其他乘客或机组人员发生矛盾并迅速演变成暴力袭击时,航空安全员应迅速从其身体后侧趁其不备,快速突袭,迅速向前上步的同时应屈膝、弯腰、降低身体重心,双手从行为人两腿外侧搂抱住其双腿膝关节,左肩关节抵住行为人的大腿后侧,以肩顶、双手回拉、身体俯冲合力将其摔倒控制,如图 4-130～图 4-133 所示。

动作要领:突袭要快,下潜速度要快,抱腿要紧,肩顶、后拉要协调一致,两脚前后错步支撑发力,前脚距离对方两腿要近。

练习方法:首先,学生先进行下潜抱腿的空击动作练习,放慢动作节奏,10～12 次为一组,重点体会上步下潜、双手合抱、身体前倾等动作细节;其次,学生以同伴为参照目标进行完整动作的练习,速度由慢到快,重点体会抱腿、顶肩的动作细节。逐步熟练后,可在安全保护的前提下练习尝试将同伴摔倒,不断总结动作运用技巧。

图 4-130　　　　图 4-131　　　　图 4-132　　　　图 4-133

易犯错误：下潜顶抱势重心过高是学生比较常犯的错误之一。其主要表现为下潜抱腿时臀部位置过高，两腿前后错步距离较小，腿部直立，这常常会造成抱腿无力或位置较高无法完成顶摔的动作。

纠正方法：下潜抱腿时应两腿屈膝降低身体重心。

客舱作用：在客舱防卫中从后侧发动突袭往往令对方防不胜防，可迅速将其摔倒控制。

 组织与训练

（一）对镜空击练习

学生在实训场地内进行各种摔法的空击练习，可以是集体练习，也可以是分组循环练习。教师规定练习内容，学生面对镜子以格斗戒备式站立准备，根据教师的口令或哨音进行某一个摔法技术进行空击动作练习。

（二）两人配合练习

学生在实训场地内进行各种摔法的配合练习，教师根据学生身高、体重等情况将学生分为两人一组进行练习，一人为配手，一人为操作手。教师规定练习内容后，学生根据教师的口令或哨音进行两人的配合练习。根据训练目的，配合练习时分为配手倒地或不倒地两种方法，前者重在动作效果，后者重在动作过程和细节。

第四节　基础防守技术

一、防守技术概述

防守是客舱防卫中必不可少的一项重要技术。在实战对抗中，防守与反击几乎是同步完成的，防中有攻，攻中有防，两者相辅相成、不可分割。根据安保法规和航空安全员客舱工作职责，在客舱处理冲突过程中面对的情况危险等级不同，应采取的手段和措施也不尽相同，有时需要当机立断直击攻击；有时则需要先防守再攻击；有时则只能防守不能攻击。对航空安全员而言，无论遇到哪一种情况都必须具备全面熟练的防守技术，在客舱处突中才能变被动为主动，既可保护自己，也能有效地击打对手。

客舱防守技术是航空安全员通过脚、身、腿、手、肘等身体部位运用撤、进、闪、侧、转、滚、靠、弓、仰、提、拍、推、勾、抓、架、格、靠、掩等动作化解或躲避对方进攻的方法。客舱防守技术主要分为接触性防守和闪躲防守。

（一）防守技术的要求

（1）接触性防守时，防守动作防护面要大。要立足防一片，不要防一点，尽量提高防守的效率。防守幅度大小受个体的经验、技术水平以及客观环境的影响。在客舱防卫中幅度过大的防守动作不仅受到客舱空间、人群等因素限制，而且运动路线长，预兆较大，对方就有可能及时改变攻击方法,使我防彼不及;而过小的防守幅度在实际运用中又很难把控实施。因此,在客舱防卫中防守幅度的大小应以防守的效果和是否有利于反击为前提。

(2)闪躲防守时,要求时机要恰当,移位要准确。时机选择要恰当,若闪躲过早,对手就会转移进攻和变换招法,闪躲过晚就会被对方击中受伤。闪躲距离要适宜,过远的距离则不利于反击对方,使自己处于被动位置,而过短的距离则达不到防守的目的容易被对方招法击中。

(3)灵活敏捷,协调防守。无论是接触性防守还是闪躲防守,要求注意力要高度集中仔细观察对方的一举一动,做好预判的同时反应敏捷,能迅速做出防守动作,灵活应变。其次,在做防守动作时要做到身体各部位要协调统一,不可僵硬迟缓。此外,在客舱防卫中要善于运用步法配合防守,使防守更加快捷灵便,运用步法配合时应注意上下肢协调动作,合理把控重心的移动,使身体重心与防守动作能同步完成。

(4)审时度势,巧妙防守。在客舱防卫中若能巧妙合理运用座椅、靠背、行李架、扶手等客舱资源会使防守效率事半功倍。在防守时,航空安全员要善于观察对方的位置和周边情况,若对方处在不利于肢体动作发力的角度时进行防守,比较容易阻挡对手的进攻。

(二)防守重点部位

面部、头部、咽喉、颈部、肋部、胸口、心窝等部位受到较大外力击打时会严重受创,会使身体肢体活动能力受限,严重时则会直接威胁其生命安全。因此,在客舱防卫中,航空安全员必须要做好防守以保护身体这些重点部位免受攻击或减轻受伤程度。

二、接触性防守

接触性防守是通过肢体动作拦截对方攻击动作的技法。接触性防守主要包括推拍、拍压、格挡、架挡、挂挡、掩肘、提膝阻挡和勾手。

(一)推拍[①]

预备式:格斗戒备式站立准备。

动作过程:以左推拍为例。左脚蹬地,脚跟微外旋,身体向右拧腰转胯带动肩关节发力,以肩促臂,左手以掌心为着力点向里横向推拍;下颌微收,两眼目视前方,右拳保持不动放于右下颚处;推拍完成后迅速还原格斗式,如图4-134~图4-136所示。

图 4-134　　　　　　图 4-135　　　　　　图 4-136

动作要领:充分运用拧腰转胯的力量带动手臂推拍,身体侧向起到侧身防守的目的;推拍动作时收紧核心,短促发力,力达掌心;推拍时肘关节微屈,不要过于挺直。

练习方法:学生从预备式姿势开始,先面对镜子进行空击练习,动作速度由慢到快,充分体会拧腰带臂,推拍短促发力,10~12次为一组,换右手推拍练习;反复练习后,可以进行两

---

① 推拍是指以手掌根或掌心为着力点向左右横向拍击对方直线攻击动作的方法。

人的配合练习,动作速度由慢到快,重点体会推拍的距离和着力点,8~10次为一组,然后两人进行交换练习。

易犯错误:推拍时身体肌肉没有配合发力,使推拍动作僵硬、不协调,推拍方向偏离。

纠正方法:学生可在同伴的帮助下进行纠正,两人格斗式相对站立,同伴配合向前伸出右冲拳,学生进行推拍,过程中一定要注意推拍的动作要领和要求,反复练习加以纠正。

客舱作用:推拍主要用于防守对方的直线性拳法和掌法。在客舱防卫中,航空安全员推拍对方右直拳的同时,可迅速上步近身用横击肘攻击其面部或头部将其制服。也可在推拍后,顺势用左弹踢踢击对方裆部。

(二)拍压①

预备式:格斗戒备式站立准备。

动作过程:以左手拍压为例。左脚蹬地,身体向右拧腰转胯带动肩关节发力,以肩促肘,以肘带动小臂快速由上至下在胸腹前拍压,力达掌心或掌根,掌心朝下,五指并拢;下颌微收,两眼目视前方,右拳保持不动放于右下颚处;动作完成后迅速还原格斗式,如图4-137~图4-139所示。

图 4-137　　　　　　　图 4-138　　　　　　　图 4-139

动作要领:拍压时拧腰转胯,前脚掌撑地,脚后跟微外旋配合其发力;肩关节带动肘关节充分发力,小臂带动左手迅速拍压,手腕下压抖腕。

练习方法:学生从预备式开始,先面对镜子进行空击练习,动作速度由慢到快,充分体会拧腰带臂,拍压短促发力,10~12次为一组,换右手拍压练习;反复练习后,可以进行两人的配合练习,动作速度由慢到快,重点体会拍压目标的距离和着力点,8~10次为一组,然后两人进行交换练习。

易犯错误:手腕紧绷是学生练习时比较常见的错误。其主要表现是拍压时腕关节为直腕或平腕,拍压动作僵硬机械,拍压速度较慢,无法有效防守对方的进攻。

纠正方法:学生可进行原地甩手腕的练习,10~12次为一组,腕部放松,重点感受腕关节带动手掌下压,反复练习后可进行两人配合练习。

客舱作用:拍压主要是用于防守对方正面进攻的拳法和腿法,例如直拳、勾拳、正蹬腿。在客舱防卫中对方用直拳或勾拳向航空安全员面部或下颌袭来,航空安全员手臂迅速向下拍压其拳面使其攻击受阻,然后同样用拳法或肘法快速反击对方面部将其制服。

(三)挂挡②

预备式:格斗戒备式站立准备。

动作过程:以左挂挡为例。左脚向前垫步,脚掌撑地,身体微向右拧腰转体,同时左手屈肘夹臂成三角形夹角,随拧腰转胯之力向头部左侧摆起挂挡,肘尖向前,拳心朝向头部;下颌

---

① 拍压是指以手掌跟或掌心为着力点由上至下拍击对方正面攻击动作的方法。
② 挂挡是指小臂和大臂贴紧成三角形抬起至头部外侧挡击对方横向拳法或腿法攻击的方法。

微收,两眼目视前方,右拳保持不动放于右下颚处;挂挡完成后迅速还原格斗式,如图4-140~图4-143所示。

　　图 4-140　　　　　　图 4-141　　　　　　图 4-142　　　　　　图 4-143

动作要领:左脚上步,前脚掌蹬地借力,拧腰微转胯,不要过度转胯改变挂挡的方向;向头部左侧(太阳穴或左耳位置)挂挡,以肘关节外侧为着力点进行格挡防守;前臂与上臂紧贴于头侧,含胸侧身。

练习方法:学生从预备式开始,先面对镜子进行空击练习,动作速度由慢到快,充分感受主动提肘挂挡动作细节,10~12次为一组,换右手练习;反复练习后,可以进行两人的配合练习,动作速度由慢到快,重点体会挂挡的时机、距离和着力点,8~10次为一组,然后两人进行交换练习。

易犯错误:挂挡时身体姿态不正确,身体没有协调发力,没有拧腰侧身,暴露面较大,容易被对方抓住空挡。这类错误多是由于学生身体不协调,发力节奏或发力点不正确导致的。

纠正方法:学生对镜子进行空击动作的练习,动作速度由慢到快,重点感受左脚前脚掌蹬地借力拧腰侧身的动作过程,经过反复练习加以纠正,逐步形成正确的发力节奏。

客舱作用:挂挡是用于防守对方横向型拳法或腿法对于头部的进攻,例如摆拳和鞭腿。在客舱防卫中,对方突然用摆拳攻击航空安全员头部,航空安全员提肘挂挡进行阻击防守,然后顺势拧腰转胯用直拳进行反击其面部。

(四) 格挡①

预备式:格斗戒备式站立准备。

动作过程:以左格挡为例。左脚蹬地借力,身体向右拧腰转胯微侧身,左臂顺势向外向上提臂格挡,拳头高度与头部齐平,距离头部左侧约30厘米,拳心朝右;下颌微收,两眼目视前方,右拳保持不动放于右下颚处;格挡完成后迅速还原格斗式,如图4-144和图4-145所示。

　　　　图 4-144　　　　　　　　　　图 4-145

动作要领:小臂肌肉绷紧与地面垂直,大小臂适当叠紧,小臂与头部距离要适宜,过大容易造成防守漏洞,过小容易被击中失去格挡防守作用;充分调动背部肌肉发力增加手臂格挡的力量和稳定性。

练习方法:学生从预备式开始,先面对镜子进行空击练习,动作速度由慢到快,重点注意

---

① 格挡分为上格挡和下格挡两种,均以小臂尺侧为着力点挡击对方横向拳法或腿法的攻击,方向相反。

提肘格挡动作的运行路线和身体姿态，10～12 次为一组，换右手练习；反复练习后，可以进行两人的配合练习，动作速度由慢到快，重点体会格挡的时机、距离和着力点，8～10 次为一组，然后两人进行交换练习。

易犯错误：格挡时肘关节外展，造成格挡动作姿态错误；上肢向外格挡幅度过大，远离头部。这类错误主要是学生没有理解和把握格挡防守技术的特点和动作要领。

纠正方法：学生通过观察同伴或者教师的正确示范，认真总结把握其动作要领。在此基础上，对照镜子进行反复练习加以纠正，逐步形成正确的肌肉记忆。

客舱作用：格挡主要防守对方的横线拳法和腿法，例如摆拳和鞭腿。在客舱防卫中对方用摆拳攻击航空安全员头部，航空安全员迅速提肘向外格挡其手腕或小臂内侧，然后顺势用拳法反击对方面部或用肘法攻击其头部。

（五）架挡①

预备式：格斗戒备式站立准备。

动作过程：以左手架挡为例。左脚蹬地借力，身体向右拧腰转胯微侧身，左小臂顺势向外旋转的同时向头顶前上方抬起架挡，距离头部额头约 20 厘米，拳心或掌心向斜上方。下颌微收，两眼目视前方，右拳保持不动放于右下颚处；架挡完成后迅速还原格斗式，如图 4-146 和图 4-147 所示。

图 4-146

图 4-147

动作要领：向上架挡时身体要协调配合发力，通过拧腰侧转带动手臂上抬架挡，以增加手臂架挡的力量和稳定性；架挡时身体应微收颌含胸，小臂要外旋以尺侧着力，肘部要低于手高，使小臂成斜坡形；架挡时发力短促，力达尺侧。

练习方法：学生从预备式开始，先面对镜子进行空击练习，动作速度由慢到快，重点注意抬肘架挡的动作运行路线和身体姿态，10～12 次为一组，换右手练习；反复练习后，可以进行两人的配合练习，动作速度由慢到快，重点体会架挡的时机、距离和着力点，8～10 次为一组，然后两人进行交换练习。

易犯错误：架挡时小臂动作姿态存在问题：小臂竖起，没有旋转，动作过程较为僵硬，动作速度较慢，力道不够紧促。

纠正方法：学生面对镜子练习纠正，过程中重点观察架挡时小臂的运行路线，严格按照动作要领进行反复练习。熟练后可进行两人配合练习，过程中重点体会架挡时的着力点和发力节奏。

客舱作用：架挡动作多用于防守正面直击和劈砸头部的攻击。在客舱防卫中对方用直拳冲击航空安全员的面部或以劈、砸拳法攻击其头部，航空安全员可运用架挡进行防守阻挡，同时可迅速上步前移重心运用直拳进行反击其面部。

---

① 架挡又叫托架，武术术语，是以小臂尺侧为着力点由下向上挡击对方正面进攻的方法。

（六）掩肘[①]

预备式：格斗戒备式站立准备。

动作过程：以左掩肘为例。左脚蹬地借力，身体向右拧转侧身同时，左臂弯曲向内旋转，以肘关节前端或尺骨为着力点向腹前滚掩，拳心向里，小臂与肘关节成斜坡形；下颌微收，两眼目视前方，右拳保持不动放于右下颚处；动作完成后迅速还原格斗式，如图 4-148～图 4-150 所示。

图 4-148　　　　　　　图 4-149　　　　　　　图 4-150

动作要领：掩肘应借助腰部拧转之力向内滚掩，动作不可僵硬；掩肘发力短促，微收腹含胸，力达肘端或尺骨；两手紧护胸腹，滚掩如关门闭户。

练习方法：学生从预备式开始，先面对镜子进行空击练习，动作速度由慢到快，重点注意掩肘动作的运行路线和身体姿态，10～12 次为一组，换右手练习；反复练习后，可以进行两人的配合练习，动作速度由慢到快，重点体会滚掩的时机、距离和着力点，8～10 次为一组，然后两人进行交换练习。

易犯错误：手臂没有滚动、旋转，动作僵硬，挡击力量不足，难以做到有效的防护；身体不协调，掩肘动作没有借助拧腰转体之力，滚掩发力缺乏整体劲。

纠正方法：学生面对镜子预备姿势站立单独练习手臂滚掩的动作，动作速度由慢到快，重点注意小臂随腰部拧转向内旋转的动作细节，反复刻苦练习加以纠正。

客舱作用：掩肘主要防守对方由下而上进攻的拳法和腿法，例如勾拳、弹踢。在客舱防卫中对方用勾拳攻击航空安全员的腹部或肋部，航空安全员运用掩肘进行防守，同时可用另侧勾拳反击对方的下颌或腹部。

（七）提膝阻挡

预备式：格斗戒备式站立准备。

动作过程：以左腿提膝阻挡为例。左脚蹬地借力，重心过渡到右腿，左腿屈腿提膝至腰部位置，脚尖绷平，右腿屈膝支撑，身体微向后仰；下颌微收，两眼目视前方，右拳保持不动放于右下颚处；动作完成后迅速还原格斗式，如图 4-151～图 4-153 所示。

图 4-151　　　　　　　图 4-152　　　　　　　图 4-153

动作要领：屈腿提膝高度要与腰部位置齐平，脚尖要绷紧，提膝速度要迅速，重心过渡要

[①] 掩肘是以肘关节前端或尺骨为着力点向内横向挡击对方正面攻击动作的方法。

平稳,身体保持平衡;右腿应屈膝支撑保持身体稳定。

练习方法:学生从预备式开始,先面对镜子进行空击练习,动作速度由慢到快,重点注意提膝动作的运行路线和身体姿态,10~12次为一组,换右手练习;反复练习后,可以进行两人的配合练习,动作速度由慢到快,重点体会提膝阻挡的时机、距离和着力点,8~10次为一组,然后两人进行交换练习。

易犯错误:提膝速度较慢,高度较低,不能对对方攻击动作做出有效防守阻挡;身体容易失去平衡。

纠正方法:学生面对镜子预备姿势站立,反复练习左脚蹬地屈腿提膝的动作,过程中重点体会左脚前脚掌蹬地的动作细节,充分感受蹬地的对提膝的反作用力,此外腹部要收紧配合腿部发力。

客舱作用:提膝阻挡主要用于防守对方腿法的进攻,例如正蹬腿、弹踢腿。在客舱防卫中,对方用正蹬腿攻击航空安全员的腹部或胸部,航空安全员迅速提膝阻挡防守,同时顺势前蹬腿反击对方的腹部。

 提升与拓展

动作名称:侧身勾手[①]。

预备式:格斗戒备式站立准备。

动作过程:以左侧身勾手为例。右脚蹬地,身体向左拧腰转胯,脚后跟顺势外展配合发力;左手手腕下压,五指撮拢成勾手;以肘关节为轴,由上向下随前臂向外向后勾带,身体顺势向左侧转;下颌微收,两眼目视前方,右拳保持不动放于右下颚处;勾带完成后迅速还原格斗式,如图4-154~图4-157所示。

图 4-154　　　　　图 4-155　　　　　图 4-156　　　　　图 4-157

动作要领:身体协调配合发力,充分借助向左拧腰之力带动手臂向外向后摆动;肘关节应靠近身体肋部,稳固发力点;手腕肌肉保持松而不懈,下压勾手时应弹抖手腕,发力应足,做到紧而不僵。

练习方法:学生从预备式开始,先面对镜子进行空击练习,身体协调配合发力,以腰带肩,以肩带臂,动作速度由慢到快,重点注意侧身勾手的运行路线和身体姿态,10~12次为一组,换右手练习;反复练习后,可以进行两人的配合练习,动作速度由慢到快,重点体会勾手的时机、距离和着力点,8~10次为一组,然后两人进行交换练习。

易犯错误:侧身勾手时伴随手形和身体姿态错误;身体上下肢配合不协调,勾手和腰部拧转没有做到协调一致,勾挂动作比较僵硬机械,速度迟缓,不能做到有效防护的目的。

纠正方法:学生先认真观看教师勾手具体做法,再反复练习,形成正确手形后再配合预备

[①] 侧身勾手是手法和身法相结合的防守技法,是以勾手的手形由上至下再由外向外勾挂或勾带对方直线拳法或腿法的防守方法。

姿势进行完整动作的练习。过程中要注意严格按照动作要领练习,速度由慢到快,不断纠正和规范身体姿态。

客舱作用:侧身勾手主要防守对方腿法对我肋部、腹部和裆部的进攻,例如正蹬腿蹬击腹部。在客舱防卫中,对方用正蹬腿蹬击航空安全员的腹部,航空安全员迅速侧身向外勾挂其脚踝,使蹬击方向偏离身体。同时也可迅速用另侧直拳反击对方的面部。

 组织与训练

(一)对静空击练习

学生在实训场地内进行各种防守技法的空击练习,可以是集体练习,也可以是分组循环练习。教师规定练习内容,学生面对镜子以格斗戒备式站立准备,根据教师的口令或哨音进行某一个防守技术进行空击动作练习。

(二)配合反应练习

学生在实训场地内进行各种防守的配合练习,教师根据学生身高、体重等情况将学生分为两人一组进行练习,一人为配手,一人为操作手。教师规定练习内容后,学生根据教师的口令或哨音进行两人的配合练习。操作手运用某种技法进攻配手,配手运用迅速做出防守动作。听教师口令进行操配手互换练习。

(三)信号速度练习

学生在实训场地内成体操队形散开进行分组或集体练习。教师规定练习内容,学生以教师的口令或哨音为信号,连续快速地进行某一个防守技术动作的练习,连续10~12次为一组,每个动作练习三组。

三、闪让防守

闪让防守是间接防守法的一种,是在辨清对方攻击方向后,通过身体姿势的变化和步法的移动,避开对方攻击目标,使其打空的防守方法。在运用闪让防守时应遵循以下几点原则。

(1)闪让幅度不宜过大。在客舱防卫中闪让的幅度以闪开对方攻击为度,不要闪让过多。过多,就会不利于反击对手,使其处于比较被动的攻守境况。

(2)闪让的方法要多样。在客舱防卫中航空安全员可以通过侧身、闪身、移步等形式多样的方法进行闪让,在实战运用中千篇一律反而使防守出现漏洞被对方反击。

(3)闪让不要直线后退。在客舱防卫中,当航空安全员被连续凶猛攻击时尽量不要直线后退,或者连续直线回退。连续回退容易被对方直线连击而使身体失去重心倾倒。

(一)退步

预备式:格斗戒备式站立准备。

动作过程:左脚蹬地,右脚向后撤一步,重心后移,同时左脚迅速向后收步,接近右脚时前脚掌撑地,重心落于右腿;然后,右腿蹬地借力,左腿迅速向前上步,右脚随即上前跟步,还原格斗戒备式,如图4-158~图4-160所示。

图 4-158　　　　　　　　图 4-159　　　　　　　　图 4-160

动作要领：退步时重心过渡要适宜，动作连贯，身体保持平衡，不要挺腹后仰；前脚收脚要迅速，支撑脚屈腿支撑；上步还原要及时，为反击动作做好铺垫。

练习方法：第一阶段，学生面对镜子进行退步练习，从预备式开始，退步收脚，上步还原为一次，每8～10次为一组，动作由慢到快，要求重心前后移动时要平稳，身体姿态要规范。第二阶段，学生两人配合练习，一进一退为一组，反复练习，逐步培养退步闪让和上步反击的距离感。

易犯错误：步法移动速度较慢，前脚收脚动作迟缓或幅度较小，不能到达有效防守的目的。这类错误多是由于身体不协调或者肌肉僵硬引起的。

纠正方法：学生在练习时身体肌肉要保持放松，做到松而不懈，紧而不僵，克服急于发力求快的心理，逐步练习加以纠正。

客舱作用：退步主要防守对下盘和胸腹部的攻击。在客舱防卫中，对方用正蹬腿攻击航空安全员的腹部或用踹腿攻击其腿部，航空安全员迅速退步避开其腿法攻击使其落空，同时迅速上步趁机用拳法或腿法进行反击。

（二）侧闪

预备式：格斗戒备式站立准备。

动作过程：以左侧闪为例。右脚蹬地，身体向左拧腰转胯，脚跟外旋配合拧腰发力，两腿屈膝，降低重心，身体向左微转侧闪；两手握拳放于左右下颚处，下颌微收，两眼目视前方，如图4-161和图4-162所示。

图 4-161　　　　　　图 4-162

动作要领：侧闪要充分借助拧腰转胯的力量，以加快侧身的速度，提高侧身的稳定性；两腿屈膝重心下压配合侧身闪躲，同时为反击蓄劲；侧闪时身体不要过于前倾，使身体失去平衡；两手放于下颚处做好防护。

练习方法：第一阶段，学生先面对镜子从预备姿势开始进行左右侧闪单独练习，每8～10次为一组，练习三组。动作速度由慢到快，要求侧闪时身体协调配合，动作连贯，身体姿态规范标准。第二阶段，学生配合练习，一人直拳佯攻，一人侧闪防守，10～12次为一组。过程中严格按照动作要领进行练习，注意力要高度击中，注意观察对方出拳的时机及时做好预判。

易犯错误：身体上、下肢配合不协调，使其侧身闪躲动作僵硬，速度迟缓，幅度不足，不能达到有效闪躲防守的目的。这类错误多是由于学生侧闪目标不明确和距离感模糊引起的。

纠正方法：学生面对镜子站立，可在同伴陪同帮助下进行练习纠正，同伴可用海绵棒配合练习，速度由慢到快，过程中重点体会侧闪的时机和距离，反复练习后逐步做到能有效闪躲。

客舱作用：侧闪多用于防守直拳的进攻。在客舱防卫中，对方用右直拳攻击航空安全员的面部，航空安全员迅速向左侧身闪躲使其攻击落空，然后顺势用左勾拳击打对方肋部。

（三）下潜

预备式：格斗戒备式站立准备。

动作过程：右脚蹬地，屈膝沉胯，重心下降，耸肩，上体成弧形向下躲闪，两手握拳放于下颚处，两眼目视前方；右脚蹬地，腰腹收紧，两腿发力起身还原格斗式，如图 4-163～图 4-165 所示。

图 4-163

图 4-164

图 4-165

动作要领：下躲闪时，膝关节、髋关节和颈部要同时含胸收缩，目视对手；两手握拳防护位置要稍高一些，护好自己的头部；身体重心略靠前腿，立腰直背。

练习方法：第一阶段，学生先面对镜子从预备姿势开始进行左右下潜躲闪练习，每 8～10 次为一组，练习三组，动作速度由慢到快，要求侧闪时身体协调配合，动作连贯，身体姿态规范标准。第二阶段，学生配合练习，一人摆拳伴攻，一人下潜防守，10～12 次为一组，过程中严格按照动作要领进行练习，注意力要高度击中，注意观察对方出拳的时机及时做好预判。

易犯错误：下潜时屈膝不充分，身体重心较高，身体过于前倾，伴随有"趴腰"、"撅臀"的现象；下潜时两手防护高度不足，头部和面部暴露出来；重心压在右腿一处，身体重心不平衡，起身反击速度缓慢。

纠正方法：学生面对镜子，可在同伴的陪同下原地进行屈膝动作练习，同伴可帮助其纠正身体姿态，坚持片刻后起身还原，6～8 次为一组，过程中应保持身体稳定，重心略靠近前腿，臀部贴近小腿内侧，腰背自然挺直，身体不要过于前倾。

客舱作用：下潜躲闪用于防守对头部的攻击，例如对方的摆拳、鞭腿。在客舱防卫中对方用右摆拳攻击航空安全员的头部，航空安全员迅速下潜使其摆拳落空，趁收拳还原之际蹬地起身用摆拳反击其头部。

（四）仰闪

预备式：格斗戒备式站立准备。

动作过程：左脚蹬地，右脚后滑一步，约自身脚长的距离，前脚掌撑地，脚后跟抬起；同时身体略向后仰，重心过渡至右腿，下颌微收，两眼目视对方；左手顺势向下摆格挡于腹部前，拳心朝内，右手放于下颚处；仰闪后，右脚迅速上步还原格斗式，如图 4-166～图 4-168 所示。

图 4-166

图 4-167

图 4-168

动作要领：右脚随左脚蹬地之力顺势后滑步，重心后移；右腿屈腿支撑，腰腹收紧，感受腰背肌肉发力，保持身体平衡；上体微后仰以闪躲对方进攻即可，不可后仰过度，造成身体失去平衡被对方追击。

练习方法：第一阶段，学生先面对镜子从预备姿势开始进行左右仰闪练习，每 8～10 次为一组，练习三组。动作速度由慢到快，要求仰闪时身体协调配合，动作连贯，身体姿态规范标准。第二阶段,学生配合练习,一人直拳或摆拳伴攻,一人下潜防守,10～12次为一组。过程中严格按照动作要领进行练习,注意力要高度集中,注意观察对方出拳的时机及时做好预判。

易犯错误：仰闪幅度过大,造成身体失去平衡；右脚后滑步脚型存在向后外摆脚尖的错误,造成仰闪后重心过度受阻,不能进行有效快速反击；仰闪时左手没有随身体顺势下摆格挡。

纠正方法：学生面对镜子练习纠正,动作速度由慢到快,身体肌肉放松,充分感受重心前后移动时身体姿态的变化。过程中,严格按照动作要领练习,经过反复练习纠正,逐步形成正确的肌肉记忆。

客舱作用：仰闪主要用于防守对胸部、头部的攻击,例如左右直拳、摆拳。在客舱防卫中,对方用左摆拳攻击航空安全员的头部,航空安全员迅速后仰躲闪,同时用左直拳反击对方的面部。

 提升与拓展

动作名称：转身侧移。

预备式：格斗戒备式站立准备。

动作过程：右脚蹬地,左脚向前垫步,脚尖内扣,身体向右拧腰转身,右脚顺势向左滑步；重心过渡到两腿之间,身体成侧向站立,下颌微收,两手放于下颚处,两眼目视对方；右脚向右滑步还原格斗式,如图4-169～图4-171所示。

图 4-169　　　　　　　　　　图 4-170　　　　　　　　　　图 4-171

动作要领：左脚垫步与右脚滑步协调一致配合发力,不可分割开来；重心移动要适宜,保持身体平衡；转身侧移身体应斜对对方,左肩关节朝向对方。

练习方法：第一阶段,学生先面对镜子从预备姿势开始进行转身侧移练习,每8～10次为一组,练习三组。动作速度由慢到快,要求转身侧移时身体协调配合,动作连贯,身体姿态规范标准。第二阶段,学生配合练习,一人直拳或蹬腿伴攻,一人下潜防守,10～12次为一组。过程中严格按照动作要领进行练习,注意力要高度集中,注意观察对方出拳或蹬腿的时机及时做好预判。

易犯错误：身体上下肢配合不协调,侧移动作僵硬,速度缓慢；身体姿态伴有两手防守高度较低、身体没有侧向等错误。

纠正方法：学生首先要了解和掌握该技术动作的攻防含义和特点,在此基础上进行对镜子练习,学生可站在一条竖线上,以竖线为参照物,侧移后肩关节朝向竖线,反复练习后掌握侧移闪躲的运动规律和发力技巧,逐步形成正确的肌肉记忆。

客舱作用：转身侧移主要防守对方直线腿法或拳法的进攻,例如正蹬腿、直拳。在客舱防卫中,对方用右正蹬腿攻击航空安全员的腹部,航空安全员迅速向右侧移转身使蹬腿落空,趁机用右摆拳反击对方的面部或左弹踢攻击其裆部。

组织与训练

(一) 对镜空击练习

学生在实训场地内进行各种防守技法的空击练习,可以是集体练习,也可以是分组循环练习。教师规定练习内容,学生面对镜子以格斗戒备式站立准备,根据教师的口令或哨音进行某一个防守技术进行空击动作练习。

(二) 配合反应练习

学生在实训场地内进行各种防守的配合练习,教师根据学生身高、体重等情况将学生分为两人一组进行练习,一人为配手,一人为操作手。教师规定练习内容后,学生根据教师的口令或哨音进行两人的配合练习。操作手运用某种技法进攻配手,配手运用迅速做出防守动作。听教师口令进行操配手互换练习。

(三) 信号速度练习

学生在实训场地内成体操队形散开进行分组或集体练习。教师规定练习内容,学生以教师的口令或哨音为信号,连续快速地进行某一个防守技术动作的练习,连续10~12次为一组,每个动作练习三组。

第五节 基础组合技术

组合技术是指把两到三个不同的单个技术有机地进行连贯搭配而组成的一个比较符合实战的技术群。通过运用组合技术能达到连续、有效攻击对方目的,是客舱防伪技术体系的重要组成部分。组合技术内容和形式丰富多样,根据行业特点,结合客舱环境,客舱基本组合技术主要包括四个部分,分别是拳法组合、腿法组合、拳法腿组合和拳腿肘膝组合。

一、组合技术运用的基本原则

(一) 合理性原则

组合技术是为了实现有效连续攻击,以快速制服行为人确保客舱安全为目的,而不是套路演练追求华丽漂亮,因此客舱组合技术的运用必须遵循合理性原则。技术组合目的明确,第一招多为第二招服务,即既有试探和测距的作用,又能为第二招蓄力。

(二) 连续性原则

连续性主要体现在进攻动作使用连贯、拳腿变化连贯协调以及击打与控制的协调连贯。在客舱防卫中机会和时机稍纵即逝,没有技术的连续性,航空安全员就很难迅速有效地制服行为人。

(三) 攻防结合的原则

在实战对抗中攻击是取胜的关键,防守是取胜的基础。任何组合技术的运用既不能一味地进攻,也不能一味地防守,应该是攻防兼备,攻中有防,防中有攻。在客舱防卫中,组合技术的运用要考虑攻防转换的因素,以便使航空安全员始终处于比较有利的主动位置。

二、拳法组合技术

(一) 左直拳→右直拳

预备式:格斗戒备式站立准备。

动作过程:左脚向前上步蹬地,随身体向右拧腰转胯之势,左拳旋转向前直线打出;左直拳原路收回的同时,身体向左拧腰转胯,右拳旋转向前沿直线打出;下颌微收,两眼目视前方;出拳后,迅速收回还原格斗式,如图 4-172～图 4-174 所示。

图 4-172　　　　　　　图 4-173　　　　　　　图 4-174

动作要领:出左直拳时手臂要充分伸直,通过腰部肌肉带动手臂发力,收回时按原路直线收回,拳头放于下颚处位置,配合右手出拳;右脚蹬地拧腰转胯带动右手,腰胯合紧,保持身体平衡。

练习方法:学生面对镜子格斗戒备式站立准备开始,先进行 10～12 次的空击动作练习,动作由慢到快,重点体会左右直拳的动作衔接和拧腰转胯发力。其次可以进行打靶练习,10～12 次为一组,练习三组。

易犯错误:身体肌肉僵硬,动作不协调,左右连续出拳中动作不连贯出现卡顿;拳收回时不能放于正确位置是经常易出现的错误;出拳时身体前倾较多。

纠正方法:学生可面对镜子进行练习纠正,也可以与同伴一起练习帮助其纠正。过程中可采取分解动作练习,严格要求动作姿势,注意动作的正确性和规范性,反复练习,逐步提高。

客舱作用:左右直拳组合是比较常见的组合技术,也是其他客舱组合技术的基础。在客舱防卫中,前手直拳可以起到牵制和干扰对方的目的,右直拳可借机攻击对方的头部和腹部等部位。

(二) 左摆拳→右摆拳

预备式:格斗戒备式站立准备。

动作过程:左脚向前上步蹬地,左拳随身体向右拧腰转胯之势向前摆出;左拳原路收回的同时右脚蹬地,右拳随身体向左拧腰转胯之势向前摆出,左手握拳放于下颚处;两眼目视前方,下颌微收;出拳后迅速收回还原格斗式,如图 4-175～图 4-177 所示。

图 4-175　　　　　　　图 4-176　　　　　　　图 4-177

动作要领:出左摆拳时左脚脚掌撑地,脚后跟不可抬起;蹬地、转身拧腰、合胯要协调一致,配合两拳发力;腰腹收紧,身体不可过于前倾;两拳之间要合理把握重心移动,保持身体平衡。

练习方法:首先,学生面对镜子格斗戒备式站立准备开始,先进行 10～12 次的空击动作练习,动作由慢到快,重点体会左右摆拳的动作衔接和拧腰转胯发力;其次,可以进行打靶练习,10～12 次为一组,练习三组,注意摆拳的起点和落点要准确。

易犯错误:左右摆拳时出现拉臂和屈体,造成出拳线路出现错误;摆拳幅度过大,造成出拳预兆大;两拳衔接过度时重心偏离,造成后拳出拳不连贯;出拳回收后放拳位置不及时或不正确。

纠正方法:学生面对镜子或者同伴陪伴帮扶下反复练习动作路线、发力节奏以及重心移动,形成肌肉记忆后逐步加大出拳的力量和速度。

客舱作用:左右摆拳技术组合是常用组合技术,经常用于客舱近距离攻击或反击。在客舱防卫中,可以在其他拳法的配合下使用,利用对方防守空当弧线击打头部、面部两侧将其制服。

（三）左勾拳→右勾拳

预备式:格斗戒备式站立准备。

动作过程:左脚向前上步蹬地,重心下压,左拳随身体向右拧腰转胯之势,向前向上勾击,力达拳锋;左拳收回下颚处位置的同时,重心下压,右拳随身体向左拧腰转胯之势向前出挑,力达拳锋;下颌微收,两眼目视前方;出拳后迅速还原格斗式,如图4-178~图4-180所示。

图 4-178

图 4-179

图 4-180

动作要领:左右出拳时不可下降过多,造成防守空当过大的错误;左右勾拳要与蹬地拧腰发力协调配合;上体稍含胸,不要过于前倾或者后仰,时刻注意好自己的身体重心;拳回收时要放置自己下颚处。

练习方法:首先,学生面对镜子格斗戒备式站立准备开始,先进行10~12次的空击动作练习,动作由慢到快,重点体会左右勾拳的动作衔接和拧腰转胯发力;其次,可以进行打靶练习,10~12次为一组,练习三组。注意勾拳的起点和落点要准确。

易犯错误:左右出拳时肩关节和肘关节向外绕行,造成拳法路线不正确;左右连击时挺腹后仰。

纠正方法:学生面对镜子进行纠正练习或者有同伴帮助,过程中不要求发力,重点体会动作路线;左右出拳时应注意蹬地转腰,感受腰腹肌肉群的发力技巧。

客舱作用:左右勾拳是常见的基础组合技术,多用于近距离客舱搏斗,隐蔽性较强,发力凶猛,可在搏斗过程中利用对方下颚、胸腹部的空当连续勾击对方腹部和下颚将其制服。

（四）左直拳→右摆拳

预备式:格斗戒备式站立准备。

动作过程:左脚向前上步蹬地,左拳随身体向右拧腰转胯之势向前直线冲出;左拳回收下颚处的同时右脚蹬地发力,右拳随身体向左拧腰转胯之势向前划弧摆出;下颌微收,两眼目视前方;出拳后迅速还原格斗式,如图4-181~图4-183所示。

图 4-181

图 4-182

图 4-183

动作要领：两种拳法出拳线路不一致，应注重把握两拳连续性和合理性实施；两拳应是相辅相成，左右衔接时要协调配合发力，合理调整身体重心，充分发挥两拳的速度、力量和特点。

练习方法：首先，学生面对镜子格斗戒备式站立准备开始，先进行10～12次的空击动作练习，动作由慢到快，重点体会两拳的动作衔接和拧腰转胯发力；其次，可以进行打靶练习，10～12次为一组，练习三组。注意两拳的起点和落点要准确。

易犯错误：两拳出拳路线不正确；动作幅度过大，重心偏离，两拳衔接不连贯。

纠正方法：学生可通过原地练习的方法进行单个技术动作的复习。在此基础上，进行两拳慢动作练习，一拳打出后，再缓慢做第二拳的运行路线，充分感受两拳之间的连摆性和节奏性。

（五）左摆拳→右勾拳

预备式：格斗戒备式站立准备。

动作过程：左脚上步，左拳随身体向右拧腰转胯之势向前划弧摆出，左脚后跟顺势微外摆，前脚掌撑地；左拳回收下颚处的同时，右脚迅速向前跟步，重心下压，脚掌蹬地，右拳随身体向左拧腰转胯之势向前向上勾击，力达拳锋；下颌微收，两眼目视前方；出拳后迅速还原格斗式，如图4-184～图4-186所示。

图 4-184　　　　　　　　图 4-185　　　　　　　　图 4-186

动作要领：注意两拳衔接时肢体动作的变化与发力点的协调配合，动作不能僵硬，应做到连摆协调和合理的重心转移；严格规范两拳的出拳路线和身体姿势，有效击打目标。

练习方法：首先，学生面对镜子格斗戒备式站立准备开始，先进行10～12次的空击动作练习，动作由慢到快，重点体会两拳的动作衔接和拧腰转胯发力；其次，可以进行打靶练习，10～12次为一组，练习三组，注意两拳的起点和落点要准确。

易犯错误：出拳时动作僵硬，幅度过大，两拳之间衔接不够连贯是常见错误。

纠正方法：对照镜子进行练习纠正，出拳时要合理把握出拳的速度和幅度，做到快速出拳快速回收，为下一动作的衔接做好蓄力准备。

客舱作用：左摆拳和后勾拳组合是变化性的组合拳法，在客舱防卫中多用于近身搏斗进攻，两拳不同的进攻路线，互相掩护配合可以有效击打对方的空当，可以达到迅速制服对方的目的。

提升与拓展

动作名称：左摆拳→右直拳→左勾拳。

预备式：格斗戒备式站立准备。

动作过程：左脚向前上步蹬地，脚尖微内扣，左拳随身体向右拧腰转胯之势，以拳锋为着力点向前划弧摆出，力达拳锋；左拳回收下颚处的同时，右脚蹬地，拧腰转胯，右拳向前直线冲出，右脚跟顺势外摆配合发力；右拳回收下颚处的同时，身体微向左转，重心下压，左拳随身体拧腰转胯和腿部支撑发力之势向前出挑,力达拳锋;挑击后迅速回收还原格斗式,如图 4-187～图 4-190 所示。

　　图 4-187　　　　　图 4-188　　　　　图 4-189　　　　　图 4-190

动作要领：左拳摆出时脚跟顺势微外摆配合发力,回收时则要全脚掌撑地配合重心转换;左摆右冲衔接时后脚跟步要及时以配合拧腰发力带动右手冲拳;三拳连摆衔接,重心转换要适宜,保持身体重心平稳,腰部发力带动手臂。

练习方法：学生对照镜子进行此组合动作的空击练习,10～12 次为一组,过程中速度由慢到快,严格规范自己的动作姿态,反复进行练习初步形成正确的肌肉记忆。学生也可以先将前两个技术组合单独进行练习,熟练后再进行完整动作练习。

易犯错误：前手摆拳手臂弯曲造成动作路线不正确,动作幅度过大预兆明显;左手勾拳出拳时手臂下拉明显,防守空当较大;三拳连摆衔接中重心转换不流畅,出现动作配合不协调。

纠正方法：学生面对镜子进行自我纠正,对每一单个技术进行反复练习,在熟练掌握单个技术动作的基础上练习组合动作。此过程中应严格按照动作要领进行练习,规范动作姿态。

客舱作用：此动作组合是三拳变化组合。不同的拳法路线、速度、力量和特点使其在进攻中变化多端令对方难以招架。在客舱防卫中,航空安全员运用此组合拳法可以主动连续进攻对方的头部和腹部,将其迅速制服。

 组织与训练

（一）空击练习

学生可在实训场地内进行拳法组合技术的练习,可以是集体练习,也可是分组循环练习。

（1）原地空击练习。学生成体操队形散开以格斗戒备式站立准备,教师规定练习内容,学生根据教师的口令或哨音进行原地组合拳法技术的练习。

（2）对镜空击练习。教师将学生分为若干小组,每组 6～10 名学生,学生根据教师规定的练习内容,从格斗戒备式站立准备开始,面对镜子进行空击练习,8～10 次为一组,进行组内循环练习。

（3）行进间空击练习。学生分成若干纵队站立,由每路纵队的第一名至最后一名的顺序,依次进行行进间的拳法组合技术空击练习。

（二）打靶练习

学生可在实训场地内进行集体练习和分组练习。

（1）原地打靶练习。学生成体操队形散开,两人一组,一人持靶为配手,一人为操作手。教师规定练习内容,学生根据教师的口令或哨音进行原地的打靶练习。

（2）行进间打靶练习。学生分成若干纵队站立,两人一组,一人持靶为配手,一人为操作手。由每路纵队的第一名至最后一名的顺序,依次进行行进间的拳法组合技术空击练习。

（三）反应练习

学生成体操队形散开进行拳法组合技术的反应练习。教师将每两人分为一组，两人格斗戒备式相对站立，一人为配手，一人为操作手。操作手运用某种拳法进攻配手，配手运用迅速做出防守反应。听教师口令进行操配手互换练习。

三、腿法组合技术

（一）左正蹬→右正蹬

预备式：格斗戒备式站立准备。

动作过程：右脚向前上半步垫步，重心过渡到右腿，左腿抬腿提膝至腰部位置，脚尖勾起；腰部和大腿肌肉通过胯部配合发力带动小腿向前蹬踹；左脚落地的同时，右腿提膝，腰部带动大腿发力，小腿向前直线蹬击，左脚掌顺势旋转；两手放于下颚，两眼目视前方，下颌微收；蹬击后迅速回收还原格斗式，如图 4-191～图 4-193 所示。

图 4-191

图 4-192

图 4-193

动作要领：左脚蹬踹完成落地时，脚尖外展，以使髋关节打开配合右腿；提膝时股四头肌主动发力；蹬踹时腰部和大腿肌肉配合发力，增加蹬踹力量；蹬踹完成后，迅速腿部下压还原格斗式，配合两腿左右蹬踹连贯性。

练习方法：首先，学生从格斗戒备式站立开始进行原地的左右蹬踹腿空击练习，10～12次为一组，动作速度要稍慢，充分感受左右蹬踹的动作路线和衔接连贯性；其次，原地进行蹬踹脚靶的练习，力量由小渐大，充分感受腰部、胯部、脚掌的协调配合发力。

易犯错误：左右提膝高度没有达到腰部位置，蹬腿目标不明确；蹬踹时腿没有充分向前伸展；脚掌没有配合蹬腿旋转。

纠正方法：学生可通过对照镜子进行连续的左右蹬腿练习，放慢动作速度，严格规范出腿路线和身体姿势，形成正确的技术定型。

客舱作用：左右正蹬腿是腿法中击打力度较大的一种腿法组合，主要用于中远距离的进攻与防守。在客舱防卫中，航空安全员可以运用此腿法组合阻击对方的袭击，使其保持安全距离，也可主动进攻对方的腹部和胸部将其快速制服。

（二）左弹踢→右弹踢

预备式：格斗戒备式站立战备。

动作过程：右脚上半步垫步，重心过渡到右腿，左腿提膝至腰部位置，脚尖绷平，胯部前挺，小腿向前快速弹踢，力达脚尖；左脚落地，脚尖外展，右腿向前提膝，小腿向前快速弹踢；两手放于下颚处，下颌微收，两眼目视前方；弹踢后迅速回收还原格斗式，如图 4-194～图 4-196 所示。

动作要领：左右弹踢时脚尖绷平，力达脚尖，送胯展腹，腿部前伸，以到达放长击远的效果；腰腹收紧，调整好重心的移动，使左右弹踢衔接顺畅连贯。

练习方法：首先，学生从格斗戒备式站立开始进行原地的左右弹踢腿空击练习，10～12次

图 4-194　　　　　　　图 4-195　　　　　　　图 4-196

为一组,动作速度要稍慢,充分感受左右弹踢的动作路线和衔接连贯性;其次,原地进行弹踢脚靶的练习,力量由小渐大,充分感受腰腹收紧、胯部前挺的动作细节。

易犯错误:提膝高度较低,踢击目标不明确;踢击时没有充分向前送胯,腿部前伸幅度较小,弹踢距离较近;左右弹踢衔接时重心偏离,动作不流畅。

纠正方法:学生面对镜子或同伴陪同帮助下进行左右弹踢腿空击动作练习,过程中规范身体姿势和动作路线,合理调整重心移动,保持身体平衡。经过反复练习,逐步形成正确的肌肉记忆。

客舱作用:左右弹踢腿是腿法中踢击力量较大的腿法组合技术,多用于中远距离的进攻和反击。在客舱防卫中,航空安全员可以运用此腿法来连续攻击对方裆部和腹部,也可在合适的时机踢击对方的手腕、手指和肘关节迅速将其制服。

(三)左弹踢→右正蹬

预备式:格斗戒备式站立准备。

动作过程:右脚上半步垫步,重心过渡到右腿,左腿提膝至腰部位置,脚尖绷平,胯部前挺,小腿向前快速弹踢,力达脚尖;左脚落地,脚尖外展,右腿提膝,腰部带动大腿发力,小腿向前直线蹬击,左脚掌顺势旋转;两手放于下颚,下颌微收,两眼目视前方;蹬击后迅速回收还原格斗式,如图 4-197~图 4-199 所示。

图 4-197　　　　　　　图 4-198　　　　　　　图 4-199

动作要领:弹踢时脚尖绷平,力达脚尖,送胯展腹,腿部前伸,以到达放长击远的效果。左弹踢完成后应迅速回收落脚,调整身体重心位置为右正蹬腿做好铺垫。右正蹬时应充分感受腹部肌肉和股四头肌配合发力,蹬腿时腿部前伸要充分,力达脚跟和脚掌。

练习方法:首先,学生从格斗戒备式站立开始进行原地的弹踢腿、正蹬腿组合的空击练习,10~12 次为一组,动作速度要稍慢,充分感受左右弹踢的动作路线和衔接连贯性;其次,原地进行踢靶的练习,力量由小渐大,过程中充分感受身体肌肉协调配合发力,正确把控踢靶的距离,逐步培养踢击目标的距离感。

易犯错误:提膝高度偏低,胯部回收,弹踢时进攻距离较短,弹踢力量较小;动作衔接时重心位置不合理,重心压在一处,使得动作僵硬,不能充分调动身体肌肉,击打力量不足。

纠正方法:针对弹踢高度偏低和距离短的问题,可以通过面对镜子进行控腿练习。具体做法是面对镜子,提膝站立连续进行弹踢腿的练习,动作速度由慢到快,动作过程保持重心稳定,脚背绷直。针对重心位置不合理、动作不连贯的问题,主要通过空击练习的方法进行纠正,过程中放慢动作速度,体会动作之间的衔接转换与身体重心位置关系,熟练后可逐步加快动作速度。

客舱作用：此腿法组合是主动进攻的腿法组合技术,也可搭配其他技法使用。在客舱防卫中航空安全员运用弹踢腿突袭对方腹部或裆部位置,可以是虚招干扰,也可是实招击打,趁对方撤步躲闪或身体前倾之际用右正蹬腿蹬击其腹部或胸部将其制服。

（四）左正蹬→右侧踹

预备式：格斗戒备式站立准备。

动作过程：右脚向前上半步垫步,重心过渡到右腿,左腿抬腿提膝至腰部位置,脚尖勾起;腰部和大腿肌肉通过胯部配合发力带动小腿向前蹬踹;左脚落地的同时,脚尖外摆,右腿提膝翻胯,勾紧脚尖,脚掌对准正前方或要击打目标方向;腰腹收紧,送胯展腹,大腿推动小腿向前踹出;踹击完成后原路收回还原格斗式,如图 4-200～图 4-202 所示。

图 4-200

图 4-201

图 4-202

动作要领：左正蹬时抬腿屈膝高与腰部位置齐平,蹬击时脚尖迅速回勾翘起,力达脚跟,下压收腿速度要快,重心前移,脚尖外展配合提膝侧踹;右侧踹时要充分感受展腹送胯的动作发力,踹击时支撑脚的脚跟顺势外旋配合发力。

练习方法：首先,学生从格斗戒备式站立开始进行原地的左正蹬和右侧踹组合的空击练习,10～12 次为一组,动作速度要稍慢,充分感受左右弹踢的动作路线和衔接连贯性;其次,原地进行踢靶的练习,力量由小渐大,过程中充分感受身体肌肉协调配合发力,正确把控踢靶的距离,逐步培养击打目标的距离感。

易犯错误：左正蹬蹬击高度明显较低,腿部肌肉僵硬,动作不协调,蹬击后主动收腿意识较差;前后动作衔接不流畅,身体容易失去平衡;右侧踹时腿部和躯干不在一条直线上。

纠正方法：学生先进行单个技术动作的对镜空击练习,也可以找同伴陪同帮扶练习,注意动作路线和身体姿态,要符合动作要领和要求,动作速度由慢到快,动作力量由小渐大,反复练习纠正,逐步形成正确的肌肉记忆。

客舱作用：此腿法组合是以追击对方为目的的腿法组合技术。在客舱防卫中,航空安全员在其他技法的配合下运用左正蹬腿攻击对方的胸腹部,对方闪躲撤步之际迅速用右侧踹腿攻击其胸腹部或头部将其制服。

 提升与拓展

动作名称：左侧踹腿→右侧踹腿。

预备式：格斗戒备式站立准备。

动作过程：右脚上半步垫步,脚尖外展,重心移至右腿,左腿提膝翻胯,身体顺势向右侧转,脚尖侧向紧勾,朝向正前方或踢击目标方向;腰部和大腿肌肉配合发力推动小腿向前踹击;左脚收回落脚的同时,右腿提膝翻胯,勾紧脚尖,脚掌对准正前方或要击打目标方向;腰腹收紧,送胯展腹,大腿推动小腿向前踹出;踹击完成后原路收回还原格斗式,如图4-203~图4-205所示。

图 4-203　　　　　　　图 4-204　　　　　　　图 4-205

动作要领:踹腿时腿部前伸要充分,合理运用挺胯之力;踹腿连摆时重心转换要适宜,支撑腿一定要稳定,充分运用腰部带动腿部肌肉发力;注意自身平衡和踹腿的连贯性。

练习方法:首先,学生从格斗戒备式站立开始进行原地的左右侧踹腿空击练习,10~12次为一组,动作速度要稍慢,充分感受左右侧踹的动作路线和衔接连贯性;其次,原地进行侧踹脚靶的练习,力量由小渐大,充分感受腰腹收紧、胯部前挺的动作细节。

易犯错误:双腿侧踹时髋关节屈髋翘臀,踹出腿与躯干没有形成一条直线;左右连摆时动作幅度较大,连续进攻速度较慢。

纠正方法:学生可以借助肋木,手扶肋木保持平衡,踹腿对准正前方,反复练习踹腿动作,也可进行控腿练习,逐步形成肌肉记忆。过程中,要时刻提醒自己规范动作姿态,协调配合发力,由慢到快反复练习踹腿路线。

客舱作用:左右侧踹腿是腿法中杀伤力较大的腿法组合技术,可以作为主动进攻腿法也可作为防守腿法。因客舱空间的限制,此类腿法连续快速的施展难度较大,但在合适的时机运用此腿法组合可以达到有效阻击或击打对方的目的。

 组织与训练

(一)空击练习

学生可在实训场地内进行腿法组合技术的练习,可以是集体练习,也可是分组循环练习。

(1)原地空击练习。学生成体操队形散开以格斗戒备式站立准备,教师规定练习内容,学生根据教师的口令或哨音进行原地组合腿法技术的练习。

(2)对镜空击练习。教师将学生分为若干小组,每组6~10名学生,学生根据教师规定的练习内容,从格斗戒备式站立准备开始,面对镜子进行空击练习,8~10次为一组,进行组内循环练习。

(3)行进间空击练习。学生分成若干纵队站立,由每路纵队的第一名至最后一名的顺序依次进行行进间的腿法组合技术练习。

(二)打靶练习

学生可在实训场地内进行集体练习和分组练习。

(1)原地打靶练习。学生成体操队形散开,两人一组,一人持靶为配手,一人为操作手。教师规定练习内容,学生根据教师的口令或哨音进行原地的打靶练习。

(2)行进间打靶练习。学生分成若干纵队站立,两人一组,一人持靶为配手,一人为操作手。由每路纵队的第一名至最后一名的顺序依次进行行进间的腿法组合技术练习。

(三)反应练习

学生成体操队形散开进行腿法组合技术的反应练习。教师将每两人分为一组,两人格斗戒备式相对站立,一人为配手,一人为操作手。操作手运用某种腿法进攻配手,配手运用迅速做出防守反应。听教师口令进行操配手互换练习。

四、拳腿组合技术

(一)前正蹬→左直拳→右直拳

预备式:格斗戒备式站立准备。

动作过程:右脚上半步垫步,重心过渡到右腿,脚尖外展,左腿屈腿提膝至腰部位置;左腿脚尖迅速勾紧,送胯蹬腿向前蹬出,力达脚跟;左脚落地还原格斗式,后脚蹬地,拧腰转胯,以腰带肩,以肩带肘将拳冲出,同时重心移至前腿;左拳回收放于下颚处的同时,右脚跟步蹬地,拧腰转胯,脚跟外旋,以腰带肩,以肩带肘,以肘催臂将拳冲出;冲拳后迅速还原格斗式,如图 4-206~图 4-209 所示。

图 4-206　　　　图 4-207　　　　图 4-208　　　　图 4-209

动作要领:屈腿提膝要充分,且与蹬腿动作不可脱节;送胯蹬腿放长击远,收腿速度要迅速;出拳时动作预兆要小,充分借助拧腰转胯之力,重心平稳不要明显起伏;出拳时肘关节不要外展,身体不要前倾或后仰。

练习方法:学生对照镜子进行此组合动作的空击练习,10~12 次为一组,过程中速度由慢到快,严格规范自己的动作姿态,反复进行练习初步形成正确的肌肉记忆。学生也可以先将前两个技术组合单独进行练习,熟练后再进行完整动作练习。

易犯错误:左蹬腿幅度过大或用力过猛,造成重心不稳使左右直拳无法打出是常见错误。

纠正方法:学生可以针对前正蹬腿进行单独练习,可以是对照镜子,也可以由同伴陪同练习,过程中重点体会腿蹬出后和目标的距离感,反复练习正确把握蹬腿的距离感。

客舱作用:在客舱防卫中,前正蹬腿可以有效攻击对方的胸腹部,也可以阻击对方的攻击,左直拳可以牵制或干扰对方,右直拳趁机攻击对方的腹部或心窝等部位将其制服。

(二)左直拳→右摆拳→右正蹬

预备式:格斗戒备式站立准备。

动作过程:左脚上步蹬地,拧腰转胯,左脚跟微外摆,腰部带动肩膀发力,肘关节带动小臂向前旋转冲出,力达拳锋;左拳收回下颚处的同时,右脚蹬地,拧腰转胯,脚后跟外摆,腰部肌肉主动发力带动肩关节,以肩催肘,以肘带臂向前向左弧线摆击;右拳收回下颚处还原格斗式;右脚蹬地向前屈腿提膝,身体重心过渡到左腿,送胯蹬腿向前蹬出,力达脚跟;蹬击完成后迅速回收还原格斗式,如图 4-210~图 4-213 所示。

动作要领:在进行此拳腿组合练习时要注意拳腿衔接的节奏性和流畅性,动作不可僵硬;击打时应正确把控击打力点和落点;练习击打时应注意自身重心与平衡。

练习方法:学生对照镜子进行此组合动作的空击练习,10~12 次为一组,过程中速度由慢到快,严格规范自己的动作姿态,反复进行练习,初步形成正确的肌肉记忆。学生也可以先将前两个技术组合单独进行练习,熟练后再进行完整动作练习。

图 4-210　　　　图 4-211　　　　图 4-212　　　　图 4-213

易犯错误：出拳连击时身体重心压在一处，动作僵滞使腿法动作缓慢。右蹬腿时腿部没有充分前伸，蹬击距离较短是常见的错误。

纠正方法：学生可以进行分解动作的练习，将拳法组合进行单独练习。过程中注意拳法与步法的结合，上步距离不宜过大或过小，重心移动要适宜合理。

客舱作用：此类腿法组合主要是以追击对方为目的，以拳法施压开路，用腿法进行攻击。在客舱防卫中，航空安全员可用拳法主动攻击对方头部和面部干扰对方，趁对方后腿躲闪之际，迅速蹬腿攻击对方的腹部或胸部将其制服。

（三）左弹踢→右直拳→左摆拳

预备式：格斗戒备式站立准备。

动作过程：右脚上半步垫步，脚尖微外展，重心过渡至右腿，左腿屈腿提膝至腰部高度，脚尖绷直，腰腹收紧，大腿发力带动小腿向前进行弹踢，力达脚尖；弹踢后迅速回收落地，重心移至前腿，右脚蹬地，身体向左拧腰转胯带动肩部，以肩带肘，以肘带动小臂向前直线旋转冲出，力达拳锋；右拳回收下颚处的同时，身体向左拧腰转胯带动手臂向前向右划弧摆出；摆击后回收至下颚处还原格斗式，如图4-214～图4-217所示。

图 4-214　　　　图 4-215　　　　图 4-216　　　　图 4-217

动作要领：左腿弹踢要送胯发力，放长击远增加弹踢力量，弹踢完成后回收速度要快于踢击速度，以增加弹踢爆发力；左腿弹踢和右直拳连接时重心转化要适宜，保持身体平衡，动作流程；左摆拳出拳时应迅速突然，预兆要小。

练习方法：学生对照镜子进行此组合动作的空击练习，10～12次为一组，过程中速度由慢到快，严格规范自己的动作姿态，反复进行练习初步形成正确的肌肉记忆。学生也可以先将前两个技术组合单独进行练习，熟练后再进行完整动作练习。

易犯错误：弹踢力度和幅度过大，导致身体失去平衡，后续拳法无法及时打出。

纠正方法：学生面对镜子针对弹踢腿单一动作进行打靶练习，重点体会踢靶时的距离和发力点，做到击靶距离适宜和落点稳定。

客舱作用：此拳腿组合是以主动攻击对方为目的的组合技术。在客舱防卫中，航空安全员运用弹踢腿猛踢对方的裆部或腹部，趁对方身体前倾之际，迅速上步连续用拳攻击头部和面部将其制服。

（四）左直拳→右直拳→右弹踢

预备式：格斗戒备式站立准备。

动作过程：左脚向前上步蹬地，身体向左拧腰转胯带动手臂向前旋转直线冲出，力达拳锋；左拳回收下颚处的同时，右脚跟步，身体向左拧腰转胯带动手臂向前旋转直线冲出；右拳回收至下颚处还原格斗式，左脚垫步，脚尖微外展，右腿向前屈腿提膝，脚尖绷紧，腰腹收紧，胯部前挺，大腿发力带动小腿向前弹踢，力达脚尖；踢击完成后迅速回收还原格斗式，如图4-218～图4-221所示。

图 4-218　　　　　图 4-219　　　　　图 4-220　　　　　图 4-221

动作要领：两拳连击时要求路线正确，动作姿态规范，发力节奏明确，重心转化平稳，为后续弹踢腿做好铺垫；弹踢腿时胯部前挺以增加出腿距离，脚尖绷紧，踢击后应迅速原路回收。

练习方法：学生对照镜子进行此组合动作的空击练习，10～12次为一组，过程中速度由慢到快，严格规范自己的动作姿态，反复进行练习初步形成正确的肌肉记忆。学生也可以先将前两个技术组合单独进行练习，熟练后再进行完整的动作练习。

易犯错误：动作肌肉僵硬，两拳连击时重心过于前倾，造成动作衔接较慢，后腿弹踢动作无法正常踢击。

纠正方法：学生将两拳连击和后弹踢腿分解动作练习。左右冲拳时可采用击靶的形式，在严格规范动作姿态的基础上，体会动作的发力节奏。连接右弹踢时注意重心转化，保持身体平衡。

客舱作用：此拳腿组合是以连续追击为目的组合技术。在客舱中，航空安全员运用左右重拳连续击打对方的面部以起到干扰和牵制的作用，在对方提手保护头部的同时，趁机猛踢对方的腹部和裆部将其制服。

 提升与拓展

动作名称：左摆拳→右直拳→右侧踹。

预备式：格斗戒备式站立准备。

动作过程：左脚上步，身体向右拧腰转胯带动手臂向前向右划弧摆出，左脚跟顺势外摆配合发力，力达拳锋；左拳回收至下颚处的同时，右脚跟步，身体向左拧腰转胯带动手臂向前旋转直线冲出；右拳回收至下颚处还原格斗式的同时，左脚垫步，脚尖外展，右腿向前屈腿提膝翻胯，身体顺势向左侧转身，脚掌对准正前方向或击打目标方向；腰部带动腿部肌肉发力推动小腿向前直线踹出，脚尖侧向，力达脚跟和脚掌；动作完成后迅速还原格斗式。如图4-222～图4-225所示。

动作要领：左摆右直拳动作路线要正确，动作姿态要规范，动作发力要足而不僵，力道劲促，为后侧踹腿的出腿做好铺垫；后侧踹腿时要充分利用身体肌肉协调配合发力，把控好踹腿动作的幅度和距离，保持身体重心平稳。

练习方法：学生对照镜子进行此组合动作的空击练习，10～12次为一组，过程中速度由

图 4-222　　　　　图 4-223　　　　　图 4-224　　　　　图 4-225

慢到快,严格规范自己的动作姿势,反复进行练习初步形成正确的肌肉记忆。学生也可以先将前两个技术组合单独进行练习,熟练后再进行完整动作练习。

易犯错误:在进行组合进攻时力量容易过于集中于拳法,造成踹腿动作速度较慢,身体重心失去平衡,使连续进攻失败。

纠正方法:可以进行此组合动作的打靶练习,过程中用心体会每单一动作的发力节奏与控制发力点,体会动作衔接时重心转移的身体变化,反复练习加以纠正。

客舱作用:此拳腿组合是以重创对手为目的的组合技术,拳法击打干扰牵制为后踹腿进行有效击打做好铺垫。在客舱防卫中,航空安全员运用左摆右直拳连续快速进攻对方的头部,使其露出胸腹部的空当,趁机用后踹腿猛踹对方胸腹部将其制服。

 组织与训练

(一) 空击练习

学生可在实训场地内进行拳腿法组合技术的练习,可以是集体练习,也可是分组循环练习。

(1) 原地空击练习。学生成体操队形散开以格斗戒备式站立准备,教师规定练习内容,学生根据教师的口令或哨音进行原地拳腿组合技术的练习。

(2) 对镜空击练习。教师将学生分为若干小组,每组6~10名学生,学生根据教师规定的练习内容,从格斗戒备式站立准备开始,面对镜子进行空击练习,8~10次为一组,进行组内循环练习。

(3) 行进间空击练习。学生分成若干纵队站立,由每路纵队的第一名至最后一名的顺序依次进行行进间的组合空击练习。

(二) 打靶练习

学生可在实训场地内进行集体练习和分组练习。

(1) 原地打靶练习。学生成体操队形散开,两人一组,一人持靶为配手,一人为操作手。教师规定练习内容,学生根据教师的口令或哨音进行原地的打靶练习。

(2) 行进间打靶练习。学生分成若干纵队站立,两人一组,一人持靶为配手,一人为操作手。由每路纵队的第一名至最后一名的顺序依次进行行进间的腿法组合技术空击练习。

(三) 沙包练习

学生可在散打搏击房或配备有沙包的实训场地进行拳腿组合的击沙包练习。教师将学生分为若干组,每个沙包分配6~8名学生。教师规定练习内容,学生根据教师的口令或哨音进行组内循环练习。

五、拳腿肘膝组合技术

(一) 左直拳→右横击肘→右顶膝

预备式:格斗戒备式站立准备。

动作过程：左脚向前上步蹬地，身体向左拧腰转胯带动手臂向前旋转直线冲出，力达拳锋；左拳回收下颚处的同时，右脚跟步，身体向左拧腰转胯带动肘关节，以肘前端为着力点向左前方横向挥出；右肘回收还原格斗式的同时，双手自然前伸，右腿以膝关节为着力点随向下拉拽和拧腰送胯合力之势向前顶出；膝击完成后迅速还原格斗式，如图4-226～图4-229所示。

图 4-226　　　　　图 4-227　　　　　图 4-228　　　　　图 4-229

动作要领：左直拳回收时左脚脚掌撑地，脚跟不要抬起，配合身体重心转化，为肘法打出做好铺垫；右横击肘时右脚跟步及时，脚跟外旋配合拧腰转胯；横击肘动作完成后应迅速还原格斗术以配合顶膝动作。

练习方法：学生对照镜子进行此组合动作的空击练习，10～12次为一组，过程中速度由慢到快，严格规范自己的动作姿态，反复进行练习初步形成正确的肌肉记忆。学生也可以先将前两个技术组合单独进行练习，熟练后再进行完整动作练习。

易犯错误：左直拳前伸距离较短，身体拧腰转胯不充分，重心压在左脚，造成右横击肘动作僵硬，速度缓慢；胯部回坐，造成顶膝距离较短，无法有效击打目标。

纠正方法：学生可由同伴陪同帮助对照镜子进行动作单一动作练习，严格要求自己，规范动作姿势，速度适当放慢，体会动作出击路线以及重心变化，逐步形成正确的肌肉记忆。连贯动作衔接要注意重心的把控，保持身体平衡。

客舱作用：此拳腿肘组合是以重创对方为目的的组合技术。在客舱防卫中，航空安全员运用左直拳佯攻对方面部，起到干扰牵制对方的目的，上步近身用横击肘猛击对方头部或面部侧位，同时用顶膝攻击其裆部或腹部将其制服。

（二）前正蹬→左直拳→右横击肘

预备式：格斗戒备式站立准备。

动作过程：右脚上半步垫步，重心过渡到右腿，脚尖外展，左腿屈腿提膝至腰部位置；左腿脚尖迅速勾紧，送胯蹬腿向前蹬出，力达脚跟；左脚落地还原格斗式，后脚蹬地，拧腰转胯，以腰带肩，以肩带肘，以肘带臂将拳旋转冲出，重心前移；左拳回收下颚处的同时，右脚跟步，身体向左拧腰转胯带动肘关节，以肘前端为着力点向左前方横向挥出；右肘回收还原格斗式，如图4-230～图4-233所示。

图 4-230　　　　　图 4-231　　　　　图 4-232　　　　　图 4-233

动作要领：屈腿提膝要充分，且与蹬腿动作不可脱节；送胯蹬腿放长击远，收腿速度要迅速;直拳冲出时动作预兆要小,应充分借助拧腰转胯之力;右横击肘时右脚跟步及时,脚跟外旋配合拧腰转胯。

练习方法:学生对照镜子进行此组合动作的空击练习,10~12次为一组,练习过程中速度由慢到快,严格规范自己的动作姿势,反复进行练习初步形成正确的肌肉记忆。学生也可以先将前两个技术组合单独进行练习,熟练后再进行完整动作练习。

易犯错误:前腿蹬击时幅度过大,回收时没有及时下压收腿,导致重心过度前倾,身体失去平衡,后续动作无法正常打出。

纠正方法:针对前蹬腿进行单一动作练习,可采用蹬击沙包或脚靶的方法,过程中重点体会蹬击目标的距离感,合理把控重心位置和发力点,蹬击后应迅速回收还原,保持重心的稳定。

客舱作用:此拳腿肘组合是以追击对方为目的的组合技术。在客舱防卫中航空安全员运用前正蹬腿进攻对方胸腹部,在其撤步的同时,迅速上步用冲拳直击对方的面部,起到干扰牵制的作用,趁机用横击肘从侧面猛击对方的头部将其制服。

(三) 左摆拳→右挑肘→右顶膝

预备式:格斗戒备式站立准备。

动作过程:左脚上步,身体向右拧腰转胯带动手臂向前向右划弧摆出,左脚跟顺势外摆配合发力,力达拳锋;左拳回收至下颚处的同时,右脚跟步蹬地,身体向左拧腰转胯带动肘关节向上挑击,力达肘尖;右肘回收还原格斗式的同时,双手自然前伸,右腿以膝关节为着力点随向下拉拽和拧腰送胯之合力向前顶出;膝击完成后迅速还原格斗式,如图4-234~图4-237所示。

图 4-234　　　　图 4-235　　　　图 4-236　　　　图 4-237

动作要领:左摆右直拳动作路线要正确,动作姿态要规范,动作发力要足而不僵,为右挑肘动作做好铺垫;挑肘时应借助拧腰转胯之力,肘关节上提位置要高,肘击后迅速还原。

练习方法:学生对照镜子进行此组合动作的空击练习,10~12次为一组。过程中速度由慢到快,严格规范自己的动作姿态,反复进行练习初步形成正确的肌肉记忆。学生也可以先将前两个技术组合单独进行练习,熟练后再进行完整动作练习。

易犯错误:左摆拳发力过猛,重心过于前倾,动作僵硬,造成右挑肘速度缓慢,无法进行有效连摆击打是常见错误。

纠正方法:学生应对左摆拳和右挑肘动作进行针对性练习,可以借助镜子进行空击练习,观察自己摆拳和挑肘的运行路线和发力节奏,把握重心平衡稳定,动作衔接连贯,反复练习加以纠正。

客舱作用:此拳肘膝的组合是近距离连续攻击的组合技术。在客舱防卫中,航空安全员运用左摆拳击打对方的面部,使其上格挡护头之际迅速上步近身用挑肘从胸腹部位置向上挑击其下颚,当对方头部后仰、腹部前挺之际,迅速用膝顶击腹部或裆部将其制服。

(四) 左弹踢腿→右顶膝→右下砸肘

预备式:格斗戒备式站立准备。

动作过程:右脚上半步垫步,脚尖微外展,重心过渡至右腿,左腿屈腿提膝至腰部高度,脚尖绷直,腰腹收紧,大腿发力带动小腿向前进行弹踢,力达脚尖;弹踢后迅速回收落地,重心移至前腿;双手自然前伸,右腿以膝关节为着力点随向下拉拽和拧腰送胯之合力向前顶出,送胯展腹,脚尖绷直;膝顶后迅速回收撤步成左弓步,重心下压,同时左手变掌向下按压放于体前;同时,右脚蹬地,身体向左拧腰转胯带动右肘向前向下砸击;砸肘完成后迅速还原格斗式,如图4-238~图4-241所示。

图 4-238　　　　　图 4-239　　　　　图 4-240　　　　　图 4-241

动作要领:左腿弹踢要送胯发力,放长击远增加弹踢力量;弹踢动作完成后迅速落脚重心前移,为右顶膝做好铺垫;下砸肘时向后撤步幅度尽量要适宜,重心下压蓄力。

练习方法:学生对照镜子进行此组合动作的空击练习,10~12次为一组,过程中速度由慢到快,严格规范自己的动作姿态,反复进行练习初步形成正确的肌肉记忆。学生也可以先将前两个技术组合单独进行练习,熟练后再进行完整动作练习。

易犯错误:左腿提膝高度较低,弹踢目标不明确,回收速度较慢,击打力量不足;左脚脚尖没有顺势外展,造成顶膝时送胯不充分;右下砸肘时身体重心较高,出现"趴腰""撅臀"的身体姿势,砸肘动作僵硬而不协调。

纠正方法:学生对照镜子进行单个技术动作逐一练习纠正,过程中应严格要求,规范动作姿态,注重动作细节和要领。在反复练习的基础上,学生再将动作进行逐步组合练习,动作速度由慢到快,力量由小渐大,逐步形成正确稳定的技术定型。

客舱作用:此腿肘膝组合是以重创对手为目的的组合技术。在客舱防卫中,航空安全员运用左弹踢腿踢击对方的裆部,当对方身体前倾低头的时候,右腿提膝顶击对方的头部,再用下砸肘砸击对方的后颈部或后脑使其受到重创将其制服。

 提升与拓展

动作名称:左横击肘→右横击肘→右顶膝→右下砸肘。

动作过程:左脚向前上步、蹬地,以肘关节前端为着力点,身体向右拧腰转胯带动手臂向右前方横向挥出;肘击后左拳迅速还原放于下颚处,同时右脚跟步,身体向左拧腰转胯带动手臂向左前方横击肘;肘击后右拳迅速还原放于下颚处,同时双手自然前伸,右腿以膝关节为着力点随向下拉拽和拧腰送胯之合力向前顶出;膝击完成后迅速向后撤步成左弓步,下压重心,右肘随拧腰转胯之势向下砸肘,力达肘尖,如图4-242~图4-245所示。

图 4-242　　　　　图 4-243　　　　　图 4-244　　　　　图 4-245

动作要领：左右横击肘连击时动作连贯，充分借助腰部拧转带动肘关节横向发力；向上顶膝时应胯部前挺，身体微向后仰，支持腿微屈蹲地保持平衡配合顶膝发力；顶膝后应迅速向后撤步降低重心蓄力，为下砸肘动作做好铺垫。

练习方法：学生对照镜子进行此组合动作的空击练习，10～12次为一组，过程中速度由慢到快，严格规范自己的动作姿态，反复进行练习初步形成正确的肌肉记忆。学生可以分别将前两个或前三个技术组合单独进行练习，熟练后再进行完整动作练习。

易犯错误：左右横击肘完成后手臂没有及时回收至下颚处，横击动作幅度小且没有充分利用拧腰转胯之力，动作僵硬机械；右顶膝时没有送胯展腹，顶膝方向出现偏离。

纠正方法：左右横击肘练习纠正时注意借助腰部肌肉力量，加大摆肘的幅度，规范动作姿势，对照镜子反复练习，逐步形成正确的肌肉记忆。

客舱作用：此肘膝组合是近距离搏斗时连续近身短打的组合技术。在客舱防卫中，航空安全员运用左右横击肘练习进攻对方的头部或两肋以起到开路牵制的作用，突然膝顶攻击裆部或腹部，趁其身体弯腰低头之际迅速用下砸肘攻击后颈部将其制服。

 组织与训练

（一）空击练习

学生可在实训场地内进行拳腿肘膝法组合技术的练习，可以是集体练习，也可是分组循环练习。

（1）原地空击练习。学生成体操队形散开以格斗戒备式站立准备，教师规定练习内容，学生根据教师的口令或哨音进行原地拳腿肘膝组合技术的练习。

（2）对镜空击练习。教师将学生分为若干小组，每组6～10名学生，学生根据教师规定的练习内容，从格斗戒备式站立准备开始，面对镜子进行空击练习，8～10次为一组，进行组内循环练习。

（3）行进间空击练习。学生分成若干纵队站立，由每路纵队的第一名至最后一名的顺序依次进行行进间的组合技术空击练习。

（二）打靶练习

学生可在实训场地内进行集体练习和分组练习。

（1）原地打靶练习。学生成体操队形散开，两人一组，一人持靶为配手，一人为操作手。教师规定练习内容，学生根据教师的口令或哨音进行原地的打靶练习。

（2）行进间打靶练习。学生分成若干纵队站立，两人一组，一人持靶为配手，一人为操作手。由每路纵队的第一名至最后一名的顺序依次进行行进间的腿法组合技术空击练习。

（三）沙包练习

学生可在散打搏击房或配备有沙包的实训场地进行拳腿肘膝组合的击沙包练习。教师将学生分为若干组，每个沙包分配6～8名学生。教师规定练习内容，学生根据教师的口令或哨音进行组内循环练习。

思考与练习

1. 客舱防卫基本技术的使用原则和要求是什么？
2. 航空安全员客舱防卫戒备式有哪些分类？分别有哪些特点？
3. 客舱防卫拳法有哪几种？动作技术要领分别是什么？
4. 组合技术的特点是什么？举一例说明。
5. 你是如何认识防卫基本技术的重要性，结合专业学习和行业实习具体谈谈。

综合实施与考核

一、任务实施

（一）任务目标

通过实操演练使学生熟练掌握客舱防卫的基础技术，提高在客舱实战中的运用能力和灵活应变能力，增强学生应对客舱突发事件的能力。通过实操演练增强学生自我防范意识，培养学生机智勇敢、沉着冷静的意志品质。

（二）任务背景

此模块综合实训主要以擂台实战对抗的形式来检验学生防卫技能的掌握水平。

（三）实施步骤

步骤1：地点是散打或搏击房。教师按照体重将班级同学进行分组，两名同学为一组。分别设置和安排记录组、检录组、边裁、场裁和裁判长。教师为裁判长负责整个裁判工作，指定学生分别担任：场上裁判员、边裁和记录员。

步骤2：检查比赛场地、擂台，准备实战对抗需要拳套、护头、护胸、护裆、护齿等防护器材。

步骤3：教师安排组织学生进行热身活动，讲解比赛规则和注意事项。

步骤4：按照编排顺序上场进行实战对抗。

步骤5：教师现场指导，针对学生实操训练中存在的问题及出现的错误，教师在纠错的同时进行示范并讨论分析，最后对学生的练习情况给予总结和评价。

二、任务考核

本章教学内容的学习评价主要采用将客舱防伪技术应用通过擂台实战的方式进行综合实操演练，旨在全面提高学生客舱遇抵抗处理冲突能力。针对客舱防伪技术教学内容相应的考核评价标准，明确考核要点，为教师全面把握学生学习情况，调整教学方法和制订教学计划提供参考依据。

（一）考核标准

格斗综合实战考核标准，见表 4-1。

表 4-1　格斗综合实战考核评价标准

得　分	评　价　要　点
90 分以上	方法运用正确，效果明显，反应迅速，判断准确，攻防要素[1]把握合理准确，战术运用明确，实战意识[2]强，精神面貌好
80～89 分	方法运用清楚，效果较明显，反应迅速，判断较准确，攻防要素把握较准确、合理，战术运用清楚，实战意识较强，精神面貌较好
70～79 分	方法运用较清楚、效果一般，反应较迅速，判断较准确，攻防要素把握较准确，战术运用一般，实战意识一般，精神面貌较好
60～69 分	方法运用不清楚、效果较差，反应较迟钝，判断失误较多，攻防要素把握较一般，战术运用较差，实战意识较差，精神面貌一般
60 分以下	方法运用错误、无击打效果，反应迟钝，判断失误多，攻防要素把握较差，无战术运用，无实战意识，精神面貌较差

---

[1] 攻防要素主要包括：距离差、时间差、空间差。

[2] 实战意识主要指主动进攻意识和防守意识。

（二）考核评分

客舱防卫实战对抗考核评分表如表 4-2 所示。

表 4-2　客舱防卫实战对抗考核评分表

班级			组别		
项目		评分标准	配分	评分人	得分
仪容仪表		服装按要求穿着整齐；头发、面容整洁大方	5分	学生	
				教师	
精神面貌		队列整齐、纪律良好	10分	学生	
				教师	
客舱防卫擂台实战对抗	方法运用		10分	学生	
				教师	
	击打效果		10分	学生	
				教师	
	反应		10分	学生	
				教师	
	判断		10分	学生	
				教师	
	攻防把握		10分	学生	
				教师	
	战术运用		10分	学生	
				教师	
	实战意识		10分	学生	
				教师	
处置后		设备归位整理	5分	教师	
				学生	
团队协作		小组配合默契，分工明确	10分	学生	
				教师	
学生评分（40%）				合计	
教师评分（60%）					
评语备注					
评分人					

第五章

客舱解脱与控制技术

知识目标
(1) 正确理解和认识客舱解脱与控制技术。
(2) 了解客舱解脱与控制的技术特点与操作原理。
(3) 了解客舱解脱与控制技术在航空安全员执勤工作中的重要性和积极作用。

技能目标
(1) 熟练掌握客舱解脱与控制基础动作。
(2) 熟练掌握客舱基本解脱技术。
(3) 熟练掌握客舱基本解脱控制技术。
(4) 熟练掌握客舱基本主动控制技术。

职业素养目标
(1) 培养学生职业意识与职业素养。
(2) 培养学生对客舱干扰和非法干扰事件的处置能力和灵活应对能力。
(3) 培养学生敢于担当、乐于奉献的精神品质和职业操守。

 课堂导入

通报介绍,5月20日晚,乘坐福州航空FU6509航班的旅客正在有序登机,当班安全员赵文辉察觉到一名旅客似乎有些异常。该男性旅客年约50岁,无亲朋陪伴,腰间衣物上有斑斑血迹,眼神有些迷离。凭借2年特种部队的训练经历及近3年公司安全员职业实践,赵文辉判断此名旅客有问题。为此,他对该旅客进行了异常行为识别,将其作为巡舱重点监控对象,并向航班乘务长通报了这一情况。

在飞机将要落地前的40分钟,这名旅客开始出现异常举动。旅客当时激动地前往服务间,要求乘务员给其家人拨打电话,尽管乘务员耐心解释此时机上没有信号,无法拨打,但旅客却不予理会,并不断重复自己的诉求。在诉求没有得到满足后,旅客又开始在客舱内踱步,并大声散播可能扰乱客舱安全的不实言论,引得周围旅客关注。乘务长及安全员不断对其进行耐心劝说,并将旅客的座位由60J调至31C,由安全员坐其旁边全程监控,并通过聊天的方式试图转移他的注意力,但此时,旅客的情绪非但没有稳定,反而愈加暴躁。

在飞机落地前10分钟左右,危险的情况发生了。该旅客突然起身冲向前服务间,企图打开R1舱门,安全员迅速反应,并根据紧急避险原则,采取徒手控制措施,将该旅客带回座位。回到座位后,旅客依然情绪激动,不配合安全员做出的系好安全带等指令,仿佛失去控制般大吼大叫起来,同时出现了用力踩甲板、用手机敲砸舷窗、敲击座椅等行为,甚至开始攻击安全员,并试图抢夺安全员的执勤记录仪。

此时正处于航班落地的关键阶段,客舱内旅客开始骚动,存在着飞机配载不平衡的风险。乘务员与安全员紧急联动,通过广播及警示要求其他旅客立即回到原座位坐好,此时该旅客仍在散播扰乱客舱秩序、危害飞行安全的言论,并无视警告,使用蹬踹、撕咬等方式攻击安全员及协助处置的乘务员的裆部、头部等关键部位。鉴于此时飞机处在"危险十一分钟"的极其关键时期,机组成员及前来帮助的旅客对该名人员采用了徒手制服并采取保护性约束措施,以确保飞机安全直至落地。落地后,机组人员在第一时间将人员、证物移交给了机场公安。[①]

在客舱内,除了上述案例外,经常会出现个别旅客因不满乘务人员服务或者个人诉求不能得到满足而出现拉扯推搡机组人员或其他乘客的行为,严重扰乱客舱正常秩序,对飞行安全构成一定威胁。因此当出现这种扰乱行为时,航空安全员应能第一时间对其实施控制,稳定客舱秩序,避免矛盾激化,造成事态的进一步升级。这就要求航空安全员必须具备扎实过硬的客舱解脱和控制技术,以最快速度和最有效方法对行为人进行控制和约束,稳定乘客的情绪,维护客舱秩序,保障客舱安全。

第一节 客舱解脱与控制的概念和运用原则

一、客舱解脱与控制的概念

客舱解脱与控制技术是按照武术擒拿的原理、特点和动作运用的规律撅其关节,挫其筋骨,攻其要害,使其失去正常生理活动,达到制止非法干扰行为,控制非法干扰目标,并进行自我保护的一项专门技术,是航空安全员必备的客舱专业技能。

二、客舱解脱与控制运用原则

(一)随机应势,巧于变化

在客舱处突中航空安全员应该根据客舱形势和双方情况的变化采取不同的措施,随机应势,巧于变化。在实际对抗中应根据双方距离的不同采取不同的方法进行进攻和防守,当距离较远时应该配合各种打法去实施有效控制。

(二)动作隐蔽,出手突然

在实施客舱解脱与控制技术前,航空安全员应根据客舱实际情况,尽可能地靠近对手,尽量掩盖自己的进攻意图,不能让对方察觉或注意,在这种情况下,迅速抢占有利位置。发起进攻时要动作突然,不给对方反应的时间,进攻动作要隐蔽、凶猛、快速。

(三)抓住时机,主动出击

在客舱处突中事件发展瞬息万变,机会稍纵即逝,在对峙中航空安全员应能够时刻观察客舱情况,一旦发现比较合适的进攻机会,要敢于主动出击,占据有利位置,抓住时机运用招法将其控制。

(四)出手要快,部位要准

"快、准、狠、稳"是对技击方法的要求,是世界徒手搏击中应遵循的法则。在客舱处突中快速敏捷地位移和反应,准确迅速地判断和进攻往往使对方措手不及,能够为客舱解脱与控制技

---

① 案例来源:中国新闻网.福州航空成功处置一起扰乱客舱秩序事件[EB/OL].(2019-5-23)[2023-10-01].http://life.gmw.cn/32857441.htm.

术的有效实施创造机会。

（五）在法律许可范围内使用

客舱解脱与控制技术多是以人体的关节、要害部位为攻击点，在实际对抗中可能会出现致伤致残的情况出现。因此在客舱执勤中航空安全员应根据非法干扰行为情况不同采取实施不同等级控制，做到有的放矢，因情施变。

第二节　客舱解脱与控制基础技能

客舱解脱与控制基础技能是指学生在日常专业学习或考核培训过程中在攻防转换中反复练习抓、压、拿、锁、别等解脱与控制的基本技术。通过客舱基础技能的学习，可以使学生熟练掌握解脱与控制的基本技巧，提高客舱解脱与控制的基本能力。通过客舱基础技能的反复练习可以培养学生敢于主动控制的意识，为以后客舱解脱和控制技术的学习和提升打好坚实的基础。

一、抓腕[①]

（一）侧位反手抓腕[②]

预备式：两名学生前后成立正姿势站立，间隔1.5米。第一名学生为操作手，第二名学生为配手。听到"准备"的口令后，操作手和配手同时向右迈步，操作手屈膝半蹲马步，同时双手从腰侧向斜下方冲拳，拳心向下，高度与腹部齐平，两眼目视前方；配手两脚左右开立，略比肩宽，右手直臂向前平举，五指并拢成侧掌，两眼目视前方。

动作视频 5-1
侧位反手抓腕

动作过程：以左侧抓腕为例。开始后，操作手向左摆头，目视左侧，配手向前走至操作手身体左侧时，操作手两脚蹬地起身，右脚向左前方上一步，身体向左拧腰转胯，右手顺势从腰侧向前俯抓[③]配手手腕；左手握拳放于下颚处。右侧抓腕，配手走至操作手右侧，动作相同方向相反，如图5-1～图5-5所示。

图 5-1

图 5-2

图 5-3

图 5-4

图 5-5

动作要领：提前摆头观察配手的位置，做好预判，把控抓腕的时机；起身时要充分运用脚蹬地借力和大腿股四头肌发力，膝关节微屈支撑，避免直腿挺膝；抓腕时手臂应配合拧腰转胯发力，力道紧促；上下肢协调一致，抓腕时应配合上步移动。

练习方法：第一阶段，学生先进行原地徒手空击练习，8～10次为一组，左右手互换练习，要求动作速度由慢到快，重点体会上下肢协调配合发力，注意动作路线和抓腕手形。第二阶段，学生两人配合抓腕练习，10～12次为

[①] "抓"是运用解脱与控制的先锋，只有先抓住对方，才可能拿而制之。
[②] 反手抓是指掌心向外的抓拿，根据指尖的朝向又分为反手顺抓和反手逆抓。文中具体指反手顺抓其腕。
[③] 俯抓是指掌心向下的抓拿。

一组,两人互换练习,要求动作速度由慢到快,力量由小渐大,重点体会抓腕的时机,注意抓腕的部位要准确。

易犯错误:抓腕手形和抓腕部位不正确是学生在学习该动作时比较常见的错误。其主要表现为抓腕手形为仰抓①或手指捏腕,抓其小臂或手的位置。这类错误多是由于学生没有了解掌握抓腕的特点和要求引起的。

纠正方法:学生首先要掌握抓腕的特点和要领,可以是在教师或同伴的帮助下进行归纳和总结。在此基础上,进行对照镜子的空击和配合练习,逐步纠正动作姿势,注意动作细节和要求,严格要求,刻苦练习。

客舱作用:侧位反手抓腕是客舱擒拿控制的基本动作,也是客舱徒手控制技术的一项基本技能。在客舱控制过程中很多技术实战运用的第一步就是要完成对目标的抓腕控制,学生熟练掌握此动作后可以为以后客舱控制动作技术的学习奠定基础。

(二)正面反手抓腕

预备式:两名学生为立正姿势相对站立,两脚左右开立,间隔自身一臂的距离。第一名学生为操作手,第二名学生为配手。

动作过程:以配手左侧为例。开始后,配手左脚上步,用左摆拳或直拳佯攻操作手的头部,操作手右脚向前上半步,重心前移,脚尖微外展,左脚蹬地,身体向右拧腰转身的同时,右手顺势由内向外拦格②配手左手臂或腕部,并反手顺抓③其腕部;左手屈肘夹臂,握拳放于下颚处。动作完成后两人恢复立正姿势站立,进行互换练习,如图5-6~图5-8所示。

图 5-6

图 5-7

图 5-8

动作要领:右脚上步要及时,手脚配合要协调;抓腕部位要准确迅速;拦格手臂时应借助腰部拧转和小臂旋转之力,做到手到脚到,上下相随,使得动作协调自然和科学合理;左手握拳防护位置要正确。

动作视频 5-2
正面反手抓腕

练习方法:第一阶段,学生先进行原地徒手空击练习,8~10次为一组,左右手互换练习,要求抓腕的手形和动作姿态要正确规范,重点体会动作路线和手脚配合。第二阶段,学生两人配合练习,6~8次为一组,两人互换练习,动作速度由慢到快,要求动作连贯协调,拦格抓腕的时机要适宜,不可过早也不可过晚,重点体会拧腰带肩,以肩带臂的发力节奏和技巧。

易犯错误:手脚配合不协调,动作僵硬是常见错误。其主要表现为拦格抓腕时上步迟缓,没有拧腰转身带动小臂旋转,动作姿态比较僵硬机械。

纠正方法:通过练习弓步的方法进行纠正。具体做法是:学生面对镜子站立,呈立正姿势,向右前方上步练习右弓步,每次弓步时注意身体要转正,重点体会拧腰合胯,并认真观察身

---

① 仰抓是指掌心向上的抓、拿。
② 拦格,武术术语,是指以小臂尺骨侧由内向外格挡对方拳法进攻或改变其进攻方向的方法。
③ 顺抓,武术术语,是指以虎口朝向对方肢体根节的抓拿。例如抓其腕,虎口对其肩。

体前后姿势的变化,在此基础上结合右手动作进行反复练习。

客舱作用:正面反手抓腕是客舱擒拿控制的基本动作,也是客舱徒手控制技术的一项基本技能。学生通过此动作的反复练习可以掌握在正面被拳或掌进攻时运用拦格、抓腕动作进行腕部控制的方法和技巧。

二、折腕

(一)托肘折腕[①]

预备式:同侧位抓腕预备式动作。

动作过程:左侧托肘折腕为例。开始后,操作手向左摆头,目视左侧,配手向前走至操作手身体左侧时,迅速蹬地起身,右脚向左前方上一步,身体向左转身成侧身站立;同时右手以侧掌[②]抓握配手左手腕部,其余四指扣握配手右掌沿内侧;左手成仰掌[③]抓托配手肘关节,大拇指放于肘关节外侧,其余四指放于内侧;右手抓握其手腕向上屈其手臂约成90°,同时向外、向下旋拧折腕。动作完成后两人恢复立正姿势站立,进行互换练习,如图5-9～图5-15所示。

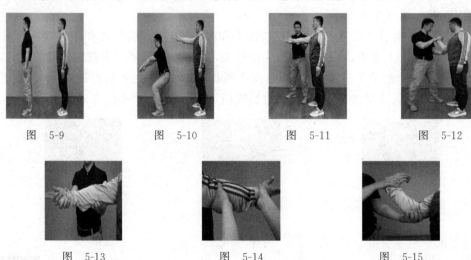

图 5-9　　　　　图 5-10　　　　　图 5-11　　　　　图 5-12

图 5-13　　　　　图 5-14　　　　　图 5-15

动作视频5-3
托肘折腕

动作要领:身体上下肢协调配合一致,起身上步侧身的同时左右手协同控制其手腕,动作连贯、一气呵成;起身抓腕时机要预判准确,不可过早或过晚,造成抓腕失败;抓腕和托肘手形要正确,折腕方向和着力点要准确;旋拧折腕时方向要正确。

练习方法:第一阶段,学生先进行原地徒手空击练习,8～10次为一组,左右手互换练习,要求抓腕和托肘手形正确,动作速度由慢到快,注意规范动作姿态。第二阶段,学生两人配合托肘折腕练习,6～8次为一组,两人互换练习,要求动作速度由慢到快,力量由小渐大,重点体会抓腕的时机和两手协调配合发力折腕,注意折腕时的发力方向和着力点要正确。

易犯错误:抓腕托肘手形不正确;折腕时左右手没有形成合力,折腕方向和手臂姿势错误,造成折腕动作发力不充分,不能对手腕形成有效控制。这类错误多是由于学生动作要点不

[①] 托肘是以托掌由下向上抓握对方肘尖的方法。折腕是以腕关节为肘向内旋转下压腕部的方法。
[②] 侧掌是指手掌直腕侧立,掌沿朝下,为自掌的一种,多用于前穿、下劈、横、格等技法。
[③] 仰掌是指掌心朝上或偏朝上方,多用于横折、上托、上撩等技法。

明确、左右手配合不协调引起的。

纠正方法：学生通过观看教师或同伴的正确示范动作，体会与总结其动作要领和方法。在此基础上，在同伴陪同练习下进行配合练习，反复练习托肘、抓腕、折腕等动作手形、动作路线，观察折腕时配手的身体姿势变化，充分体会左右手合力发力的感觉。

客舱作用：托肘折腕是在抓腕的基础上进行的手腕控制动作，是客舱徒手控制的基本技能。学生通过此动作的反复练习可以掌握从侧面运用仰抓托肘、抓手、折腕等动作进行腕部控制的方法和技巧。

（二）反拧折腕①

预备式：同侧位抓腕预备式动作。

动作过程：以左侧反拧抓腕动作为例。开始后，操作手向左摆头，目视左侧，配手向前走至操作手身体左侧时，操作手来蹬地起身，右脚向左前方上一步，身体向左转身成侧身站立；双手为侧掌，掌心相对，微侧向上，呈平躺的V形，双手大拇以八字指点按手背第四、第五掌骨间隙下端，其余手指分别掌握其手心和掌根处；身体向左拧腰转身的同时，双手合力以腕关节为轴由内向外、向上反拧折腕；身体略降重心，两眼目视其手腕。动作完成后两人恢复立正姿势站立，进行互换练习，如图 5-16～图 5-23 所示。

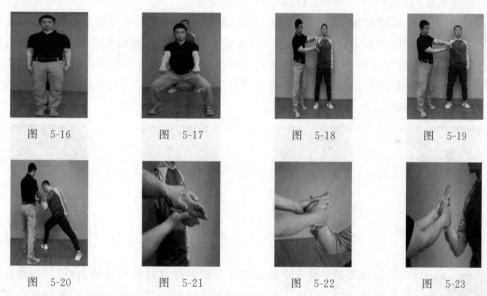

图 5-16　　　图 5-17　　　图 5-18　　　图 5-19

图 5-20　　　图 5-21　　　图 5-22　　　图 5-23

动作要领：起身抓腕时身体协调一致，上步转身的同时双手同时抓住配手的腕部，动作连贯、一气呵成；反拧时应充分利用拧腰转胯之力配合手臂进行发力，以增加反拧的力量和速度；反拧时注意手臂不要抬起抢臂，大臂回收靠近胸腹部，以肘关节为轴向外反拧其腕部和小臂。

动作视频 5-4
反拧折腕

练习方法：第一阶段，学生先进行原地徒手空击练习，8～10 次为一组，左右手互换练习。要求双手抓腕手形和动作姿态要正确，动作速度由慢到快，注意把控动作协调性和连贯性。第二阶段，学生两人配合反拧折腕练习，6～8 次为一组，两人互换练习，要求动作速度由慢到快，力量由小渐大，重点体会双手同时抓腕的时机，充分感受拧腰转胯和两手协调配合发力，注意折腕时的发力方向和着力点要正确。

易犯错误：双手抓腕时伴有节奏不一致，手形不正确，部位准确的错误；转身反拧不协

---

① 反拧折腕是圆形绕缠运转的一种手法，是以对方腕部为肘由内向外旋转压腕的方法。

调,动作僵硬,速度缓慢,反拧力量不足。

纠正方法:前者错误进行纠正时教师通过示范讲解的方法,重点强调双手抓腕时的手形、节奏、路线等动作要领和注意事项,学生了解掌握后通过反复的空击和配合练习强化动作规范和肌肉记忆。后者进行纠正时可在同伴帮助下进行转腰反拧的动作练习,同伴可站起身后双手扶握髋关节两侧为其拧腰转胯扶推动力,过程中学生充分感受腰部的旋转和手臂的挥摆发力。

客舱作用:反拧折腕同托肘折腕一样均是在抓腕基础上进行的腕部控制动作,是客舱徒手控制技术的一项基本技能。学生通过此动作的反复练习可以掌握从侧面运用抓腕、反拧、折腕动作进行腕部控制的方法和技巧。

三、缠腕①

预备式:两名学生为立正姿势相对站立,间隔自身一臂的距离。第一名学生为操作手,第二名学生为配手。听到"准备"的口令后,操作手和配手右脚同时向右、向右迈出一步,距离略比肩宽,身体呈左右开步站立。操作手右手向右前方自然斜下举,手形为侧掌,掌心朝外;配手右手俯顺抓握②操作手右手腕部;目视相对,挺胸立腰。

动作视频 5-5
缠腕

动作过程:以右手缠腕为例。开始后,操作手左脚向前上半步,以左手扣握操作手右手背;动作不停,身体向右拧腰转身,同时右手臂顺势随顺时针翻转、旋拧压配手左腕部,使其右手内旋至掌心朝上;操作手以掌沿为着力点向下侧压其腕部。动作完成后两人恢复立正姿势站立,进行互换练习,如图 5-24~图 5-28 所示。

图 5-24　　　　　图 5-25　　　　　图 5-26　　　　　图 5-27

动作要领:缠压手腕时应充分借助腰部拧转侧身的力量,以增加拉拽距离和缠腕的幅度;向下侧掌按压时身体应适当前倾,以增加缠腕的力量;上步、拧腰侧身、缠腕、按压等动作应协调配合发力,动作协调一致。

练习方法:第一阶段,学生先进行原地徒手空击练习,8~10 次为一组,左右手互换练习,要求缠腕的手形和动作姿势要正确规范,动作速度由慢到快,注意把控动作协调性和连贯性。第二阶段,学生两人缠腕配合练习,6~8 次为一组,两人互换练习,要求动作速度由慢到快,重点体会扣压手背和缠

图 5-28

腕两个动作间的衔接连贯、一气呵成,充分感受拧腰转体和两手协调配合发力。注意缠腕时力量应适宜,不要过猛过快造成同伴腕关节损伤。

易犯错误:缠腕时伴有手形、步形、身形等身体姿势错误,造成缠腕不牢固、力量不充足、动作不协调等问题的出现,使其缠腕不能顺利完成或不能到达有效的腕部控制。这类错误多

---

① 缠腕又叫缠丝手或小缠,是以扣压对方手腕的擒拿动作,是圆形绕对方腕部运转的一种手法。
② 俯顺抓握是指掌心向下,虎口朝向对方肢体根节的抓拿,例如抓起手腕,虎口对其肩。

是由于学生没有了解缠腕的控制原理、技术特点,没有掌握缠腕的动作要领引起的。

纠正方法:通过动作示范和要领讲解,教师应帮助学生厘清缠腕的技术特征,了解其控制原理。在此基础上,学生通过对镜子练习或者同伴帮助配合练习进行错误纠正和技能强化。

客舱作用:缠腕同折腕动作一样均是在抓腕基础上进行的腕部控制动作,是客舱徒手控制技术的一项基本技能。学生通过此动作的反复练习可以掌握正面被抓手腕时运用抓腕、缠腕动作进行腕部控制的方法和技巧。

四、脱腕

(一)上脱腕[①]

预备式:两名学生为立正姿势相对站立,间隔自身一臂的距离。第一名学生为操作手,第二名学生为配手。预备时,两脚同时左右开立。

动作过程:以左手被右手顺抓手腕为例。开始后,配手以右手顺抓操作手左腕部;操作手左臂迅速由下向上外旋至手心向上;同时屈肘向上猛收回小臂,以小臂尺骨内侧勾压配手拇指位置;完成脱手后还原预备式,操配手互换练习。右手上脱腕,方向相反,动作相同,如图 5-29～图 5-31 所示。

图 5-29　　　　　　　图 5-30　　　　　　　图 5-31

动作要领:小臂向外旋转和拉臂动作要协调连贯、动作突然、发力劲脆;小臂向后脱腕时要充分借助蹬地拧腰的力量。

练习方法:学生从预备式开始,配手配合抓腕,可以是右手抓左手,也可以是左手抓右手,操作手进行上脱腕练习,6～8 次为一组,操配手互换练习。练习时,应注意配手抓腕的力量在练习初级阶段时应稍弱一点,待操作手熟练掌握动作要领后,逐步增加抓腕的力量,提高脱腕的难度。

动作视频 5-6
上脱腕

易犯错误:回拉小臂速度慢、力量不足是学生在练习此动作时比较常见的错误。这类错误多是由于学生回拉发力点错误引起的,常常表现为手臂向后拉拽。

纠正方法:学生可通过空击练习和配合练习的方法进行纠正。学生在预备姿势动作基础上,小臂向上弯举,右脚蹬地,拧腰转胯,以腰带肩,以肩带臂,小臂主动发力回拉,反复练习后进行两人的配合练习。过程中重点体会发力的节奏。

客舱作用:上脱腕是顺抓脱腕的一种方法,是以解脱为目的一项基础技能。学生通过此动作的反复练习可以熟练掌握被同侧手顺抓腕部时运用上脱腕动作进行快速解脱的方法和技巧。

(二)内脱腕[②]

预备式:同上脱腕预备姿势动作。

---

① 上脱腕是指正面被对方同侧手顺抓手腕时运用小臂外旋,运用小臂勾、压其拇指进行解脱的方法。
② 内脱腕是指正面被对方异侧手顺抓手腕时运用手臂屈臂,小臂外旋回收,勾、压其拇指进行解脱的方法。

动作过程：以左手被左手顺抓腕部动作为例。开始后，配手以左手顺抓操作手腕部；操作手左臂屈肘，猛向内回收，使左小臂尺骨内侧猛压配手拇指。完成脱手后还原预备式，操配手互换练习。右手内脱腕，方向相反，动作相同，如图 5-32～图 5-34 所示。

图 5-32

图 5-33

图 5-34

动作视频 5-7
内脱腕

动作要领：左手屈臂回收时，小臂内旋至拳心向下，顺势短促发力猛压配手拇指，快速解脱；动作迅速连贯、发力劲脆。

练习方法：学生从预备式开始，配手配合顺手抓腕，可以是右手抓右手，也可以是左手抓左手，操作手进行内脱腕练习，6～8 次为一组，操配手互换练习。在初级阶段练习时，配手抓腕的力量要适宜，力量由小渐大。待操作手熟练掌握动作要领后，逐步增加抓腕的力量，提高脱腕的难度。

易犯错误：回收脱腕时小臂速度较慢，发力不足，不能完成有效脱腕是学生练习该动作时比较常见的错误。这类错误常表现为手臂屈臂不及时，且小臂动作比较僵硬，没有旋转发力。

纠正方法：学生可以通过配合练习的方法进行纠正，要求屈臂和回收动作衔接连贯，回收时注意小臂向外迅速旋转消减其抓握的力量，动作速度由慢到快，抓腕力量由小渐大，充分体会发力的"寸劲"。

客舱作用：内脱腕是顺抓脱腕的一种方法，是以解脱为目的的一项基础技能。学生通过此动作的反复练习可以熟练掌握被异侧手顺抓腕部时运用内脱动作迅速解脱的方法和技巧。

五、压肘①

预备式：同侧位抓腕预备式动作。

动作过程：以左侧压肘为例。配合开始后，操作手向左摆头，目视左侧，配手向前走至操作手身体左侧时，操作手来两脚蹬地起身，右脚向左前方上步同时，右手顺势抓其腕部，向右后方侧拉；左脚蹬地，身体向右拧腰转胯，左手以尺骨侧面为着力点按压配手肘关节外侧。动作完成后两人恢复立正姿势站立，进行互换练习。右侧抓腕压肘时，配手走至操作手右侧，动作相同，方向相反，如图 5-35 和图 5-36 所示。

图 5-35

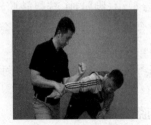
图 5-36

---

① 压肘是指运用小臂尺侧以肘关节外侧为着力点向下按压使其反关节的擒拿法。

动作要领：上步抓腕要及时准确，上下肢配合协调一致；右手抓腕的同时要迅速向右拧腰转体向后、向下拉拽配手手臂；左手按压肘关节时身体应向前倾，重心移至左脚，以增加压肘的力量；转体压肘要求动作连贯，部位准确。

动作视频 5-8
压肘

练习方法：第一阶段，学生先进行原地徒手空击练习，8～10 次为一组，左右手互换练习，要求抓腕压肘的手形和动作姿态要正确规范，动作速度由慢到快，注意把控动作协调性和连贯性。第二阶段，学生两人配合练习，6～8 次为一组，两人互换练习，要求动作速度由慢到快，重点体会抓腕和转身压肘两个动作间的衔接连贯、一气呵成，充分感受拧腰转体和左手按压协调配合发力。注意压肘时力量应适宜，不要过猛过快造成同伴肘部损伤。

易犯错误：抓腕和压肘部位不准确，两个动作衔接不连贯、脱节卡顿。两手配合不协调，抓腕后没有向右拧腰拉拽手臂，造成压肘时配手重心位置过高；压肘时操作手身体重心过高，身体姿态不规范，造成压肘力道不足，控制效果不佳。

纠正方法：可通过两人配合进行单个动作重复练习的方法进行逐步纠正，过程中注意动作速度应由慢到快，力量由小到大，准确抓握部位，规范动作姿态，重点体会身体上下肢的协调配合发力。

客舱作用：抓腕压肘技术是在抓腕的基础上对其肘关节进行主动按压控制的方法，是客舱徒手控制技术的一项基本技能。学生通过此动作的反复练习可以掌握从侧面运用抓腕、压肘动作进行控制肘部的方法和技巧。

六、扛肘[①]

预备式：同侧位抓腕预备式动作。

动作过程：以左侧扛肘为例。开始后，操作手向左摆头，目视左侧，配手向前走至操作手身体左侧时，操作手来蹬地起身，左脚向左侧迈一步，屈膝重心移至左腿，屈膝支撑；同时，双手为侧掌以 V 字抓握配手右手腕，两虎口相对合抱腕部，其余手指分别抓握其掌心或掌根处，配手肘关节外侧着力点，以操作手肩关节为支点反扛，利用杠杆原理，向前、向下猛压。动作完成后两人恢复立正姿势站立，进行互换练习。右侧抓腕扛肘时，配手走至操作手右侧，动作相同，方向相反，如图 5-37～图 5-39 所示。

图 5-37

图 5-38

图 5-39

动作要领：向左侧移动速度要快，抓腕要紧；下压手臂应配合蹬腿顶肩，利用反扛的合力控制肘关节；反扛肘关节时应旋转其腕部其拳心或掌心朝上，使其肘关节外侧为着力点；侧移、抓腕、扛肘动作协调一致、快速。

动作视频 5-9
扛肘

练习方法：第一阶段，学生先进行原地徒手空击练习，8～10 次为一组，左

---

① 抓腕扛肘是指运用杠杆原理，以肩部为支点，以肘关节外侧为着力点反扛控制的擒拿法。

右手互换练习,要求抓腕扛肘的手形和动作姿势要正确规范,动作速度由慢到快,注意把控动作协调性和连贯性。第二阶段,学生两人配合练习,6~8次为一组,两人互换练习,要求动作速度由慢到快,重点体会抓腕和侧移扛肘两个动作间的衔接连贯、一气呵成,充分感受蹬地顶肩和双手下压的协调配合发力。注意扛肘时力量应适宜,不要过猛过快造成同伴肘部损伤,配手可在操作手扛肘时脚跟抬起,提高身体重心以配合其发力。

易犯错误:抓腕与扛肘部位不准确,配合不协调、不及时,使其抓腕扛肘动作出现脱节,不能达到对其肘部的有效控制。这类错误多是由于学生没有掌握抓腕扛肘的动作要领、手脚配合不协调引起的。

纠正方法:在学生了解其动作控制原理的基础上进行两人配合练习,针对抓腕和顶肩动作细节进行反复练习,注意抓腕和顶肩扛肘部位要准确,手形和姿势要正确。过程中,要求动作速度由慢到快,通过刻苦练习逐步掌握动作要领。

客舱作用:扛肘是主动进攻控制肘部的方法,是客舱徒手控制技术的一项基础技能。学生通过此动作的反复练习可以掌握从侧面运用顶肩扛肘、压臂动作进行肘部控制的方法和技巧。

七、扳肘[①]

预备式:两名学生为立正姿势,相对站立,两脚开立,间距一臂。第一名学生为操作手,第二名学生为配手。

动作过程:以右扳肘为例。开始后,配手左脚上步,用左摆拳或直拳佯攻操作手的头部,操作手右脚向前上步,以右手由内向外拦格,并反手顺抓其手腕;同时,左手仰手顺抓其肘部,用力回拉,将其小臂控制在水平位置。动作完成后两人恢复立正姿势站立,进行互换练习。右侧扳肘折臂时,动作相同,方向相反,如图5-40~图5-42所示。

图 5-40　　　　　　　　　图 5-41　　　　　　　　　图 5-42

动作视频5-10
扳肘

动作要领:身体协调配合,两手同时发力,抓腕推臂和拉肘动作连贯、一气呵成,使对方大小臂处于100°左右的夹角;抓腕时应右脚向右前方上步,左脚跟步,身体微向右转。

练习方法:第一阶段,学生先进行原地徒手空击练习,8~10次为一组,左右手互换练习,要求扳肘折臂的手形和动作姿势要正确规范,重点体会动作路线和手脚配合。第二阶段,学生两人配合练习,6~8次为一组,两人互换练习,动作速度由慢到快,要求动作连贯协调,重点体会两手配合反方向发力的技巧及身体姿势的变化。

易犯错误:右手拦格抓腕不及时,左右手配合不协调不同步造成动作配合失败;侧压小臂方向不正确,造成折臂不完整不充分,控制效果不佳。

纠正方法:针对拦格抓腕和仰抓肘部进行分解动作练习,先进行单一技术动作的练习,再

[①] 扳,有拉、拨动、扭转之意,扳肘是指通过拉动、扭转其使肘关节姿势或位移发生改变的方法。

进行组合动作的练习。具体做法,面对镜子站立准备,两人配合练习拦格抓腕,配手佯攻时注意动作速度要慢,拳法幅度略大,以帮助操作手体会动作要领,动作速度由慢到快,逐步熟练掌握动作要领。在此基础上,两人可进行组合动作的练习,过程中注意动作节奏不要太快,重点体会两手的协同配合及侧压手臂的方向和发力点。

客舱作用:扳肘既可用于主动控制,也可用于解脱控制,是客舱徒手控制技术的一项基本技能。学生通过此动作的反复练习可以掌握正面被拳法攻击时运用拦格、抓腕、扳肘等动作进行肘部控制的方法和技巧。

八、拧臂[①]

预备式:两名学生为立正姿势,相对站立,两脚开立,间距一臂。第一名学生为操作手,第二名学生为配手。

动作过程:以右侧拧臂为例。开始后,配手右脚上一步,以右手抓住操作手衣领;操作手右脚迅速撤步向右转身拧腰,以右手紧紧抓扣按配手右手;同时用左小臂向下按压配手右肘关节外侧。动作完成后两人恢复立正姿势站立,进行互换练习。左侧扣肘拧臂时,动作相同,方向相反,如图 5-43~图 5-45 所示。

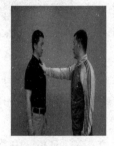  

图 5-43　　　　　　　图 5-44　　　　　　　图 5-45

动作要领:扣按其手于胸要紧,以防止逃脱,为拧臂控制做好铺垫;拧臂时应充分利用拧腰转身带动其手臂反拧,压按手臂时应身体前倾,降低重心;扣手、转身、按压应协调一致,动作连贯。

动作视频 5-11
拧臂

练习方法:第一阶段,学生先进行原地徒手空击练习,8~10 次为一组,左右手互换练习,要求扣手的手形要正确,动作姿势要规范。第二阶段,学生两人配合练习,6~8 次为一组,两人互换练习,动作速度由慢到快,注意扣手、转身和按压三个动作衔接的协调性和连贯性。注意按压肘关节时力量应适宜,不要过猛过快造成同伴肘部损伤,配手可在操作手扛肘时应身体俯蹲降低身体重心以配合其反拧按压。

易犯错误:扣手不及时,使其手臂逃脱,造成动作失败;身体肌肉僵硬,上下肢配合不协调,扣手、转身和按压反拧动作不连贯,出现动作脱节现象。

纠正方法:学生对动作进行分解练习。针对扣手、转身反拧和手臂按压三个动作进行单独练习,注意扣手的手形和时机,反拧时应以腰为轴。经过反复练习,逐步熟练掌握其动作要领,形成规范的动作姿势。

客舱作用:拧臂既可用于主动控制,也可用于解脱控制,是客舱徒手控制技术的一项基本技能。学生通过此动作的反复练习可以掌握正面被抓衣领时运用扣手、转身、压肘等动作进行拧臂控制的方法和技巧。

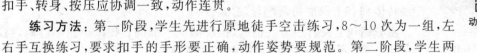

① 拧臂是指通过扣手固定其手,转身拧腰使其手臂内旋或外旋成拧臂按压的擒拿法。

九、别臂

（一）拉肘别臂

预备式：两名学生为立正姿势相对站立，间隔自身一臂的距离。第一名学生为操作手，第二名学生为配手。

动作视频 5-12
拉肘折臂

动作过程：以右手别臂为例。操作手左脚上步，左手由配手右小臂内侧前插，右手逆抓①配手右肘关节外侧；身体向右转身撤步成右弓步的同时，右手回拉配手右肘关节，左手抓扣配手右大臂，左大臂顶住其小臂，身体略向前倾下压，迫使配手右臂后别。动作完成后两人恢复立正姿势站立，进行互换练习。左侧拉肘别臂时，动作相同，方向相反，如图5-46~图5-50所示。

图 5-46

图 5-47

图 5-48

图 5-49

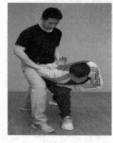
图 5-50

动作要领：拉肘、转身拧腰和别臂要动作连贯、协调统一；拉肘时部位准确、手形正确；拉肘别臂应充分借助腰部拧腰转身的力量，应增加拉肘别臂的牵拉力量；别臂时身体应降低重心。

练习方法：第一阶段，学生先进行原地徒手空击练习，8~10次为一组，左右手互换练习，要求拉肘别臂的手形和动作姿势要正确规范。第二阶段，学生两人配合练习，6~8次为一组，两人互换练习，动作速度由慢到快，注意拉肘和别臂动作之间的协调性和连贯性。过程中，应充分感受拧腰转体和右手拉肘协调配合发力。

易犯错误：拉肘手形不正确，拉肘部位不准确；肢体动作不协调，拉肘与腰部拧转节奏没有协调一致，不能形成有效的控制。这类错误多是由于学生没有理解动作控制原理和掌握动作要领引起的。

纠正方法：学生针对拉肘动作进行单一技术练习。既可面对镜子自我纠正，也可以在配手的帮助下进行配合练习，拉肘时应逆抓其肘关节外侧。学生针对别臂动作的纠正，可采用两人配合练习的形式。过程中当操作手完成转身拉肘别臂时，配手应主动向前上步成弓步，降低身体重心，配合操作手发力以便使其熟练掌握动作要领。

客舱作用：拉肘别臂是主动运用反关节进行主动控制手臂的方法，是客舱徒手控制技术的一项基本技能。学生通过此动作的反复练习可以掌握从正面运用拉肘、抓臂、前压等动作进行别臂的方法和技巧。

（二）抓肩别臂

预备式：两名学生为立正姿势相对站立，间隔自身一臂的距离。第一名学生为操作手，第二名学生为配手。

---

① 逆抓是指虎口朝向对方梢节的抓拿，如抓其手腕，虎口对其手。

动作过程：以右抓肩别臂为例。开始后，配手左脚上步，出左摆拳佯攻操作手的头部右侧，操作手右脚上步的同时用右手向外拦抓其左手腕；左臂由下向上击其肘关节内侧，同时右手向下压其腕部，两者合力使其屈肘夹臂；右脚上步的同时，身体向左拧腰转身，左手上穿抓住配手左肩，同时右手将其小臂推其背上。动作完成后两人恢复立正姿势站立，进行互换练习。右侧别臂抓肩时，动作相同，方向相反，如图 5-51～图 5-57 所示。

 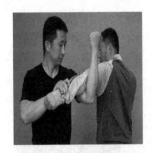 

图 5-51　　　　　　　图 5-52　　　　　　　图 5-53

   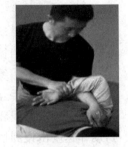

图 5-54　　　　图 5-55　　　　图 5-56　　　　图 5-57

动作要领：别臂动作要连贯快速、一气呵成。右手下压、左臂上击和上右步要同时；左手穿扶、右手上推和左转身要同时。

练习方法：第一阶段，学生先进行原地徒手空击练习，8～10 次为一组，左右手互换练习，要求别臂抓肩的手形和动作姿势要正确规范。第二阶段，学生两人配合练习，6～8 次为一组，两人互换练习，动作速度由慢到快，注意动作之间的协调性和连贯性。

动作视频 5-13
抓肩别臂

易犯错误：身体不协调一致，右手下压、左臂上击和上右步动作不连贯，出现动作脱节卡顿的现象；向上推臂时没有借助向左拧腰转身的力量，身体姿势不正确，控制动作不充分不完整。

纠正方法：学生针对击肘、下压小臂和右脚上步这一连续组合动作进行反复练习，严格按照动作要领，动作速度由慢到快，逐步形成正确的肌肉记忆。针对推臂拧腰的问题，学生可先原地练习转身弓步的动作，体会身体姿势的变化和蹬地拧腰的发力节奏。在此基础上，学生再结合控制动作进行空击练习和配合练习，逐步强化动作的熟练掌握程度。

客舱作用：别臂抓肩是主动运用反关节主动控制的方法，是客舱徒手控制技术的一项基本技能。学生通过此动作的反复练习可以掌握拦格、抓腕、抓肩等动作进行别臂的方法和技巧。

十、折臂

（一）挎肘[①]折臂

预备式：同侧位抓腕预备式动作。

---

① 挎，有手臂弯曲勾挂东西之意。挎肘是指运用屈肘夹臂的动作将对方肘关节进行固定支撑的方法。

动作过程：以左侧挎肘折臂动作为例。开始后，操作手向左摆头，目视左侧，配手向前走至操作手身体左侧时，操作手左脚向左侧上半步蹬地起身，左手屈肘夹臂，以肘内侧挑击配手肘关节外侧；右手顺势从腰侧向前抓扣配手右腕部；运用杠杆原理，两手合力，以操作手肘部为支撑点，以配手肘关节为着力点，向下按压。动作完成后两人恢复立正姿势站立，进行互换练习。右侧挎肘折臂，配手走至操作手右侧，动作相同，方向相反，如图 5-58～图 5-60 所示。

图 5-58

图 5-59

图 5-60

动作视频 5-14
挎肘折臂

动作要领：手脚配合要协调一致，挎肘和俯抓时应配合脚步的移动；挎肘和俯抓部位要准确，肘型和手形要正确；两手配合发力要同时，力向相反。

练习方法：第一阶段，学生先进行原地徒手空击练习，8～10 次为一组，左右手互换练习。要求挎肘折臂的手形和动作姿势要正确规范，重点体会动作路线和手脚配合。第二阶段，学生两人配合练习，6～8 次为一组，两人互换练习，动作速度由慢到快。要求动作连贯协调，重点体会两手配合反方向发力的技巧及身体姿势的变化。练习时，配手手臂肌肉应适度紧张，不可过于松懈，并通过提踵抬高重心的方式配合其发力，起到减轻肘部受力的目的。

易犯错误：手脚配合不协调，上步不及时，造成抓腕或挎肘时与配手手臂距离较远，不能迅速完成抓腕或挎肘动作。两手配合不协调，力向不正确，不能对手臂进行有效的控制。

纠正方法：通过配合练习的方法进行纠正，两人从预备姿势动作开始，反复练习抓腕或挎肘动作，注意脚步配合的时机，上步的幅度和方向，逐步进行纠正。通过询问或观察总结的方法，了解动作控制原理，厘清动作要领。在此基础上多采用空击练习的形式，重点体会两手上下配合发力的技巧和节奏；再采用配合的方法进行实操练习，感受发力点和配手身体姿势的前后变化，不断总结规律，并加以纠正。

客舱作用：挎肘折臂是主动运用反关节技进行反击对方的方法，是客舱徒手控制技术的一项基本技能。学生通过反复练习此动作可以掌握从侧位运用挎肘、压臂进行折臂的方法和技巧。

（二）拉肘折臂

预备式：两名学生前后成立正姿势站立，间隔 1.5 米。第一名学生为配手，第二名学生为操作手。听到"准备"的口令后，操作手和配手同时向右迈步，操作手屈膝半蹲马步，同时双手从腰侧向斜下方冲拳，拳心向下，高度与腹部齐平，两眼目视前方；配手两脚左右开立，两眼目视前方。

动作视频 5-15
拉肘折臂

动作过程：以配手右手臂为例。开始后，操作手向前上两到三步接近配手，以右手逆抓配手肘关节，同时，左手反手仰抓其手背；右手抓按其肘关节，左手将配手右小臂向上推到其背部上端，并顺势对右腕部进行反拧折腕；配手右脚上步俯身成弓步。动作完成后两人恢复立正姿势站立,进行互换练习。左侧拉肘折臂,动作相同,方向相反,如图 5-61~图 5-65 所示。

图 5-61

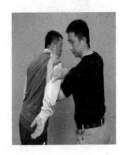
图 5-62

图 5-63

图 5-64

动作要领：手形要正确,部位要准确；拉肘、推臂和反拧折腕要协调连贯；手臂上推至背部时幅度要充分,尽量缩小小臂和大臂的夹角；右手抓按肘关节要紧,防止手臂逃脱。

练习方法：第一阶段,学生先进行原地徒手空击练习,8~10 次为一组,左右手互换练习,要求拉肘折臂的手形和动作姿势要正确规范,重点体会动作路线和手脚配合。第二阶段,学生两人配合练习,6~8 次为一组,两人互换练习,动作速度由慢到快,要求动作连贯协调。操作手和配手两人脚步要互相配合,做到协调一致,近身压制。

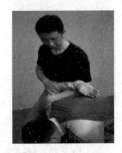
图 5-65

易犯错误：推臂动作不及时,幅度不充分是学生练习时比较常见的错误。其主要表现为右手抓握肘关节后,左手推臂速度迟缓或脱节,造成不能完成有效折臂控制。

纠正方法：两人为一组,通过配合练习进行纠正。练习纠正时要求动作规范,衔接连贯,动作速度由慢到快,注意抓手的部位、上推的幅度、折臂的方向等动作细节。

客舱作用：拉肘折臂是主动进攻控制的方法,是客舱徒手控制技术的一项基本技能。通过此动作的反复练习可以使学生掌握从背面位置运用拉肘、推臂和折腕动作进行折臂的方法和技巧。

十一、圈肘拧颈

预备式：两名学生前后成立正姿势站立,间隔 1.5 米。第一名学生为配手,第二名学生为操作手。听到"准备"的口令后,操作手和配手同时向右迈步,操作手屈膝半蹲马步,同时双手从腰侧向斜下方冲拳,拳心向下,高度与腹部齐平,两眼目视前方；配手两脚左右开立,两眼目视前方。

动作过程：以配手右侧动作为例。开始后,操作手向前上两到三步接近配手,右手从配手右手臂外侧由前向后圈抱配手肘关节,并向其身后牵拉,使其身体向后倾倒；同时,左手从配手颈部左侧由后向前穿插至其右下颌,手形为反手侧掌,以配手右下颌和颈部为着力点,向左侧拧其颈部,使配手头部被迫侧转,如图 5-66~图 5-70 所示。

动作要领：向前上步要迅速、屈膝弯腰、重心降低；抱臂要紧,手形要正确,抱臂和向后牵拉动作连贯,衔接要紧；左手穿掌与抱臂牵拉动作连贯、一气呵成。

练习方法：第一阶段,学生先进行原地徒手空击练习,8~10 次为一组,左右手互换练习,要求抱臂拧颈的手形和动作姿势要正确规范。第二阶段,学生两人配合练习,6~8 次为一组,两人互换练习,动作速度由慢到快,要求动作连贯协调。

动作视频 5-16
圈肘拧颈

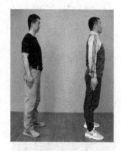   

图 5-66　　　　图 5-67　　　　图 5-68　　　　图 5-69

图 5-70

易犯错误：抱臂动作手形不正确、动作不及时；抱臂牵拉和拧颈动作不连贯。

纠正方法：抱臂时手臂应从其手臂外侧向前、向后圈抱其肘关节。学生可通过配合练习的方法予以纠正,过程中动作速度由慢到快,要求动作路线要正确,动作姿态要规范,循序渐进,逐步形成正确的肌肉记忆。

客舱作用：抱臂拧颈是主动进攻控制的方法,是客舱徒手控制技术的一项基本技能。通过此动作的反复练习学生可以掌握运用抱臂和拧颈进行有效控制的方法和技巧。

十二、挑臂压颈

预备式：同拧颈预备姿势动作。

动作视频 5-17
挑臂压颈

动作过程：开始后,操作手俯身弯腰向前上步,约 2~3 步；接近配手时,双手成侧掌从配手手臂内侧向前直臂穿插,小臂顺势向上弯举的同时以大臂内侧向上挑击其腋下；动作不停,两手十指相扣按压其颈部,使配手头部前倾；操作手左脚向后撤步的同时,两手紧扣向后牵拉,重心后移成右弓步,上下合力将配手重心后仰,其臀部坐于操作手右大腿上。动作完成后迅速还原立正姿势,操配手互换练习,如图 5-71~图 5-75 所示。

图 5-71　　　　图 5-72　　　　图 5-73　　　　图 5-74

动作要领：向前接近配手时应俯身弯腰,快速接近；双手前插、扣颈要迅速连贯；向后牵拉与撤步要协调一致,上下合力迫使其身体重心后仰；弯臂上挑时应配合提踵,抬高身体重心,以增加上挑的力量和幅度。

练习方法：第一阶段,学生先进行原地徒手空击练习,可以先分解动作练习,再连贯动作练习,8~10 次为一组,练习时注意动作姿势要规范。第二阶段,学生两人配合练习,6~8 次为一组,动作速度由慢到快,要求动作连贯、协调。配合练习时需注意手臂前插的时机和幅度。

易犯错误：弯臂上挑不充分、扣颈不及时是学生在学习此动作时比较常见的错误。其主要表现为上挑力量不足或不明显，上挑没有配合提踵，扣颈动作迟缓，动作衔接不连贯。这类错误多是由于学生身体重心不适宜，两脚前后或左右距离过大引起的。

纠正方法：向前上步接近配手时，注意身体要贴近、重心要前移，上挑时两脚蹬地提踵。学生可以通过空击练习和配合练习的方法进行纠正。

图 5-75

客舱作用：压颈多用于主动控制，是客舱徒手控制技术的一项基础技能。学生通过此动作的反复练习可以熟练掌握从背面运用挑臂、压颈动作进行头颈部控制的方法和技巧。

十三、推挡

预备式：同脱腕预备姿势动作。

动作过程：以右手推挡动作为例。开始后，配手以右手抓握操作手的胸前衣领；操作手右脚蹬地，身体向左拧腰转身的同时左脚向后撤步；同时右手以掌沿或掌根位置用力猛推配手右腕部，迫使其松手解脱。推挡动作完成后还原预备式，操配手互换练习。左手推挡动作，动作相同，方向相反，如图 5-76～图 5-78 所示。

图 5-76

图 5-77

图 5-78

动作要领：推挡、拧腰和撤步三个动作要协调一致、动作连贯；推挡部位要准确，发力要迅猛，力道要紧促。

练习方法：学生从预备式开始，配手配合抓其胸前衣领，操作手进行推挡练习，6～8 次为一组，操作手、配手互换练习。在初级阶段练习时，配手抓握的力量要适宜，力量由小渐大。待操作手熟练掌握动作要领后，通过逐步增加抓握的力量和改变抓握的位置，提高推挡解脱的难度，强化动作的熟练程度。

动作视频 5-18
推挡

易犯错误：推挡手形不正确，推挡部位不准确，推挡力道不足是学生在练习该动作时比较常见的错误。这类错误多是由于学生没有理解和掌握推挡解脱的原理引起的。

纠正方法：教师通过示范讲解法帮助学生理解其解脱原理。在此基础上，学生可在配手配合帮助下针对手形、部位和发力分别进行练习纠正。

客舱作用：推挡是以解脱为目的的一项基础技能。学生通过此动作的反复练习可以熟练掌握正面被抓衣领时运用撤步转身、推挡动作进行主动解脱的方法和技巧。

十四、屈蹲挑臂

预备式：两名学生前后成立正姿势站立，前后间隔距离约为 1 米，第一名同学为操作手，第二名同学为配手。

动作过程：开始后，配手向前上步贴近操作手，两臂从手臂外侧环抱其腰背部；操作手右脚向右迈出一步，猛然向下屈膝半蹲成马步，身体略向前倾；双臂顺势屈肘向外撑其配手肘内侧的同时向上抬臂，高度至胸部齐平，上下合力迫使其松手完成解脱，如图5-79～图5-84所示。

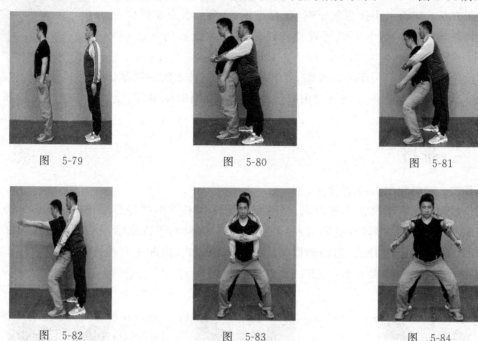

图 5-79　　　　　图 5-80　　　　　图 5-81

图 5-82　　　　　图 5-83　　　　　图 5-84

动作视频5-19
屈蹲挑臂

动作要领：向下屈蹲要迅速、要突然，身体要松沉，五趾抓地，腰腹收紧；向上抬臂时肘部应保持微屈状态，以肩部和大臂为发力点向上迅速挑起，发力短促；身体略向前倾以增加牵拉的幅度，化解手臂环抱的力量；屈蹲和抬臂动作衔接连贯、一气呵成，不可脱节。

练习方法：学生从预备式开始，配手配合环抱其腰背部，操作手进行屈蹲解脱练习，6～8次为一组，操配手互换。在初级阶段练习时，配手环抱的力量要适宜，力量由小渐大。待操作手熟练掌握动作要领后，通过逐步增加环抱的力量和改变环抱的位置，提高屈蹲解脱的难度，强化动作的熟练程度。

易犯错误：动作之间衔接不连贯是学生在练习该动作时比较常见的错误。其主要表现为屈蹲速度慢、抬臂不及时，造成动作脱节，不能形成行之有效的摆脱力。这类错误多是由于学生没有理解其解脱原理或是身体不协调引起的。

纠正方法：首先教师可通过示范讲解法帮助学生理解其动作原理，在此基础上对照镜子进行单独练习，注意观察动作的变化，手脚协调配合。其次学生通过两人配合练习纠正，注意屈蹲的速度和摆臂的时机，不断提高动作的衔接连贯性。

客舱作用：屈蹲是以解脱为目的的一项基础技能。学生通过此动作的反复练习可以熟练掌握从背面被环抱腰臂部时运用屈蹲、抬臂动作进行解脱的方法和技巧。

 提升与拓展

动作名称：肩靠。

预备式：同脱腕预备姿势动作。

动作过程：以左肩靠动作为例。开始后，配手以右手顺抓操作手的手腕；操作手左脚向前上步，身体向右拧腰转身的同时右手顺抓其腕部；左肩随拧腰转身之势，以配手肘关节外侧为着力点进行靠击，迫使配手松手完成解脱。动作完成后还原预备式，操配手互换练习。右肩靠时动作相同，方向相反，如图5-85～图5-88所示。

图 5-85

图 5-86

图 5-87

图 5-88

动作要领：上步转身、抓腕与肩靠三个动作要协调连贯、一气呵成。靠肩时应以腰部为轴旋转发力、拧腰带肩、发力短促。

练习方法：学生从预备式开始，配手配合顺抓其腕部，操作手进行肩靠练习，左肩和右肩各一次为一组，6～8次为一组，完成后操作手、配手互换练习。练习过程中两人要精神集中，认真配合，注意对同伴的保护，发力不可过猛，以免造成身体关节的损伤。

动作视频5-20
肩靠

易犯错误：手脚配合不协调，肩靠动作僵硬是学生在练习该动作时比较常见的错误，其主要表现为被抓手腕后上步转身不及时和拧腰发力不充分引起的。

纠正方法：学生首先对照镜子进行原地徒手空击练习，重点练习手脚配合能力；其次进行两人配合练习，动作速度由慢到快，注重动作的连贯性和协调性，重点体会发力的节奏和技巧。

客舱作用：肩靠是以解脱为目的的一项基础技能。学生通过此动作的反复练习可以熟练掌握正面被抓手腕时运用上步转身、抓腕与肩靠的动作进行解脱的方法和技巧。

组织与训练

（一）集体练习

集体练习是客舱控制基本技能训练的一种比较常见的组织方法。该方法具有简单易操作，便于整体把控的特点。通过集体练习的方法，重点检查和把握学生对某一动作技能的掌握程度及存在的共性问题，为下一阶段的训练实施做好铺垫。集体练习一般分为空击练习和配合练习两种。

1. 集体空击练习

学生在实训场地内进行基础技能的集体空击练习。学生在场地内成体操队形散开，由教师统一组织实施。教师指定训练的内容，学生根据教师的口令或哨音进行某一个控制技能的空击练习。每一动作完成后应还原预备姿势站立。

2. 集体配合练习

学生在实训场地内进行基础技能的集体配合练习。学生在场地内成体操队形散开，前后两名学生为一组，一名学生为操作手，一名学生为配手，由教师统一组织实施。教师指定训练的内容，学生根据教师的口令或哨音进行某一个控制技能的配合练习。每一动作完成后应还原预备姿势站立。

无论是空击练习,还是集体配合练习,训练组织既可以是单一动作的分解练习,也可以是组合动作的整体练习。教师应根据动作本身的难易程度,结合学生掌握基本情况,有针对性地选择分解或是整体练习,突出练习的重点和难点。

(二) 分组反应练习

分组反应练习客舱基础技能训练的一种十分重要的组织方法。该方法的实施应建立在学生熟练掌握动作要领的基础上,通过分组反应练习可以提高学生的动作反应能力,强化客舱基本技能熟练掌握程度和灵活运用能力。

学生在实训场地内进行解脱和控制基础技能的分组反应练习。教师统一组织实施,将学生分为两人一组,一名学生为操作手,一名学生为配手。第一阶段,针对以主动控制或解脱为目的的某一技能。从预备姿势开始,学生根据教师的指令,配手一方可随机选择左侧或右侧,操作手应及时根据配手的情况做出正确的判断和相应的动作。第二阶段,针对多项客舱解脱与控制基础技能。学生根据教师的指令,配手可随机选择动作姿势或出现位置,操作手应及时根据配手的情况做出正确的判断和合理适宜的动作。

第三节 客舱解脱技术

客舱解脱技术是针对客舱内各种不同情况下的推、拉、扯、拽而设计的,具有较强的针对性和实用性。当行为人突然对机组成员或其他乘客实施抓、拧、搂、抱等肢体动作进行纠缠时,安全员要快速运用力学原理,使用旋、拧、转、压、撅、撬、掰等技巧,利用行为人的生理弱点,避实就虚,快速有效摆脱对方的纠缠。

客舱解脱技术动作具有动作隐蔽、幅度较小、简单有效,可避免引起其他乘客、公众或媒体的误解,防止矛盾被激化的特点。客舱解脱技术是客舱徒手控制技术的重要组成部分,在航空安全员执勤工作中具有重要的意义和作用[①]。

一、手腕部被控制的解脱技术

(一) 单手腕被对方单手抓解脱技术

1. 客舱情形一

当航空安全员在处置一般扰乱行为过程中,左手突然被对方左手俯手顺抓[②]手腕并对其肢体进行拉扯时。

技术方法一:压指内脱解脱。

动作过程:当被对方抓腕后,右脚迅速向后撤一步,左脚同时跟步,身体后移;小臂以对方虎口或拇指为着力点,随身体重心后移之势迅速向外旋转回拉,使小臂从对方左手虎口处滑脱,完成解脱;动作不停,迅速成提手戒备式,两眼目视对方,如图 5-89~图 5-91 所示。

动作要领:脱腕应配合身体移动来完成,增大脱腕力量的同时,能迅速拉开与对方的安全距离保持戒备观察;脱腕动作要突然、快速,趁其不备;脱腕发力要合理运用小臂的旋转,通过旋转化解对方抓握的力量。

动作视频 5-21
压指内脱解脱

注意事项:当对方力量明显占据优势时应充分向外摆动左肘关节,以增加手臂向内回拉的幅度和力度。解脱后,迅速成提手戒备式,并及时向对方进行

---

① 翟东波.民航客舱防卫与控制[M].北京:清华大学出版社,2021:79.
② 俯手顺抓又称俯顺抓,武术擒拿术语,是顺抓的一种手形。文中具体是指手心向下,虎口朝其肩。

图 5-89　　　　　　　　图 5-90　　　　　　　　图 5-91

语言劝诫或警告,精神应保持集中,注意观察周围其他人员情况,做好及时应变的准备。

练习方法:学生两人进行配合练习,一人为操作手,一人为配手,4~6 次为一组,练习过程中两人要协调配合,配手抓腕的力量要适宜,开始阶段时抓握力量适中使其能够顺利脱腕,逐步掌握动作要领后再适当增加其抓握力量。

易犯错误:脱腕力量不足不能顺利脱腕是学生在练习该动作时比较常见的错误。这类错误多是由于发力节奏和发力点不正确引起的。

纠正方法:学生可在同伴的配合下练习纠正,速度由慢到快,充分感受撤步拧腰和小臂旋转回拉的配合发力,不断提高手脚协调配合能力。

技术方法二:缠腕解脱。

动作过程:当被对方抓腕后,右手迅速俯抓其手背;左脚向后撤步,身体向左侧转身的同时,左手由下向上缠其腕部,以腕部为着力点向后、向下按压,迫使对方松开手指;操作手顺势推开其手臂完成解脱;动作不停,右脚迅速向后撤步成提手戒备式,两眼目视对方,如图 5-92~图 5-95 所示。

图 5-92　　　　　图 5-93　　　　　图 5-94　　　　　图 5-95

动作要领:缠腕应配合左脚撤步,充分利用身体向左拧腰转身的力量,以增加缠腕的幅度和力量;右手俯抓速度要迅速,为缠腕做好铺垫;抓腕、转身、缠腕要求动作连贯、一气呵成。

动作视频 5-22
缠腕解脱

注意事项:对于大部分人来讲,相比较右手左手力量和灵活性均相对较弱。在遇抗解脱时若出现力量处于劣势,应运用左弹踢佯攻对方裆部转移其注意力,趁其不备之际迅速左脚顺势撤步进行缠腕解脱。解脱后,及时向对方进行语言劝诫或警告,精神应保持集中,注意观察周围其他人员情况,做好及时应变的准备。

练习方法:学生两人进行配合练习,一人为操作手,一人为配手。初级阶段练习时,4~6 次为一组,两人互换,练习 2~3 组。练习过程中两人要协调配合,抓腕和缠腕的力量要适中,速度由慢到快,不可发力过猛,以免造成同伴腕关节损伤。

易犯错误:缠腕时左手容易脱腕是学生在练习该动作时比较常见的错误。这类错误常常是由于缠腕的手形不正确或腕部韧带不足引起的。

纠正方法:学生首先要针对腕部韧带进行专项拉伸,提高腕部灵活性,缠腕时注意手臂和身体的协调配合;其次运用身体的拧动带动手臂,增加手臂缠腕的幅度。

2. 客舱情形二

当航空安全员在处置一般扰乱行为过程中,左手突然被对方右手俯手顺抓手腕并对其肢体进行拉扯时。

技术方法:压指上脱解脱。

动作过程:被抓手腕后,左脚迅速向后撤步,同时左手由内向外、由下向上旋转至拳心或掌心朝上,突然向回猛拉,以小臂尺骨勾、压对方的拇指,顺势从其虎口处摆脱;解脱后,动作不停,右脚迅速向后撤步成提手戒备式,两眼目视对方。

动作要领:脱腕时身体协调配合发力,通过撤步转身可以增加手臂回拉的力量和突然性;通过小臂的旋转改变对方抓握的姿势,化解对方抓握的力量,如图 5-96~图 5-98 所示。

图 5-96　　　　　　　　图 5-97　　　　　　　　图 5-98

动作视频 5-23
压指上脱解脱

注意事项:在遇抗解脱过程中若左手力量明显较弱时,不可蛮力挣脱。方法一:通过向后回拉时运用右手掌根或尺骨外侧猛击对方腕部或小臂,两手合力即可迅速完成解脱。方法二:结合内脱法,手臂先屈臂用力向内回拉的同时,再向外旋转回拉,利用方向的突然改变得以快速摆脱。解脱后,及时向对方进行语言劝诫或警告,精神应保持集中,注意观察周围其他人员情况,做好及时应变的准备。

练习方法:学生两人进行配合练习,一人为操作手,一人为配手。初级阶段练习时,速度由慢到快,4~6 次为一组,两人互换,练习 2~3 组。在熟练掌握动作要领的基础上,可适当增加抓腕的力量,提高脱腕的难度,当不能顺利解脱时配合右手击打进行解脱。

易犯错误:脱腕速度较慢、力量不足是学生练习该动作时比较常见的问题,其主要表现为动作比较僵硬,手臂回拉速度较慢且力量不足,常常不能顺利完成脱腕。这类错误多是由于脱腕时身体没有协调配合发力引起的。

纠正方法:学生面对镜子站立,左臂保持前伸姿态。在此动作基础上,反复练习撤步转身和回拉手臂的动作 8~10 次为一组,身体肌肉松而不懈,不要刻意发力,充分感受身体协调配合发力,注意观察镜子中身体姿态和动作路线。熟练后,进行配合练习纠正。

3. 客舱情形三

当航空安全员在处置一般扰乱行为过程中,左手突然被对方左手抓腕并对其肢体进行拉扯时。

技术方法:旋拧脱腕解脱。

动作过程:当左手被抓腕后,左脚向前上半步靠近对方,同时左手由下向上、由内向外旋转至拳心或掌心向上,以对方掌根或手心处为着力点向前、向下推压,尽量使对方小臂和腕部反拧;动作不停,右脚向后撤步,身体向右微转身,左手随拧腰转胯之势猛力回拉,从对方左手虎口处摆脱;解脱后,双手迅速提起成提手戒备式,两眼目视对方,如图 5-99~图 5-103 所示。

动作要领:手脚协调配合,手到脚到,旋转反拧其手臂或腕部时要上步跟进充分运用身体整体劲配合其发力压制;上步反拧和撤步回拉动作衔接紧凑、

动作视频 5-24
旋拧脱腕解脱

图 5-99　　　　　图 5-100　　　　　图 5-101　　　　　图 5-102

一气呵成,要求发力短促、突然;旋转手臂时身体应略向前倾推压腕部使其充分反拧。

注意事项:由于力量不足或反应不及时造成无法对其向上、向外反拧手臂时应迅速右脚上步,身体向左转身,右手借助拧腰转胯之势,以手臂尺骨外侧或掌沿处猛力推砍对方腕部或小臂,迫使其松手完成解脱。解脱后,及时向对方进行语言劝诫或警告,精神应保持集中,注意观察周围其他人员情况,做好及时应变的准备。

图 5-103

练习方法:学生两人进行配合练习,一人为操作手,一人为配手。初级阶段练习时,速度由慢到快,4~6次为一组,两人互换,练习2~3组。在熟练掌握动作要领的基础上,可适当增加抓腕的力量,提高脱腕的难度,当不能顺利解脱时配合右手击打进行解脱,2~4次为一组,两人互换练习2~3组。

易犯错误:身体僵硬,重心过于靠后是学生练习该动作时比较常见的错误。其主要表现为脚步的移动缓慢或不明显,重心挤压在背面。这类错误多是由于学生身体不协调,手脚协同能力弱导致的。

纠正方法:学生可以对照镜子进行反复练习,也可在同伴的帮助下进行。过程中,身体肌肉放松,手脚协调配合,动作路线要正确,逐步形成正确的肌肉记忆。

4. 客舱情形四

当航空安全员在处置一般扰乱行为过程中,左手突然被对方右手逆抓手腕并对其肢体进行拉扯时。

技术方法:压指外脱解脱。

动作过程:当左手被抓手腕后,左脚向左垫步,重心移至左腿,右脚蹬地,身体向左拧腰转胯,左小臂顺势借力,用小指侧着力,由内向外、向后勾拉对方拇指,完成摆脱;解脱后,右脚迅速撤步身体成提手戒备式,两眼目视对方,如图5-104~图5-106所示。

图 5-104　　　　　图 5-105　　　　　图 5-106

动作要领:身体协调配合、上下相随、重心左右移动平顺连贯;脱腕时应充分运用拧腰转胯的力量,以腰促肩、以肩带臂、以短促爆发力猛压其拇指处,快速滑脱。

动作视频 5-25
压指外脱解脱

注意事项:由于手臂力量不足、反应不及时或被对方察觉等情况不能完脱腕时,应通过降低重心、改变身体姿势、推拍等方法解脱。其中"降低重心"是指通过降低自己的身体重心迫使对方重心发生改变;"改变身体姿势"是指由早先的"站立势"变化为"马步";"推拍"是指用掌心或拳心、掌根、小臂等部位对其小臂或腕部进行推击或拍击。参考方法如下:左脚向左或向后迈步(结合客舱空间),迅速屈膝下蹲成马步,右手借助拧腰转胯之力猛力推击对方的小臂或腕部,左手顺势向后、向外猛拉,两手合力迫使对方松开,完成摆脱。解脱后,及时向对方进行语言劝诫或警告,精神应保持集中,注意观察周围其他人员情况,做好及时应变的准备。

练习方法:学生两人进行配合练习,一人为操作手,一人为配手。第一阶段,速度由慢到快,4~6次为一组,两人互换,练习2~3组。第二阶段,在熟练掌握动作要领的基础上,可适当增加抓腕的力量,提高脱腕的难度,强化动作熟练程度,2~4次为一组,两人互换,练习2~3组。第三阶段,结合重心、身体姿态和动作的变化进行综合性练习。

易犯错误:脱腕时着力点不正确是学生练习该动作时比较常见的问题。其主要表现为手臂摆脱发力的方向不正确。这类错误多是由于学生没有理解控制原理引起的。

纠正方法:通过配合练习的方法纠正,学生充当配手角色抓起手腕,由同伴配合脱腕,动作速度由慢到快,充分感受拇指被其小臂勾、压的受力感觉。然后角色互换,反复练习,逐步掌握正确的动作要领。

(二)单手腕被对方双手抓解脱技术

1. 客舱情形一

当航空安全员在处置一般扰乱行为过程中,左手突然被对方双手俯手顺抓手腕并对其肢体进行拉扯时。

技术方法:滚肘[①]拉臂解脱。

动作过程:当左手被双手俯抓腕部后,左脚向前上步,身体向右转身屈膝成马步,同时左肘关节以对方腕部或小臂为着力点顺时针方向圈形向内摁压,右臂顺势屈臂向内旋转回拉,以小臂尺骨侧勾、压对方拇指,迫使对方松手完成解脱;解脱后,两脚向后撤步成提手戒备式,两眼目视对方,如图5-107~图5-111所示。

动作视频5-26
滚肘拉臂解脱

图 5-107

图 5-108

图 5-109

图 5-110

动作要领:手脚协调配合,上步、屈臂和滚肘三个动作衔接连贯、一气呵成;充分运用身体拧转的力量带动肘臂发力;马步动作姿势要规范,沉肩坐胯,下压重心。

注意事项:若对方抓握力量较大时,向前上步应充分靠近对方身体,运用身体拧转的整体劲加大肘关节圈形摆动的幅度,同时在马步屈臂动作基础上顺势左拧腰转胯进行弓步顶肘靠击对方腹部,即可迅速完成解脱。解脱后,及时向对方进行语言劝诫或警告,精神应保持集

图 5-111

---

① 滚肘是指以肘关节向外或向内圈形裹压防守或反关节的动作。

中,注意观察周围其他人员情况,做好及时应变的准备。

练习方法:学生两人进行配合练习,一人为操作手,一人为配手。马步滚肘是这个动作学习的重点和难点,也是能否顺利解脱的关键。因此,第一阶段,应先原地练习马步滚肘的动作,速度由慢到快,6~8次为一组,练习2~3组。第二阶段,在熟练掌握动作要领的基础上,进行两人的配合练习,强化动作熟练程度,2~4次为一组,两人互换,练习2~3组。第三阶段,结合重心、身体姿态和动作的变化进行综合性练习。配合练习时应注意发力不要过猛,以免同伴腕关节损伤。

易犯错误:手脚配合不协调、抬肘下按是学生练习该动作时比较常见的错误。其主要表现为被抓手腕后,上步不及时,不能运用身体重心和姿态的变化带动肘臂发力,同时肘关节运动方向和路线不正确。这类错误多是由于身体协调性较弱或对动作要领掌握不牢引起的。

纠正方法:学生对镜子反复练习上步滚肘的动作,注意手脚的协调配合,上步与滚肘动作连贯,做到手到脚到,上下相随,发力自然。

2. 客舱情形二

当航空安全员在处置一般扰乱行为过程中,左手突然被对方双手仰手顺抓①手腕并对其肢体进行拉扯时。

技术方法:借力拉臂解脱。

动作过程:当被对方双手仰抓手腕后,右脚向前上一步,身体向左转身成侧身靠近对方;右手虎口向下顺势从对方两臂之间下插抓握自己的左手掌根或腕部,右脚顺势向后撤步,以自己左臂为着力点勾、压对方拇指,借助身体向右后拧腰转身之力,猛力回拉手臂,完成解脱;解脱后,身体迅速撤步后移成提手戒备式,两眼目视对方,如图5-112~图5-116所示。

动作视频5-27
借力拉臂解脱

图 5-112

图 5-113

图 5-114

图 5-115

动作要领:身体协调配合,上步抓握与撤步转身提拉要衔接连贯、一气呵成;以对方虎口为突破口,以拇指为着力点,猛拉手臂、发力短促。

注意事项:由于被抓握力量较大,不能有效提拉手臂时,应通过运用右肘关节的向下撞靠和向上托顶来配合拉臂解脱。"向下撞靠"是指运用肘关节的前端由上至下撞、靠对方的胸部;"向上托顶"是指运用肘关节的后端由下至上托、顶对方的下颌。根据客舱具体情况,两种方法结合使用,既可以实打迫使对方身体后仰松手,也可虚打转移对方注意力趁机解脱。解脱后,及时向对方进行语言劝诫或警告,精神应保持集中,注意观察周围其他人员情况,做好及时应变的准备。

图 5-116

练习方法:学生两人进行配合练习,一人为操作手,一人为配手。下插抓握和撤步提拉是该动作学习的重点和难点。因此,第一阶段,首先针对这两个动作进行专门练习,采取空击练习

---

① 仰手顺抓又称仰顺抓,武术擒拿术语,是顺抓的一种手形。文中具体是指掌心向上、虎口朝其肩。

和配合练习相结合的方法,速度应由慢到快,4~6次为一组,练习2~3组。第二阶段,在熟练掌握动作要领的基础上,可适当增加抓腕的力量,提高脱腕的难度,强化动作熟练程度,2~4次为一组,两人互换,练习2~3组。第三阶段,结合重心、身体姿态和动作的变化进行综合性练习。

易犯错误:向下抓握手形不正确、撤步提拉动作不协调是学生在练习该动作时比较常见的错误,其主要表现为右手抓握左手的位置或手形不正确,撤步和提拉动作衔接较慢,发力不连贯。这类错误多是由于没有理解解脱原理和手脚配合不协调引起的。

纠正方法:教师通过示范讲解法帮助学生理解此动作的解脱原理,正确掌握抓握位置、手形、动作路线等动作要点。在此基础上,学生通过对镜练习和配合练习逐步纠正。

 提升与拓展

客舱情形:当航空安全员在处置一般扰乱行为过程中,双手突然被对方双手俯手顺抓手腕并对其肢体进行拉扯时。

技术方法:屈臂转身解脱。

动作过程:当被对方双手俯手顺抓手腕后,左脚向前上步靠近对方身体,同时双手由内而外、由下向上旋转至拳心或掌心向上,手臂尽量前压使对方手臂弯曲、拳心向上靠近腹部;动作不停,左脚蹬地,身体向右后方转身成右弓步;以小臂为着力点随拧腰抓胯之势向外、向后猛拉,完成解脱。解脱后,迅速转身成提手戒备式,两眼目视对方,如图5-117~图5-124所示。

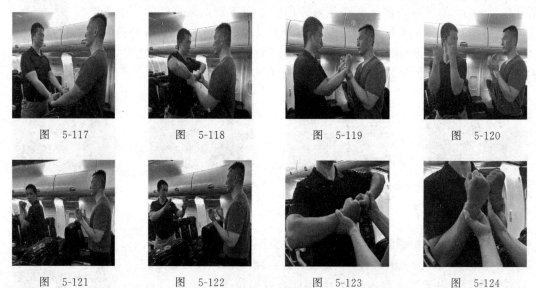

图 5-117　　　　图 5-118　　　　图 5-119　　　　图 5-120

图 5-121　　　　图 5-122　　　　图 5-123　　　　图 5-124

动作视频5-28
屈臂转身解脱

动作要领:身体协调配合,上步和手臂旋转要衔接连贯,上步尽量靠近对方身体,运用身体整体力量迫使对方屈臂;转身要迅速、突然,充分运用拧腰转身的力量带动手臂发力摆脱。

注意事项:由于抓握力量较大不能顺利完成向后转身脱腕时,应通过小臂前推的方法配合脱腕解脱。"手臂前推"是指运用两小臂竖起向前平推。具体做法:左脚向前疾上步,重心前移,两小臂随身体顶靠之势向前平推对方胸腹部,趁其后仰之际,迅速转身摆臂。解脱后,及时向对方进行语言劝诫或警告,精神应保持集中,注意观察周围其他人员情况,做好及时应变的准备。

练习方法:学生两人进行配合练习,一人为操作手,一人为配手。第一阶段,速度由慢到快,4~6次为一组,两人互换,练习2~3组。第二阶段,在熟练掌握动作要领的基础上,可适当增加抓腕的力量,提高脱腕的难度,强化动作熟练程度,2～4次为一组,两人互换,练习2～3组。第三阶段,结合重心、身体姿态和动作的变化进行综合性练习。

易犯错误:屈臂旋转不充分是学生练习该动作时比较常见的错误,其主要表现为被抓腕部后手臂向上、向外旋转幅度不足。这类错误多是由于上步速度慢、动作路线错误引起的。

纠正方法:学生对镜进行屈臂旋转的专门练习,动作速度由慢到快,注意手脚配合要协调,动作路线要正确。熟练后进行两人配合练习,充分感受身体拧转和手臂的协调配合发力。

组织与训练

(一)集体喂靶练习

学生在实训场馆内成体操队形散开,面对面成两排相对而立,一排学生为配手,另一排学生为操作手。教师统一组织,配手根据教师下达的指令进行某一动作的抓腕,操作手根据配手抓腕的情况迅速做出相应解脱动作。操作参考:两名学生从立正动作开始,教师下达"右手俯抓左手腕部"的口令,配手统一抓其腕部,听到教师的哨音后,操作手统一按照相应动作进行解脱,完成后保持戒备式,然后还原立正姿势,根据教师口令进行互换练习。

(二)分组反应练习

学生在实训场馆内进行腕部解脱的分组反应练习。教师将学生分成两人一组,一名学生为操作手,另一名为配手。第一阶段,教师指定某一抓腕动作,练习时配手根据指定动作随即选择左手或右手,操作手迅速做出相应的动作反应。操作参考:教师下达"单手顺抓"的口令,配手听到口令后随即选择左手或右手顺抓操作手左手或右手,操作手迅速做出相应动作快速解脱。第二阶段,学生针对单手和双手随机抓腕练习。操作参考:听到教师的"开始"的口令或哨音后,配手随机选择任何一种抓腕形式,操作手根据配手抓腕手形和部位迅速做出解脱动作。听到教师"停"的口令或哨音后,学生迅速还原立正姿势。

二、胸肩部被控制的解脱技术

(一)正面解脱技术

1. 客舱情形一

当航空安全员在处置一般扰乱行为过程中,胸部突然被对方右手俯抓并对其进行拉扯时。

技术方法:扣手挂肘①解脱。

动作过程:当被对方右手俯抓胸部衣领后,以右手扣住对方右手,拇指放于其右手手背,其余四指扣握其拇指根与掌根处;右脚迅速向后撤步,身体向右拧腰转身的同时,顺势向外翻转、旋拧使其手心或拳心朝上;右肘关节以肘尖为着力点随身体向右拧腰转体之势,从上至下弧形挂、压对方腕部(小拇指侧);对方因腕部产生剧烈疼痛感而被迫松手,完成解脱。解脱后,身体向后撤步的同时提手戒备,两眼目视对方,如图5-125～图5-130所示。

图 5-125

图 5-126

图 5-127

---

① 挂肘是指以肘关节肘尖位置由上至下勾、压对方手臂的方法。

图 5-128

图 5-129

图 5-130

动作视频 5-29
扣手挂肘解脱

动作要领：身体协调配合，扣手、上步与挂肘要衔接连贯、一气呵成；扣手手形、位置、力向要正确；挂肘时微沉肩坠肘即可。

注意事项：及时扣手、迅速上步转身使其对方手臂成反拧是此动作成功解脱的关键。若在动作初始，由于动作不及时或者被对方察觉，出现对方手臂屈肘夹臂的情况时，则应及时改变动作方法进行解脱，可通过托肘和压腕的方法进行解脱。其中"托肘"是指运用左手向前仰抓其肘关节肘尖位置，向上、向后托拉其肘关节；"压腕"是指在向下按压其腕部。具体方法：左手顺势仰抓其肘关节上脱回拉的同时，右手扣紧腕部，左脚向前上步靠近对方，身体微前倾，两手合力对其腕部进行按压，迫使对方松开，完成解脱。解脱后，及时向对方进行语言劝诫或警告，精神应保持集中，注意观察周围其他人员情况，做好及时应变的准备。

练习方法：学生两人进行配合练习，一人为操作手，一人为配手。扣手、上步转身反拧和挂肘是此动作能够顺利完成的关键点。因此，第一阶段，应首先针对这三个关键动作进行专门练习，要求速度由慢到快，4～6次为一组，两人互换，练习2～3组。第二阶段，在熟练掌握动作要领的基础上，可适当增加抓握衣领的力量，提高解脱的难度，2～4次为一组，两人互换，练习2～3组。在前面练习的基础上，两人可进行动作的变化练习，提高客舱处突的灵活应变能力。

易犯错误：不能使其手臂形成反拧是学生在练习该动作时比较常见的错误，其主要表现为身体姿态不正确，为使其手臂形成反拧或不明显。这类错误多是由于学生没有理解和掌握解脱原理和动作要领引起的。

纠正方法：在理解控制原理的基础上，学生可通过徒手练习和配合练习相结合的方法进行纠正。

2. 客舱情形二

当航空安全员在处置一般扰乱行为过程中，胸部突然被对方右手仰抓并对其进行拉扯时。

技术方法：穿掌点刺解脱。

图 5-131

动作过程：当被对方右手仰抓胸部衣领时，右手扣按对方右手进行控制，左手成仰掌沿对方右臂下方向前穿掌，以指尖为着力点、刺对方的右腋下；使对方因腋下瞬间产生剧烈痛感而松手，完成解脱。解脱后，身体向后撤步的同时提手戒备，两眼目视对方，如图5-131～图5-135所示。

动作要领：右手扣手和左手穿掌要衔接连贯、一气呵成；穿掌点刺部位正确、发力短促。

注意事项：能够及时点刺腋下是此动作完成解脱的关键。在实际对峙中，若由于动作不及时或被察觉而出现对方屈肘夹臂的情况时，应在对方回拉衣领之际右脚迅速向后撤步，身体向右后方向侧转身，通过拧腰之力牵拉对方手臂，左手趁机迅速穿掌点刺对方腋下，要求动作

图 5-132

图 5-133

图 5-134

图 5-135

衔接连贯。若对方力量较大其手臂或身体没有发生姿态变化,右脚突然向前上步转身,迅速靠近对方,以右掌根、拳头或小臂尺骨侧猛力砸击对方肱二头肌中段位置,强烈的疼痛感会迫使对方松开,即可完成解脱。解脱后,及时向对方进行语言劝诫或警告,精神应保持集中,注意观察周围其他人员情况,做好及时应变的准备。

动作视频 5-30
穿掌点刺解脱

练习方法:学生两人进行配合练习,一人为操作手,一人为配手。第一阶段,应首先针对穿掌点刺动作进行空击练习,4~6次为一组,练习2~3组。第二阶段,在熟练掌握动作要领的基础上,进行两人的配合练习,2~4次为一组,两人互换,练习2~3组。练习时应以发力节奏、穿掌手形、动作路线和点刺部位为练习重点,点刺腋下时力量不要过猛、过快以免造成同伴受伤。

易犯错误:穿掌手形不正确是学生练习该动作时比较常见的错误。其主要表现为掌心向下或侧向前穿。这类错误常常是由于学生没有理解俯掌和仰掌在实操中的技击特点或作用。

纠正方法:俯掌,掌心向下,属于直掌的一种。常用于向前平穿或向外削击;仰掌,掌心向上,属于直掌的一种。常用于上撩、上刺或横斩。腋下位置在肩下臂后,以仰掌击之比较灵活、合理。

3. 客舱情形三

当航空安全员在处置一般扰乱行为过程中,胸部突然被对方双手抓握并对其进行拉扯时。

技术方法:按压天突穴解脱。

动作过程:当被对方双手抓握胸部衣领时,左手迅速扣按对方右手,右手自然屈臂弯举于对方左手臂外侧;右手成俯掌向前平穿,以指尖为着力点按压对方的天突穴;使对方因咽喉穴位受到按压产生剧烈刺痛而松手解脱。解脱后,迅速撤步成提手戒备式,两眼目视对方,如图5-136~图5-141所示。

图 5-136

图 5-137

图 5-138

图 5-139

图 5-140

图 5-141

动作视频 5-31
按压天突穴解脱

动作要领：左手扣手要紧实，以控制对方右手，右手屈臂弯举紧靠对方左臂外侧，掌心向前，以起到干扰对方视线和保护自己头部的目的；右手按压穴位时应迅速、突然，部位准确。

注意事项：有效地点按对方天突穴可以迅速使其松手解脱，但若由于点按不及时或部位不准确等原因出现对方没有完全松手解脱时，应迅速向左背面或右背面转身，以拧腰之力带动小臂或掌根位置，猛力砸击对方的小臂使其松手解脱。解脱后，及时向对方进行语言劝诫或警告，精神应保持集中，注意观察周围其他人员情况，做好及时应变的准备。

练习方法：学生两人进行配合练习，一人为操作手，一人为配手。第一阶段，应首先针对俯掌平穿动作进行空击练习，4~6 次为一组，练习 2~3 组。第二阶段，在熟练掌握动作要领的基础上，进行两人的配合练习，2~4 次为一组，两人互换，练习 2~3 组。练习时应以发力节奏、穿掌手形、动作路线和按压部位为练习重点，点按天突穴时不可猛发力，轻点即可，以免造成同伴受伤。

易犯错误：动作脱节是学生在练习该动作时比较常见的错误，其主要表现为左手扣手和右手平穿按压衔接不连贯、速度较慢。这类错误多是由于两手配合不协调或者动作比较生疏引起的。

纠正方法：学生可通过对镜空击和两人配合练习相结合的方法进行纠正。

（二）背面解脱技术

1. 客舱情形一

当航空安全员在处置一般扰乱行为过程中，左肩部突然被对方从背面右手俯抓并对其进行拉扯时。

技术方法：转身靠肘解脱。

动作过程：当左肩部被对方右手俯抓时，左脚向前上步，两臂屈臂弯举于胸前，身体向右后猛力转身，以右小臂为着力点猛力靠击对方肘关节外侧，使对方由于被靠击产生的剧烈疼痛而送手解脱。解脱后，右脚迅速向后撤步成提手戒备式，两眼目视对方，如图 5-142~图 5-145 所示。

图 5-142　　　　　图 5-143　　　　　图 5-144　　　　　图 5-145

动作视频 5-32
转身靠肘解脱

动作要领：身体四肢要协调配合一致，左脚上步要及时，身体向右后转身速度要快、力道要猛；手臂随拧腰之势主动靠击。

注意事项：在进行转身靠肘动作前，应通过语言交流的形式设法转移对方的注意力，为后续动作的实施做好铺垫。在进行转身靠肘解脱过程中，由于对方左脚向前跟部贴近，转身拧腰靠肘力量不足以使对方完全松手时，应通过上步双推掌或双冲拳的方法配合使用完成解脱。"上步双推掌或双重拳"是指运用双手立掌[①]或

---

① 泛指掌心向外、手掌竖立者。多用于推掌、击掌等技法。

俯拳[①]同时向前推掌或冲拳。具体方法：转身靠肘后，右脚疾上步，双手以立掌或俯拳向前推击或顶击对方的胸腹部使其松手解脱。解脱后，及时向对方进行语言劝诫或警告，精神应保持集中，注意观察周围其他人员情况，做好及时应变的准备。

练习方法：学生两人进行配合练习，一人为操作手，一人为配手。转身和靠肘是运用此动作能够完成解脱的关键点，也是练习的重点和难点。第一阶段，应首先针对转身和靠肘两个动作进行空击练习，4～6次为一组，练习2～3组，第二阶段，在熟练掌握动作要领的基础上，进行两人的配合练习，2～4次为一组，两人互换，练习2～3组。第三阶段，操作手和配手在前一阶段练习的基础上配合推掌或冲拳的动作结合练习。

易犯错误：动作脱节是学生在练习该动作时比较常见的错误。其主要表现为上步、转身和拧腰靠肘三个动作衔接卡顿，动作速度较慢。这类错误常常是由于学生身体协调性不足或者发力节奏不正确引起的。

纠正方法：学生首先针对"上步转身"和"拧腰靠肘"两个单一动作进行专门练习，通过空击和配合练习相结合的方法进行练习纠正。

2. 客舱情形二

当航空安全员在处置一般扰乱行为过程中，右肩部突然被对方从背面右手俯抓并对其进行拉扯时。

技术方法：绕臂压腕解脱。

动作过程：当右肩部被对方右手俯抓时，左脚迅速向前上一步，同时右臂（根据客舱空间，手臂可以为直臂，也可以为屈臂）以右肩部为轴随身体向右拧腰转身之势逆时针旋绕手臂，以大臂后侧或肩关节旋压对方腕部至掌心朝上，使其腕部和手臂反拧而松手解脱。解脱后，右脚向后迅速撤步成提手戒备式，两眼目视对方，如图5-146～图5-151所示。

图 5-146　　　　　　　　图 5-147　　　　　　　　图 5-148

图 5-149　　　　　　　　图 5-150　　　　　　　　图 5-151

动作要领：撤步转身和绕臂旋压动作衔接连贯、一气呵成；绕臂旋压时要求发力劲促、动作突然。

注意事项：在绕臂压腕前，若对方抓握力量明显较大时，简单的绕臂动作不能使其松手解脱时，在向后转身过程中由自然站立步过渡为马步，通过改变

动作视频 5-33
绕臂压腕解脱

---

① 俯拳是指拳心向下，拳锋向前，为平拳的一种。多用于向前冲打、横向摆打等技法。

身体姿势,运用身体突然下蹲的惯性向下牵拉对方的手臂,破坏其抓握力量的稳定性,使其松手完成解脱。解脱后,及时向对方进行语言劝诫或警告,精神应保持集中,注意观察周围其他人员情况,做好及时应变的准备。

练习方法：学生两人进行配合练习,一人为操作手,一人为配手。转身绕臂是运用此动作能够完成解脱的关键,也是该动作练习的重点和难点。因此,第一阶段,应首先针对"转身绕臂"动作进行空击练习,4~6次为一组,练习2~3组。第二阶段,在熟练掌握动作要领的基础上,进行两人的配合练习,2~4次为一组,两人互换,练习2~3组。第三阶段,操作手和配手在前一阶段练习的基础上配合马步的动作结合练习。

易犯错误：绕臂幅度不足是学生在练习该动作时比较常见的错误。其主要表现为绕臂时力向多呈前后逆时针旋压,对其腕部的旋拧力量较小。这类错误多是由于学生没有理解和掌握动作的解脱原理和动作路线引起的。

纠正方法：教师通过示范讲解法帮助学生充分认识和理解其解脱原理,在此基础上学生通过对镜练习和配合练习相结合的方法予以纠正。

3. 客舱情形三

当航空安全员在处置一般扰乱行为过程中,两肩部突然被对方从背面双手同时俯抓并对其进行拉扯时。

技术方法：转身推掌解脱。

动作视频 5-34
转身推掌解脱

动作过程：以左转身动作为例。当两肩部被对方双手同时俯抓时,右脚向前上步的同时,身体迅速向左拧腰转身;动作不停,双手为立掌从腰间向前推出,以掌心为着力点击打对方的心窝①处,使对方因心窝处产生的剧烈不适感而松手解脱。解脱后,身体迅速向后撤步成提手戒备式,两眼目视对方,如图5-152~图5-156所示。

图 5-152　　　　图 5-153　　　　图 5-154　　　　图 5-155

图 5-156

动作要领：转身要突然、迅速,推掌部位要准确,发力要短促,有寸劲爆发力。

注意事项：在进行转身靠肘动作前,应通过语言交流的形式设法转移对方的注意力,为后续动作的实施做好铺垫。在转身推掌过程中,若由于对方身高较高、体型较大或者抓握力量较大难以解脱时,应运用垂掌②弹裆结合推掌来完成解脱。"垂掌弹裆"是指以垂掌的手形运用指背为着力点,通过抖腕弹指击打对方裆部。具体做法：左脚向后撤步转身的同时,左手顺势由前向后弹击对方裆部,趁其收裆俯身之际,迅速用掌推击其手臂或肩部使其松手解脱。解脱后,及时向对方进行语言劝诫或警告,精神应保持集中,注意观察周围其

---

① 心窝是指胸骨剑突下正中凹陷处,是胃、心脏和巨阙穴的所在位置,此处受到击打后会产生剧烈的不适感。
② 垂掌是指指尖朝下或偏朝下方,手腕伸直即为垂掌,多用于下插、戳、弹等技法。

他人员情况,做好及时应变的准备。

练习方法:学生两人进行配合练习,一人为操作手,一人为配手。转身推掌是运用此动作能够完成解脱的关键,也是该动作练习的重点和难点。因此,第一阶段,应首先针对"转身推掌"动作进行空击练习。空击练习时,可采用"转身左弓步推掌"和"转身右弓步推掌"相结合的方法,左右各一次为一组,练习2~3组。第二阶段,在熟练掌握动作要领的基础上,进行两人的配合练习,2~4次为一组,两人互换,练习2~3组。第三阶段,操作手和配手在前一阶段练习的基础上配合马步的动作结合练习。

易犯错误:推掌手形和推击部位不正确是学生在练习该动作时比较常见的错误。其主要表现为推掌时腕部为直腕或翘腕不充分,推击部位不准确,难以产生有效的击打效果。这类错误多是由于学生腕部韧带不足引起的。

纠正方法:学生应首先针对腕部的韧带进行专门拉伸练习,如两手掌心相对,五指并拢,进行左右的推掌压腕。

 提升与拓展

客舱情形:当航空安全员坐在位于客舱过道左侧指定位置,被对方从右肩侧抓住胸前衣领时。
技术方法:点戳解脱。
动作过程:当被对方从右肩侧抓住胸前衣领时,应以右手快速解开安全带,随即右手从下往上绕过对方手臂扣压对方右手于胸部,左手握拳成凤眼拳连续快速点戳对方的手背骨缝处,使其手背部因为瞬间产生的强烈疼痛感而松手解脱;解脱后,应迅速起身双手将对方推开,身体向后撤步的同时成提手戒备式,两眼目视对方,如图5-157~图5-164所示。

图 5-157　　　　　图 5-158　　　　　图 5-159　　　　　图 5-160

  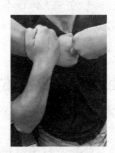 

图 5-161　　　　　图 5-162　　　　　图 5-163　　　　　图 5-164

动作要领:右手扣手要紧实,以控制其手臂保护自己的同时,为后续动作实施做好铺垫;左手握拳手形要正确,点戳时快速有力、发力短促。

注意事项:由于点戳力道不足、部位不准确或者对方手背部痛点较高而不容易松手解脱时,应以右手尖拳击打肋部、腹部或胸口的方法配合左手点戳来

动作视频 5-35
点戳解脱

完成解脱。具体做法如下：当左手点戳对方没有及时松手时，左手及时扣压对方右手，同时右手顺沿对方右臂下侧向前伸出，以四指第二关节骨锋为着力点击打对方的肋部、腹部或胸口，趁其重心后移躲闪、身体前倾之际，迅速起身推拍手臂，迫使其松手解脱。解脱后，及时向对方进行语言劝诫或警告，精神应保持集中，注意观察周围其他人员情况，做好及时应变的准备。

练习方法：学生两人进行配合练习，一人为操作手，一人为配手。左手点戳是运用此动作能够完成解脱的关键，也是练习该动作的重点和难点。因此，第一阶段，应首先针对"点戳"动作的手形握法和发力节奏进行空击练习。第二阶段，在熟练掌握动作要领的基础上，进行两人的配合练习，2~4次为一组，两人互换，练习2~3组。第三阶段，操作手和配手在前一阶段练习的基础上配合右手的动作结合练习。

易犯错误：右手扣手不及时和握拳手形不正确是学生练习该动作时比较常见的错误，其主要表现为被抓胸部衣领后右手扣手速度较慢，未能在第一时间控制其右手，错误的握拳手形使其击打效果不理想。这类错误多是由于学生动作反应比较慢及动作要领掌握不牢固引起的。

纠正方法：教师通过示范讲解法帮助学生掌握握拳手形的基本要领和使用技巧，在此基础上学生进行对镜反复练习，使身体逐步形成正确的肌肉记忆。

组织与训练

（一）集体喂靶练习

学生在实训场馆内成体操队形散开，面对面成两排相对或相向而立，一排学生为配手，另一排学生为操作手。教师统一组织，配手根据教师下达的指令进行某一动作的抓胸、肩，操作手根据配手抓胸肩部的情况迅速做出相应解脱动作。操作参考如下：两名学生从立正动作开始，教师下达"右手俯抓胸部"的口令，配手统一抓其胸部衣领，听到教师的哨音后，操作手统一按照相应动作进行解脱，完成后保持戒备式，然后还原立正姿势，根据教师口令进行互换练习。

（二）分组反应练习

学生在实训场馆内进行胸肩部解脱的分组反应练习。教师将学生分成两人一组，一名学生为操作手，另一名为配手。第一阶段，教师指定某一正面或背面抓胸肩部动作，练习时配手根据指定动作随即选择左手、右手或双手，操作手迅速做出相应的动作反应。操作参考：教师下达"正面单手顺抓"的口令，配手听到口令后随即选择左手或右手顺抓操作手左手或右手，操作手迅速做出相应动作快速解脱。第二阶段，学生针对正面或背面单手和双手随机抓胸肩部练习。操作参考：听到教师的"开始"的口令或哨音后，配手随机选择任何一种正面或背面抓胸肩部姿势，操作手根据配手抓握手形和部位迅速做出解脱动作。听到教师"停"的口令或哨音后，学生迅速还原立正姿势。

三、腰背部被控制的解脱技术

（一）正面解脱技术

1. 客舱情形一

当航空安全员在处置一般扰乱行为过程中，腰背部被对方由前从两臂外侧搂抱控制时。

技术方法：顶膝推颌解脱。

动作过程：当被对方由前从两臂外侧搂抱控制时，应以右膝或左膝顶击对方档部或腹部，使其档部或腹部受创而向后弓腰，两手迅速从两臂中向上抽脱出来，以双手掌根为着力点向上、向前推击对方下颌，迫使其身体后仰而松手解脱。解脱后，迅速向后撤步成提手戒备式，两眼目视前方，如图5-165~图5-170所示。

图 5-165

图 5-166

图 5-167

图 5-168

图 5-169

图 5-170

动作要领：身体尽可能靠近对方，观察对方身体姿态，抓住时机，提膝顶裆，要求动作要干脆利落，顶膝、抽脱和推颌要动作衔接连贯、一气呵成。

注意事项：膝顶裆部或腹部可以使对方瞬间丧失搂抱反抗的能力，安全员应根据客舱实际情况选择顶膝的力度和部位。膝顶可以主要作为一种伴攻手段运用，起到转移对方注意力，迫使其重心后移的作用，为手臂抽托创造空间或机会。解脱后，及时向对方进行语言劝诫或警告，精神应保持集中，注意观察周围其他人员情况，做好及时应变的准备。

动作视频 5-36
顶膝推颌解脱

练习方法：学生两人进行配合练习，一人为操作手，一人为配手。顶膝是运用此动作能够完成解脱的关键，也是练习该动作的重点和难点。因此，第一阶段，应首先针对"顶膝"动作的动作路线和发力节奏进行空击练习，可采用左、右顶膝结合练习的方式，左右顶膝各一次为一组，每次练习6～8组。第二阶段，在熟练掌握动作要领的基础上，进行两人的配合练习，2～4次为一组，两人互换，练习2～3组。

易犯错误：动作衔接不连贯是学生在练习该动作时比较常见的错误，其主要表现为顶膝后手臂不能及时抽脱，造成动作衔接卡顿。这类错误多是由于学生顶膝速度比较慢、顶膝幅度或力度不足引起的。

纠正方法：学生可通过空击、沙包和两人配合相结合的方法进行练习纠正。通过空击和沙包的练习帮助学生掌握顶膝的速度、力量和发力节奏。在此基础上，通过两人的配合练习可以帮助学生提高对顶膝的时机、方向、力度等动作细节的把控和灵活运用能力。

此外，当被对方由后从两臂外侧搂抱腰部控制时除了顶膝推颌动作外，也可以选择以下方法进行解脱。参考方法：以拳击打其腹部或心窝，以头撞击耳朵、太阳穴、眼角或面部，以脚猛踩或踢击其脚趾、小腿胫骨和脚踝，以腿勾别其支撑腿破坏身体重心。

2.客舱情形二

当航空安全员在处置一般扰乱行为过程中，腰背部被对方由前从两臂内侧搂抱控制时。

技术方法：抬颌夹鼻解脱。

动作过程：当被对方由前从两臂内侧搂抱控制时，首先应迅速屈膝、弓腰降低身体重心，防止被其搂抱摔倒。低头观察对方的身体姿势，根据其头部的位置，选择左手或右手。以对方头部在其身体左侧，左手抬颌夹鼻为例。左手以掌根为着力点，由下往上推、抬对方的下颌位置,迫使其头部后仰;以食指和中指指侧为着力点,向前用力夹、捏对方的鼻子;右手向回拉、抱对方腰背部;左手和右手力向相反,使其因头部充分后仰产生的强烈不适感而松手解脱。如图 5-171～图 5-176 所示。

图 5-171

图 5-172

图 5-173

图 5-174

图 5-175

图 5-176

动作视频 5-37
抬颌夹鼻解脱

动作要领:屈膝弓腰要及时,降低身体重心;根据对方身体姿态,能够迅速做出正确判断;抬颌夹臂时手形和发力方向要正确,两手协调配合发力。

注意事项:若由于对方抱腰位置较高且头部贴于身体较近,不易对其抬颌夹鼻时,可以通过重心下压、顶裆、顶腹、踩脚等技法迫使其身体姿态发生改变,为抬颌夹臂动作实施创造机会。解脱后,及时向对方进行语言劝诫或警告,精神应保持集中,注意观察周围其他人员情况,做好及时应变的准备。

练习方法:学生两人进行配合练习,一人为操作手,一人为配手。第一阶段,先针对手形和部位进行专门练习。方法如下:两人相对站立,互相配合练习抬颌夹臂的手形和部位,左右手交换练习,6～8 次为一组,然后操配手互换练习。第二阶段,两人进行遇抗配合练习,左右手各完成一次为一组,每次练习 2～3 组,然后操配手互换。

易犯错误:动作衔接不连贯是学生练习该动作时比较常见的错误。其主要表现为屈膝弓腰、回拉腰背和抬颌夹臂三个动作之间衔接不流畅,出现动作僵硬卡顿的现象。这类错误多是由于学生动作掌握比较生疏或身体协调配合能力较弱引起的。

此外,当被对方由前从两臂内侧搂抱控制时,除了抬颌夹臂方法外,根据客舱实际情况可以选择采用以下方法进行解脱:以双手拇指指尖顶压对方耳根翳风穴、颈部的天荣穴和下巴两侧颌骨,以两手反拧对方头部,以两手指尖揪抓其大臂后侧肌肉。

(二)背面解脱技术

1. 客舱情形一

当航空安全员在处置一般扰乱行为过程中,腰背部被对方由后从两臂外侧搂抱控制时。

技术方法:屈膝挑臂解脱。

动作过程:当腰背部被对方由后从两臂外侧搂抱控制时,两腿应迅速屈膝半蹲,左右开立,降低身体重心,两肘微外展,臀部后顶,身体前倾;两臂以大臂外侧为着力点随屈膝下蹲之势迅速向上挑臂抬起至胸部的高度;利用屈膝下蹲和手臂上抬的合力迫使对方松手解脱。解脱后应迅速转身撤步成提手戒备式,两眼目视对方,如图 5-177～图 5-180 所示。

图 5-177　　　　　图 5-178　　　　　图 5-179　　　　　图 5-180

动作要领：屈膝下蹲动作要迅速、突然，运用身体突然下蹲的惯性化解对方搂抱的力量，为后续抬臂动作实施做好铺垫；挑臂动作要快速有力，腰腹核心收紧，充分运用背部和肩部肌肉协助发力。

动作视频 5-38
屈膝挑臂解脱

注意事项：若由于搂抱力量较大或者下蹲不及时造成无法降低身体重心进行抬臂时，应采用拍裆的技法配合屈膝挑臂完成解脱。"拍裆"是指以反掌[①]掌面拍击对方裆部的技法。具体方法：根据对方搂抱情况，选择左手或右手进行拍裆，以右手为例。左脚蹬地，身体向右拧腰转胯微侧身的同时，右手以反掌迅速拍击对方裆部，使其因裆部被拍击产生的剧烈疼痛感而向后弓腰收裆，趁机迅速屈膝下蹲并抬臂前撑迫使对方松手解脱。解脱后，及时向对方进行语言劝诫或警告，精神应保持集中，注意观察周围其他人员情况，做好及时应变的准备。

练习方法：学生两人进行配合练习，一人为操作手，一人为配手。屈膝下蹲是运用此动作能够完成解脱的关键，也是练习该动作时的重点和难点。因此，第一阶段，应首先针对"屈膝下蹲"动作进行专门练习，可以采用徒手深蹲的方法，要求下蹲速度要快且突然，8～10 次为一组，练习 2～3 组。第二阶段，在熟练掌握动作要领的基础上，进行两人的配合练习，2～4 次为一组，两人互换，练习 2～3 组。第三阶段，操作手和配手在前一阶段练习的基础上配合拍裆的动作结合练习。

易犯错误：动作衔接不连贯是学生在练习该动作时比较常见的错误。其主要表现为屈膝下蹲不及时，速度较慢，使其动作前后衔接不流畅。这类错误多是由于学生腰腹和腿部力量不足引起的。

纠正方法：学生首先针对腰腹和腿部力量进行专项训练，可采用徒手或负重深蹲、仰卧收腹举腿、俯卧撑等方法。在具备良好的身体力量基础上，采用两人配合练习方法反复练习，提高动作的熟练程度和灵活运用能力。

2. 客舱情形二

当航空安全员在处置一般扰乱行为过程中，腰背部被对方由后从两臂内侧搂抱控制时。

技术方法：挺胯转身解脱。

动作过程：当腰背部被对方由后从两臂内侧搂抱控制时，应迅速屈膝下蹲，降低身体重心，以防止被对方轻易抱起，观察对方的身体姿态以及手臂的位置情况。以左侧转身动作为例。在屈膝降低身体重心的基础上，右脚向前方迈出一大步，右胯部充分向右前方挺胯；身体微后仰以肩后侧挤靠对方头颈部；同时两手俯抓对方左小臂，以虎口为着力点向前、向下用力按压其左小臂；然后趁机向左转身面向对方，两手以掌面向前推压其面部或头颈部，迫使其对方松手解脱，如图 5-181～图 5-187 所示。

---

① 反掌是指手掌直腕内旋至掌心朝外的掌形，多用于反拍、穿插、反插等技法。

图 5-181

图 5-182

图 5-183

图 5-184

图 5-185

图 5-186

图 5-187

动作视频 5-39
挺胯转身解脱

动作要领：身体协调配合一致，屈膝降低重心要及时，向前挺胯要充分；重心移动要稳定，保持身体平衡。

注意事项：若由于对方搂抱力量较大难以进行挺胯转身时，不可蛮力解脱，可以结合拍裆、肘击、后踢、踩脚等技法配合运用。其中"拍裆"是指以反掌掌面拍击对方裆部的技法；"肘击"是运用肘关节向后横击对方的头部或颈部或向后砸击对方的手臂；"后踢"是运用后脚跟由前向后踢击对方的小腿胫骨或裆部；"踩脚"是指以脚踩、跺对方的脚面或脚趾。通过以上技法的合理运用，可以有效地转移对方的注意力，为解脱动作的实施创造机会。解脱后，及时向对方进行语言劝诫或警告，精神应保持集中，注意观察周围其他人员情况，做好及时应变的准备。

练习方法：学生两人进行配合练习，一人为操作手，一人为配手。上步挺胯是运用此动作能够完成解脱的关键，也是练习该动作时的重点和难点。因此，第一阶段，应首先针对"上步挺胯"动作进行专门练习，如胯部和腰部的柔韧性练习，以增加挺胯的幅度和灵活性。第二阶段，进行两人的配合练习，2~4 次为一组，两人互换，练习 2~3 组。第三阶段，操作手和配手在前一阶段练习的基础上配合拍裆、肘击等动作结合练习。

易犯错误：挺胯幅度小是学生在练习该动作时比较常见的错误，其主要表现为身体重心较多挤压在后侧腿，右脚上步距离较小，胯部位移距离较短。这类错误多是由于学生腰背部韧带不足或身体协调性较弱引起的。

纠正方法：学生首先应针对腰背部肌肉韧带进行专项拉伸练习，以增加腰背部的活动幅度。在此基础上，学生可对镜练习和两人配合练习的方法进行逐步纠正和提高。

 提升与拓展

客舱情形：当航空安全员在处置一般扰乱行为过程中，腰背部被对方由肩侧从两臂外侧搂抱控制时。

技术方法：拍裆顶肘解脱。

动作过程：以右肩侧为例。当腰背部被对方由肩侧从两臂外侧搂抱控制时，应以右手掌背为着力点猛力击打对方裆部，迫使其弓腰俯身；同时以右肘尖为着力点向右顶击对方的腹部或胸口的位置，使其因腹部或胸口被顶击瞬间产生的距离疼痛感而向后收腹弓腰；动作不停,顺势向右转身,两手以掌面为着力点向前推拍对方面部或胸部,迫使其仰头、撤步而松手解脱。解脱后,身体迅速向两边方向撤步撑提手戒备式,两眼目视对方,如图 5-188～图 5-195 所示。

图 5-188

图 5-189

图 5-190

图 5-191

图 5-192

图 5-193

图 5-194

图 5-195

动作要领:身体应及时屈膝微蹲,降低身体重心;顶肘发力要快速、突然,发力短促;转身推拍要求动作衔接连贯、动作幅度和发力要充分。

注意事项:如由于被搂抱后顶肘不及时或对方搂抱力量较大,肘关节无法对其顶击时,应结合拍裆和头撞的方法完成解脱。其中"拍裆"是指用反掌掌面拍击对方裆部的技法;"头撞"是指用头侧或头顶磕、撞对方的面部。通过拍裆和头撞的技法可以迅速有效地迫使对方改变身体姿态,为后续解脱动作的实施创造机会。解脱后,及时向对方进行语言劝诫或警告,精神应保持集中,注意观察周围其他人员情况,做好及时应变的准备。

动作视频 5-40
拍裆顶肘解脱

练习方法:学生两人进行配合练习,一人为操作手,一人为配手。顶肘是运用此动作能够完成解脱的关键,也是练习该动作时的重点和难点。因此,在第一阶段,应首先针对"顶肘"动作进行专门练习,可采用"左弓步顶肘"和"右弓步顶肘"交换练习的方式,左右各一次为一组,每次练习 6～8 组。第二阶段,进行两人的配合练习,2～4 次为一组,两人互换,练习 2～3 组。第三阶段,操作手和配手在前一阶段练习的基础上配合拍裆、头撞等动作结合练习。

易犯错误:动作脱节是学生在练习该动作时比较常见的错误。其主要表现为顶肘与转身推拍动作衔接不连贯,动作表现比较僵硬机械。这类错误多是由于顶肘不及时、速度较慢或动作反应迟缓引起的。

纠正方法:首先学生应针对顶肘动作进行专项训练,具体方法可参考上文"练习方法",速度由慢到快,通过练习提高肘部横向移动的能力,熟练掌握顶肘的发力节奏和技巧。其次通过两人配合练习,提高身体快速反应和动作灵活运用的能力。

 组织与训练

(一)集体喂靶练习

学生在实训场馆内成体操队形散开,面对面成两排相对或相向而立,一排学生为配手,另一排学生为操作手。教师统一组织,配手根据教师下达的指令进行抱腰控制,操作手根据配手抱腰的方式迅速做出相应解脱动作。操作参考：两名学生相对而立，教师下达"双手正面抱其腰臂"的口令，配手迅速向前抱其腰臂，听到教师的哨音后，操作手统一按照相应动作进行解脱，完成后保持戒备式，然后还原立正姿势，根据教师口令进行互换练习。

（二）分组反应练习

学生在实训场馆内进行腰背部解脱的分组反应练习。教师将学生分成两人一组，一名学生为操作手，另一名为配手。第一阶段，教师先指定正面或是背面搂抱，练习时配手根据教师要求随即选择搂抱动作，操作手迅速做出相应的动作反应。操作参考：教师下达"正面搂抱"的口令，配手听到口令后随即选择一种正面的搂抱方式，操作手迅速做出相应动作快速解脱。第二阶段，学生针对正面或背面随机搂抱的方式进行练习。操作参考，听到教师的"开始"的口令或哨音后，配手随机选择一种正面或背面搂抱的形式，操作手根据配手搂抱的方位和部位迅速做出解脱动作。听到教师"停"的口令或哨音后，学生迅速还原立正姿势。

四、头颈部被抓的解脱技术

1. 客舱情形一

当航空安全员在处置一般扰乱行为过程中，颈部被对方从身前单手掐锁控制时。

技术方法：折腕推掌解脱。

动作视频 5-41
折腕推掌解脱

动作过程：当颈部被对方从身前单手掐锁控制时（以对方右手掐锁为例），应迅速低头收颌，以下颌为着力点扣压对方右手虎口处；同时左手俯抓其右手，拇指扣压其无名指和小拇指骨缝处，其余四指握扣其拇指与掌根处，五指合力由内而外反拧其手腕部；动作不停，右脚向前上步的同时右手成立掌向前推出，用掌心或掌根处猛力击打对方胸口处，使其因腕部和胸口产生的剧烈疼痛感而松手解脱。解脱后，迅速向后撤步成提手戒备式，两眼目视对方，如图 5-196～图 5-200 所示。

图 5-196　　　　图 5-197　　　　图 5-198　　　　图 5-199

图 5-200

动作要领：被掐锁颈后应迅速低头收颌，以起到保护颈部的作用；左手扣握部位要准确，反拧要快速有力；右手推掌要发力短促；收颌、反拧和上步推掌动作衔接连贯，一气呵成。

注意事项：若由于动作反应不及时或对方手臂力量较大难以对其形成有效的抓腕反拧时，应迅速将上步推掌动作变为上步挂肘迫使其腕部反拧而松手解脱。其中，"上步挂肘"是指肘关节随上步转身拧腰之势以肘尖为着力点挂压对方小臂的技法。具体做法：左手抓扣对方右手向外反拧的同时，右脚向左前方上步，身体向左转身，肘关节随拧腰转身之势以肘尖为着力点挂压对方小臂。解脱后，及时向对方进行语言劝诫或警告，精神应保持集中，注意观察周围其他人员情况，做好及时应变的准备。

练习方法：学生两人进行配合练习，一人为操作手，一人为配手。抓腕反拧是运用此动作能够完成解脱的关键，也是练习该动作时的重点和难点。因此，第一阶段，应首先针对"抓腕反拧"动作进行专门练习，可采用"右脚上步左手反拧"和"左脚上步右手反拧"交换练习的方式，左右各一次为一组，每次练习6~8组。第二阶段，学生进行动作整体的配合练习，2~4次为一组，两人互换，练习2~3组。第三阶段，操作手和配手在前一阶段练习的基础上配合上步挂肘动作结合练习。

易犯错误：抓腕手形和部位不正确是学生练习该动作时比较常见的错误。这类错误多是由于学生没有掌握抓腕的动作要领引起的。

纠正方法：教师通过示范讲解法帮助学生理解抓腕反拧的原理，通过配合练习掌握抓腕的动作要领。此外，当被对方由前单手掐锁颈部时除了以上解脱方法外，根据客舱实际情况还可以选择以下方法：左手抓腕反拧以右手掌根为着力点推、砍其腕部、肘部或肱二头肌，以右脚或左脚前脚掌搓提对方的胫骨。

2. 客舱情形二

当航空安全员在处置一般扰乱行为过程中，颈部被对方从身前双手掐锁控制时。

技术方法：俯身撞面解脱。

动作过程：当颈部被对方从身前双手掐锁颈部时，应迅速低头收颔，以下颔为着力点扣压对方右手虎口处；双手迅速俯抓对方腕部或小臂，沉肩坠肘，向下拽拉；同时，右脚疾上步，重心移至前脚，以头前额为着力点随身体前倾俯身之势磕撞对方面部，使其因面部被磕撞产生的剧烈疼痛感而松手，随即双手向前平推其胸部或面部完成解脱。解脱后，迅速向后撤步成提手戒备式，两眼目视对方，如图5-201~图5-206所示。

图 5-201

图 5-202

图 5-203

图 5-204

图 5-205

图 5-206

动作要领：被掐锁颈后应迅速低头收颔，以起到保护颈部的作用；双手俯抓要及时有力，以达到控制和牵制对方手臂目的，为后续动作的施展做好铺垫。

注意事项：若由于动作反应不及时或对方头部位置距离较远难以磕撞其面部时，应及时运用左顶膝或右顶膝的技法对其裆部或腹部进行顶击，使其被迫弓腰俯身之际迅速俯身磕撞其面部。若对方在掐锁颈部时手臂姿态为伸直或微屈时，加之对方掐锁力量较大时，应趁其不备之际以右脚或左脚前脚掌搓提对方的胫骨，同时以右小臂或左小臂尺骨内侧借助拧腰转身的力量左右横向推挡其小臂或肘关节，迫使其

动作视频5-42
俯身撞面解脱

松手解脱(也可在搓踢后趁其不备迅速上步俯身磕撞其面部)。解脱后,及时向对方进行语言劝诫或警告,精神应保持集中,注意观察周围其他人员情况,做好及时应变的准备。

练习方法：学生两人进行配合练习,一人为操作手,一人为配手。疾上步俯身是运用此动作能够完成解脱的关键,也是练习该动作时的重点和难点。因此,第一阶段,应首先针对"疾上步俯身"动作进行专门练习,可采用"右疾上步俯身"和"左疾上步俯身"交换练习的方式,左右各一次为一组,每次练习 6～8 组。第二阶段,学生进行动作整体的配合练习,2～4 次为一组,两人互换,练习 2～3 组。第三阶段,操作手和配手在前一阶段练习的基础上配合顶膝、推挡、搓踢等动作结合练习。在配合练习过程中应注意动作的速度和力量,以免造成同伴受伤。

易犯错误：双手握臂不牢是学生练习该动作时比较常见的错误。其主要表现为被掐锁颈部时双手俯抓其手臂的力量较小,难以形成对其手臂的有效控制和牵制。这类错误多是由于学生手臂力量较弱或发力点不正确引起的。

纠正方法：学生应首先针对手指的抓握力量进行专项练习,如抓握单杠悬吊、手指握力器或者五指撑地俯卧撑。在此基础上,学生通过进行整体动作的配合练习,逐步熟练掌握动作要领和发力技巧。

3. 客舱情形三

当航空安全员坐在客舱过道左侧指定位置上,颈部被对方从座椅后侧勒颈控制时。

技术方法：转身扳肘解脱。

动作视频 5-43
转身扳肘解脱

动作过程：当颈部被对方从座椅后侧用右小臂勒颈控制时,应迅速低头收颌,以下颌为着力点抵住对方的腕部或小臂;左手迅速抓握对方右小臂或腕部,同时右手迅速解开安全带,双手猛力向下拽拉其右臂的同时两脚蹬地,借助背部顶靠座椅靠背的力量,身体顺势向右翻转起身;同时左手紧抓其腕部,右手顺势向右扳肘,使其因右肘关节被反拧产生的剧烈疼痛感而松手解脱。解脱后迅速将其推开,身体向后撤步成提手戒备式,两眼目视前方,如图 5-207～图 5-211 所示。

图 5-207　　　　图 5-208　　　　图 5-209　　　　图 5-210

图 5-211

动作要领：身体要协调配合一致,拉拽小臂、蹬地转身和扳肘动作之间要衔接连贯、协调发力;动作反应要迅速,能充分运用座椅靠背的反作用力完成迅速转身。

注意事项：若由于动作不及时或对方勒颈力量较大难以转身时,应采用反掌戳击的方法配合转身扳肘解脱。其中"反掌戳击"是指以反掌指尖为着力点向后反插对方面部的技法。具体做法:先观察或感知对方的头部位置,以左侧为例。右手紧抓其小臂或腕部,下颌用力收紧,左手挪开后以反掌向后反插,可以攻击对方面部或眼睛,也可以作为一种佯攻的手段,转移或牵制对方的注意力,趁其不备之际,迅速蹬地转身扳肘完成解脱。解脱后,及时向对方进行语言劝诫或警告,精神应保持集中,注意观察周围其他人员情况,做好及时应变的准备。

练习方法：学生两人进行配合练习,一人为操作手,一人为配手。蹬地转身是运用此动作能够完成解脱的关键,也是练习该动作时的重点和难点。因此,第一阶段,应首先针对"蹬地转身"动作进行专门练习,主要采用配合练习的方法进行实操练习,过程中应放慢速度节奏,充分感受蹬地借力、背靠肩顶、重心移动等动作细节。第二阶段,学生进行动作整体的配合练习,2~4次为一组,两人互换,练习2~3组。

易犯错误：动作姿态不正确是学生练习该动作时比较常见的错误,其主要表现为蹬地起身幅度较小或不明显,身体过于前倾或直立。这类错误多是由于学生没有掌握动作要领或身体协调性较弱引起的。

纠正方法：学生在理解解脱原理的基础上进行两人配合练习纠正,动作速度由慢到快,逐步形成正确的肌肉记忆。

4.客舱情形四

当航空安全员坐在客舱过道左侧指定位置上,颈部被对方从体侧双手掐颈控制时。

技术方法：顶肘折臂解脱。

动作过程：当颈部被对方从肩侧双手掐锁控制时(以右肩侧为例)。应迅速低头收颌,以下颌为着力点抵住对方右手虎口的位置;左手迅速抓住对方的右腕部或小臂,并向下用力拉拽,右手迅速解开安全带;动作不停,右臂屈肘夹臂放于胸腹部,右脚趁机向座椅外侧迈出一步,约一脚的距离;两脚蹬地起身的同时以右肘尖为着力点向右上方顶击对方右肋部中端靠上的位置;动作不停,右手仰抓其肘关节向内回拉抬肘,左手抓腕向外、向右反拧,两手合力将其折臂,使其被迫松手解脱。解脱后,迅速向后撤步成提手戒备式,两眼目视对方,如图5-212~图5-217所示。

图 5-212

图 5-213

图 5-214

图 5-215

图 5-216

图 5-217

动作要领：低头收颌要及时,以保护自己颈部位置;左手抓腕要迅速,以控制其右手臂;右手顶肘与左手拉臂力向要一致,以缩短攻击距离,增加击打力度;起身、拉肘、折臂动作协调

动作视频 5-44
顶肘折臂解脱

连贯,一气呵成。

注意事项:若由于动作不及时或对方勒颈时身体位置较远难以进行有效顶肘时,可采用垂掌弹裆和顶推下颌的方法完成解脱。其中"垂掌弹裆"是指以指背为着力点,通过抖腕弹指击打对方裆部的技法;"顶推下颌"是指以仰掌掌心或掌根为着力点向前向上顶推对方下颌的技法。具体做法:左手抓握右臂向左、向下拉拽的同时,先观察对方的身体姿态和裆部位置,趁其不备时以垂掌指背为着力点通过甩臂抖腕弹击对方的裆部,然后顺势蹬地起身以仰掌顶推对方的下颌,迫使其松手解脱。解脱后,及时向对方进行语言劝诫或警告,精神应保持集中,注意观察周围其他人员情况,做好及时应变的准备。

练习方法:学生两人进行配合练习,一人为操作手,一人为配手。顶肘是运用此动作能够完成解脱的关键,也是练习该动作时的重点和难点。因此,第一阶段,应首先针对"顶肘"动作进行专门练习,可采用"左弓步顶肘"和"右弓步顶肘"交换练习的方式,左右各一次为一组,每次练习 6~8 组。第二阶段,学生进行动作整体的配合练习,2~4 次为一组,两人互换,练习 2~3 组。

易犯错误:动作脱节是学生练习该动作时比较常见的错误。其主要表现为拉臂与顶肘、顶肘与折臂动作连摆之间衔接较慢,动作姿态表现比较僵硬机械。这类错误多是由于学生没有动作反应迟缓或者身体协调配合能力较弱引起的。

纠正方法:学生可通过分解练习的方法进行逐一纠正。练习过程中将"拉臂与顶肘"及"顶肘与折臂"进行专项练习,单项组合逐渐熟练后可进行动作的整合练习。

5.客舱情形五

当航空安全员在处置一般扰乱行为过程中,头部被对方从身后抓头发控制时。

技术方法:转身折腕解脱。

动作视频 5-45
转身折腕解脱

动作过程:当头部被对方从身后抓法控制时(以对方右手为例),应迅速屈膝微蹲,同时两手迅速用力抓握其右手将其固定,虎口相对圈握其腕部;动作不停,身体向右后猫腰转身,左脚随即向前上步,两脚左右开立;动作不停,头部向上缓缓抬起使对方右臂被反拧折腕,使其因腕部和肘关节产生的剧烈疼痛感而松手解脱。解脱后迅速撤步成提手戒备式,两眼目视对方,如图 5-218~图 5-222 所示。

图 5-218

图 5-219

图 5-220

图 5-221

动作要领:由后被抓头发后应及时扣手抓腕控制,同时屈膝微蹲,腰背尽量保持直立,身体不要过于前倾,以免增加头皮受伤的危险性;扣手抓腕和猫腰转身动作要协调一致,上下相随;转身过程中保持两手紧扣其腕部。

注意事项:当转身过程中对方右臂屈臂拉扯头发时,不要蛮力解脱,以免造成头部皮肤的损伤。应保持沉着冷静,保持弯腰低头的同时,通过对方腕部姿态判断是手臂的状态,大拇指侧为手臂内侧,小拇指侧为手臂外侧。趁其不备用手迅速揪抓对方大臂内侧肌肉,瞬间剧烈的疼痛感迫使其松手解脱。此外,在运用方法过程中,可以根据客舱实际情况选择转身折腕的方向。解脱后及时向对方进行语言劝诫或警告,精神应保持集中,注意观察周围其他人员情况,做好及时应变的准备。

此方法也可用于头部被对方由身后双手抓头发控制时的解脱。操作方法相同,猫腰转身后即可使其两手被交叉反拧,从而产生剧烈的疼痛感迫使其松手解脱。

图 5-222

练习方法:学生两人进行配合练习,一人为操作手,一人为配手。扣手抓腕转身是运用此动作能够完成解脱的关键,也是练习该动作时的重点和难点。因此,第一阶段,应首先针对"扣手抓腕转身"动作进行专门练习,可采用"扣手抓腕左转身"和"扣手抓腕右转身"交换练习的方式,左右各一次为一组,每次练习 6~8 组。第二阶段,学生进行动作整体的配合练习,2~4 次为一组,两人互换,每次练习 2~3 组。

易犯错误:动作脱节是学生在练习该动作时比较常见的错误。其主要表现为扣手抓腕、猫腰转头和折腕动作不连贯,衔接不流畅。这类错误多是由于学生动作比较生疏或身体不协调引起的。

纠正方法:学生通过对镜子徒手练习和两人实操配合练习的方法予以纠正。

6. 客舱情形六

当航空安全员在处置一般扰乱行为过程中,头被对方从身前抓头发控制时。

技术方法:俯身折腕解脱。

动作过程:当头被对方从身前抓头发控制时(以右手抓头发为例),应屈膝微蹲降低身体重心,身体略向前倾与对方拉扯的力向相同,同时双手成钳状迅速抓握对方的右腕部,以减轻对头发的拉扯;动作不停,双手抓腕扣压的同时迅速俯身,头部前倾,使其腕部被折压瞬间产生剧烈的疼痛感迫使其松手解脱。解脱后,迅速撤步成提手戒备式,两眼目视对方,如图 5-223~图 5-228 所示。

图 5-223

图 5-224

图 5-225

图 5-226

图 5-227

图 5-228

动作视频 5-46
俯身折腕解脱

动作要领：身体协调配合，抓腕和俯身折压动作要协调一致，一气呵成。

注意事项：俯身越低，对其折腕的力量就越大，疼痛感越明显。若由于动作不及时或对方抓握力量较强难以对其直接进行俯身折压腕部时，应通过语言沟通或击打痛点的方式转移其注意力。其中"击打痛点"的方法参考：趁其不备以前脚掌搓踢对方小腿胫骨，以脚尖弹踢对方裆部或腹部。在此方法的基础上，迅速压低身体重心对其腕部猛力折压，迫使其松手解脱。解脱后及时向对方进行语言劝诫或警告，精神应保持集中，注意观察周围其他人员情况，做好及时应变的准备。

练习方法：学生两人进行配合练习，一人为操作手，一人为配手。"上折腕"是运用此动作能够完成解脱的关键，也是练习该动作时的重点和难点。因此，在初级阶段练习时，学生应针对"上折腕"动作进行专项练习，要求动作规范，要领正确，左右手折腕各一次为一组，每次练习 4～6 组。第二阶段，学生进行动作整体的配合练习，2～4 次为一组，两人互换，每次练习 2～3 组。

易犯错误：折腕不充分是学生练习该动作时比较常见的错误。其主要表现为折腕幅度较小或痛点不明显。这类错误多是由于学生抓腕手形不正确或动作姿态不规范引起的。

纠正方法：学生可通过配合练习的方法进行纠正。纠正时应注意抓握手腕的手形要正确，即两手虎口圈握其腕部，俯身下压时尽可能降低身体重心，头部向前向下顶压手指，同时两拇指向上推其掌心。

 提升与拓展

客舱情形：当航空安全员在处置一般扰乱行为过程中，颈部被对方由身后勒颈控制时。

技术方法：推肘转身解脱。

动作视频 5-47
推肘转身解脱

动作过程：当颈部被对方由身后勒颈控制时（以右手勒颈为例），首先以左手俯抓其右小臂，向下拉拽，同时右手以仰掌由下向上推其肘关节，头部顺势向左摆头侧倾；上下相随，身体由外向内逆时针旋转，将头部从对方右臂腋下脱开；双手迅速向前推打对方背部将其推开。解脱后，迅速向后撤步成提手戒备式，两眼目视对方，如图 5-229～图 5-233 所示。

图 5-229

图 5-230

图 5-231

图 5-232

图 5-233

动作要领：被勒颈后应及时左手抓握对方腕部，右手向上推肘，两手协调配合发力；抓臂、推肘和转身三个动作之间连摆衔接要连贯，一气呵成；重心要稳，保持身体平衡。

注意事项：被对方由后勒颈后，若动作反应不及时或对方向后勒颈拉扯力量较大时，应及时调整身体姿态，尽可能保持身体平衡的同时，要善于观察对方的身体姿势，寻找能够快速解脱的机会。当对方贴身体较近时，可选择以左右后顶肘击打对方的两侧肋部，以左右后摆肘击打对方的头部,以垂掌弹击或反掌揪抓对方裆部。解脱后,及时向对方进行语言劝诫或警告,精神应保持集中,注意观察周围其他人员情况,做好及时应变的准备。

练习方法:学生两人进行配合练习,一人为操作手,一人为配手。抬肘转身是运用此动作能够完成解脱的关键,也是练习该动作时的重点和难点。因此,第一阶段,应首先针对"抬肘转身"动作进行专门练习,可采用"左转身抬肘"和"右转身抬肘"交换练习的方式,左右各一次为一组,每次练习6~8组。第二阶段,学生进行动作整体的配合练习,2~4次为一组,两人互换,练习2~3组。

易犯错误:身体重心不稳是学生在练习该动作时比较常见的错误。其主要表现为被勒颈后和转身解脱时身体比较容易失去平衡,出现重心不稳的现象。这类错误多是由于学生没有牢固掌握动作要领及身体平衡能力较弱引起的。

纠正方法:教师通过示范讲解的方法帮助学生理解动作解脱的原理,学生经过反复练习后逐步掌握正确的动作要领。在此基础上,学生可以针对平衡能力进行基础训练和专项训练。可采用单脚支撑、平衡垫、平衡板等单人练习方法,也可两人配合进行"勒颈转身"专项训练。

组织与训练

(一)集体喂靶练习

学生在实训场馆内成体操队形散开,面对面成两排相对或相向而立,一排学生为配手,另一排学生为操作手。教师统一组织,配手根据教师下达的指令进行头颈部控制,操作手根据配手掐锁颈部的方式迅速做出相应解脱动作。操作参考:两名学生相对而立,教师下达"双手正面掐锁颈部"的口令,配手迅速向前掐锁颈部,听到教师的哨音后,操作手统一按照相应动作进行解脱,完成后保持戒备式,然后还原立正姿势,根据教师口令进行互换练习。

(二)分组反应练习

学生在实训场馆内进行头颈部解脱的分组反应练习。教师将学生分成两人一组,一名学生为操作手,另一名为配手。第一阶段,教师先指定正面或是背面,练习时配手根据教师要求随即选择头颈部的控制动作,操作手迅速做出相应的动作反应。操作参考:教师下达"正面掐锁颈部"的口令,配手听到口令后随即选择一种正面掐锁颈部的动作,操作手迅速做出相应动作快速解脱。第二阶段,学生随机掐锁颈部的方式和方位进行反应练习。操作参考:听到教师的"开始"的口令或哨音后,配手随机选择一种正面或背面掐锁颈部的动作,操作手根据配手搂抱的方位和部位迅速做出解脱动作。听到教师"停"的口令或哨音后,学生迅速还原立正姿势。

第四节　客舱解脱控制技术

客舱解脱控制技术是指飞行中行为人以锁扼、搂抱、推搡、拉扯等行为对机组人员或乘客进行人身纠缠和攻击,在沟通劝说无效的情况下为维护客舱秩序,保障客舱安全,航空安全员快速反应化解控制的同时转而运用擒拿技巧反控制对方的技能。

客舱解脱控制技术是在客舱解脱技术的基础上运用控制技巧进一步约束限制行为人的活动,其技术运用具有隐蔽性、小幅度、灵活性、实用性、针对性的特点。在客舱执勤过程中,航空安全员通过合理运用客舱解脱控制技术可以及时控制行为人,避免事件事态升级和矛盾激化,对维护客舱秩序的稳定具有积极的作用和意义。客舱解脱控制技术是客舱徒手控制技术的重要组成部分,是航空安全员客舱执勤工作中的必备技能。

结合客舱常见扰乱行为的案例情景,本节主要针对胸部、头颈部和腰背部三个人体部位的解脱控制技术进行分析和阐述。

一、胸部解脱控制技术

(一) 胸部正面单手抓衣领的解脱控制技术

客舱情形:航空安全员在处置扰乱行为过程中,行为人情绪激动,突然以单手俯抓航空安全员胸部衣领,经反复语言劝阻和警告无效时。

技术方法:旋拧折腕控制。

动作过程:当胸部被对方从正面单手俯抓衣领时(以右手抓胸为例),两手成钳状抓握对方右腕部,左手俯抓其手背,拇指向内扣压其无名指和小拇指骨缝处,其余四指握扣其拇指根和掌根处向外旋拧;右手仰抓其手心,拇指扣握掌沿外侧;两手合力逆时针旋拧其手腕至掌心向上,同时左脚向左撤一步成左弓步,身体略向前倾配合双手折腕,使其因腕部产生的剧烈疼痛而被控制,如图 5-234~图 5-237 所示。

图 5-234　　　　　图 5-235　　　　　图 5-236　　　　　图 5-237

动作视频 5-48
旋拧折腕控制

动作要领:双手抓腕要迅速、及时,抓握有力,手形正确;两手配合旋拧,协调一致,力向相同;配合撤步进行折腕,增加折腕幅度和力度。

注意事项:针对单手俯抓胸部衣领,双手旋拧时既可以向左也可以向右旋拧,动作相同,方向相反。航空安全员应根据客舱综合情况进行灵活运用。

若由于抓腕不及时或对方抓握力量较强难以对其形成有效旋拧折腕时,应通过以前脚掌搓踢小腿胫骨、脚尖弹踢裆部等转移注意力的方法配合旋拧折腕。参考方法如下:在双手抓腕的基础上,先观察对方的身体姿态迅速做出正确判断,趁其不备用右前脚掌向前搓踢对方左小腿胫骨,趁其低头收腿之际,迅速顺势向后撤步旋拧折腕,并同时增加撤步的幅度,以增加折腕的力度。

若由于对方及时屈臂回拉难以直接对其旋拧折腕时,不可蛮力旋拧,应及时改变方法和技巧对其控制。参考方法如下:左手及时扣抓其右手心和腕部,右脚突然迅速搓踢对方小腿胫骨,趁其不备之际,左手向外旋拧腕部的同时,右手仰抓其右肘关节向内、向上扳拉,两手合力使其右肘向外反拧,将其控制。

航空安全员将其控制的同时应精神集中,保持警惕,注意观察周围情况,协同配合机组其他成员,随时做好应变的准备。

练习方法:学生两人进行配合练习,一人为操作手,一人为配手。"双手旋拧"是运用此动作能够完成解脱的关键,也是练习该动作时的重点和难点。因此,在初级阶段练习时,应首先针对"双手旋拧"动作进行专门练习,采用"左旋拧"和"右旋拧"配合练习的方法,左右各一次为一组,每次练习 6~8 组。第二阶段,学生进行动作整体的配合练习,2~4 次为一组,两人互换,每次练习 2~3 组。熟练掌握动作要领的基础上,进行直臂、屈臂单手抓衣领的综合练习,以强化动作熟练程度,提高动作的灵活运用能力。

易犯错误:不能对其手臂形成有效旋拧是学生在练习该动作时比较常见的错误,其主要表现为旋拧时其手臂没有被旋拧或不明显。这类错误多是由于学生抓腕手形不正确引起的。

纠正方法:先由教师通过示范讲解的方法帮助学生理解控制原理和抓握要领。在此基础上,学生通过徒手和配合练习相结合的方法进行反复练习和纠正。

(二)胸部正面双手抓衣领的解脱控制技术

客舱情形:航空安全员在处置扰乱行为过程中,行为人情绪激动,突然以双手俯抓航空安全员胸部衣领,经反复语言劝阻和警告无效时。

技术方法:砸肘别臂解脱控制。

动作过程:当胸部被对方从正面双手抓握衣领时;左腿提膝顶击对方裆部,剧烈疼痛感迫使其弓腰俯身,同时两手松开抓握;动作不停,右手迅速扣握对方右手将其向右旋拧挪开,使其手臂反拧;动作不停,左脚迅速上步,以左手小臂着力点随转身拧腰之势砸击对方右肘关节外侧,使其肘关节反向反关节,同时右手折其右腕部,根据客舱空间位置可以将其顺势用力按压在座椅或靠背处,将其控制,如图5-238~图5-242所示。

动作视频5-49
砸肘别臂解脱控制

图 5-238　　　　图 5-239　　　　图 5-240　　　　图 5-241

动作要领:身体协调配合,动作连贯,抓腕反拧、上步转身和砸肘动作衔接连贯、一气呵成。

注意事项:提膝顶裆的动作既可以作为攻击手段,也可作为佯攻手段。作为攻击手段时应特别注意对裆部顶击力量的把控,小幅度、小力量、快速度的膝顶即可达到转移对方注意力,减小双手抓握力量的目的。除了顶膝,也可选择以直掌戳击其两肋部,以前脚掌搓踢其小腿胫骨,以手掌拍击面部。航空安全员将其控制的同时,应精神集中,保持警惕,注意观察周围情况,协同配合机组其他成员,随时做好应变的准备。

图 5-242

练习方法:学生两人进行配合练习,一人为操作手,一人为配手。"转身砸肘"是运用此动作能够完成解脱的关键,也是练习该动作时的重点和难点。因此,第一阶段,应首先针对"转身砸肘"动作进行专门练习,采用"左转身砸肘"和"右转身砸肘"配合练习的方法,左右各一次为一组,每次练习6~8组。第二阶段,学生进行动作整体的配合练习,2~4次为一组,两人互换,每次练习2~3组。

易犯错误:砸肘不充分或不明显是学生在练习该动作时比较常见的错误,其主要表现为上步转身对肘部进行反关节砸压时身体重心较高,使其肘关节被压制力量较小。这类错误多是由于学生没有掌握砸肘控制的动作要领引起的。

纠正方法:学生可在教师的帮助下理解砸肘控制的原理和动作要点,在此基础上,学生先进行对镜徒手练习,动作速度由慢到快,注意力集中,以"假象实战"的方法认真练习,揣摩动作要领,熟悉动作路线和连摆节奏。逐步熟练后结合配合练习的方法进行纠正练习。

提升与拓展

客舱情形:航空安全员坐在客舱过道左侧指定的位置,胸部突然被对方从正面抓住衣领,经反复语言劝阻和警告无效时。

技术方法:弹裆扳肘解脱控制。

动作过程:当坐在位置,胸部被对方由身前(右前方)右手抓握衣领时,首先应及时解开安全带,左手迅速顺抓其腕部控制其右手,同时以右手指背猛力弹击对方裆部,迫使其弓腰俯身;动作不停,右手迅速仰抓其肘关节,猛力回拉、上抬,迫使其肘部反关节,将其控制,如图 5-243~图 5-249 所示。

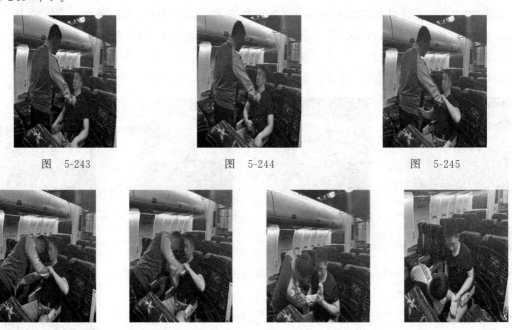

图 5-243　　　　图 5-244　　　　图 5-245

图 5-246　　图 5-247　　图 5-248　　图 5-249

动作视频 5-50
弹裆扳肘解脱控制

动作要领:被抓后反应要迅速,及时解开安全带的同时应迅速抓握其腕部;身体协调配,动作衔接要连贯协调、一气呵成;弹裆时应充分借助腕部弹抖的力量;扳肘别臂后迅速将其按压在较低位置,进一步缩小其活动范围,限制其活动能力。

注意事项:在客舱环境中应根据对方站立位置和身体姿态对方站立位置不同灵活地选择不同的击打部位和击打方法,为后续扳肘控制创造条件。击打方法除了弹击裆部外还可以选择以拳击其腹部或胸口;在将其完全控制后,应精神集中,保持警惕,注意观察周围情况,协同配合机组其他成员,随时做好应变的准备。

练习方法:学生两人进行配合练习,一人为操作手,一人为配手。"抓腕弹裆"是运用此动作能够完成解脱的关键,也是练习该动作时的重点和难点。因此,在初级阶段练习时,应首先针对"抓腕弹裆"动作进行专门练习,可采用徒手单人练习和客舱实操配合练习的相结合练习方法。

易犯错误:动作脱节,弹裆和扳肘发力不充分是学生练习该动作时比较常见的错误,其主要表现为动作衔接速度较慢、肢体动作比较机械僵硬、动作伸展幅度比较局限。

纠正方法：学生在掌握动作要领的基础上，结合徒手单人练习和两人配合练习的方法进行纠正。

组织与训练

（一）集体喂靶练习

学生在实训场馆内成体操队形散开，面对面成两排相对或相向而立，一排学生为配手，另一排学生为操作手。教师统一组织，配手根据教师下达的指令进行胸部抓衣领控制，操作手根据配手抓胸的方式迅速做出相应解脱控制动作。操作参考如下：两名学生相对而立，教师下达"右手正面抓衣领"的口令，配手向前右手抓住操作手胸部衣领，听到教师开始的哨音后，操作手统一按照相应动作进行解脱控制，听到教师结束的哨音后，操、配手还原立正姿势，根据教师口令进行互换练习。

（二）分组反应练习

学生在实训场馆内进行胸部解脱控制的分组反应练习。教师将学生分成两人一组，一人为操作手，另一人为配手。第一阶段，配手根据教师要求随即选择胸部的控制动作，操作手迅速做出相应的动作反应。操作参考：教师下达"正面单手抓握胸脯"的口令，配手听到口令后随即选择一种正面抓握胸脯的动作，操作手迅速做出相应的解脱控制动作。第二阶段，学生随机抓握胸脯的方式进行反应练习。操作参考：听到教师的"开始"的口令或哨音后，配手随机选择一种正面抓握胸脯的动作，操作手根据配手抓握的方法迅速做出解脱控制动作。听到教师"停"的口令或哨音命令后，学生迅速还原立正姿势。

二、头颈部解脱控制技术

（一）头部被抓头发解脱控制技术

1. 客舱情形一

航空安全员在处置扰乱行为过程中，行为人情绪激动，突然由身后以单手抓住航空安全员头发进行拉扯，经反复语言劝阻和警告无效时。

技术方法：转身旋压别臂解脱控制。

动作过程：当被对方由身后单手抓握头发进行拉扯时（以对方右手抓为例），应屈膝微蹲，降低身体重心，两手迅速扣抓对方右手腕部，对其右手进行迅速控制，以减小拉扯对头部的伤害；身体原地向左猫腰转身180°，造成对方手臂和腕部被反拧折腕，使其因被反拧产生的疼痛感而减轻抓握头发的力量；动作不停，右手以肘关节内侧为着力点向上猛力挑击使其手臂弯曲，右手顺势抓握肩膀；左手随身体拧腰转体之势将对方小臂推至背部上端（越靠近上端，手臂折叠越充分，控制质量越高）；两手合力将其压制于座椅或地面位置较低处，缩小活动范围，限制肢体活动能力，如图5-250~图5-255所示。

图 5-250

图 5-251

图 5-252

图 5-253　　　　　　　图 5-254　　　　　　　图 5-255

动作视频 5-51
转身旋压别臂
解脱控制

动作要领：身体协调一致，扣握腕部、转身旋压、挑肘别臂三个动作衔接要连贯流畅；转身旋压时双手要紧扣其腕部，防止其脱手；提拉肘关节时抓握部位和手形要正确；折臂要充分。

注意事项：头部由身后被抓头发时腰背要尽量立直，不要向前与之较劲，避免被向后拉扯时造成头发断裂或头皮受伤。双手及时扣握其腕部的同时，应根据对方身体方位、姿势及客舱空间情况，选择转身旋压的方向。在将其完全控制后，应精神集中，保持警惕，注意观察周围情况，协同配合机组其他成员，随时做好应变的准备。

练习方法：学生两人进行配合练习，一人为操作手，一人为配手。"转身旋压"和"挑肘别臂"是运用此动作能够完成解脱的关键，也是练习该动作时的重点和难点。因此，第一阶段，应首先针对"转身旋压"和"挑肘别臂"动作进行专门练习。针对"转身旋压"动作，学生可以先进行原地的徒手单人练习，左转身旋压和右转身旋压各一次为一组，每次练习 4～6 组，动作速度由慢到快。针对"拉肘别臂"动作，学生先进行"上步转身"的徒手单人练习，左右各一次为一组（左脚上步转身和右脚上步转身），每次练习 4～6 组。第二阶段，学生可进行整体动作的配合练习，每人左右转身各一次为一组，然后交换练习，每次练习 4～6 组。

易犯错误：动作脱节是学生练习该动作时比较常见的错误，其主要表现为转身旋压、上步转身和拉肘折臂动作衔接不流畅，身体重心不稳，动作比较僵硬卡顿，动作姿态不规范。这类错误多是由于学生动作熟练程度不够引起的。

纠正方法：学生首先在理解动作原理的基础上，通过练习逐步规范动作姿态，熟练掌握动作要领。

2. 客舱情形二

航空安全员在处置扰乱行为过程中，行为人情绪激动，突然由正前方以单手抓住航空安全员头发进行拉扯，经反复语言劝阻和警告无效时。

技术方法：俯身折腕解脱控制。

动作过程：当被对方由身前单手抓握头发进行拉扯时（以对方右手抓为例），应屈膝微蹲，降低身体重心，两手成钳状迅速扣抓对方右手腕部，两拇指抵推右手心，其余手指紧扣腕部和手背处。右脚向后撤出约自身三倍脚长的距离，两腿屈膝下蹲，两手向内、向下拉拽右腕部，头部配合双手向前、向下顶压手指，身体合力造成对方右腕部被向上反关节折腕，使其右手因腕部产生的剧烈疼痛感而松开；动作不停，双手继续保持抓腕折腕状态，右脚向后撤一步，微调重心的同时身体向右转身，双手顺势向后、向下牵拉其腕部，迫使其俯身趴下；动作不停，以左膝关节跪压其右肩部，同时继续保持对右臂折腕，将其控制，如图 5-256～图 5-261 所示。

图 5-256

图 5-257

图 5-258

图 5-259

图 5-260

图 5-261

动作要领：抓扣腕部要及时、手形要正确；撤步、俯身、折腕动作衔接要连贯流畅，一气呵成；重心要平稳，保持身体平衡。

注意事项：若由于动作反应不及时或对方拉扯力量较大难以对其进行俯身折腕时，不要蛮力与之较劲，以免造成头部受伤，保持头脑冷静，及时灵活应变。在不断与之语言沟通的同时，伺机观察对方身体姿势，趁其不备可踢击对方的小腿胫骨，瞬间的疼痛感会使其减小手部拉扯的力量。动作不停，趁其机会迅速屈蹲折腕将其控制。在将其完全控制后，应精神集中，保持警惕，注意观察周围情况，协同配合机组其他成员，随时做好应变的准备。

动作视频 5-52
俯身折腕解脱控制

练习方法：学生两人进行配合练习，一人为操作手，一人为配手。"俯身折腕"是运用此动作能够完成解脱的关键，也是练习该动作时的重点和难点。因此，第一阶段，应首先针对"俯身折腕"动作进行专门练习，可结合"俯身左撤步折腕"（针对左手抓头发）和"俯身右撤步折腕"（针对右手抓头发）进行交替练习，一左一右为一组，每次练习4~6组。第二阶段，可进行整体动作的配合练习，每人左右各一次为一组，进行操配手互换练习，每人每次练习2~3组。

易犯错误：动作不规范是学生练习该动作时比较常见的错误。其主要表现为抓握手形不正确，身体姿态不规范及折腕不明显或不充分，不能对其腕部形成有效的折腕。这类错误多是由于学生没有厘清动作要领引起的。

纠正方法：学生首先可在教师的帮助下厘清动作要点，然后在同伴配合帮助下进行反复练习纠正。

（二）颈部被掐锁解脱控制

1. 客舱情形一

航空安全员在处置扰乱行为过程中，行为人情绪激动，突然由正前方以单手掐锁其颈部，经反复语言劝阻和警告无效时。

技术方法：折腕圈臂压肘解脱控制。

动作过程：当颈部由身前被单手掐锁颈部时（以对方右手为例），应迅速低头收颌，以下颌

动作视频 5-53
折腕圈臂压肘
解脱控制

抵住对方右手虎口处，同时右手迅速扣握对方右手，掌心紧贴其手背，拇指放于虎口处向内推压，其余四指扣握拇指掌根和掌根内侧向外旋拧；动作不停，左脚向前上步，身体向右转体侧身，左手由上绕过对方右小臂，然后由下往上俯抓自己的右大臂内侧处，以左大臂内侧为着力点向下按压对方的右小臂，随即屈膝下蹲，降低身体重心，造成对方腕部和肘关节被反关节，剧烈的疼痛感迫使其顺势俯身下蹲，完成对其控制，如图 5-262～图 5-266 所示。

图 5-262

图 5-263

图 5-264

图 5-265

图 5-266

动作要领：身体协调配合，抓腕反拧、上步侧身与圈臂压肘动作衔接要连贯流畅；左手圈臂动作要规范，圈臂后应沉肩夹臂，将其右小臂紧裹于腋下，同时右手反拧腕部要充分有力。

注意事项：在顺利圈臂折腕后，及时向下屈膝俯身沉压是完成有效控制的关键。若圈臂后由于动作反应不及时或对方及时推肘抽臂难以对其形成有效控制时，应及时改变方法，灵活应变。参考方法：当对方右臂回拉挣脱时，左手应及时回收于左侧，同时以小臂外侧为着力点向下推压对方的肘关节，右手紧紧反拧其右腕部，两手合力造成对方肘关节反关节，剧烈的疼痛感迫使其顺势俯身跪地。在将其完全控制后，应精神集中，保持警惕，注意观察周围情况，协同配合机组其他成员，随时做好应变的准备。

练习方法：学生两人进行配合练习，一人为操作手，一人为配手。"旋拧圈臂"是运用此动作能够完成解脱的关键，也是练习该动作时的重点和难点。因此，第一阶段，应首先针对"旋拧圈臂"动作进行专门练习，可结合"右旋拧圈臂"（针对右手掐锁颈部）和"左旋拧圈臂"（针对左手掐锁颈部）进行交替练习，一左一右为一组，每次练习 4～6 组。第二阶段，可进行整体动作的配合练习，每人左右各一次为一组，进行操配手互换练习，每人每次练习 2～3 组。

易犯错误：圈臂动作不规范是学生练习该动作时比较常见的错误。其主要表现为圈臂手形，动作路线与动作姿势错误或不规范，难以形成有效的反关节压制。这类错误多是由于学生没有完全厘清和掌握动作要领引起的。

纠正方法：教师通过示范讲解法帮助学生了解清楚"圈臂"动作的控制原理，帮助厘清动作要点。在此基础上，学生可在同伴的帮助下进行反复练习，逐步熟练动作规律和发力技巧。

2. 客舱情形二

航空安全员在处置扰乱行为过程中，行为人情绪激动，突然由身后勒住安全员的颈部，经反复语言劝阻和警告无效。

技术方法：转身推肘折臂解脱控制。

动作过程：当被对方由后勒住颈部控制时（以对方右手勒颈为例），首先应迅速下蹲稳住重心的同时，低头收颌抵住对方小臂，双手扣握对方右小臂向下用力拉拽，以保护自己的颈部和呼吸顺畅；左臂迅速向后屈肘顶击对方腹部，强烈的疼痛感迫使对方向后弓腰俯身减小手臂勒颈的力量；趁其不备，左脚向身体后侧撤步身体猫腰向左转身，头部从对方右臂与身体之间空隙解脱；动作不停，右手迅速抓握对方右肘关节向左推肘将其固定，同时左手将其右小臂推至背部并进行折腕；两手合力配合身体力量将对方按压在座椅靠背或者座椅上，完成对其控制，如图 5-267～图 5-270 所示。

图 5-267　　　　　图 5-268　　　　　图 5-269　　　　　图 5-270

动作要领：被勒锁颈部时应迅速屈膝微蹲，降低身体重心，同时收颔抵住对方小臂；身体协调配合，转身、推肘、折臂动作之间要衔接连贯流畅。

注意事项：能够顺利转身是此套动作组合顺利完成的前提和关键。当对方勒颈力量较大不能直接转身解脱时，需要配合击打来完成，以达到转移对方注意力或牵制其身体的目的。常用的击打除了后顶肘动作外，还可以选择侧身拍裆、仰头撞面、震脚踩指等技法。在将其完全控制后，应精神集中，保持警惕，注意观察周围情况，协同配合机组其他成员，随时做好应变的准备。

动作视频 5-54
转身推肘折臂
解脱控制

练习方法：学生两人进行配合练习，一人为操作手，一人为配手。"转身折臂"是运用此动作能够完成解脱的关键，也是练习该动作时的重点和难点。因此，第一阶段，应首先针对"转身折臂"动作进行专门练习，可结合"右转身折臂"（针对右臂勒颈）和"左转身折臂"（针对左臂勒颈）进行交替练习，一左一右为一组，每次练习 4～6 组。第二阶段，可进行整体动作的配合练习，每人左右各一次为一组，进行操配手互换练习，每人每次练习 2～3 组。

易犯错误：动作脱节是学生练习该动作时比较常见的错误，其主要表现为动作上下衔接时间较长，缺乏连贯性和流畅性，难以形成连续的动作连击。这类错误多是由于学生动作掌握比较生疏或身体协调性较弱引起的。

纠正方法：学生可在同伴的陪伴和帮助下进行动作反复练习，速度由慢到快，认真思考动作原理，总结动作规律，逐步形成正确的肌肉记忆。

 提升与拓展

客舱情形：航空安全员在处置扰乱行为过程中，行为人突然由身后向前侧勒安全员的颈部，经反复语言劝阻和警告无效。

技术方法：拍裆抓腕压臂解脱控制。

动作过程：当被对方侧勒颈部时（以左侧勒颈为例），应迅速低头收颔抵住对方小臂，同时右脚顺势向前上一步，以稳住身体重心，屈膝微蹲；同时左手由后猛力拍击对方的腰部，右手由前拍击对方的裆部，两手合力使对方弓腰俯身，剧烈的疼痛感迫使其松开右臂勒颈；动作不停，左脚向左撤步，身体向左转身，头部从对方右臂与身体之间的空隙解脱；同时右手抓握其右腕部向后拉拽，左手以小臂耻骨外侧为着力点向下推压对方大臂后侧；两手合力将其控制，如图 5-271～图 5-274 所示。

图 5-271　　　　　图 5-272　　　　　图 5-273　　　　　图 5-274

动作视频 5-55
拍裆抓腕压臂
解脱控制

动作要领：被侧勒锁颈部时应迅速顺势上步、屈膝微蹲、稳定身体重心、同时收颌地址对方小臂；身体协调配合，拍裆、转身、抓腕压臂动作之间要衔接连贯流畅。

注意事项：通过击打对方身体迫使其松开手臂解脱颈部是此套动作组合能够顺利完成控制的重要前提。在实际客舱应用中，除了拍裆击腰技法外，可以选择以拳击腹、以掌击面、以肘击肋等方法。参考方法：当被对方侧勒颈时，在侧身的基础上，左肘以肘尖为着力点横向击打对方的右肋部，动作不停，右手以掌面为着力点由下往上拍击对方面部，两手合力迫使其迅速松开或减小颈部勒颈力量。在将其完全控制后，应精神集中，保持警惕，注意观察周围情况，协同配合机组其他成员，随时做好应变的准备。

练习方法：学生两人进行配合练习，一人为操作手，一人为配手。"转身抓腕压臂"是运用此动作能够完成解脱控制的关键，也是练习该动作时的重点和难点。因此，第一阶段，应首先针对"转身抓腕压臂"动作进行专门练习，可结合"右转身抓腕压臂"（针对右侧勒颈）和"左转身抓腕压臂"（针对左侧勒颈）进行交替练习，一左一右为一组，每次练习4～6组。第二阶段，可进行整体动作的配合练习，每人左右各一次为一组，进行操配手互换练习，每人每次练习2～3组。

易犯错误：动作配合不协调是学生在练习该动作时比较常见的错误，其主要表现为动作之间节奏不一致或不同步，上下连接不流畅，衔接速度较慢，动作连摆空隙时间较长。这类错误多是由于学生动作掌握比较生疏或身体协调性较弱引起的。

纠正方法：学生可采用分解练习的方法对某一个动作或某两个动作逐一练习，如上步侧身与拍裆击腰、撤步转身与折腕圈臂。逐步熟练后再进行整体动作的配合练习。

组织与训练

（一）集体喂靶练习

学生在实训场馆内成体操队形散开，面对面成两排相对或相向而立，一排学生为配手，另一排学生为操作手。教师统一组织，配手根据教师下达的指令进行头颈部控制，操作手根据配手控制方式迅速做出相应解脱控制动作。操作参考如下：两名学生相对而立，教师下达"左手正面抓头发"的口令，配手向前右手抓住操作手头发，听到教师开始的哨音后，操作手统一按照相应动作进行解脱控制，听到教师结束的哨音后，操配手还原立正姿势，根据教师口令进行互换练习。

（二）分组反应练习

学生在实训场馆内进行头颈部解脱控制的分组反应练习。教师将学生分成两人一组，一名学生为操作手，另一名为配手。第一阶段，配手根据教师要求随即选择头颈部控制动作，操作手迅速做出相应的动作反应。操作参考：教师下达"正面单手掐锁颈部"的口令，配手听到口令后随即选择一种正面单手掐锁颈部的动作，操作手迅速做出相应的解脱控制动作。第二阶段,学生随机控制头颈部的方式进行反应练习。操作参考:听到教师的"开始"的口令或哨音后,配手随机选择一种正面或背面控制头颈部的动作,操作手根据配手控制方式迅速做出解脱控制动作。听到教师"停"的口令或哨音后,学生迅速还原立正姿势。

(三)腰背部解脱控制技术

1. 客舱情形一

航空安全员在处置扰乱行为过程中,行为人突然由身后熊抱安全员腰臂部,经反复语言劝阻和警告无效。

技术方法:顶肘拍裆别臂解脱控制。

动作过程:当被对方突然由身后熊抱腰臂部时,右脚迅速向前上步,身体向左转体侧身,以拉长对方抱腰的距离,增加身体活动空间,同时屈膝微蹲,降低身体重心,以稳定重心,防止被对方抱起而失去平衡;动作不停,左臂以肘关节为着力点向左侧猛力顶击对方的胸腹部,然后左手以反掌顺势向下拍击对方裆部,强烈的疼痛感迫使其弓腰俯身的同时松开双手熊抱;趁其脱手之际,右手迅速俯抓其腕部,左手由下向上挑击对方右腋下,同时右脚迅速向左前方(对方左侧位置)上步,身体向左拧腰转体的同时,左手顺势抓握对方左肩膀,右手将对方左手臂推其背部折腕,如图 5-275~图 5-281 所示。

图 5-275

图 5-276

图 5-277

图 5-278

图 5-279

图 5-280

图 5-281

动作要领:动作反应要迅速,当被熊抱腰臂时应及时上步侧身,调整身体姿态和重心;动作上下衔接速度要迅速连贯;挑臂抓肩手形和部位要正确,幅度和发力要充分。

注意事项:通过顶肘和拍裆两次连击迫使对方松手解脱手臂是此套动作能够顺利完成解脱控制的前提和关键。若由于安全员动作速度慢,没有有效解脱,可通过运用上顶肘的技法完成手臂解脱。具体方法:在拍裆动作的基础上,左臂以肘尖为着力点由下向上顶击对方的下颌,迫使对方向后仰头闪避松开双手解脱。在将其完全控制后,应精神集中,保持警惕,注意观察周围情况,协同配合机组其他成员,随时做好应变的准备。

动作视频 5-56
顶肘拍裆别臂
解脱控制

练习方法：学生两人进行配合练习，一人为操作手，一人为配手。"顶肘拍裆别臂"是运用此动作能够完成解脱的关键，也是练习该动作时的重点和难点。因此，第一阶段，应首先针对"顶肘拍裆别臂"动作进行专门练习，可结合"左顶肘拍裆别臂"（针对被熊抱时右脚上步侧身）和"右顶肘拍裆别臂"（针对被熊抱时左脚上步侧身）进行交替练习，一左一右为一组，每次练习4～6组。第二阶段，可进行整体动作的配合练习，每人左右各一次为一组，进行操配手互换练习，每人每次练习2～3组。

易犯错误：动作脱节是学生练习该动作时比较常见的错误，其主要表现为顶肘、拍裆、挑臂、反拧等动作之间衔接速度较慢，缺少连贯性。这类错误多是由于学生动作技能掌握比较生疏引起的。

纠正方法：学生在正确掌握动作要领的基础上，首先通过单人徒手练习的方法熟练动作过程和动作路线。其次通过同伴的帮助配合熟练掌握动作节奏和发力技巧。

2. 客舱情形二

航空安全员在处置扰乱行为过程中，行为人突然由身后熊抱安全员腰部，经反复语言劝阻和警告无效时。

技术方法：勒颈折腕解脱控制。

动作过程：当被行为人由身后熊抱腰时，应及时屈膝微蹲降低身体重心，以防止被对方抱起而失去平衡；右手以凤眼拳猛力敲击对方外侧手背（以左手为例），使其手背瞬间产生剧烈的疼痛感而松开手指；右脚向左前方上步，身体向左拧腰转体；同时，双手成钳状以虎口为着力点，向下俯抓、推压对方的左小臂，迫使对方松开双手，趁机右手迅速俯抓住对方左腕部，左手逆时针挥臂以小臂和肘关节为内侧着力点侧勒对方颈部；动作不停，右脚向左侧上步（对方左后侧）转身，右手顺势将对方左小臂推至背部，用力向内折腕扣压，将其控制，如图5-282～图5-288所示。

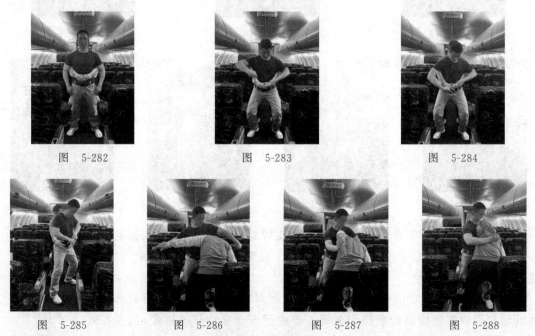

图 5-282　　　　图 5-283　　　　图 5-284

图 5-285　　图 5-286　　图 5-287　　图 5-288

动作视频 5-57
勒颈折腕解脱控制

动作要领：被抱腰后应迅速屈蹲、降低身体重心、保持身体平衡；击打手背后应迅速上步抓腕勒颈，动作速度要迅速连贯；背部折腕时身体应向左拧腰，以增加勒颈和折腕的力量。

注意事项：当被对方由身后抱腰时，在稳定重心的同时，应及时观察对方抱腰的身体姿势和握扣手形。在此基础上,击打手背时应以外侧手背为敲击目标。若对方是左手为外侧手,敲击后右脚应顺势向左前方上步转身抓腕勒颈控制,反之,则左脚向右前方上步转身。

若连续敲击手背没有使对方松手,且阻抗力量愈来愈大时,应及时改变击打方法灵活应对。对方抱腰越紧,其身体或头部贴其身体越近,可通过左右后顶肘、后摆肘、震脚踩指等技法进行连续击打,以达到使其松手的目的。在将其完全控制后,应精神集中,保持警惕,注意观察周围情况,协同配合机组其他成员,随时做好应变的准备。

练习方法: 学生两人进行配合练习,一人为操作手,一人为配手。"转身勒颈折腕"是运用此动作能够完成解脱控制的关键,也是练习该动作时的重点和难点。因此,第一阶段应首先针对"转身勒颈折腕"动作进行专门练习,可结合"左转身勒颈折腕"(针对被熊抱时左手为外侧手)和"右转身勒颈折腕"(针对被熊抱时右手为外侧手)进行交替练习,一左一右为一组,每次练习4~6组。第二阶段,可进行整体动作的配合练习,每人左右各一次为一组,进行操配手互换练习,每人每次练习2~3组。

易犯错误: 动作衔接不连贯、发力不充分是学生练习该动作时比较常见的错误,其主要表现为抓腕和勒颈,转身与折腕动作之间衔接速度较慢,缺乏连贯度和流畅度,折腕幅度或力量不足或不明显。这类错误多是由于学生动作掌握比较生疏或身体协调性较弱引起的。

纠正方法: 在学生基本掌握动作要领的基础上,学生可通过分解练习的方法予以纠正,主要采用两人配合的形式对"抓腕和勒颈""转身与折腕"分别进行单项练习。逐步熟练后,学生可通过整体动作的配合练习进一步提高动作的熟练程度和灵活运用能力。

提升与拓展

客舱情形: 航空安全员在处置扰乱行为过程中,行为人突然由身侧熊抱安全员腰臂部,经反复语言劝阻和警告无效时。

技术方法: 震脚顶肘撅指解脱控制。

动作过程: 当被行为人由身侧熊抱腰臂时(以左侧为例),应迅速两脚开立,屈膝微蹲降低身体重心;以左脚猛力震脚踩踩对方的脚趾或脚面,趁对方向后闪躲或负痛之际,迅速以左顶肘击打对方的胸腹部,上下连击迫使其松开手指;动作不停,右脚向右迈出一步的同时左手顺势俯抓握其左腕部向上迅速提腕,右手俯抓对方左手指向下折指;两手合力将其控制,如图5-289~图5-294所示。

动作要领: 侧面被熊抱腰臂时应及时屈膝下蹲,两脚开立,以保持身体平衡稳定;身体协调配合,要求震脚、顶肘、撅指动作协调连贯、一气呵成;撅指时应保持其腕部在较高的位置,以增加折腕撅指的幅度和力量。

动作视频 5-58
震脚顶肘撅指
解脱控制

图 5-289

图 5-290

图 5-291

图 5-292　　　　　　　　图 5-293　　　　　　　　图 5-294

注意事项：腰臂被熊抱时及时解脱双臂是完成后续控制动作的前提和关键。若对方采取侧面抱腰时，其双脚、裆部、胸腹部及面部均非常贴近安全员，可通过震脚、指弹、掌拍、肘顶等技法对其连续击打。因此在被突然熊抱后，首先要反应迅速，在稳定身体重心的同时，应注意观察对方的身体姿态和要害部位，可通过上述动作技法连击的方法迫使其松手解脱或减小搂抱的力量，从而为后续控制动作的实施做好铺垫。在将其完全控制后，应精神集中，保持警惕，注意观察周围情况，协同配合机组其他成员，随时做好应变的准备。

练习方法：学生两人进行配合练习，一人为操作手，一人为配手。"转身折腕撅指"是运用此动作能够完成解脱的关键，也是练习该动作时的重点和难点。因此，第一阶段，应首先针对"转身折腕撅指"动作进行专门练习，可结合"左转身折腕撅指"（针对被左侧熊抱时）和"右转身勒颈折腕"（针对被右侧熊抱时）进行交替练习，一左一右为一组，每次练习4～6组。第二阶段，可进行整体动作的配合练习，每人左右各一次为一组，进行操配手互换练习，每人每次练习2～3组。

易犯错误：动作脱节缺乏连贯性，动作不规范是学生练习该动作时比较常见的错误，其主要表现为震脚、顶肘和转身撅指动作衔接空隙时间比较长，击打动作不规范、发力不充分及身体姿态不正确。这类错误多是由于学生基本动作能力较弱及动作要领掌握不牢固引起的。

纠正方法：学生现针对"震脚""顶肘""撅指"等基本动作进行专项练习，熟练动作要领和运用技巧。在此基础上在同伴的帮助下进行整体动作的配合练习，进行逐步纠正。

组织与训练

（一）集体喂靶练习

学生在实训场馆内成体操队形散开，面对面成两排相对或相向而立，一排学生为配手，另一排学生为操作手。教师统一组织，配手根据教师下达的指令进行腰背部控制，操作手根据配手控制方式迅速做出相应解脱控制动作。操作参考：两名学生相对而立，教师下达"由后抱腰臂"的口令，配手向前右手抓住操作手头发，听到教师开始的哨音后，操作手统一按照相应动作进行解脱控制，听到教师结束的哨音后，操配手还原立正姿势，根据教师口令进行互换练习。

（二）分组反应练习

学生在实训场馆内进行头颈部解脱控制的分组反应练习。教师将学生分成两人一组，一名学生为操作手，另一名为配手。学生随机选择由后熊抱腰背控制的方式进行反应练习。操作参考：听到教师的"开始"的口令或哨音后，配手随机选择一种由后熊抱腰背的动作，操作手根据配手控制方式迅速做出解脱控制动作。听到教师"停"的口令或哨音后，学生迅速还原立正姿势。

在分组反应练习过程中，根据动作掌握的熟练程度，配手可以不断变化或调整熊抱腰背的高度位置以及两手握扣的方式，增加解脱控制的难度，进而不断提高操作手解脱控制技术的实战运用能力和灵活应变能力。

第五节 客舱主动控制技术

客舱主动控制技术是针对客舱内扰乱客舱秩序,影响航空器正常飞行和机上人员人身安全的扰乱行为和非法干扰行为而设计的,具有较强的针对性和实用性。客舱主动控制技术是指客舱内当行为人与其他人员发生矛盾,或故意实施破坏行为,经语言劝阻或警告无效的情况下,航空安全员运用折、别、锁、击等擒控技法,采取主动进攻对其实施控制或带离的方法。它具有出其不意、攻其不备、快速出击、反抗概率小、运用灵活等特点,是航空安全员客舱执勤的必备技能。结合行业特点和客舱环境,本节主要通过由前主动控制、由后主动控制和由侧主动控制三个方面进行详细分析和阐述。

一、由前主动控制技术

客舱情形:航空器飞行过程中行为人与机组人员或乘客发生矛盾,严重扰乱客舱秩序,经语言劝阻或警告无效情况下,安全员指定位置则位于客舱前排,由前主动接近。

任务分析:当安全员由前正面对其进行突袭控制时是否在能隐瞒行动意图的情况下接近对方是完成控制动作的前提和关键。因此,安全员应综合客舱情况,通过语言交流、沟通谈判、同伴掩护等方法转移注意力,寻找机会接近对方,为后续控制动作实施做好准备。

技术方法一:拍裆压肩别臂主动控制。

动作过程:以左侧动作为例。航空安全员首先由前接近对方,趁其不备之际,右手以掌面拍击对方裆部,剧烈的疼痛感使其俯身弓腰;左手突然从其右臂内侧前穿,左脚蹬地,身体向右拧腰转体成右弓步;动作不停,左手随身体拧腰转体之势以小臂内侧为着力点向后向前挑压对方的大臂与肩关节处,同时右手迅速俯抓自己左手腕,向右向下拉拽,迫使其身体向前向下俯身贴地;动作不停,以右手俯抓对方的右腕部,向回猛拉,使其手臂反向折臂,将其控制,如图 5-295~图 5-302 所示。

图 5-295

图 5-296

图 5-297

图 5-298

图 5-299

图 5-300

图 5-301

图 5-302

动作视频 5-59
拍裆压肩别臂
主动控制

动作要领：身体协调配合一致，拍裆击打、左手挑压、压肩别臂与抓腕折臂动作之间要协调连贯、一气呵成。

注意事项：在进行由前控制时应注意时刻观察对方的反应、情绪、注意力及身体姿态，趁其不备，以迅雷不及掩耳之势对其进行控制。除了拍裆击打外，根据客舱实际情况，也可以选择以拳击腹、以肘击腹、以脚踢腿等技法对其进行击打。另外，在进行由前控制时，根据对方的身体姿态及客舱空间灵活选择压制的方向，既可以从右侧也可以从左侧对其进行压肩别臂。在将其完全控制后，应精神集中，保持警惕，注意观察周围情况，协同配合机组其他成员，随时做好应变的准备。

练习方法：学生两人进行配合练习，一人为操作手，一人为配手。"转身挑臂压肩"是运用此动作能够完成控制的关键，也是练习该动作时的重点和难点。因此，第一阶段，应首先针对"转身挑臂压肩"动作进行专门练习，可结合"左手挑臂压肩"（针对从左侧主动控制）和"右手挑臂压肩"（针对从右侧主动控制）进行交替练习，一左一右为一组，每次练习 4~6 组。第二阶段，可进行整体动作的配合练习，每人左右各一次为一组，进行操配手互换练习，每人每次练习 2~3 组。

易犯错误：动作速度慢、压肩不充分是学生练习该动作时比较常见的错误。其主要表现为挑臂压肩速度较慢，向下压肩幅度较小，手臂按压肩关节的力量不足。这类错误主要是由于挑臂压肩时没有充分配合拧腰转体的力量及身体没有协调配合一致引起的。

纠正方法：学生在基本掌握动作要领的基础上，首先通过徒手单人练习的方法，逐步熟悉动作路线，基本掌握动作节奏；其次通过两人配合的方法，规范动作姿势，掌握动作发力技巧。

技术方法二：别臂抬颌控制。

动作过程：以左侧别臂抬颌动作为例。航空安全员首先由前接近对方，左脚向前上步，左手经对方右臂内侧前插由后向前挑击其右小臂；同时右手从外侧俯抓对方右肘关节，以四指为着力点向怀里猛拉，使其右臂弯曲；动作不停，左手随身体向右拧腰转胯之势以小臂为着力点扣压对方右大臂；身体略向前倾，以胸腹部抵住对方右小臂，对其右臂形成别臂控制；动作不停，右手仰抓对方颈部与下颌处，以虎口为着力点向上、向后抬颌，右脚向后撤步，右手后带，同时以右手食指和拇指指尖用力抵住下颌处，瞬间产生疼痛感迫使对方头部后仰，将其控制或带离。如图 5-303~图 5-311 所示。

图 5-303

图 5-304

图 5-305

动作要领：身体协调一致，抓肘和挑臂要同步进行；拉肘和别臂发力要充分，对其手臂进行充分控制；抬颌手形和发力方向要正确。

注意事项：拉肘别臂是此动作组合能够完成控制的前提和关键。因此拉肘和别臂时要发力劲猛，充分运用拧腰转胯的力量带动手臂，增加拉肘别臂的力量及幅度。若由于动作不及时或对方挣脱力量较大难以对其进行拉肘别臂时，应结合顶膝的技法对其胸腹部或裆部进行连续击打，趁其负痛之际将其控制。在将其完全控制后，应精神集中，保持警惕，注意观察周围

图 5-306

图 5-307

图 5-308

图 5-309

图 5-310

图 5-311

情况,协同配合机组其他成员,随时做好应变的准备。

练习方法: 学生两人进行配合练习,一人为操作手,一人为配手。"拉肘别臂"是运用此动作能够完成控制的关键,也是练习该动作时的重点和难点。因此,第一阶段,应首先针对"拉肘别臂"动作进行专门练习,可结合"左侧拉肘别臂"(针对从左侧主动控制)和"右侧拉肘别臂"(针对从右侧主动控制)进行交替练习,一左一右为一组,每次练习 4~6 组。第二阶段,可进行整体动作的配合练习,每人左右各一次为一组,进行操配手互换练习,每人每次练习 2~3 组。

易犯错误: 动作不同步,发力不充分是学生练习该动作时比较常见的错误,其主要表现为抓肘和挑臂、拉肘和别臂动作不同步,动作不协调,别臂速度较慢,力量较小。这类错误多是由于学生动作掌握不熟练或身体协调性较弱引起的。

纠正方法: 学生可通过分解练习的方法,对动作进行专项练习。学生可在同伴的帮助和陪练下进行纠正,动作速度由慢到快,注意规范动作姿势。逐步熟练后,可进行整体动作的配合练习。

 提升与拓展

技术方法: 击颌抱摔主动控制。

动作过程: 航空安全员首先由前接近对方,以右手虎掌猛击对方下颌,使对方头部后仰,左手握拳放于左下颌处;趁其负痛之际,右脚上步屈膝俯身,以右肩部顶靠对方的腹部,同时双手抓住对方小腿后侧,猛力回拉,上下合力将其摔倒;摔倒后,左手以仰掌抓其左脚脚跟部位,右手以俯掌抓其脚尖部位,两手合力向右旋拧,使其脚踝反关节,剧烈的疼痛感迫使其放弃反抗,如图 5-312~图 5-318 所示。

动作要领: 击颌动作要迅猛有力,击颌后屈膝俯身速度迅速连贯、身体协调配合,抱腿回拉和肩顶前靠动作要同时进行,上下合力,破坏其重心。

动作视频 5-60
击颌抱摔主动控制

图 5-312　　　　　　图 5-313　　　　　　图 5-314

图 5-315　　　图 5-316　　　图 5-317　　　图 5-318

注意事项：在接近对方时要注意时刻观察对方的反应、情绪、注意力及身体姿势，要隐蔽自己的意图，趁其不备推其进行攻击。除了以掌击颌外，根据客舱实际情况，还可以选择以掌拍面、以指戳喉、以脚踢裆等技法。在进行地面控制时可以根据对方不同的身体姿态和反抗程度选择对手臂、颈部等不同的控制方法。在将其完全控制后，应精神集中，保持警惕，注意观察周围情况，协同配合机组其他成员，随时做好应变的准备。

练习方法：学生两人进行配合练习，一人为操作手，一人为配手。"抱腿顶摔"是运用此动作能够完成控制的关键，也是练习该动作时的重点和难点。因此，第一阶段，应首先针对"抱腿顶摔"动作进行专门练习，每人练习4～6次为一组，进行交换，每次练习2～3组。第二阶段，两人进行整体动作配合练习，每人练习2～3次为一组，每次练习2～3组。

易犯错误：动作脱节是学生练习该动作时比较常见的错误，其主要表现为击颌、下蹲、抱腿和顶摔动作之间衔接速度较慢，动作连接缺乏连贯性，身体肢体表现比较僵硬。这类错误多是由于学生动作反应比较慢或动作要领掌握不熟练引起的。

纠正方法：学生应在教师的帮助下理解动作原理，基本掌握动作要领。在此基础上，通过徒手单人练习的方法，对照镜子进行反复练习，动作速度由慢到快，逐步熟练动作过程和动作路线。熟练后可在同伴的帮助下进行配合练习。

 ## 组织与训练

（一）集体喂靶练习

学生在实训场馆内成体操队形散开，面对面成两排相对或相向而立，一排学生为配手，另一排学生为操作手。教师统一组织，学生根据某一动作指令进行配合练习。操作参考：两名学生相对而立，教师下达"别臂抬颌"的动作口令，操作手由前进行控制，听到教师结束的哨音后，操、配手还原立正姿势，根据教师口令进行互换练习。

（二）分组反应练习

学生在实训场馆内进行由前控制的分组反应练习。教师将学生分成两人一组，一名学生为操作手,另一名为配手。学生随机选择一种技术动作进行反应练习。操作参考:听到教师的"开始"的口令或哨音后,操作手随机选择一种技术动作控制配手。听到教师"停"的口令或哨音后,学生迅速还原立正姿势。

二、由后主动控制技术

客舱情形:航空器飞行过程中,行为人因不满乘务服务与其发生矛盾或欲冲闯驾驶舱,严重扰乱客舱秩序,经语言劝阻或警告无效情况下,安全员指定位置则位于客舱后排,由后主动接近。

任务分析:当安全员由后向前对其进行突袭控制时是否能趁其不备地接近对方是完成控制动作的前提和关键。因此,安全员应设法通过观察对方的身体位置、身体姿势等情况及时地做好预判,为后续控制动作实施做好铺垫。

技术方法一:顶膝抱摔主动控制。

动作过程:安全员首先解开安全带起身,悄悄向前接近对方。右脚上步靠近对方身体,俯身弯腰,双手环抱对方的小腿或膝部,向后回拉,以右肩侧顶住其大腿或臀部,向前顶靠;上下相随,以回拉肩顶之合力将其摔倒;动作不停,双手抓握对方脚踝,向前交叉叠压;同时以膝关节为着力点迅速跪压其脚踝部位,将其控制,如图5-319~图5-326所示。

图 5-319　　　　图 5-320　　　　图 5-321　　　　图 5-322

图 5-323　　　　图 5-324　　　　图 5-325　　　　图 5-326

动作要领:身体协调一致,配合发力,上步俯身动作要迅速,抱腿后拉与肩顶发力要猛,力向相反;锁扣脚踝时重心过渡要平稳。

注意事项:由后向前接近时应适当降低身体重心,两臂屈臂弯举于胸前做好攻击与防御的准备,且要时刻关注对方的姿势变换,寻找有利时机。根据客舱空间和实际情况,对方倒地后除了以上方法外,还可以选择骑压勒颈的方法进行倒地控制。具体方法参考:当对方失去重心倒地后,迅速疾上步,两脚跨于身体两侧,骑坐于对方背部,右腿跪地,左腿伸直,同时以右臂从后侧勒锁其颈部,左手抓握自己右腕部,两手合力将其颈部向后牵拉,身体重心微后仰,保持身体平衡。在将其完全控制后,应精神集中,

动作视频 5-61
顶膝抱摔主动
控制

保持警惕，注意观察周围情况，协同配合机组其他成员，随时做好应变的准备。

练习方法：学生两人进行配合练习，一人为操作手，一人为配手。"顶膝抱摔"是运用此动作能够完成控制的关键，也是练习该动作时的重点和难点。因此，第一阶段，应首先针对"顶膝抱摔"动作进行专门练习，每人练习4～6次为一组，进行交换，每次练习2～3组。第二阶段，两人进行整体动作配合练习，每人练习2～3次为一组，每次练习2～3组。练习时应注意场选择配备有体操垫子或摔跤垫子的场地进行，动作速度由慢到快，动作姿势要规范。

易犯错误：身体姿态不正确和动作不规范是学生练习该动作时比较常见的错误，其主要表现为抱腿顶膝时身体重心过高，抱腿顶膝姿势不规范；缠腿折踝时身体姿态不正确。这类错误多是由于学生对动作要领掌握不牢固引起的。

纠正方法：教师通过示范讲解的方式帮助学生理解动作控制原理，在此基础上，指导学生进行顶膝抱摔训练，帮助掌握动作要领和方法。逐步熟练后，学生之间进行互相配合练习，动作速度由慢到快。

技术方法二：拉肘折腕主动控制。

动作过程：以右侧为例。安全员首先解开安全带起身，悄悄向前接近对方。左脚上步靠近对方身体，右手虎口向前卡握对方右腕部，向上提腕；同时左手从对方右臂内侧前插抓握对方肘内侧向怀里牵拉；动作不停，双手成钳状抓握其右腕部向下折腕；以左大臂为着力点向下抬架对方右腋下，迫使其重心抬高，将其控制，如图5-327～图5-333所示。

图 5-327　　　　　图 5-328　　　　　图 5-329

图 5-330　　　图 5-331　　　图 5-332　　　图 5-333

动作视频 5-62
拉肘折腕主动控制

动作要领：动作协调一致，抓腕、抓肘、提腕、拉肘与折腕动作之间要协调同步，一气呵成；抓握关节要准确、及时，折腕要充分有力。

注意事项：由后向前接近时应适当降低身体重心，两臂屈臂弯举于胸前做好攻击与防御的准备，且要时刻关注对方的姿态变换，寻找有利时机。通过向上架其右腋下是对其折腕控制的关键步骤。将对方折腕控制后，若由于折腕力量不足或对方负隅顽抗时，可以通过提踵的方法，提高身体重心，以增加折腕的力量和幅度，趁其疼痛之际，迅速将其带离，进行进一步控制处理。在将其完全控制后，应精神集中，保持警惕，注意观察周围情况，协同配合机组其他成员，随时做好应变的准备。

练习方法：学生两人进行配合练习，一人为操作手，一人为配手。"拉肘折腕"是运用此动作能够完成控制的关键，也是练习该动作时的重点和难点。因此，在初级阶段练习时，应首先针对"拉肘折腕"动作进行专门练习，可采用左侧和右侧相结合的方法进行配合练习，一左一右为一组，每次练习2～3组，交换练习。

易犯错误：折腕力量不足是学生练习该动作时比较常见的错误，其主要表现为向下折腕幅度和力量较小。这类错误多是由于学生动作要领不正确引起的。

纠正方法：学生可对照镜子进行配合练习予以纠正，也可在教师现场指导下进行练习纠正。要求动作速度由慢到快，尤其注意折腕时应靠近对方身体，以胸腹部抵住其肘关节，同时以大臂为着力点充分向上挑架肩关节，双手合力对其折腕控制。

技术方法三：挑臂压颈主动控制。

动作过程：安全员首先解开安全带起身，悄悄向前由后接近对方。当上步接近对方身体时，双手成侧掌从对方腋下前插，小臂上举，以肘关节内侧为着力点向上挑击对方的腋下，使其重心上提；动作不停，迅速双手十指交叉扣握，按压对方后颈部，迫使其头部前倾；动作不停，双手下压的同时大臂上抬，左脚后撤，以胯部前侧顶撞其臀部，迫使其身体后仰，将其控制带离，如图5-334～图5-340所示。

图 5-334　　　　　图 5-335　　　　　图 5-336

图 5-337　　　图 5-338　　　图 5-339　　　图 5-340

动作要领：双手前插速度要快、动作突然；向上挑臂要用力，使其重心上提，为后面压颈别肩的控制实施做好铺垫；下压颈部时要配合大臂上抬收紧，以防止其逃脱，同时增加别肩压颈的力量和幅度。

动作视频5-63
挑臂压颈主动控制

注意事项：安全员由后向前接近时应适当降低身体重心，两臂屈臂弯举于胸前做好攻击与防御的准备，且要时刻关注对方的姿态变换，寻找有利时机。根据客舱实际情况，适时调整动作方法。若其扰乱行为情节较为恶劣，严重影响客舱秩序和飞行安全，且当时身体状态不利于直接对其进行挑臂压颈时，可通过以虎掌贯耳、以掌砍颈等技法对颈部、耳朵等身体要害部位进行连续击打，趁其疼痛之际，迅速对其挑臂压颈将其控制带离。

此外,安全员在对其压颈别肩后,可通过身体迅速向后移动,两手向后、向下牵拉将其仰面摔倒,在地面上对其控制。在将其完全控制后,应精神集中,保持警惕,注意观察周围情况,协同配合机组其他成员,随时做好应变的准备。

练习方法:学生两人进行配合练习,一人为操作手,一人为配手。"上步前插挑臂"是运用此动作能够完成控制的关键,也是练习该动作时的重点和难点。因此,在初级阶段练习时,应首先针对"上步前插挑臂"动作进行专门练习,可采用"上左步挑臂"和"上右步挑臂"相结合的练习方法,一左一右为一组,每次练习2~3组,交换练习。

易犯错误:动作前后衔接不连贯是学生练习该动作时比较常见的错误,其主要表现为上步近身、前插、挑臂与压颈动作之间衔接速度较慢,肢体感觉较为生硬,挑臂力量不足及压颈别肩不充分。这类错误主要是学生对动作要领掌握不牢固或者熟练掌握程度不足引起的。

纠正方法:学生可在教师的帮助下厘清动作特点和控制原理,基本掌握动作要领。在此基础上,学生可在教师的指导下,通过与同伴配合练习予以纠正和提高。

提升与拓展

技术方法:蹬腿锁喉拉臂主动控制。

动作过程:安全员首先解开安全带起身,悄悄向前接近对方。以右脚蹬踹对方的膝关节后侧,使其身体后仰,右脚前落的同时,身体重心前移,右臂顺势向前绕过对方下颌,由前向后勒锁颈部;左手抓握自己右腕部向后回拉;动作不停,左脚向后撤步,两手合力向后牵拉,使其对方身体充分后仰;同时左手抓握对方左手向后牵拉,将其控制,如图5-341~图5-346所示。

图 5-341　　　　　　　图 5-342　　　　　　　图 5-343

图 5-344　　　　　　　图 5-345　　　　　　　图 5-346

动作要领:身体协调配合,上步蹬腿、勒颈后拉与骑压拉臂动作协调连贯;蹬踹时脚尖外旋,以前脚掌为着力点猛力蹬踹,蹬腿发力要猛,勒颈要紧;重心要稳固,保持身体平衡。

注意事项:全员由后向前接近时应适当降低身体重心,两臂屈臂弯举于胸

动作视频 5-64
蹬腿锁喉拉臂
主动控制

前做好攻击与防御的准备,且要时刻关注对方的姿态变换,寻找有利时机。趁其不备之际,通过"踹击"膝部造成对方屈膝下蹲、身体后仰,为后续勒颈控制做好铺垫。

在客舱武力处突过程中,应根据对方的身体状态(移动或静止)及身体形态(身高、体重等)进行判断,及时作出正确合理的动作反应。由后向前接近对方身体时,除了踹膝勒颈的技法外,还可通过抓其额前头发后带勒颈,或抓腕后拉臂勒颈迫使对方身体后仰。在将其完全控制后,应精神集中,保持警惕,注意观察周围情况,协同配合机组其他成员,随时做好应变的准备。

练习方法:学生两人进行配合练习,一人为操作手,一人为配手。"踹腿勒颈"是运用此动作能够完成控制的关键,也是练习该动作时的重点和难点。因此,在初级阶段练习时,应首先针对"踹腿勒颈"动作进行专门练习,可采用"左踹腿勒颈"和"右踹腿勒颈"相结合的练习方法,一左一右为一组,每次练习2～3组,交换练习。

易犯错误:动作僵硬、发力不充分是学生在练习该动作时比较常见的错误,其主要表现为踹膝、勒颈等动作前后衔接较慢,发力不流畅,身体肌肉僵硬。这类错误多是由于学生身体上下肢协调性较弱或对动作熟练程度不够引起的。

纠正方法:学生可通过徒手单人对镜练习的方法熟悉并掌握动作过程和动作路线,然后在教师的指导下进行配合练习,逐步掌握动作要领和发力技巧,规范身体姿态,形成正确的肌肉记忆。

组织与训练

(一)集体喂靶练习

学生在实训场馆内成体操队形散开,面对面成两排相对或相向而立,一排学生为配手,另一排学生为操作手。教师统一组织,学生根据某一动作指令进行配合练习。操作参考:两名学生前后站位,第一名为配手,第二名为操作手。教师下达"顶膝抱摔"的动作口令,操作手由后向前进行顶膝抱摔控制,听到教师结束的哨音后,操配手立即还原立正姿势,根据教师口令进行互换练习。

(二)分组反应练习

学生在实训场馆内进行由后控制的分组反应练习。教师将学生分成两人一组,一名学生为操作手,另一名为配手。学生随机选择一种技术动作进行反应练习。操作参考:听到教师的"开始"的口令或哨音后,操作手随机选择一种技术动作控制配手。听到教师"停"的口令或哨音后,学生迅速还原立正姿势。

三、侧面控制技术

客舱情形:航空器飞行过程中,行为人因不满乘务服务与其发生矛盾或欲冲闯驾驶舱,严重扰乱客舱秩序,经语言劝阻或警告无效情况下,安全员坐在指定位置,当行为人从安全员身边经过时。

任务分析:当安全员坐在指定位置上进行侧面控制时是否能够准确预判对方的身体位置是完成控制动作的前提和关键,因此,安全员应设法通过观察对方的身体位置、身体姿势等情况及时地做好预判,为后续控制动作实施做好铺垫。

技术方法一:卷腕反拧主动控制。

动作过程:以安全员坐在客舱过道右侧为例。首先,安全员应迅速解开安全带,两手相扣(若位置位于客舱过道右侧,左手在上,右手在下。反之,则右手在上,左手在下)放于腹部前,向左微摆头,时刻观察对方的情况,做好防御与攻击的准备,如图5-347～图5-352所示。

图 5-347

图 5-348

图 5-349

图 5-350

图 5-351

图 5-352

当对方经过安全员左侧时,迅速蹬地起身,右脚向左前方上半步,以左手逆抓(掌心朝下,虎口朝其手,拇指放于无名指与小拇指骨缝下端处)其右腕部向上提手;右手仰抓其右腕部与左手成钳状抓握对方左手;身体向左拧腰转体,两手抓握其腕部顺势向左卷腕反拧,造成对方右腕部和肘部反关节,两手合力将其按压在座椅上,利用座椅狭小的空间位置将其控制。

动作视频 5-65
卷腕反拧主动控制

动作要领:动作协调一致,抓腕、提腕与卷腕反拧要协调连贯,一气呵成;抓腕位置要准确及时,卷腕反拧时能充分运用转身拧腰的力量,以增加反拧的力量和幅度。

注意事项:在"抓腕"时应注意观察对方的手部位置,及时做好预判。结合客舱实际情况,在进行卷腕反拧控制时应合理、灵活运用。抓腕提腕、上步转身等动作运用应根据对方手臂位置和状态进行合理选择,及时调整动作控制的幅度和角度。例如,当对方手臂位于安全员位置稍靠前时应增大向后反拧的幅度。

此外,在运用卷腕反拧进行控制时,应根据遇抗的程度选择不同的武力处置手段。如在抓腕提手时可用右拳或右掌先对胸腹部或面部进行击打,负痛之际再对其进行反拧卷腕控制。在卷腕反拧控制后可通过横击肘、劈肘等技法对头部或颈部进行连击。在将其完全控制后,应精神集中,保持警惕,注意观察周围情况,协同配合机组其他成员,随时做好应变的准备。

练习方法:学生两人进行配合练习,一人为操作手,一人为配手。"卷腕反拧"是运用此动作能够完成控制的关键,也是练习该动作时的重点和难点。因此,第一阶段,应首先针对"卷腕反拧"动作进行专门练习,可采用左侧和右侧相结合的练习方法,一左一右为一组,每次练习 2~3 组,交换练习。第二阶段,通过配手身体位置、姿势的变化,增加动作控制难度,增强技术灵活运用能力。

易犯错误:抓腕手形不正确、卷腕反拧不充分是学生练习该动作时比较常见的错误。这类错误多是由于学生没有正确掌握动作要领引起的。

纠正方法:教师通过示范讲解的方法帮助学生理解动作原理,厘清动作要领。在此基础上通过实操指导的方法,帮助学生掌握抓腕、转身、拧腰、反拧等动作细节要领。

技术方法二：扛肘折腕主动控制。

动作过程：以安全员坐在客舱过道右侧为例。首先，安全员应迅速解开安全带，两手相扣放于腹部前，向左微摆头，时刻观察对方的情况，做好防御与攻击的准备。当对方经过安全员位置左侧时，迅速蹬地起身，同时以左手顺抓（掌面朝上或侧向，虎口朝其肩）其右腕部，向上提腕；动作不停，右手迅速仰抓其右腕部，两手成钳状抓拿其右腕部；动作不停，左脚向座椅左侧迈一步，以肩关节上侧为着力点，借助蹬地挺膝之力向上顶靠对方腋下或肘关节，运用杠杆原理进行扛肘，两手合力向下进行折腕，将其控制带离，如图 5-353～图 5-358 所示。

图 5-353　　　　　图 5-354　　　　　图 5-355

图 5-356　　　　　图 5-357　　　　　图 5-358

动作要领：身体协调配合、上下相随、节奏一致；抓腕要及时，部位要准确，提腕要迅速；上下衔接要迅速，扛肘部位要准确，向上顶靠要力猛劲脆；折腕与扛肘方向相反。

动作视频 5-66
扛肘折腕主动控制

注意事项：在侧面位置，若要通过扛肘折腕将对方成功控制，恰当的时机和协调的配合就显得尤为重要。抓腕与提腕是前提，扛肘顶靠是保障。在抓腕顶靠时，应根据对方的位置与手臂状态进行灵活调整，以提高技能灵活运用的能力。若对方经过安全员座椅位置时，右手臂为前平举状态，安全员则应顺势而为，迅速蹬地起身，双手捕抓其右腕部的同时迅速以肩顶靠其腋下或肘部进行扛肘折腕，将其控制。在将其完全控制后，应精神集中，保持警惕，注意观察周围情况，协同配合机组其他成员，随时做好应变的准备。

练习方法：学生两人进行配合练习，一人为操作手，一人为配手。"扛肘折腕"是运用此动作能够完成控制的关键，也是练习该动作时的重点和难点。因此，第一阶段，应首先针对"扛肘折腕"动作进行专门练习，可采用左侧和右侧相结合的练习方法，一左一右为一组，每次练习 2～3 组，交换练习。第二阶段，通过配手身体位置、姿态的变化，增加动作控制难度，增强技术灵活运用能力。

易犯错误：动作配合不协调、上下衔接速度较慢是学生练习该动作时比较常见的错误，其主要表现为抓腕、提腕、扛肘与折腕动作之间配合不流畅，肢体动作比较僵硬，控制力量不足。这类错误主要是由于学生对动作要领掌握不牢固或身体协调配合能力较弱引起的。

纠正方法：第一阶段，学生可在教师的帮助下理解动作原理，掌握关键要点。在此基础上，学生通过对照镜子进行徒手单人练习，针对抓腕与提腕、扛肘与折腕等动作反复练习，体会动作意图，熟悉动作节奏。第二阶段，可在同伴的陪伴下进行配合实操练习，进一步纠正动作细节，提高动作的熟练程度。

 提升与拓展

技术方法：击裆拉肘别臂主动控制。

动作过程：以安全员坐在客舱过道右侧为例。首先，安全员应迅速解开安全带，两手相扣放于腹部前，向左微摆头，时刻观察对方的情况，做好防御与攻击的准备。当对方经过安全员左侧位置时，两脚蹬地起身，身体向左拧腰转身的同时，左臂顺势向左甩臂抖腕，以左手指背为着力点弹击对方裆部；趁其负痛弯腰曲背之际，左手迅速向外挑拨对方右小臂，以腕部和小臂为着力点向下按压其大臂后侧；动作不停，右手俯抓其右肘关节外侧，并迅速回拉按压，使对方右肩成反关节；同时右手迅速向后俯抓其右腕部，用力回拉折臂，将其控制，如图5-359~图5-364所示。

图 5-359

图 5-360

图 5-361

图 5-362

图 5-363

图 5-364

动作视频5-67
击裆拉肘别臂
主动控制

动作要领：拍裆迅速、发力劲脆、部位准确；动作连贯协调、一气呵成，拍裆后挑压拉肘应及时连贯；合理调整身体重心，保持身体平衡，保证动作发力稳固。

注意事项：通过突袭击打的方法转移对方注意力，改变身体运动姿势，为后续控制动作实施做好铺垫，是该动作成功进行控制的前提和关键。因此，安全员在对要害部位进行击打时须要做到快、准、狠。安全员在客舱武力处突过程中应根据遇抗程度和实际变化灵活应对，及时作出相应合理的调整，以最快速度将其控制，维护客舱秩序，保障客舱安全。

若由于动作不及时或对方肢体状态难以对其进行拉肘别臂控制时，应迅速通过拉臂压肘或勒颈折臂的方法将其控制。"拉臂压肘"控制方法参考：在击裆的基础上，趁其疼痛之际，右手俯抓对方右腕部向前、向右猛拉,同时以左小臂为着力点向下按压对方肘关节外侧,造成对方手臂反折,两手合力将其按压在地面或座椅处,利用狭小空间的优势将其控制。"勒颈折臂"控制方法参考:在击裆的基础上,趁其疼痛之际,以左手逆抓(掌心朝上,虎口向下朝其腕)其右腕部将其推至背部,同时右手从其头部后侧顺时针绕其颈部,以小臂为着力点勒住其脖颈,两手合力将其控制。在将其完全控制后,应精神集中,保持警惕,注意观察周围情况,协同配合机组其他成员,随时做好应变的准备。

练习方法:学生两人进行配合练习,一人为操作手,一人为配手。"拉肘别臂"是运用此动作能够完成控制的关键,也是练习该动作时的重点和难点。因此,第一阶段,应首先针对"拉肘别臂"动作进行专门练习,可采用左侧和右侧相结合的练习方法,一左一右为一组,每次练习2~3组,交换练习。第二阶段,通过配手身体位置、姿势的变化,增加动作控制难度,增强技术灵活运用能力。

易犯错误:动作脱节、缺乏连贯性是学生练习该动作时比较常见的错误。其主要表现为击打与拉肘别臂动作之间衔接速度较慢,肢体动作比较僵硬,发力不充分、不流畅。这类错误多是由于学生动作掌握不熟练或动作反应较慢引起的。

纠正方法:学生可针对"拍裆击打""拉肘别臂"单个动作对照镜子进行反复练习,熟练掌握动作路线和发力节奏。在此基础上,学生可在同伴的帮助下进行配合实操练习,熟练动作要领,逐步形成正确的肌肉记忆。

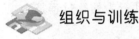
组织与训练

(一)集体喂靶练习

学生在实训场馆内成体操队形散开,面对面成两排相对或相向而立,一排学生为配手,另一排学生为操作手。教师统一组织,学生根据某一动作指令进行配合练习。操作参考:两名学生前后站位,第一名为配手,第二名为操作手。教师下达"抓腕反拧"的动作口令,配手由后向前从操作手左侧或右侧经过,操作手运用抓腕反拧技术动作将配手控制。听到教师结束的哨音后,操、配手立即还原立正姿势,根据教师口令进行互换练习。

(二)分组反应练习

学生在实训场馆内进行由后控制的分组反应练习。教师将学生分成两人一组,一名学生为操作手,另一名为配手。学生随机选择一种技术动作进行反应练习。操作参考:听到教师的"开始"的口令或哨音后,操作手随机选择一种技术动作控制配手。听到教师"停"的口令或哨音后,学生迅速还原立正姿势。

思考与练习

1. 什么是解脱与控制?运用原则是什么?
2. 什么是解脱与控制基础技能?它的作用有哪些?
3. 航空安全员在运用客舱解脱与控制技术时应注意哪些事项?
4. 结合本章学习内容,你认为如何提高航空安全员的客舱解脱与控制技术水平?应该从哪些方面入手?
5. 结合本章学习内容,你若作为一名航空安全员在被对方胁迫控制时如何进行有效处置?请举例说明。

综合实施与考核

一、任务实施

（一）任务目标

通过实操演练使学生熟练掌握客舱解脱与控制的基础技术，提高在客舱实战中的运用能力和灵活应变能力，增强学生应对客舱突发事件的能力。通过实操演练增强学生自我防范意识，培养学生机智勇敢、沉着冷静的意志品质。

（二）任务背景

某架从北京飞往广州的飞机上，一名张姓旅客与邻座发生争吵，乘务员上前调解后仍没有解决，此时双方争吵愈加激烈，在劝解无果后，安全员迅速介入，在向其表明身份后，对其进行制止。在此过程中，张姓旅客情绪突然崩溃，开始对安全员进行肢体推搡、谩骂和抓扯，并要求打开舱门见机长进行理论。

（三）实施步骤

步骤1：地点是客舱模拟舱。10~12名同学为一组，将班级同学分成若干组。教师扮演机长，学生分别扮演乘务长、航空安全员、客舱乘务员。

步骤2：机组成员根据设定的客舱扰乱情景进行处置。

步骤3：班级其他学生担任旅客，观察小组之间分工是否合理、扰乱行为处置过程是否规范并评分。

步骤4：教师现场指导，针对学生实操训练中存在的问题及出现的错误，教师在纠错的同时进行示范并讨论分析，最后对学生的练习情况给予总结和评价。

二、任务考核

本章节教学内容的学习评价主要采用将客舱解脱与控制技术应用通过客舱情景演练的方式进行综合实操演练，旨在全面提高学生客舱遇抗处突能力。针对客舱解脱与控制教学内容相应的考核评价标准，明确考核要点，为教师全面把握学生学习情况，调整教学方法和指定教学计划提供参考依据。

（一）考核标准

综合实操演练考核标准见表5-1。

表5-1 综合实操演练考核评价标准

得　　分	评 价 要 点
90分以上	反应速度快，方法运用合理，时机把握恰当，控制效果好，技术运用灵活，团队分工明确、配合默契，精神面貌好
80~89分	反应速度快，方法运用合理，时机把握恰当，控制效果较好，技术运用灵活，团队分工明确、配合默契，精神面貌好
70~79分	反应速度快，方法运用合理，时机把握恰当，控制效果较好，技术运用较灵活，团队分工明确、配合默契，精神面貌好
60~69分	反应速度较快，方法运用较合理，时机把握较恰当，控制效果较好，技术运用较灵活，团队分工较明确，精神面貌较好
60分以下	反应速度较慢，方法选择不合理，技术运用不恰当，控制效果较差，团队配合较乱，精神面貌较差

（二）考核评分

针对客舱干扰行为处置,综合实操考核评分表如表 5-2 所示。

表 5-2　综合实操演练考核评分表

班级		组别		
项目	评分标准	配分	评分人	得分
仪容仪表	服装按要求穿着整齐；头发、面容整洁大方	5 分	学生	
			教师	
精神面貌	队列整齐、纪律良好	10 分	学生	
			教师	
客舱干扰行为处置	反应速度	10 分	学生	
			教师	
	方法选择	10 分	学生	
			教师	
	时机把握	10 分	学生	
			教师	
	控制效果	10 分	学生	
			教师	
	技术运用	10 分	学生	
			教师	
	规范性	10 分	学生	
			教师	
	合理性	10 分	学生	
			教师	
处置后	设备归位整理	5 分	教师	
			学生	
团队协作	小组配合默契,分工明确	10 分	学生	
			教师	
学生评分（40%）			合计	
教师评分（60%）				
评语备注				
评分人				

第六章

伸缩棍的应用技术

知识目标
(1) 了解和掌握伸缩棍的基本使用方法和原理。
(2) 熟练掌握伸缩棍攻击的人体要害部位。
(3) 了解伸缩棍使用的情境和原则。

技能目标
(1) 熟练掌握伸缩棍的基本攻防技术并掌握不同技术在不同情境中的应用。
(2) 掌握伸缩棍和徒手格斗技术的配合使用方法。

职业素养目标
(1) 提高学生的客舱执勤能力。
(2) 培养学生担当、果敢的精神品质。
(3) 培养学生的职业意识与职业素养。

课堂导入

某航空公司一架飞行器正在航线飞行时,两名男性乘客因发生口角引发争执,并开始动手互殴,严重扰乱客舱秩序。乘务员上前劝解无效后遭到推打,航空安全员介入,在警告无效并也受到推打后,安全员使用伸缩棍将两名旅客制服并控制。航空安全员在实际工作当中也会遇到类似的突发事件,甚至是更为恶劣的行为。此类事件将直接影响航空器的正常飞行和机上人员的人身财产安全,为确保客舱安全,航空安全员在具备徒手防卫与控制的基础上,还需熟练掌握使用伸缩棍的能力,以在最短时间内依法、有效地使用伸缩棍将犯罪行为人进行控制,以确保航空器和机上人员的安全。

第一节 伸缩棍基本动作

一、腕花

(一) 内腕花
手持短棍,以手腕为中心,以拇指和食指为主抓牢棍体,腕关节和肘关节协同将棍体向前、向内、向下、向上纵向滑动直至恢复持棍姿势。

(二) 外腕花
手持短棍,以手腕为中心,以拇指和食指为主抓牢棍体,腕关节和肘关节协同将棍体向前、向外、向下、向上纵向滑动直至恢复持棍姿势。

二、撩花

（一）外撩花

手持短棍，以手腕为中心，以拇指和食指为主抓牢棍体，手腕向右后拧转，腕关节和肘关节协同将棍体向后、向外、向下、向上纵向划动至恢复持棍姿势。

（二）内撩花

手持短棍，以手腕为中心，以拇指和食指为主抓牢棍体，手腕向左后拧转，腕关节和肘关节协同将棍体向后、向内、向下、向上纵向划动至恢复持棍姿势。

动作视频 6-1　内腕花　　动作视频 6-2　外腕花　　动作视频 6-3　外撩花　　动作视频 6-4　内撩花

三、背花

手持短棍，以手腕为中心，以拇指和食指为主抓牢棍体，腕关节和肘关节协同完成一次内腕花和外腕花后，身体向左后转体，同时手腕内旋，将棍体背在腿后，然后以肘关节为圆心，伴随向后转体的动作以前臂带动棍体在体前划圆，直至伴随向左转体棍体恢复到持棍姿势，最后再做一次外腕花。

四、抛接

手持短棍，手腕稍下沉再向上扬起，使棍头向上向内翻转 360°，然后抓接短棍握柄，恢复持棍姿势。

五、滚腕

右手持棍，手腕内旋，棍体呈水平状，然后手腕由内向外快速旋腕，使棍体借助惯性在手掌上快速水平旋转 360°，直至棍体滚动回原始位置时，迅速抓握短棍棍柄，恢复持棍姿势。

动作视频 6-5　背花　　动作视频 6-6　抛接　　动作视频 6-7　滚腕

第二节　伸缩棍基本技术

一、伸缩棍的持握方法

伸缩棍的功能特点和攻击手段决定了伸缩短棍的不同持握方法。在未开棍单手持握状态下，正手持握主要用于戳击、锁控、开棍准备等；反手持握只要用于戳击、挂挡、锁控等。在开棍单手持握状态下，正手持握主要用于攻击、防御、锁控等；反手持握主要用于攻击及锁控技术。在未开棍状态下，双手一端持握主要用于戳击、戒备等。在开棍状态下，双手一端持握主要用于攻击、防御、解脱等；双手两端持握主要用于防御、攻击、锁控等。

（一）单手持握方法

1. 未开棍单手持握方法

（1）正手持握方法：棍头向上，单手持握棍柄的中下部位，如图6-1所示。

（2）反手持握方法：棍头朝下，单手持握握柄的中上部位，如图6-2所示。

2. 开棍单手持握方法

（1）正手持握方法：棍头向上，单手持握棍柄的中下部位，如图6-3所示。

（2）反手持握方法：棍头朝下，单手持握握柄的中上部位，如图6-4所示。

图 6-1　　　　图 6-2　　　　图 6-3　　　　图 6-4

（二）双手持握方法

1. 未开棍双手持握方法

（1）正手隐藏持握方法：在未开棍状态下，正手单手持握后，置于腹前，左手搭右手手腕，将棍体隐藏于两手之间，如图6-5和图6-6所示。

（2）反手隐藏持握方法：在未开棍状态下，反手单手持握棍柄，置于左胸前，左手抓握右手肘关节，将棍体隐藏于左臂腋下，如图6-7和图6-8所示。

图 6-5　　　　图 6-6　　　　图 6-7　　　　图 6-8

2. 开棍双手持握方法

（1）一端持握方法：双手正反手持握握柄及中管，如图6-9所示。

（2）两端正手持握方法：双手正手持握握柄及前管，如图6-10所示。

（3）两端正、反手持握方法：左手反手持握短棍尾管，右手正手持握棍柄，如图6-11所示。

图 6-9　　　　　图 6-10　　　　　图 6-11

提升与拓展

伸缩棍的持握方法是伸缩棍技术的基础,根据不同的持握方法可以采用不同的攻防技术。现阶段要掌握所有的持握方法并学会随时变换,为配合后面的攻防技术的学习打牢基础。

 组织与训练

采用集体练习的方式。教师统一组织,学生在实训场馆或者训练场地成体操队形散开,由教师统一组织学生练习某一个持棍动作。

二、伸缩棍的开棍方法

(一)威慑开棍

预备式:两脚并立,脚尖并拢朝前,两腿自然直立,收腹挺胸,手臂自然伸直贴于身体两侧,左手五指并拢,右手持棍,头顶上领,两眼目视前方。

动作过程:右脚向后方撤一步,约自身脚长2.5倍的距离,两脚呈前后错步站立,左脚脚尖微内旋,右脚脚尖微外展朝向前,重心放在两腿之间;右手手握棍柄,棍头朝上,肘关节上抬,前臂快速向斜上方挥动,在手臂伸直的瞬间,右手向外加速扣腕,完成开棍(图6-12和图6-13)。前臂上甩及扣腕速度越快,棍体的连接处锁定就越牢固。也可以配合相关的警告或者劝诫的语言,达到最佳效果。

(a)   (b)

图 6-12   图 6-13

动作要领:身体侧向站立,两脚前后约成一条直线,左脚内旋有裹腿护裆之意,右脚内扣与前腿形成螺旋合力,增加身体稳定性;威慑开棍时要做到气势十足,要时刻集中注意力,向后甩棍要迅速有力,配合带有威慑性的劝解语言。

练习方法:初步阶段主要练习动作为主,学生面对镜子站立,身体肌肉保持放松,反复练习,做到动作协调一致,撤步自然,身体保持侧向站立。注意脚型细节,充分感受两腿内旋合胯的身体变化。前臂上甩和扣腕的速度要快。

易犯错误:身体肌肉僵硬,撤步不自然是学生在练习动作时比较常见的错误。其主要表现为动作不协调,上甩不及时,撤步距离过大或过小,身体易失去平衡。这类错误多是由于学生精神紧张,刻意发力引起的。

纠正方法:学生面对镜子进行自我纠正,过程当中首先要克服刻意发力、戒备的心理,要求身体自然放松,松而不懈。

客舱作用:威慑开棍是航空安全员在客舱内遇到扰乱行为和非法干扰行为时进行处置的威慑动作。威慑开棍旨在通过大幅度的动作给对方以震慑。掌握威慑开棍可以使航空安全员在客舱日常巡视或者行为制止时能迅速反应做出判断。

（二）戒备开棍

预备式：两脚并立，脚尖并拢朝前，两腿自然直立，收腹挺胸，手臂自然伸直贴于身体两侧，左手五指并拢，右手持棍，头顶上领，两眼目视前方。

动作过程：右脚向后方撤一步，约自身脚长 2.5 倍的距离，两脚成前后错步站立，左脚脚尖微内旋，右脚脚尖微外展朝向前，重心放在两腿之间；右手握棍柄，棍头向上，右臂快速向右后下方挥动，在手臂伸直的瞬间，手向外加速扣腕，完成开棍如图 6-14 和图 6-15 所示。前臂下甩，扣腕的速度越快，棍体连接处的锁定就越牢固。

图 6-14

图 6-15

动作要领：身体侧向站立，两脚前后约成一条直线，左脚内旋有裹腿护裆之意，右脚内扣与前腿形成螺旋合力，增加身体稳定性；威慑开棍时要做到气势十足，要时刻集中注意力，向后下甩棍要迅速有力。

练习方法：初步阶段主要练习动作为主，学生面对镜子站立，身体肌肉保持放松，反复练习，做到动作协调一致，撤步自然，身体保持侧向站立。注意脚型细节，充分感受两腿内旋合胯的身体变化。前臂下甩和扣腕的速度要快。

易犯错误：身体肌肉僵硬，撤步不自然是学生在练习动作时比较常见的错误。其主要表现为动作不协调，上甩不及时，撤步距离过大或过小，身体易失去平衡。这类错误多是由于学生精神紧张，刻意发力引起的。

纠正方法：学生面对镜子进行自我纠正，过程当中首先要克服刻意发力、戒备的心理，要求身体自然放松，松而不懈。

客舱作用：戒备开棍是航空安全员在客舱内遇到扰乱行为和非法干扰行为时进行处置的动作。掌握戒备开棍可以使航空安全员在客舱日常巡视或者行为制止时能迅速反应作出判断，减少扰乱行为的发生以及事态的扩大。

（三）防反开棍

预备式：自然站立过程中，正前方突然有人向你冲来并进行袭击。

动作过程：右手握柄，棍头向前伸直手臂戳击，然后右脚向后方撤步，两脚呈前后错步站立，左脚脚尖微内旋，右脚脚尖微外展朝向前，重心放在两腿之间；右手握棍柄，然后上臂与前臂折叠回收并快速向右下方挥动，在手臂伸直的瞬间，手腕向外扣腕，完成开棍（图 6-16～图 6-18）。前臂下甩，扣腕的速度越快，棍体连接处的锁定就越牢固。

动作要领：动作要快速反应，不要让对手近身，距离控制很重要。棍头向前戳击及后撤步开棍要迅速有力。

练习方法：初步阶段主要练习动作为主，学生两人一组，配手主动向操作手前扑进攻，操作手身体肌肉保持放松，反复练习，做到动作协调一致，撤步自然，身体保持侧向站立。注意脚形细节，充分感受两腿内旋合胯的身体变化。前臂向前戳击和后撤步下甩要一气呵成。

(a) (b)   (a) (b)

图 6-16   图 6-17   图 6-18

易犯错误：身体肌肉僵硬、慌乱、撤步不自然是学生在练习动作时比较常见的错误。其主要表现为动作不协调，前戳后撤步下甩不及时，撤步距离过大或过小，身体易失去平衡。这类错误多是由于学生精神紧张，刻意发力引起的。

纠正方法：配手先以固定动作和慢动作进行攻击，操作手要做到反应及时，距离控制到位。之后配手逐步提高攻击速度和调整攻击模式。

客舱作用：防反开棍是航空安全员在客舱内突然袭击时进行处置的动作。掌握防反开棍可以使航空安全员在客舱日常巡视或者行为制止时能迅速反应做出判断，在保全自身的同时保障客舱安全。

 提升与拓展

动作名称：应激开棍。

预备式：两脚并立，脚尖并拢朝前，两腿自然直立，收腹挺胸，手臂自然伸直贴于身体两侧，五指并拢，头顶上领，两眼目视前方。

动作过程：当听到"开始"口令时，配手突然向前攻击操作手，操作手在反应过来的情况下迅速转身跑开，同时将短棍取出并打开，然后迅速转身观察并形成戒备（图6-19～图6-21）。当遭遇对方攻击来不及躲避时，可以双臂上台，左臂形成格挡，右臂向前横向撞击，也可以快速下潜并搂抱对方双腿，配合肩膀前顶的力量将对方摔倒。然后快速后撤并出棍，形成戒备。

图 6-19   图 6-20   图 6-21

动作要领与方法：判断要准确，反应要迅速，控制好距离后立马开棍戒备。

易犯错误：反应不及时是比较容易出现的错误。这类错误多是由于学生的注意力不集中，不能全身心投入引起的。

纠正方法：配手可以用慢动作配合练习，由慢到快，逐步提高速度。

客舱作用：应激开棍是航空安全员在面对已经出现暴力行为时为保全自身进而履行职责时要采取的紧急开棍姿势。

组织与训练

（一）分组练习

学生在实训场馆或者训练场地针对几个不同的开棍动作进行练习。教师将队伍分成若干个小组，6～8名学生分为一组，学生根据教师指定的训练内容进行练习。

（二）集体练习

学生在实训场馆或者训练场地成体操队形散开，由教师统一组织学生练习某一个开棍动作。

（三）快速反应练习

学生通过分组和集体练习熟练掌握开棍动作后，实训场馆或者训练场地成体操队形散开。口令"1"是威慑开棍，口令"2"是戒备开棍，口令"3"是防反开棍，学生根据教师不同的口令以最快速度做出相对应的开棍动作。根据学生掌握水平，教师可以不断调换口令，逐步增加训练难度，提高学生动作熟练掌握的程度。

三、伸缩棍实战戒备姿势

戒备姿势是进入对抗之前所做的准备动作，它贯穿于整个搏斗过程中。在伸缩棍实战中，不同的环境不同情况下所采用的戒备姿势也各有不同。

（一）扶棍戒备

预备式：两脚并立，脚尖并拢朝前，两腿自然直立，收腹挺胸，手臂自然伸直贴于身体两侧，五指并拢，头顶上领，两眼目视前方。

动作过程：两脚前后自然开立，两膝微屈稍内扣，重心落于两腿中间，身体45°侧向前方，右肘自然下垂，贴于肋部，右手扶于短棍上，也可以用拇指与食指夹握短棍，左臂前伸，大臂和小臂折叠角度大于90°，左手自然张开，掌心向下，含胸收腹，下颌微收，目视前方，如图6-22所示。

图 6-22

动作要领：身体侧向站立，右手扶棍，保持好身体重心。自然戒备时要做到外松内紧，要时刻集中注意力，不断观察周围环境，内心保持戒备状态。

练习方法：初步阶段主要练习动作为主，学生面对镜子站立，身体肌肉保持放松，反复练习，做到动作协调一致，撤步自然，身体保持侧向站立。注意脚形细节，充分感受两腿内旋合胯的身体变化。

易犯错误：身体肌肉僵硬，撤步不自然是学生在练习动作时比较常见的错误。其主要表现为动作不协调，撤步距离过大或过小，身体易失去平衡。这类错误多是由于学生精神紧张，刻意发力引起的。

纠正方法：学生面对镜子进行自我纠正，过程中首先要克服刻意发力、戒备的心理，要求身体自然放松，松而不懈。

客舱作用：扶棍戒备是航空安全员在客舱内进行巡视时遇到潜在问题时应采取的戒备姿势。掌握扶棍戒备可以使航空安全员在客舱日常巡视、情况询问或者行为制止时既能显得落落大方又能迅速反应做出判断。

（二）持棍戒备

1. 突袭戒备

预备式：两脚并立，脚尖并拢朝前，两腿自然直立，收腹挺胸，手臂自然伸直贴于身体两侧，五指并拢，头顶上领，两眼目视前方。

动作过程：两脚前后自然开立，两膝微屈稍内扣，重心落于两腿中间，身体45°侧向前方，在开棍状态下，左臂前伸，上臂和前臂折叠角度大于90°，左手自然张开，掌心向下，右手持棍，置于体侧或腿后,含胸收腹,下颌微收,目视前方,如图 6-23 所示。

动作要领：身体侧向站立,左手前伸控制距离,右手持棍,保持好身体重心。自然戒备时要做到外松内紧,要时刻集中注意力,目视前方,内心保持戒备状态。

练习方法：初步阶段主要练习动作为主,学生面对镜子站立,身体肌肉保持放松,反复练习,做到动作协调一致,撤步自然,身体保持侧向站立。注意脚形细节,充分感受两腿内旋合胯的身体变化。

易犯错误：身体肌肉僵硬,撤步不自然是学生在练习动作时比较常见的错误。其主要表现为动作不协调,撤步距离过大或过小,身体易失去平衡。这类错误多是由于学生精神紧张,刻意发力引起的。

纠正方法：学生面对镜子进行自我纠正,过程中首先要克服刻意发力、戒备的心理,要求身体自然放松,松而不懈。

客舱作用：突袭戒备是航空安全员在客舱内进行巡视时遇到突发状况时应采取的戒备姿势,便于撩击。掌握突袭戒备可以使航空安全员在客舱日常巡视、情况询问或者行为制止时既能显得落落大方又能迅速反应做出判断。

2. 防御戒备

1) 单手防御戒备

预备式：两脚并立,脚尖并拢朝前,两腿自然直立,收腹挺胸,手臂自然伸直贴于身体两侧,五指并拢,头顶上领,两眼目视前方。

动作过程：两脚前后自然开立,两膝微屈稍内扣,重心落于两腿中间,身体约 45°侧向前方。在开棍状态下,左臂前伸,上臂和前臂折叠角度大于 90°,左手自然张开,掌心向下,右手持棍,置于右胸前,含胸收腹,下颌微收,目视前方,如图 6-24 和图 6-25 所示。

图 6-23

图 6-24

图 6-25

动作要领：身体侧向站立,左手前伸控制距离,右手持棍,保持好身体重心。自然戒备时要做到外松内紧,要时刻集中注意力,目视前方,内心保持戒备状态。

练习方法：初步阶段主要练习动作为主,学生面对镜子站立,身体肌肉保持放松,反复练习,做到动作协调一致,撤步自然,身体保持侧向站立。注意脚形细节,充分感受两腿内旋合胯的身体变化。

易犯错误：身体肌肉僵硬,撤步不自然是学生在练习动作时比较常见的错误。其主要表现为动作不协调,撤步距离过大或过小,身体易失去平衡。这类错误多是由于学生精神紧张,刻意发力引起的。

纠正方法：学生面对镜子进行自我纠正,过程中首先要克服刻意发力、戒备的心理,要求身体自然放松,松而不懈。

客舱作用：单手防御戒备是航空安全员在客舱内进行巡视时遇到突发状况应采取的戒备姿势,便于挑击和戳击。掌握单手防御戒备可以使航空安全员在客舱日常巡视、情况询问或者行为制止时既能显得落落大方又能迅速反应做出判断。

2）双手防御戒备

预备式：两脚并立，脚尖并拢朝前，两腿自然直立，收腹挺胸，左手臂自然伸直贴于体侧，五指并拢，右手持棍（开棍），头顶上领，两眼目视前方。

动作过程：反击戒备：在开棍状态下，两脚前后自然开立，两膝微屈稍内扣，重心落于两腿中间，身体45°侧向前方，双臂贴于体侧，双手正、反抓握短棍两端，置于腹前，含胸收腹，下颌微收，目视前方，如图6-26和图6-27所示。

图 6-26

(a) (b)

图 6-27

格挡戒备：在开棍状态下，两脚前后自然开立，两膝微屈稍内扣，重心落于两腿中间，身体45°侧向前方，双臂贴于体侧，双手正手抓握短棍两端，置于腹前，含胸收腹，下颌微收，目视前方，如图6-28和图6-29所示。

(a) (b)

图 6-28   图 6-29

动作要领：身体侧向站立，双手持棍，保持好身体重心。防御戒备时要做到外松内紧，要时刻集中注意力，目视前方，内心保持戒备状态。

练习方法：初步阶段主要练习动作为主，学生面对镜子站立，身体肌肉保持放松，反复练习，做到动作协调一致，撤步自然，身体保持侧向站立。

易犯错误：身体肌肉僵硬，动作不自然是学生在练习动作时比较常见的错误。其主要表现为动作不协调，撤步距离过大或过小，身体易失去平衡。这类错误多是由于学生精神紧张，刻意发力引起的。

纠正方法：学生面对镜子进行自我纠正，过程中首先要克服刻意发力、戒备的心理，要求身体自然放松，松而不懈。

客舱作用：双手防御戒备是航空安全员在客舱内进行巡视时遇到突发状况时应采取的戒备姿势，便于格挡反击。掌握双手防御戒备可以使航空安全员在客舱日常巡视、情况询问或者行为制止时既能显得落落大方又能迅速反应做出判断。

3）攻击戒备

预备式：两脚并立，脚尖并拢朝前，两腿自然直立，收腹挺胸，左手臂自然伸直贴于体侧，五指并拢,右手持棍(开棍),头顶上领,两眼目视前方。

动作过程:右脚后撤一步,两脚前后自然开立,两膝微屈稍内扣,重心落于两腿中间,身体45°侧向前方。在开棍状态下,左臂前伸,上臂和前臂折叠角度大于90°,左手自然张开,掌心向下,右手持棍置于右肩上方,右肘自然贴靠身体,含胸收腹,下颌微收,目视前方,如图6-30和图6-31所示。

图 6-30　　　　　　　　　　　图 6-31

动作要领:身体侧向站立,持棍于肩上,保持好身体重心。戒备时要时刻集中注意力,目视前方,随时准备进入进攻状态。

练习方法:初步阶段主要练习动作为主,学生面对镜子站立,身体肌肉保持放松,反复练习,做到动作协调一致,撤步自然,身体保持侧向站立。

易犯错误:身体肌肉僵硬,动作不自然是学生在练习动作时比较常见的错误。其主要表现为动作不协调,撤步距离过大或过小,身体易失去平衡。这类错误多是由于学生精神紧张,刻意发力引起的。

纠正方法:学生面对镜子进行自我纠正,过程中首先要克服刻意发力、戒备的心理,要求身体自然放松,松而不懈。

客舱作用:攻击戒备是航空安全员在客舱内进行巡视时遇到突发状况时应采取的戒备姿势。掌握攻击戒备可以使航空安全员在客舱行为制止时既能迅速反应做出判断。

 提升与拓展

动作名称:反手戒备。

预备式:两脚并立,脚尖并拢朝前,两腿自然直立,收腹挺胸,左手臂自然伸直贴于体侧,五指并拢,右手持棍(开棍),头顶上领,两眼目视前方。

动作过程:右脚后撤一步,两脚前后自然开立,两膝微屈稍内扣,重心落于两腿中间,身体45°侧向前方,在开棍状态下,右手持棍,将右手置于左臂腋下,左手置于胸前,自然摆放,两臂自然贴靠身体,含胸收腹,下颌微收,目视前方,如图6-32和图6-33所示。

图 6-32　　　　　　　　　　　图 6-33

练习方法:初步阶段主要练习动作为主,学生面对镜子站立,身体肌肉保持放松,反复练习,做到动作协调一致,撤步自然,身体保持侧向站立。

易犯错误:身体肌肉僵硬,动作不自然是学生在练习动作时比较常见的错误。其主要表现为动作不协调,撤步距离过大或过小,身体易失去平衡。这类错误多是由于学生精神紧张,刻意发力引起的。

纠正方法:学生面对镜子进行自我纠正,过程中首先要克服刻意发力、戒备的心理,要求身体自然放松,松而不懈。

客舱作用:反手戒备是航空安全员在客舱内进行巡视时遇到突发状况时应采取的戒备姿势。掌握反手戒备可以使航空安全员在客舱行为制止时能迅速控制好距离并为下一步的动作赢得时间。

 组织与训练

(一)分组练习

学生在实训场馆或者训练场地针对几个不同的开棍动作进行练习。教师将队伍分成若干个小组,6~8名学生分为一组,学生根据教师指定的训练内容进行练习。

(二)集体练习

学生在实训场馆或者训练场地成体操队形散开,由教师统一组织学生练习某一个开棍动作。

(三)快速反应练习

学生通过分组和集体练习熟练掌握开棍动作后,实训场馆或者训练场地成体操散开。口令"1"是扶棍戒备,口令"2"是突袭戒备,口令"3"是防御戒备,口令"4"是攻击戒备,学生根据教师不同的口令以最快速度做出相对应的戒备姿势。根据学生掌握水平,教师可以不断调换口令,逐步增加训练难度,提高学生动作熟练掌握的程度。

四、伸缩棍的攻击技术

"攻击"是指伸缩短棍的第一属性。从技术角度讲,伸缩短棍追求的是点对点的精确打击。第一节棍体及棍头不仅是伸缩短棍威力最大的部分,还是伸缩短棍的最终发力点。所以在平时要注意击打精度和准度的练习,避免在实战中出现失误。伸缩短棍杀伤力较大,因此不可轻易击打人体要害部位,比如头部、颈部、档部等。在实际情况中,根据目的选择击打的部位,比如击打骨骼关节或者肌肉组织都可以使对手丧失攻击甚至移动的能力。

安全员在执勤过程中可以使用伸缩短棍对目标进行控制和制服。在一般性的侵害情况下,可以打击目标的前臂内侧、前臂外侧、大腿内侧、大腿外侧、小腿后侧等伤害性较低的部位,从而达到控制对方的目的;在侵害相对危险的情况下,可以通过击打手腕、大臂、肩颈、小腿正面等更具杀伤力的部位,从而达到制服目标的目的;在暴力恐怖的情况下,则不需要限制部位击打。

(一)单手持棍攻击技术

1.劈击

预备式:攻击戒备姿势。

动作过程:

(1)正手劈击:在攻击戒备动作的基础上,左手收回置于左脸颊旁形成防护,身体向左拧转;同时快速由侧面向前挥动前臂,力达棍体,主要劈击对手上臂外侧、前臂内外侧(图6-34~图6-36)和大腿外侧(图6-37~图6-39)等部位,动作完成后迅速恢复戒备姿势。

图 6-34　　　　　图 6-35　　　　　图 6-36　　　　　图 6-37

（2）反手劈击：在攻击戒备或者反手戒备动作的基础上，左手上抬置于左脸颊旁形成防护，右臂由左侧向前挥动前臂，力达棍体，主要劈击对手上臂外侧、前臂内外侧（图 6-40～图 6-42）和大腿内外侧（图 6-43～图 6-45）等部位，动作完成后迅速恢复戒备姿势。

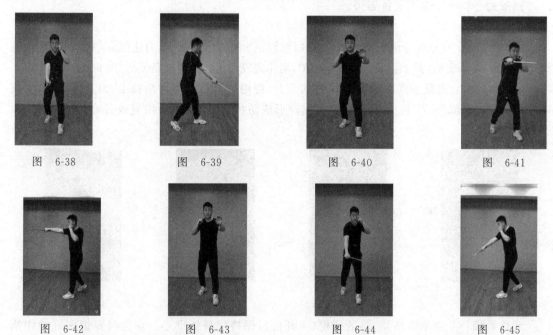

图 6-38　　　　　图 6-39　　　　　图 6-40　　　　　图 6-41

图 6-42　　　　　图 6-43　　　　　图 6-44　　　　　图 6-45

（3）正劈击：在攻击戒备动作的基础上，左手回收置于左脸颊旁形成防护，身体向左拧转，同时右臂快速向正下方挥动前臂，力达棍体，主要用于垂直劈击对手持握凶器等部位（图 6-46～图 6-48）。动作完成后迅速恢复戒备姿势。

图 6-46　　　　　图 6-47　　　　　图 6-48

动作要领：身体侧向站立，持棍于肩上，保持好身体重心。攻击时要把握好动作幅度，不宜过大。

练习方法：初步阶段主要练习动作熟练度，学生保持身体肌肉放松，3次连续劈击为一组，一次练习8～10组，再反复练习，做到动作协调一致，力达棍体，撤步自然。也可以进行打沙袋练习和打靶练习。

易犯错误：身体肌肉僵硬，动作不自然是学生在练习动作时比较常见的错误。其主要表现为动作不协调，着力点不明确，动作幅度过大。这类错误多是由于学生精神紧张，刻意发力引起的。

纠正方法：学生面对镜子进行自我纠正，过程中首先要克服刻意发力、戒备的心理，要求身体自然放松，松而不懈。

客舱作用：劈击是航空安全员在客舱内进行巡视时遇到突发状况时应采取的常用动作。劈击主要用于主动攻击、迎击及阻击。

2. 戳击

预备式：未开棍隐蔽戒备姿势。

动作过程：

（1）前戳击：在正手隐蔽戒备的基础上，以短棍棍头直线向前戳击，力达棍头，主要攻击对手胸腹部等位置，左手上抬，置于脸颊左侧形成防护，动作完成后迅速恢复戒备姿势（图6-49和图6-50）。

（2）后戳击：在反手隐蔽戒备动作的基础上，使用短棍握柄端向后戳击，力达握柄端，主要攻击对手大腿等部位，左手上抬，置于脸颊左侧形成防护，动作完成后恢复戒备姿势（图6-51和图6-52）。

图 6-49　　　　　　图 6-50　　　　　　图 6-51　　　　　　图 6-52

动作要领：身体侧向站立，隐蔽持棍（未开棍），保持好身体重心。攻击时要把握好动作幅度（可连续进攻），不宜过大。

练习方法：初步阶段主要练习动作熟练度，学生保持身体肌肉放松，3次连续戳击为一组，一次练习8～10组，反复练习，做到动作协调一致，力达棍体，撤步自然。也可以进行打沙袋练习和打靶练习。

易犯错误：身体肌肉僵硬，动作不自然是学生在练习动作时比较常见的错误。其主要表现为动作不协调，着力点不明确，动作幅度过大。这类错误多是由于学生精神紧张，刻意发力引起的。

纠正方法：学生面对镜子进行自我纠正，过程中首先要克服刻意发力、戒备的心理，要求身体自然放松，松而不懈。

客舱作用：戳击是航空安全员在客舱内进行巡视时遇到突发状况时应采取的常用动作。戳主要用于主动攻击、迎击、阻击及被控制解脱等。

3. 挑击

预备式：单手防御戒备姿势

动作过程：在隐蔽戒备或者单手防御戒备动作的基础上，以短棍棍头向前、向上挑击，力达棍头,主要攻击对手胸腹部、下颚等部位,左手上台,置于脸颊左侧形成防护,动作完成后迅速恢复戒备姿势(图 6-53～图 6-55)。

　　(a)　　　(b)
　　图　6-53　　　　　图　6-54　　　　　图　6-55

动作要领:身体侧向站立,保持好身体重心。攻击时要把握好动作幅度(可连续进攻),不宜过大。

练习方法:初步阶段主要练习动作熟练度。学生保持身体肌肉放松,3 次连续挑击为一组,一次练习 8～10 组,反复练习,做到动作协调一致,力达棍体,撤步自然。也可以进行打沙袋练习和打靶练习。

易犯错误:身体肌肉僵硬,动作不自然是学生在练习动作时比较常见的错误。其主要表现为动作不协调,着力点不明确,动作幅度过大。这类错误多是由于学生精神紧张,刻意发力引起的。

纠正方法:学生面对镜子进行自我纠正,过程中首先要克服刻意发力、戒备的心理,要求身体自然放松,松而不懈。

客舱作用:挑击是航空安全员在客舱内进行巡视时遇到突发状况时应采取的常用动作。主要用于主动攻击。

4.撩击

预备式:突袭戒备姿势。

动作过程:在突袭戒备动作的基础上,以握柄端领先,正手由右侧或者反手由左侧将棍体斜向上挥动,力达棍头或者棍体,主要用于控制距离或者攻击对方胸腹部等部位,左手上抬,置于脸颊左侧形成防护,动作完成后迅速恢复戒备姿势(图 6-56～图 6-58)。

　　图　6-56　　　　　图　6-57　　　　　图　6-58

动作要领:身体侧向站立,保持好身体重心。攻击时要把握好动作幅度(可左右连续进攻),不宜过大。

练习方法:初步阶段主要练习动作熟练度。学生保持身体肌肉放松,3 次连续撩击为一组,左右撩击衔接进行,一次练习 8～10 组,再反复练习,做到动作协调一致,力达棍体,撤步自然。也可以进行打沙袋练习和打靶练习。

易犯错误：身体肌肉僵硬，动作不自然是学生在练习动作时比较常见的错误。其主要表现为动作不协调，着力点不明确，动作幅度过大。这类错误多是由于学生精神紧张，刻意发力引起的。

纠正方法：学生面对镜子进行自我纠正，过程中首先要克服刻意发力、戒备的心理，要求身体自然放松，松而不懈。

客舱作用：撩击是航空安全员在客舱内进行巡视时遇到突发状况时应采取的常用动作。主要用于主动攻击、迎击及阻击。

5. 扫击

预备式：攻击戒备姿势。

动作过程：在攻击戒备动作的基础上，持棍右臂大幅度左右恢复横向挥舞，力达棍体，左手上抬，置于脸颊左侧形成防护，动作完成后迅速恢复戒备姿势，如图6-59~图6-62所示。

图 6-59　　　　　图 6-60　　　　　图 6-61　　　　　图 6-62

动作要领：身体侧向站立，持棍于肩上，保持好身体重心。攻击时要把握好动作幅度，不宜过大，左右扫击要连续。

练习方法：初步阶段主要练习动作熟练度。学生保持身体肌肉放松，3次连续扫击为一组，左右扫击衔接进行，一次练习8~10组，反复练习，做到动作协调一致，力达棍体，撤步自然。也可以进行打沙袋练习和打靶练习。

易犯错误：身体肌肉僵硬，动作不自然是学生在练习动作时比较常见的错误。其主要表现为动作不协调，着力点不明确，动作幅度过大。这类错误多是由于学生精神紧张，刻意发力引起的。

纠正方法：学生面对镜子进行自我纠正，过程中首先要克服刻意发力、戒备的心理，要求身体自然放松，松而不懈。

客舱作用：扫击是航空安全员在客舱内进行巡视时遇到突发状况时应采取的常用动作。主要用于攻击以及驱逐人群、控制距离。

6. 砸击

预备式：攻击戒备姿势。

动作过程：在攻击戒备动作的基础上，以短棍的握柄端（图6-63~图6-65），或者棍头（图6-66~图6-69）。由上向下砸击对手身体各部位，左手上抬，置于脸颊左侧形成防护，动作完成后迅速恢复戒备姿势。

(a)　　　(b)

图 6-63

动作要领：身体侧向站立，持棍于肩上，保持好身体重心。攻击时要把握好动作幅度，不宜过大，砸击要连续。

练习方法：初步阶段主要练习动作熟练度。学生保持身体肌肉放松，3次连续砸击为一组，一次练习8~10组，反复练习。做到动作协调一致，力达棍体，撤步自然。也可以进行打沙袋练习和打靶练习。

第六章　伸缩棍的应用技术

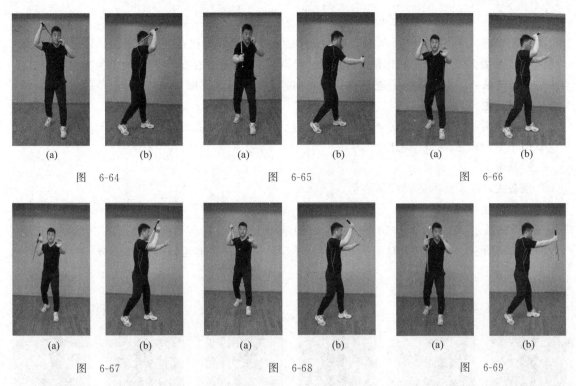

图 6-64　　　　　　图 6-65　　　　　　图 6-66

图 6-67　　　　　　图 6-68　　　　　　图 6-69

易犯错误：身体肌肉僵硬，动作不自然是学生在练习动作时比较常见的错误。其主要表现为动作不协调，着力点不明确，动作幅度过大。这类错误多是由于学生精神紧张，刻意发力引起的。

纠正方法：学生面对镜子进行自我纠正，过程中首先要克服刻意发力、戒备的心理，要求身体自然放松，松而不懈。

客舱作用：砸击是航空安全员在客舱内进行巡视时遇到突发状况时应采取的常用动作。主要用于攻击。

（二）双手持棍攻击技术

1. 推击

预备式：双手格挡防御戒备姿势。

动作过程：在双手格挡防御戒备动作的基础上，身体稍向左转，双脚蹬地拧腰；同时，双臂上举向前平推，力达棍体，动作完成后迅速恢复戒备姿势，如图6-70～图6-72所示。

图 6-70　　　　　　图 6-71　　　　　　图 6-72

动作要领：身体侧向站立，保持好身体重心。攻击时要转体蹬地拧腰，力达棍体，可连续进攻。

练习方法：初步阶段主要练习动作熟练度。学生保持身体肌肉放松，3次连续推击为一组，连续进攻可以调整攻击角度，一次练习8～10组，反复练习。做到动作协调一致，力达棍体,撤步自然。也可以进行打沙袋练习和打靶练习。

易犯错误:身体肌肉僵硬,动作不自然是学生在练习动作时比较常见的错误。其主要表现为动作不协调,着力点不明确,动作幅度过大。这类错误多是由于学生精神紧张,刻意发力引起的。

纠正方法:学生面对镜子进行自我纠正,过程中首先要克服刻意发力、戒备的心理,要求身体自然放松,松而不懈。

客舱作用:推击是航空安全员在客舱内进行巡视时遇到突发状况时应采取的常用动作。主要用于主动攻击、迎击、阻击。

2. 戳击

预备式:双手反击防御戒备姿势。

动作过程:

(1) 前戳击:在双手反击防御戒备动作的基础上,左手在前,右手在后,双手合力向正前方冲击,力达棍头,主要攻击对手胸腹部等部位,动作完成后迅速恢复戒备姿势,如图 6-73~图 6-75 所示。

(a) (b) (a) (b) (a) (b)

图 6-73　　　　　　　图 6-74　　　　　　　图 6-75

(2) 后戳击:在双手反击防御戒备动作的基础上,左手在前,右手在后,双手合力向正后方冲击,力达握柄末端,主要攻击对方大腿及胸腹等部位,动作完成后迅速恢复戒备姿势,如图 6-76 和图 6-77 所示。

(a) (b) (a) (b)

图 6-76　　　　　　　　　图 6-77

(3) 下戳击:在双手反击防御戒备动作的基础上,以短棍握柄端由上向下方冲击,力达握柄后端,主要攻击对方背部,动作完成后迅速恢复戒备姿势,如图 6-78~图 6-80 所示。

动作要领:身体侧向站立,保持好身体重心。攻击时双手合力,保持一条直线,力达棍头或棍柄端,可连续进攻。

练习方法:初步阶段主要练习动作熟练度,学生保持身体肌肉放松,3 次连续戳击为一组,一次练习 8~10 组,再反复练习,做到动作协调一致,力达棍体,撤步自然。还可以进行打沙袋练习和打靶练习。

(a) (b)　　　　(a) (b)　　　　(a) (b)

图 6-78　　　　　　图 6-79　　　　　　图 6-80

易犯错误：身体肌肉僵硬，动作不自然是学生在练习动作时比较常见的错误。其主要表现为动作不协调，着力点不明确，动作幅度过大。这类错误多是由于学生精神紧张，刻意发力引起的。

纠正方法：学生面对镜子进行自我纠正，过程中首先要克服刻意发力、戒备的心理，要求身体自然放松，松而不懈。

客舱作用：戳击是航空安全员在客舱内进行巡视时遇到突发状况时应采取的常用动作。主要用于主动攻击和解脱。

3. 横击

预备式：双手格挡防御戒备姿势。

动作过程：在双手格挡防御戒备动作的基础上，通过向左（右）转体拧腰，双手合力向前以短棍握柄端（棍头）向前横向击打，力达握柄后端（棍头），主要攻击对方胸腹部、身体外侧等部位，动作完成后迅速恢复戒备姿势，如图 6-81～图 6-83 所示。

(a) (b)　　　　(a) (b)　　　　(a) (b)

图 6-81　　　　　　图 6-82　　　　　　图 6-83

动作要领：身体侧向站立，保持好身体重心。攻击时要转体蹬地拧腰，力达棍柄，可接其他进攻方式。

练习方法：初步阶段主要练习动作熟练度。学生保持身体肌肉放松，3 次连续横击为一组，左右横击衔接进行，一次练习 8～10 组，反复练习，做到动作协调一致，力达棍体，撤步自然。也可以进行打沙袋练习和打靶练习。

易犯错误：身体肌肉僵硬，动作不自然是学生在练习动作时比较常见的错误。其主要表现为动作不协调，着力点不明确，动作幅度过大。这类错误多是由于学生精神紧张，刻意发力引起的。

纠正方法：学生面对镜子进行自我纠正，过程中首先要克服刻意发力、戒备的心理，要求身体自然放松，松而不懈。

客舱作用：横击是航空安全员在客舱内进行巡视时遇到突发状况时应采取的常用动作。横击主要用于主动攻击、迎击、阻击。

4. 盖打

预备式：双手格挡防御戒备姿势。

动作过程：在双手格挡防御戒备动作的基础上，通过向左（右）转体拧腰，双手合力由上向下以短棍握柄端（棍头）向下击打，力达握柄后端（棍头），主要攻击对方肩部、背部等，动作完成后迅速恢复戒备姿势，如图 6-84～图 6-86 所示。

动作要领：身体侧向站立，保持好身体重心。攻击时要转体蹬地拧腰，力达棍柄，可接其他进攻方式。

练习方法：初步阶段主要练习动作熟练度。学生保持身体肌肉放松，3 次连续盖打为一组，左右衔接进行，一次练习 8～10 组，反复练习，做到动作协调一致，力达棍体，撤步自然。也可以进行打沙袋练习和打靶练习。

(a)　　　(b)　　　(a)　　　(b)　　　(a)　　　(b)

图 6-84　　　　　图 6-85　　　　　图 6-86

易犯错误：身体肌肉僵硬，动作不自然是学生在练习动作时比较常见的错误。其主要表现为动作不协调，着力点不明确，动作幅度过大。这类错误多是由于学生精神紧张，刻意发力引起的。

纠正方法：学生面对镜子进行自我纠正，过程中首先要克服刻意发力、戒备的心理，要求身体自然放松，松而不懈。

客舱作用：盖打是航空安全员在客舱内进行巡视时遇到突发状况时应采取的常用动作。盖打主要用于主动攻击、迎击、阻击。

5. 下劈

预备式：双手反击防御戒备姿势。

动作过程：在双手反击防御戒备动作的基础上，双手持棍向左上方扬起，通过向右转体拧腰，双手合力由上向下以短棍棍头向下劈击，力达棍头，主要攻击对方肩部、颈部、背部等部位，动作完成后迅速恢复戒备姿势，如图 6-87～图 6-89 所示。

图 6-87　　　　　图 6-88　　　　　图 6-89

动作要领：身体侧向站立，保持好身体重心。攻击时要转体蹬地拧腰，力达棍头，可连续进攻。

练习方法：初步阶段主要练习动作熟练度。学生保持身体肌肉放松，3 次连续下劈击为一组,一次练习8~10组,反复练习,做到动作协调一致,力达棍体,撤步自然。也可以进行打沙袋练习和打靶练习。

易犯错误:身体肌肉僵硬,动作不自然是学生在练习动作时比较常见的错误。其主要表现为动作不协调,着力点不明确,动作幅度过大。这类错误多是由于学生精神紧张,刻意发力引起的。

纠正方法:学生面对镜子进行自我纠正,过程中首先要克服刻意发力、戒备的心理,要求身体自然放松,松而不懈。

客舱作用:下劈是航空安全员在客舱内进行巡视时遇到突发状况时应采取的常用动作。下劈主要用于主动攻击。

6.撩击

预备式:双手格挡防御戒备姿势

动作过程:

(1)左撩击:在双手格挡防御戒备的基础上,通过身体向右拧转,以握柄领先,将棍体由下斜向上并向左撩击,力达握柄底端,主要攻击对方胸腹部等部位,动作完成后迅速恢复戒备姿势,如图6-90~图6-92所示。

图 6-90　　　　　　图 6-91　　　　　　图 6-92

(2)右撩击:在双手格挡防御戒备的基础上,通过身体向左拧转,以握头端领先,将棍体由下斜向上撩击,力达握头端,主要攻击对方胸腹部等部位,动作完成后迅速恢复戒备姿势,如图6-93~图6-95所示。

图 6-93　　　　　　图 6-94　　　　　　图 6-95

动作要领:身体侧向站立,保持好身体重心。攻击时要转体蹬地拧腰,力达棍头或棍柄,可连续进攻。

练习方法:初步阶段主要练习动作熟练度。学生保持身体肌肉放松,3次连续撩击为一组,左右撩击衔接进攻。一次练习8~10组,反复练习,做到动作协调一致,力达棍体,撤步自然。也可以进行打沙袋练习和打靶练习。

易犯错误：身体肌肉僵硬，动作不自然是学生在练习动作时比较常见的错误。其主要表现为动作不协调，着力点不明确，动作幅度过大。这类错误多是由于学生精神紧张，刻意发力引起的。

纠正方法：学生面对镜子进行自我纠正，过程中首先要克服刻意发力、戒备的心理，要求身体自然放松，松而不懈。

客舱作用：撩击是航空安全员在客舱内进行巡视时遇到突发状况时应采取的常用动作。撩击主要用于防御和控制距离。

提升与拓展

动作名称：缠头劈击。

预备式：双手格挡防御戒备姿势。

动作过程：在双手格挡防御戒备动作的基础上，右手在上左手在下，双手合力向左前纵向格挡，然后右手单手持棍经头部后方缠绕至身体右上方，最后向前方实施劈击，动作完成后迅速恢复戒备姿势，如图6-96～图6-100所示。

图 6-96　　　　　图 6-97　　　　　图 6-98　　　　　图 6-99

图 6-100

动作要领：身体侧向站立，保持好身体重心。攻击时要转体蹬地拧腰，力达棍头或棍柄。

练习方法：初步阶段主要练习动作熟练度。学生保持身体肌肉放松，3次连续劈击为一组，配合好步法移动。一次练习8～10组，反复练习，做到动作协调一致，力达棍体，撤步自然。也可以进行打沙袋练习和打靶练习。

易犯错误：身体肌肉僵硬，动作不自然是学生在练习动作时比较常见的错误。其主要表现为动作不协调，着力点不明确，动作幅度过大。这类错误多是由于学生精神紧张，刻意发力引起的。

纠正方法：学生面对镜子进行自我纠正，过程中首先要克服刻意发力、戒备的心理，要求身体自然放松，松而不懈。

客舱作用：缠头劈击是航空安全员在客舱内进行巡视时遇到突发状况时应采取的常用动作。缠头劈击主要用于防御和反击。

组织与训练

（一）分组练习

学生在实训场馆或者训练场地针对几个不同的进攻动作进行练习。教师将队伍分成若干个小组，6～8名学生分为一组，学生根据教师指定的训练内容进行练习。

（二）集体练习

学生在实训场馆或者训练场地成体操队形散开，由教师统一组织学生练习某一个进攻动作，可空击练习，可也两人一组配合打靶练习。

（三）快速反应练习

学生通过分组和集体练习熟练掌握开棍动作后，实训场馆或者训练场地成体操队形散开。口令"1"是劈击，口令"2"是撩击，口令"3"是戳击，口令"4"是扫击等，学生根据教师不同的口令以最快速度做出相对应的戒备姿势。根据学生掌握水平，教师可以不断调换口令，逐步增加训练难度，提高学生动作熟练掌握的程度。

五、伸缩棍的防御技术

（一）单手持棍防御技术

1. 棍臂格挡

预备式：攻击戒备姿势。

动作过程：当对方持械或徒手从侧面攻击我头部时，我稍转体双手同时向对方进攻手臂方向前伸，右手持棍举至头部前方形成架挡，左臂对对方手臂形成格挡，动作完成后迅速恢复戒备姿势，如图 6-101～图 6-104 所示。

图 6-101　　　　图 6-102　　　　图 6-103

动作要领：身体侧向站立，保持好身体重心。攻击时要转体蹬地拧腰，力达棍体。格挡位置要精确。双手攻击要同步，可配合步伐移动来控制距离。

练习方法：初步阶段主要练习动作为主，学生面对镜子站立，身体肌肉保持放松，反复练习，做到动作协调一致，力达棍体。也可以进行双人配合打靶练习。

易犯错误：身体肌肉僵硬，动作不自然是学生在练习动作时比较常见的错误。其主要表现为动作不协调，着力点不明确，动作幅度过大。这类错误多是由于学生精神紧张，刻意发力引起的。

纠正方法：学生面对镜子进行自我纠正，过程中首先要克服刻意发力、戒备的心理，要求身体自然放松，松而不懈。

客舱作用：棍臂格挡是航空安全员在客舱内进行巡视时遇到突然袭击时应采取的常用动作。棍臂格挡便于迅速控制对方持械手臂，主要用于防御反击。

2. 截挡

预备式：攻击戒备姿势。

动作过程：当对方以武器进攻我头部时，我以短棍向上截挡对方手臂，棍体中、下段与对方前臂或手腕形成交叉，左手上抬，置于脸颊左侧完成防御，动作完成后迅速恢复戒备姿势，如图 6-105～图 6-109 所示。

图 6-104　　　　图 6-105　　　　图 6-106

图 6-107　　　　　　　　　图 6-108　　　　　　　　　图 6-109

动作要领：身体侧向站立，保持好身体重心。攻击时要配合转体蹬地拧腰，力达棍体。截挡位置要精确，可配合步伐移动来控制距离。

练习方法：初步阶段主要练习动作为主，学生面对镜子站立，身体肌肉保持放松，反复练习，做到动作协调一致，力达棍体。也可以进行双人配合打靶练习。

易犯错误：身体肌肉僵硬，动作不自然是学生在练习动作时比较常见的错误。其主要表现为动作不协调，着力点不明确，动作幅度过大。这类错误多是由于学生精神紧张，刻意发力引起的。

纠正方法：学生面对镜子进行自我纠正，过程中首先要克服刻意发力、戒备的心理，要求身体自然放松，松而不懈。

客舱作用：截挡是航空安全员在客舱内进行巡视时遇到突然袭击时应采取的常用动作。截挡便于攻击对方持械手，主要用于防御反击。

3.拨挡

预备式：攻击戒备姿势。

动作过程：

（1）内拨挡：当对方以器械攻击我头部时，我稍向左转体，右手持棍向内拨击阻挡对方持械手臂，同时左手上台置于脸颊左侧完成防御，动作完成后迅速恢复戒备姿势，如图 6-110 和图 6-111 所示。

 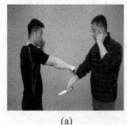 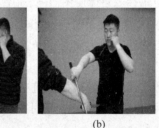

　　　　图 6-110　　　　　　　　　　　　　　图 6-111

（2）外拨挡：当对方以器械攻击我头部时，我右手持棍由内向外拨击阻挡对方前臂外侧，同时左手上台置于脸颊左侧完成防御，动作完成后迅速恢复戒备姿势，如图 6-112～图 6-114 所示。

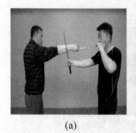  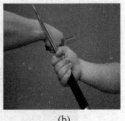

　　　　图 6-112　　　　　　　　　　　　　　图 6-113

 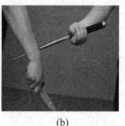

(a)   (b)

图 6-114

动作要领：身体侧向站立，保持好身体重心。攻击时要配合转体蹬地拧腰，力达棍体。拨挡位置要精确，可配合步伐移动来控制距离。

练习方法：初步阶段主要练习动作为主，学生面对镜子站立，身体肌肉保持放松，反复练习，做到动作协调一致，力达棍体。也可以进行两人配合练习。

易犯错误：身体肌肉僵硬，动作不自然是学生在练习动作时比较常见的错误。其主要表现为动作不协调，着力点不明确，动作幅度过大。这类错误多是由于学生精神紧张，刻意发力引起的。

纠正方法：学生面对镜子进行自我纠正，过程中首先要克服刻意发力、戒备的心理，要求身体自然放松，松而不懈。

客舱作用：拨挡是航空安全员在客舱内进行巡视时遇到突然袭击时应采取的常用动作。拨挡主要用于防御反击。

4. 挂挡

预备式：攻击戒备姿势。

动作过程：当对方以匕首向我胸腹部直刺时，我稍向左转体，以持棍右手与短棍握柄形成的夹角向下、向外挂挡对方攻击手腕，同时左手上台置于脸颊左侧完成防御，动作完成后迅速恢复戒备姿势，如图 6-115～图 6-117 所示。

图 6-115

 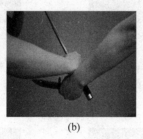  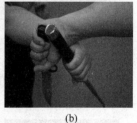

(a)   (b)   (a)   (b)

图 6-116   图 6-117

动作要领：身体侧向站立，保持好身体重心。攻击时要配合转体蹬地拧腰，挂挡位置要精确，可配合步伐移动来控制距离。

练习方法：初步阶段主要练习动作为主，学生面对镜子站立，身体肌肉保持放松，反复练习，做到动作协调一致。也可以进行配合打靶练习。

易犯错误：身体肌肉僵硬，动作不自然是学生在练习动作时比较常见的错误。其主要表现为动作不协调，着力点不明确，动作幅度过大。这类错误多是由于学生精神紧张，刻意发力引起的。

纠正方法：学生面对镜子进行自我纠正，过程中首先要克服刻意发力、戒备的心理，要求身体自然放松，松而不懈。

客舱作用：挂挡是航空安全员在客舱内进行巡视时遇到突然袭击时应采取的常用动作。挂挡主要用于防御反击。

（二）双手持棍防御技术

预备式：双手格挡防御戒备姿势。

动作过程：

（1）上格挡：当对方以长棍由上向下劈砍为头部时，我上步靠近对手，同时双手持握短棍两端向上推举，以棍体挡住对方攻击，动作完成后迅速恢复戒备姿势，如图6-118～图6-120所示。

图 6-118　　　　　　　　　图 6-119　　　　　　　　　图 6-120

（2）左格挡：当对方以长棍由上向下劈砍为头部时，我上步靠近对手，同时双手持握短棍两端向上、向左前推举，以棍体挡住对方攻击，动作完成后迅速恢复戒备姿势，如图6-121和图6-122所示。

（3）右格挡：当对方以长棍由上向下劈砍为头部时，我上步靠近对手，同时双手持握短棍两端向上、向右前推举，以棍体挡住对方攻击，动作完成后迅速恢复戒备姿势，如图6-123和图6-124所示。

图 6-121　　　　　　　　　图 6-122　　　　　　　　　图 6-123

（4）下格挡：当对方以弹踢由下往上向我裆部攻击时，我上步靠近对方，同时双手持握短棍两端水平向前、向下推压，以棍体挡住对方攻击，动作完成后迅速恢复戒备姿势，如图6-125和图6-126所示。

图 6-124　　　　　　　　　图 6-125　　　　　　　　　图 6-126

动作要领：身体侧向站立，保持好身体重心。攻击时要配合转体蹬地拧腰，格挡位置要精确，可配合步伐移动来控制距离。

练习方法：初步阶段主要练习动作为主。学生面对镜子站立，身体肌肉保持放松，反复练习，做到动作协调一致。也可以进行两人配合练习。

易犯错误：身体肌肉僵硬，动作不自然是学生在练习动作时比较常见的错误。其主要表现为动作不协调，着力点不明确，动作幅度过大。这类错误多是由于学生精神紧张，刻意发力引起的。

纠正方法：学生面对镜子进行自我纠正，过程中首先要克服刻意发力、戒备的心理，要求身体自然放松，松而不懈。

客舱作用：格挡是航空安全员在客舱内进行巡视时遇到突然袭击时应采取的常用动作。格挡主要用于防御反击。

 提升与拓展

动作名称：翅膀防御。

预备式：攻击戒备姿势。

动作过程：当对方持棍对你侧面进行击打时，我稍上步来控制距离。右手持棍，棍柄朝上，棍头朝斜下方，掌心向外。棍头可以架于大臂或小臂，左手可以配合架挡，在格挡后也可以配合进攻技术，如图6-127和图6-128所示。

图 6-127   图 6-128

动作要领：身体侧向站立，保持好身体重心。攻击时要配合转体蹬地拧腰，格挡位置要精确，可配合步伐移动来控制距离。

练习方法：初步阶段主要练习动作为主。学生面对镜子站立，身体肌肉保持放松，反复练习，做到动作协调一致。也可以进行两人配合练习。

易犯错误：身体肌肉僵硬，动作不自然是学生在练习动作时比较常见的错误。其主要表现为动作不协调，着力点不明确，动作幅度过大。这类错误多是由于学生精神紧张，刻意发力引起的。

纠正方法：学生面对镜子进行自我纠正，过程中首先要克服刻意发力、戒备的心理，要求身体自然放松，松而不懈。

客舱作用：翅膀防御是航空安全员在客舱内进行巡视时遇到突然袭击时应采取的进阶动作。翅膀防御主要用于防御反击和迎击。

 组织与训练

（一）空击练习

学生可在实训场地进行各种防御技术的集体练习或分组练习。

（1）原地空击练习：学生成体操队形散开以相应戒备姿势站立准备，教师以口令或哨音指挥学生进行各种防御技术的练习。

（2）对镜空击练习：学生面对镜子以各戒备姿势站立准备，教师以口令或哨音指挥学生进行各种防御技术的练习。

（3）移动空击练习：学生成多路纵队排开以相应戒备姿势站立准备，听到教师口令或哨音后从每纵队第一名学生开始进行行进间的某一防御技术移动空击练习,连续空击10~15次后返回队尾,依次循环练习。

(二)双人配合练习

学生可在散打搏击房或实训场地进行防御及时练习。教师将学生以两人为一组分为若干组,操作手持甩棍,配手相应持械。教师规定将要练习的内容,学生根据教师的口令或哨音进行配合练习。

第三节　伸缩棍组合技术

一、格挡前戳

预备式：扶棍戒备姿势。

动作过程：双方对峙,当对方以右摆拳攻击我头部时,我向前滑步；同时,左手臂向上向外格挡,右手持棍向对方胸腹前戳击,使对方后退,拉开安全距离,然后向后下方开棍,形成戒备姿势,如图6-129~图6-131所示。

图 6-129

图 6-130

图 6-131

动作要领：迎击动作需要把握好时机,格挡对方摆拳和戳击对方要同步进行,配合好上步。格挡时注意用小臂位置格挡,同时小臂外旋。攻击后迅速向后撤步,同时开棍。

练习方法：学生两人一组从戒备姿势开始,配手以上步右摆拳先行发起攻击,操作手在扶棍戒备的基础上抓时机进行格挡前戳,配手速度由慢到快。在动作熟练的基础上配手可逐渐增加出手的速度和力量。配手腹部需佩戴护具。同时注意安全。然后两人进行交换练习。

易犯错误：左右手配合不协调,上步的时机和距离的把握不够精准,速度迟缓,格挡时小臂没有外旋是比较常见的错误。

纠正方法：学生先认真观看教师的具体做法,再反复练习,掌握好细节后先进行分解动作练习再进行完整动作的练习。过程中要注意严格按照动作要领练习,速度由慢到快,不断纠正和规范身体姿态。

客舱作用：格挡前戳主要用于在客舱中被歹徒先手摆拳攻击时,有效迎击,迅速击打对方,为后续的开棍和压制、控制创造条件。

二、扫击戒备

预备式：攻击戒备姿势。

动作过程：当对方快速向我靠近时,我向前方快速、连续横向大幅度地左右扫击,迫使对方无法靠近,形成与危险目标之间的安全距离,动作完成后恢复成戒备姿势,如图6-132~图6-135所示。

图 6-132　　　　　　图 6-133　　　　　　图 6-134　　　　　　图 6-135

动作要领：向前上步同时，右手持棍大幅度横向左右各挥动两次，控制好动作幅度，然后将短棍架于肩部上方，握柄底端向前，恢复攻击戒备动作。

练习方法：学生两人一组从戒备姿势开始，配手缓慢上步逐渐靠近，操作手在攻击戒备的基础上向前快速来回扫击，配手上步速度由慢到快配合练习。配手需佩戴护具，同时注意安全。然后两人进行交换练习。

易犯错误：左右来回扫击动作不迅速，扫击的高度过低是学生练习此动作时常见的错误。

纠正方法：学生先认真观看教师的具体做法，再反复练习，也可借助假人进行辅助练习，掌握好细节后先进行分解动作练习再进行完整动作的练习。过程中要注意严格按照动作要领练习，速度由慢到快，不断纠正和规范身体姿态。

客舱作用：扫击戒备主要用于在客舱中安全员与歹徒保持一定距离，控制歹徒的活动空间。保护驾驶舱，为后续的行动创造条件。

三、正反劈击

预备式：攻击戒备姿势。

动作过程：当对方以右摆拳攻击我头部时，我以攻为守，先以左手抓挡对方手臂，然后向左闪身；同时向对方身体两侧及攻击手臂实施连续劈击，使对方丧失攻击能力，如图 6-136～图 6-139 所示。

图 6-136　　　　　　图 6-137　　　　　　图 6-138　　　　　　图 6-139

动作要领：抓挡和上步要协调配合，以左手来控制距离进行连续劈击。动作连贯，快速有力。

练习方法：学生两人一组从戒备姿势开始，配手以上步右摆拳先行发起攻击，操作手在攻击戒备的基础上抓时机进行抓挡，同时进行劈击。配手速度由慢到快。在动作熟练的基础上配手可逐渐增加出手的速度和力量。配手需佩戴护具。同时注意安全。然后两人进行交换练习。

易犯错误：左右手配合不协调，上步的时机和距离的把握不够精准，速度迟缓，攻击不连续是此动作的常见错误。

纠正方法：学生先认真观看教师的具体做法，再反复练习，掌握好细节后先进行分解动作练习再进行完整动作的练习。过程中要注意严格按照动作要领练习，速度由慢到快，不断纠正和规范身体姿态。

客舱作用：正反劈击主要用于在客舱中被歹徒先手摆拳攻击时，有效迎击，迅速击打对方，让对方丧失战斗力。为后续的开棍和压制、控制创造条件。

四、截挡叉控

预备式：攻击戒备姿势。

动作过程：当对方以右摆拳攻击我头部时，我双手向上格挡截击，也可顺势反手劈击对方颈部。然后右手反手将短棍挑插于颈部后方，左手快速抓握短棍一端，双手合力将短棍回拉至我腹前，对对方头部实施交叉锁控，如图6-140～图6-144所示。

图 6-140　　　　　图 6-141　　　　　图 6-142　　　　　图 6-143

动作要领：截挡和上步要协调配合，同时左手抓握对方手腕控制距离，叉控要连贯迅速有力，一气呵成。

练习方法：学生两人一组从戒备姿势开始，配手以上步右摆拳先行发起攻击，操作手在攻击戒备的基础上抓时机进行截挡，也可进行反手劈击。配手速度由慢到快。在动作熟练的基础上配手可逐渐增加出手的速度和力量。同时配手注意颈部安全。然后两人进行交换练习。

图 6-144

易犯错误：左右手截挡和叉控配合不协调，上步的时机和叉控的位置不够精准，速度迟缓是比较常见的错误。

纠正方法：学生先认真观看教师的具体做法，再反复练习，掌握好细节后先进行分解动作练习再进行完整动作的练习。过程中要注意严格按照动作要领练习，速度由慢到快，不断纠正和规范身体姿态。

客舱作用：截挡叉控主要用于在客舱中被歹徒先手摆拳攻击时，有效迎击，迅速击打控制对方，让对方丧失战斗力。

五、戳踹劈击

预备式：防御戒备姿势。

动作过程：当遇到前后两名歹徒分别从前后攻击我时，我双手抓棍向前方戳击正前方的对手，然后左脚向后插步，身体右转，双手持棍戳击后方对手，接着以右腿踹击对方腹部，迅速右后转体；同时向对方肩颈部实施劈击，如图6-145～图6-147所示。

图 6-145　　　　　图 6-146　　　　　图 6-147

动作要领：戳击和踹腿要注意时机和距离。击打的位置要精确，动作要连贯迅速有力，一气呵成。

练习方法：学生三人一组从戒备姿势开始，两名配手同时慢慢靠近操作手准备发起进攻，操作手快速上步向前戳击前面的配手，在前方配手暂时丧失战斗力时，向后交叉步后戳接侧踹腿。配手需佩戴护具，由慢到快辅助操作手把控距离和时机。然后三人进行交换练习。

易犯错误：距离和时机的把握不到位，攻击位置不够精准，速度迟缓。

纠正方法：学生先认真观看教师的具体做法，再反复练习，掌握好细节后先进行分解动作练习再进行完整动作的练习。过程中要注意严格按照动作要领练习，速度由慢到快，不断纠正和规范身体姿态。

客舱作用：戳踹劈击主要用于在客舱中被两名歹徒夹击时，主动出击，迅速击打突破，让对方丧失战斗力，为自己后续创造有利条件。

六、插肘别臂

预备式：防御戒备姿势。

动作过程：双脚向前滑步同时，右手持棍向前经对方腋下前插并上挑，左手快速抓握棍头端并协同右手向左后转体的同时，双手合力将对方手臂折控于对方背部，对对方形成控制，将短棍拧压至胸腹前，两腿微屈，重心下潜，如图6-148～图6-151所示。

图 6-148

图 6-149

图 6-150

图 6-151

动作要领：上步和插挑要注意时机。距离的判断要精确，动作要连贯迅速有力，一气呵成。

练习方法：学生两人一组，操作手从戒备姿势开始，慢慢靠近配手发起突袭控制。速度由慢到快，同时注意安全，然后进行交换练习。

易犯错误：距离和时机的把握不到位，叉控位置不够精准，速度迟缓。

纠正方法：学生先认真观看教师的具体做法，再反复练习，掌握好细节后先进行分解动作练习再进行完整动作的练习。过程中要注意严格按照动作要领练习，速度由慢到快，不断纠正和规范身体姿态。

客舱作用：插肘别臂主要用于在客舱中面对歹徒时，主动出击，迅速控制突破，让对方丧失战斗力，为自己后续创造有利条件。

七、左右撩击

预备式：攻击戒备姿势。

动作过程：在戒备式基础上身体右转同时，以短棍末端领先，反手向上做弧线撩击，然后上左步实施正手撩击，两次撩击后，通过一次向外侧腕花绕棍竖直收回腹前，恢复戒备姿势，如图6-152～图6-155所示。

动作要领：身体重心的移动和上步需要和撩击要协调配合，控制好距离进行连续撩击。动作连贯，快速有力。

图 6-152　　　　　图 6-153　　　　　图 6-154　　　　　图 6-155

练习方法：学生两人一组从戒备姿势开始，配手可先行发起攻击，操作手在攻击戒备的基础上进行上步连续撩击。速度由慢到快。在动作熟练的基础上配手可逐渐增加出手的速度和力量。配手需佩戴护具。同时注意安全。然后两人进行交换练习。

易犯错误：上步和撩击配合不协调，撩击的击打点不够精准，速度迟缓，攻击不连续。

纠正方法：学生先认真观看教师的具体做法，再反复练习，掌握好细节后先进行分解动作练习再进行完整动作的练习。过程中要注意严格按照动作要领练习，速度由慢到快，不断纠正和规范身体姿态。

客舱作用：左右撩击主要用于在客舱中被歹徒先手攻击时，有效迎击，击打对方持械的手臂或者器械，先打掉对方的武器再击打对方身体要害，让对方丧失战斗力，为后续的压制、控制创造条件。

八、戳盖劈横

预备式：防御戒备姿势。

动作过程：当对方向我靠近时，我以攻为守，向前滑步；同时屈膝下蹲，重心下潜，双手抓棍前伸戳击；向左转体；同时右手上抬以握柄端领先向前、向下实施盖击；身体右转，双手持棍由左上斜向右下劈击；上左步；同时身体左转，右手领先将短棍握柄端横向推打至正前方，如图 6-156～图 6-159 所示。

图 6-156　　　　　图 6-157　　　　　图 6-158　　　　　图 6-159

动作要领：攻击要和上步要协调配合，重心的转换和攻击要连续。击打点要精准，动作连贯，快速有力。

练习方法：学生两人一组从戒备姿势开始，配手以上步先行发起攻击，操作手在防御戒备的基础上抓时机下潜戳击，继而连续进攻，速度由慢到快。在动作熟练的基础上配手可逐渐增加出手的速度和力量。配手需佩戴护具。也可借助假人进行发力训练，注意器械不要脱手。同时注意安全。然后两人进行交换练习。

易犯错误：手脚配合不协调，上步下潜的时机和距离的把握不够精准，速度迟缓，攻击不连续。

纠正方法：学生先认真观看教师的具体做法，再反复练习，掌握好细节后先进行分解动作练习再进行完整动作的练习。过程中要注意严格按照动作要领练习，速度由慢到快，不断纠正和规范身体姿态。

客舱作用：戳盖劈横主要用于在客舱中被歹徒先手攻击时,有效迎击,迅速连续全方位击打对方,让对方丧失战斗力。为后续的压制、控制创造条件。

九、架挡弹推

预备式：防御戒备姿势。

动作过程：当对方持械由上向下劈砍我头部时,我双手抓棍向上格挡,同时向对方小腹部或者裆部实施踢击,然后双手持棍迅速向对方胸锁部位推击,将对方击退,与对方形成安全距离,如图 6-160～图 6-163 所示。

图 6-160　　　　　图 6-161　　　　　图 6-162　　　　　图 6-163

动作要领：架挡位置要精确,靠伸缩棍中管位置来格挡。架挡的同时弹踢对方裆部。击打点要精准,动作连贯,快速有力。

练习方法：学生两人一组从戒备姿势开始,配手以上步下劈先行发起攻击,操作手在防御戒备的基础上抓时机格挡弹踢,速度由慢到快。在动作熟练的基础上配手可逐渐增加出手的速度和力量。配手需佩戴护具。也可借助假人进行发力训练,注意器械不要脱手。同时注意安全。然后两人进行交换练习。

易犯错误：手脚配合不协调,距离的把握不够精准,速度迟缓,攻击落点不准确是此动作中常见的错误。

纠正方法：学生先认真观看教师的具体做法,再反复练习,掌握好细节后先进行分解动作练习再进行完整动作的练习。过程中要注意严格按照动作要领练习,速度由慢到快,不断纠正和规范身体姿态。

客舱作用：架挡弹推主要用于在客舱中被歹徒先手攻击时,有效迎击,迅速击打对方要害,让对方丧失战斗力,为后续的压制、控制创造条件。

十、缠头架扫

预备式：防御戒备姿势。

动作过程：当对方持械由上向我头颈部劈砍时,我双手抓棍向左前方格挡,同时迅速缠头一圈然后向对方头颈部横扫,将对方击退,与对方形成安全距离,如图 6-164～图 6-168 所示。

动作要领：架挡位置要精确,靠伸缩棍中管位置来格挡。缠头速度要快。扫击击打点要精准,动作连贯,快速有力。

练习方法：学生两人一组从戒备姿势开始,配手以上步劈击先行发起攻击,操作手在防御戒备的基础上抓时机格挡缠头架扫,速度由慢到快。在动作熟练的基础上配手可逐渐增加出手的速度和力量。配手需佩戴护具。也可借助假人进行发力训练,注意器械不要脱手。同时注意安全。然后两人进行交换练习。

图 6-164

图 6-165

图 6-166

图 6-167

易犯错误：手脚配合不协调，距离的把握不够精准，速度迟缓，攻击落点不准确是常见的错误。

纠正方法：学生先认真观看教师的具体做法，再反复练习，掌握好细节后先进行分解动作练习再进行完整动作的练习。过程中要注意严格按照动作要领练习，速度由慢到快，不断纠正和规范身体姿态。

图 6-168

客舱作用：缠头架扫主要用于在客舱中被歹徒先手攻击时，有效迎击，迅速击打对方，让对方丧失战斗力或保持距离，为后续的压制、控制创造条件。

第四节　伸缩棍控制解脱技术

一、伸缩棍的控制技术

伸缩短棍的控制技术包括压、戳、别、打等基本技术法，运用这些技术能有效实时防护、控制目标。

（一）颈部控制

预备式：攻击戒备姿势。

动作过程：

（1）由前控制：右手正手持棍（开棍状态），将棍体置于对方颈后，左手快速抓握棍体另一端，双手合力将对方头部拉靠于我胸前，并实施箍压，完成控制，如图 6-169～图 6-172 所示。

图 6-169

图 6-170

图 6-171

图 6-172

（2）由后控制：右手正手持棍（开棍状态），将棍体置于对方颈侧（避开咽喉部位），左手快速抓握棍体另一端，双手合力将对方头部拉靠于我胸前，并实施箍压，完成控制，如图 6-173～图 6-176 所示。

（3）交叉控制：右手反手持棍（开棍状态），将棍体反手插于对方颈后，左手快速由上方与右手交叉抓握棍体另一端，双臂合力回拉并外撑，对对方颈部实施箍压，完成控制，如图 6-177～图 6-180 所示。

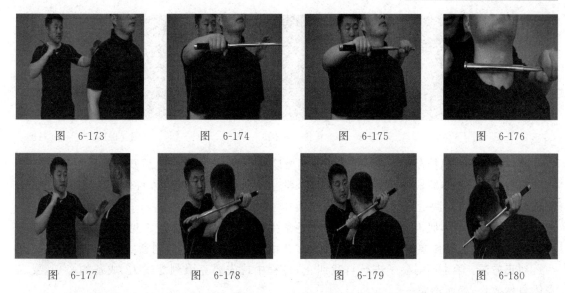

图 6-173　　　　图 6-174　　　　图 6-175　　　　图 6-176

图 6-177　　　　图 6-178　　　　图 6-179　　　　图 6-180

（4）拉肘控制：左手经对方腋下上挑，右手持棍迅速由对方颈部左侧扣插于对方颈后，将棍体另一端交于左手，双手合棍棍体两端，身体稍向右转，将对方头部连同上臂拉靠于我体侧，对其颈部实施箍压，完成控制，如图6-181～图6-184所示。

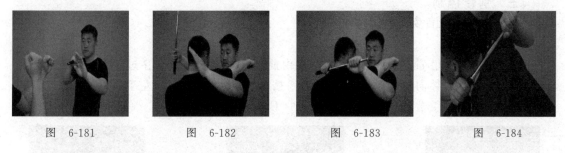

图 6-181　　　　图 6-182　　　　图 6-183　　　　图 6-184

动作要领：距离控制要到位，棍体的穿插要隐蔽及时，形成锁控之后及时箍压控制。

练习方法：初步阶段主要练习动作为主，学生两人一组配合练习，身体肌肉保持放松，反复练习，做到动作协调一致。同时注意安全。

易犯错误：身体肌肉僵硬，动作不自然是学生在练习动作时比较常见的错误。其主要表现为动作不协调，动作幅度过大。这类错误多是由于学生精神紧张，刻意发力引起的。

纠正方法：学生面对镜子进行自我纠正，过程中首先要克服刻意发力、戒备的心理，要求身体自然放松，松而不懈。

客舱作用：颈部控制是航空安全员在客舱内进行巡视时遇到突然袭击时应采取的动作。颈部控制主要用于对头颈部的防御控制。

（二）**腰部控制**

预备式：攻击戒备姿势。

动作过程：

（1）由前控制：右手正手持棍（开棍状态），将棍体置于对方背后，左手快速抓握棍体另一端，身体侧对对方，弯腰低头贴靠对方，双手合力将对方拉靠于我体前并实施箍压，完成控制，如图6-185和图6-186所示。

（2）由后控制：右手正手持棍（开棍状态），将棍体置于对方体前，左手快速抓握棍体另一端，身体侧向对方，弯腰低头贴靠对方，双手合力将对方拦腰拉靠于我体前并实施箍压，完成控制，如图6-187所示。

图 6-185　　　　　图 6-186　　　　　图 6-187

动作要领：距离控制要到位，棍体的穿插要隐蔽及时，形成锁控之后及时箍压控制。

练习方法：初步阶段主要练习动作为主，学生两人一组配合练习，身体肌肉保持放松，反复练习，做到动作协调一致。同时注意安全。

易犯错误：身体肌肉僵硬，动作不自然是学生在练习动作时比较常见的错误。其主要表现为动作不协调，动作幅度过大。这类错误多是由于学生精神紧张，刻意发力引起的。

纠正方法：学生面对镜子进行自我纠正，过程中首先要克服刻意发力、戒备的心理，要求身体自然放松，松而不懈。

客舱作用：腰部控制是航空安全员在客舱内进行巡视时遇到突然袭击时应采取的动作。腰部控制主要用于对腰部的防御控制。

（三）别臂控制

预备式：攻击戒备姿势。

动作过程：

（1）拉肘别臂：由前接近对方，右手持棍由前经过对方左侧腋下穿过，然后棍头上挑，左手快速抓握棍头，身体向左后拧转的同时，右手搂抓对方左手腕，协同左手向下拉拽的力量向上推托，控制对方肘关节，如图 6-188～图 6-191 所示。

图 6-188　　　　　图 6-189　　　　　图 6-190

 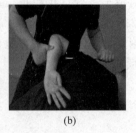

(a)　　　　　(b)

图 6-191

（2）V 形锁控：由后接近对方，右手持棍由前向后经过对方右侧腋下插过并迅速贴近对方右侧，棍头回插至为我腋下并以上臂发力夹持，然后左手上抬将对方右手前臂上带并将短棍握柄交于左手，将其手臂向我身体回收并形成锁控，如图 6-192～图 6-196 所示。

（3）拉臂压腕：左手抓握对方左手腕，快速回拉至我胸腹前，右手持棍按压在对方肘关节位置，左手上拉与右手下压协同发力，控制对方手臂，如图 6-197～图 6-199 所示。

图 6-192　　　　　　图 6-193　　　　　　图 6-194　　　　　　图 6-195

图 6-196　　　　　　图 6-197　　　　　　图 6-198　　　　　　图 6-199

（4）卷肘压腕：右手持棍，将棍体置于对方手臂肘关节位置，左臂水平上台前压协同右手持棍下拉，将棍头插在我左臂肘关节内，然后双手合力将对方手臂拉靠于胸前，控制对方手臂，如图 6-200～图 6-204 所示。

图 6-200　　　　　　图 6-201　　　　　　图 6-202　　　　　　图 6-203

动作要领：距离控制要到位，棍体的穿插要隐蔽及时，形成锁控之后及时箍压控制。

练习方法：初步阶段主要练习动作为主，学生两人一组配合练习，身体肌肉保持放松，反复练习，做到动作协调一致。同时注意安全。

易犯错误：身体肌肉僵硬，动作不自然是学生在练习动作时比较常见的错误。其主要表现为动作不协调，动作幅度过大。这类错误多是由于学生精神紧张，刻意发力引起的。

图 6-204

纠正方法：学生面对镜子进行自我纠正，过程中首先要克服刻意发力、戒备的心理，要求身体自然放松，松而不懈。

客舱作用：别臂控制是航空安全员在客舱内进行巡视时遇到突然袭击时应采取的动作。别臂控制主要用于对手臂的防御控制。

 提升与拓展

动作名称：挑臂压颈。

预备式：攻击戒备姿势。

动作过程：由后接近对方，右手持棍，双手经对方双臂腋下前插并上挑，然后双手抓握短棍于对方颈部后方，后撤一步同时，双手合力将对方下拉至地面，形成控制，如图6-205～图6-207所示。

图 6-205

图 6-206

图 6-207

动作要领：从对方身后进行偷袭进攻，挑臂压颈要迅速，防止被对方控制自己的手腕，影响动作完成。

练习方法：初步阶段主要两人配合练习动作为主，身体肌肉保持放松，再反复练习，做到动作协调一致。

易犯错误：身体肌肉僵硬，动作过慢是学生在练习动作时比较常见的错误。

纠正方法：两人配合先慢动作分解动作练习，掌握动作要领后逐步加快动作速度。

客舱作用：挑臂压颈是航空安全员在客舱内进行巡视时遇到紧急情况时应采取的常用有效控制动作。挑臂压颈主要用于背后偷袭制敌。

组织与训练

（一）空击练习

学生可在实训场地进行各种控制技术的集体练习或分组练习。

（1）原地空击练习：学生成体操队形散开以相应戒备姿势站立准备，教师以口令或哨音指挥学生进行各种控制技术的练习。

（2）对镜空击练习：学生面对镜子以各戒备姿势站立准备，教师以口令或哨音指挥学生进行各种控制技术的练习。

（3）移动空击练习：学生成多路纵队排开以相应戒备姿势站立准备，听到教师口令或哨音后从每纵队第一名学生开始进行行进间的某一控制技术移动空击练习，连续空击10～15次后返回队尾，依次循环练习。

（二）双人配合练习

学生可在散打搏击房或实训场地进行控制技术练习。教师将学生以两人为一组分为若干组，操作手持甩棍，配手徒手。教师规定将要练习的内容，学生根据教师的口令或哨音进行配合练习。

二、伸缩短棍被控制解脱技术

在伸缩短棍的实战应用中，难免会出现被对方拉扯、抓握、搂抱甚至控制的情形，在此就解脱技术进行阐述。

（一）伸缩短棍被抓扯的解脱技术

1. 短棍前端被单手抓的解脱技术

1）推掌解脱

动作过程：当我短棍前端被对方单手抓握时，我右手握紧握柄一端，通过向右拧腰转体，配合左手向对方面部推掌的动作快速向后拉拽,完成解脱,如图 6-208 和图 6-209 所示。

图 6-208

图 6-209

2) 格挡解脱

动作过程:当我短棍前端被对方单手抓握时,我右手握紧棍柄一端,然后拧腰转体,配合左手前端向前水平格挡的动作向后快速拉拽,完成解脱,如图 6-210～图 6-212 所示。

图 6-210

图 6-211

图 6-212

动作要领:拧腰转体、左前臂格挡和右手向后拉拽必须同时快速进行。

3) 盖击解脱

动作过程:当我短棍前端被对方单手抓握时,我右手握紧棍柄一端,左手抓握对方手腕,然后双手合力,向左、向上划弧盖击对方并完成解脱,如图 6-213～图 6-219 所示。

图 6-213

图 6-214

图 6-215

图 6-216

图 6-217

图 6-218

图 6-219

动作要领:动作需协调连贯、快速有力。

练习方法:初步阶段主要两人配合练习动作为主,身体肌肉保持放松,反复练习,做到动作协调一致。

易犯错误:身体肌肉僵硬,动作过慢是学生在练习动作时比较常见的错误。

纠正方法:两人配合先慢动作分解动作练习,掌握动作要领后逐步加快动作速度。

客舱作用： 当伸缩棍前端被单手抓握控制时，要第一时间解脱控制，为后续的行动创造时间和空间。

2. 短棍前端被双手抓的解脱技术

1）撩击解脱

动作过程： 当我短棍前端被对方双手抓握时，我右手握紧握柄回带，左手迅速抓握棍头一端，双手协同配合拧腰转体发力，以握柄端领先由下向上挑撩，击打对方下颌部位，从而完成解脱，如图6-220～图6-224所示。

图 6-220　　　　　图 6-221　　　　　图 6-222　　　　　图 6-223

2）快拉解脱

动作过程： 当我短棍前端被对方双手抓握时，我右手紧握棍柄，左手迅速与右手合握，配合快速向后撤步，双手协同突然向后、向下拉拽，将短棍拉出，从而完成解脱，如图6-225～图6-227所示。

图 6-224　　　　　图 6-225　　　　　图 6-226　　　　　图 6-227

动作要领： 动作需协调连贯、快速有力。

练习方法： 初步阶段主要两人配合练习动作为主，身体肌肉保持放松，反复练习，做到动作协调一致。

易犯错误： 身体肌肉僵硬，动作过慢是学生在练习动作时比较常见的错误。

纠正方法： 两人配合先慢动作分解动作练习，掌握动作要领后逐步加快动作速度。

客舱作用： 当短棍前端被双手抓握控制时，要第一时间解脱控制，为后续的行动创造时间和空间。

3. 短棍中段被抓握的解脱技术

1）拧棍下拉

动作过程： 当我短棍中段被对方单手抓握时，我双手抓棍同时用力，将短棍顺时针拧转90°并将棍头置于对方手臂上方，然后突然向下、向后猛拉，从而完成解脱，如图6-228～图6-230所示。

2）拧棍前戳

动作过程： 当我短棍中段被对方单手抓握时，我双手抓棍同时用力，将短棍顺时针拧转90°，然后右手回拉，左手前压，配合向前上步的动作，突然向对方胸腹部实施戳击，从而完成解脱，如图6-231～图6-233所示。

图 6-228

图 6-229

图 6-230

图 6-231

图 6-232

图 6-233

3）拧棍上撩

动作过程：当我短棍中段被对方单手抓握时，我双手抓棍同时用力，将短棍顺时针拧转90°，然后左手回拉，右手前推，配合向前上步的动作，突然向对方胸腹部或者下颌部位实施撩击，从而完成解脱，如图 6-234～图 6-236 所示。

图 6-234

图 6-235

图 6-236

4）上抬弹踢

动作过程：当我短棍中段被对方双手抓握时，我双手抓棍同时用力，将短棍水平向上托举，然后以左腿向对方裆部或者小腹部弹踢，使对方后退，从而完成解脱，图 6-237～图 6-239 所示。

图 6-237

图 6-238

图 6-239

动作要领：动作需协调连贯、快速有力。

练习方法：初步阶段主要两人配合练习动作为主，身体肌肉保持放松，反复练习，做到动作协调一致。同时注意安全。

易犯错误：身体肌肉僵硬，动作过慢是学生在练习动作时比较常见的错误。

纠正方法：两人配合先慢动作分解动作练习，掌握动作要领后逐步加快动作速度。

客舱作用：当伸缩棍中段被抓握控制时，要第一时间解脱控制，为后续的行动创造时间和空间。

（二）头颈部被控制的解脱技术

1. 颈部被由前锁控的解脱技术

1）箍腕转体

动作过程：当被对方双手由前掐抓脖颈部位时，我左手迅速向下切压对方双手手腕，右手取棍（未开棍状态），将短棍横向置于对方左（右）手腕处，左手迅速配合右手抓握棍控制对方手腕，然后向右撤步转体，向下拖拽对方被控制手腕使其成俯卧状，实施跪压控制，如图6-240~图6-245所示。

图 6-240

图 6-241

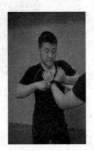
图 6-242

图 6-243

2）切腕戳（砸、劈）击

动作过程：当被对方双手由前掐抓脖颈部位时，我左手迅速向下切压对方双手手腕，右手取棍（未开棍状态），向对方胸腹部实施连续戳击（或以短棍棍柄、棍头段向对方胸锁部位、上臂部位实施砸击；或者向右下方开棍向对方大腿外侧实施连续劈击），使其后退松手，从而完成解脱，如图6-246~图6-251所示。

图 6-244　　　图 6-245　　　图 6-246　　　图 6-247

图 6-248　　　图 6-249　　　图 6-250　　　图 6-251

3）拉肘推（横）击

动作过程：当被对方双手由前掐抓脖颈部位时，我左手迅速向下切压对方双手手腕，右手取棍并向下开棍,将棍体横向置于对方双臂肘关节位置上方,左手协同抓握短棍另一端并迅速下拉,然后突然向前推击(或突然向左转体,以握柄端向其面部实施横击),使其松手后退,从而完成解脱,如图 6-252～图 6-258 所示。

图 6-252　　　图 6-253　　　图 6-254　　　图 6-255

图 6-256　　　　图 6-257　　　　图 6-258

动作要领:动作需协调连贯、快速有力。

练习方法:初步阶段主要两人配合练习动作为主,身体肌肉保持放松,反复练习,做到动作协调一致。同时注意安全。

易犯错误:身体肌肉僵硬,动作过慢是学生在练习动作时比较常见的错误。

纠正方法:两人配合先慢动作分解动作练习,掌握动作要领后逐步加快动作速度。

客舱作用:当颈部被由前锁控时,要第一时间解脱控制,为后续的行动创造时间和空间。

2.颈部被由后锁控的解脱技术

1)拉臂后戳(劈击)

动作过程:当被对方由后锁控脖颈部位时,我重心迅速下降,左手快速抓握对方手臂向下拉压,右手取棍(顺势开棍),以棍柄底部向后对对方大腿部位实施连续戳击(或右手取棍并向下开棍,然后向下、向后对对方小腿部位实施连续劈击,或向上击打对方头部),使其松手后退,从而完成解脱,如图 6-259～图 6-263 所示。

图 6-259　　　图 6-260　　　图 6-261　　　图 6-262

2)箍腕解脱

动作过程:当被对方由侧后锁控脖颈部位时,我重心迅速下降,左手快速抓握对方锁控手臂向下拉压，右手取棍（未开棍状态），然后双手合力用箍腕控制技术对对方锁控手腕实施箍压，使其松手后退，从而完成解脱，如图6-264～图6-269所示。

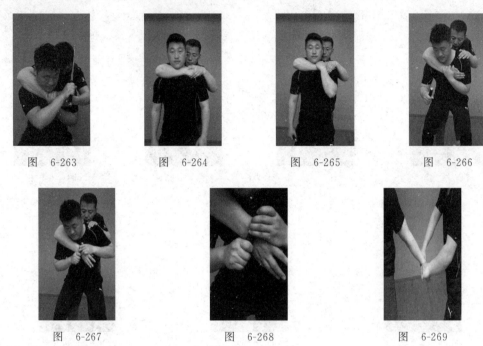

图 6-263　　　图 6-264　　　图 6-265　　　图 6-266

图 6-267　　　图 6-268　　　图 6-269

动作要领：动作需协调连贯、快速有力。

练习方法：初步阶段主要两人配合练习动作为主，身体肌肉保持放松，反复练习，做到动作协调一致，同时注意安全。

易犯错误：身体肌肉僵硬，动作过慢是学生在练习动作时比较常见的错误。

纠正方法：两人配合先慢动作分解动作练习，掌握动作要领后逐步加快动作速度。

客舱作用：当颈部被由后锁控时，要第一时间解脱控制，为后续的行动创造时间和空间。

（三）腕臂部位被控制的解脱技术

1. 未持棍手腕被抓握的解脱技术

1）旋腕解脱

动作过程：当未持棍的手腕被对方单手抓握控制时，我通过蹬地拧腰转体动作，手臂快速由下向上旋转抽撤，从对方手掌户口方向完成解脱，如图6-270～图6-272所示。

图 6-270　　　　　图 6-271　　　　　图 6-272

2）砸击（劈击、戳击）解脱

动作过程：当未持棍的手腕被对方单手抓握控制时，我右手取棍（未开棍），以短棍握柄底端或者棍头向对方手臂实施连续砸击（或进行劈击、戳击），使其松手后退，从而完成解脱，如图6-273～图6-276所示。

图 6-273　　　　　图 6-274　　　　　图 6-275　　　　　图 6-276

动作要领：动作需协调连贯、快速有力。

练习方法：初步阶段主要两人配合练习动作为主，身体肌肉保持放松，反复练习，做到动作协调一致。同时注意安全。

易犯错误：身体肌肉僵硬，动作过慢是学生在练习动作时常见的错误。

纠正方法：两人配合先慢动作分解动作练习，掌握动作要领后逐步加快动作速度。

客舱作用：当未持棍手腕被控制时，要第一时间解脱控制，为后续的行动创造时间和空间。

2.持棍手腕被抓握的解脱技术

1）格挡回拉

动作过程：当持棍（未开棍状态）手腕被对方单手抓握控制时，我把握时机，左手前臂向前格挡对方手臂，同时右手快速回拉，从而完成解脱，如图 6-277～图 6-279 所示。

图 6-277　　　　　　　　图 6-278　　　　　　　　图 6-279

2）缠腕挂压

动作过程：当持棍（未开棍状态）手腕被对方单手抓握控制时，我向左转体；同时有外向内旋转手腕，将棍体旋至对方手腕上方，然后以握柄端领先快速向下挂压（也可以由内向外缠腕挂压），使其松手，从而完成解脱，如图 6-280～图 6-287 所示。

3）旋棍压腕

动作过程：当持棍（开棍状态）手腕被对方单手抓握控制时，我由外向内旋腕，将棍体旋至对方手腕上方，然后左手快速抓握短棍另一端，双手协力快速下压并后拉（或由内向外旋棍完成），使其松手，从而完成解脱，如图 6-288～图 6-295 所示。

   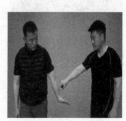

图 6-280　　　　　图 6-281　　　　　图 6-282　　　　　图 6-283

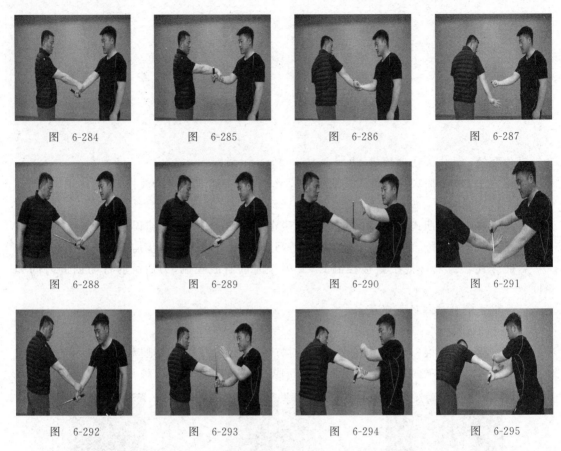

图 6-284　　　　图 6-285　　　　图 6-286　　　　图 6-287

图 6-288　　　　图 6-289　　　　图 6-290　　　　图 6-291

图 6-292　　　　图 6-293　　　　图 6-294　　　　图 6-295

动作要领：动作需协调连贯、快速有力。

练习方法：初步阶段主要两人配合练习动作为主,身体肌肉保持放松,再反复练习,做到动作协调一致。同时注意安全。

易犯错误：身体肌肉僵硬,动作过慢是学生在练习动作时比较常见的错误。

纠正方法：两人配合先慢动作分解动作练习,掌握动作要领后逐步加快动作速度。

客舱作用：当持棍手腕被控制时,要第一时间解脱控制,为后续的行动创造时间和空间。

3. 持棍手臂被抓的解脱技术

1) 拨打(砸击)解脱

动作过程：当持棍(开棍状态)上臂被对方抓握控制时,我前臂持棍上抬,通过由外向内或由内向外挥动,向对方手臂连续实施拨打(或持棍上抬,使用短棍握柄端,向对方的手臂连续实施砸击),使对方松手,从而完成解脱,如图 6-296~图 6-300 所示。

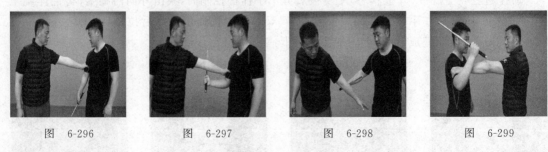

图 6-296　　　　图 6-297　　　　图 6-298　　　　图 6-299

2) 劈砍解脱

动作过程：当持棍(开棍状态)上臂被对方抓握控制时,我身体稍向右转,左手掌向对方手臂实施劈击,同时右手持棍后撤,从而完成解脱,如图6-301～图6-303所示。

图 6-300　　　　　图 6-301　　　　　图 6-302　　　　　图 6-303

动作要领：动作需协调连贯、快速有力。

练习方法：初步阶段主要两人配合练习动作为主,身体肌肉保持放松,反复练习,做到动作协调一致。同时注意安全。

易犯错误：身体肌肉僵硬,动作过慢是学生在练习动作时比较常见的错误。

纠正方法：两人配合先慢动作分解动作练习,掌握动作要领后逐步加快动作速度。

客舱作用：当持棍手臂被控制时,要第一时间解脱控制,为后续的行动创造时间和空间。

（四）胸部被抓扯的解脱技术

1. 劈击解脱

动作过程：当胸部被对方抓扯控制时,我左手迅速切压对方手腕部位,右手持棍,然后向对方大腿内、外侧或者前臂实施连续劈击,使其松手后退,从而完成解脱,如图6-304～图6-307所示。

图 6-304　　　　　图 6-305　　　　　图 6-306　　　　　图 6-307

2. 拉肘解脱（劈击）

动作过程：当胸部被对方抓扯控制时,我左手迅速切压对方手腕部位,右手持棍,将棍体水平置于对方手臂肘关节位置上方,左手迅速抓握短棍另一端,双手合力快速向下、向后砸击拉拽,使其松手(也可以向右转体的同时以棍头向对方头颈部实施劈击),从而完成解脱,如图6-308～图6-312所示。

  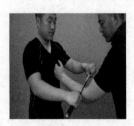 
图 6-308　　　　　图 6-309　　　　　图 6-310　　　　　图 6-311

3. 切腕砸击（戳胸）

动作过程：当胸部被对方抓扯控制时,我左手迅速切压对方手腕部位,右手持棍(不开棍),以短棍握柄端或者棍头连续向对方手臂砸击(或戳击其胸骨上窝位置),使其松手,从而完成解脱,如图6-313~图6-316所示。

图 6-312

图 6-313

图 6-314

图 6-315

4. 箍腕控制

动作过程:当胸部被对方抓扯控制时,我左手迅速切压对方手腕部位,右手取棍,将棍体置于对方手腕上方,左手迅速与右手合握棍体,对对方手腕实施箍压并撤步下压形成控制,完成解脱,如图6-317~图6-321所示。

图 6-316

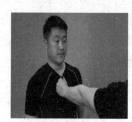
图 6-317

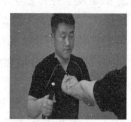
图 6-318

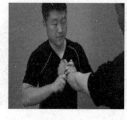
图 6-319

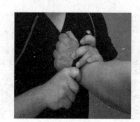
图 6-320

图 6-321

动作要领:动作必须协调连贯、快速有力。

练习方法:初步阶段主要两人配合练习动作为主,身体肌肉保持放松,反复练习,做到动作协调一致。同时注意安全。

易犯错误:身体肌肉僵硬,动作过慢是学生在练习动作时比较常见的错误。

纠正方法:两人配合先慢动作分解动作练习,掌握动作要领后逐步加快动作速度。

客舱作用:当胸部被抓扯时,要第一时间解脱控制,为后续的行动创造时间和空间。

 提升与拓展

动作名称:箍腰(箍颈)翻身。

动作过程:当被对方骑压在地面控制时,我双脚蹬地顶胯将对方向我右侧顶推,右手持棍经对方背后将短棍另一端交于左手,双手合力回拉将对方箍腰控制,最后左脚蹬地发力翻身,将对方压制于我身下,从而完成解脱,如图6-322~图6-327所示。

动作要领:动作需把握时机并尽量以未持棍手控制对手同侧手臂为支点进行翻转、协调连贯、快速有力。

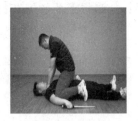
图 6-322

图 6-323

图 6-324

图 6-325

图 6-326

图 6-327

练习方法：学生两人一组从骑压姿势开始,操作手左手从对方腋下抄抱,同时抓握右手递过来的短棍,贴紧对方身体进行箍腰箍颈,对方吃痛时,以对方左侧身体为支点,身体协调配合发力,进行翻转。动作速度由慢到快,同时注意安全。然后两人进行交换练习。

易犯错误：身体上下肢配合不协调,箍腰箍颈力度不够,速度迟缓,不能快速有效地控制对手并进行翻身是学生练习此动作时的常见错误。

纠正方法：学生先认真观看教师的具体做法,再反复练习,掌握好细节后先进行分解动作练习再进行完整动作的练习。过程中要注意严格按照动作要领练习,速度由慢到快,不断纠正和规范身体姿态。

客舱作用：箍腰(箍颈)主要用于在客舱中被歹徒扑倒骑压时,快速控制对手,压制对手的作用。

组织与训练

（一）对镜空击练习

学生在实训场地内进行各种解脱技术的空击练习,可以是集体练习,也可以是分组循环练习。教师规定练习内容,学生面对镜子以格斗戒备式站立准备,根据教师的口令或哨音进行某一个解脱技术进行空击动作练习。

（二）两人配合练习

学生在实训场地内进行各种解脱技术的配合练习,教师根据学生身高、体重等情况将学生分为两人一组进行练习,一人为配手,一人为操作手。教师规定练习内容后,学生根据教师的口令或哨音进行两人的配合练习。操作手运用某种技法进攻配手,配手运用迅速做出防守动作。听教师口令或哨音进行操配手互换练习。根据训练目的,同时注重动作效果以及动作过程和细节。

思考与练习

1. 如何理解"器械乃手足之延伸"这句话?
2. 伸缩棍的使用情境和应用程度如何来界定?

3. 通过学习和练习,你认为成为一名合格的航空安全员,你需要在伸缩棍上的学习花费多少时间和精力?

综合实施与考核

一、任务实施

(一)任务目标

通过实操演练,检验学生伸缩棍的掌握程度与训练水平,激发学生的学习热情,提高学生的武术运动能力和格斗技击水平,增强学生应对客舱突发事件的能力。通过实操演练增强学生自我防范意识,培养学生机智勇敢、沉着冷静的意志品质。

(二)任务背景

此模块综合实训主要以会操演练的形式来检验学生伸缩棍的掌握水平。

(三)实施步骤

步骤1:地点是实训场馆场地内。教师根据班级学生人数进行分组,8~12名同学为一组,指定一名同学担任小组长,负责本组演练内容编排统筹工作。

步骤2:教师安排组织学生进行热身活动,强调演练注意事项。

步骤3:按照编排顺序逐组上场进行会操演练。

步骤4:教师现场指导,针对学生实操训练中存在的问题及出现的错误,教师在纠错的同时进行示范并讨论分析,最后对学生的练习情况给予总结和评价。

二、任务考核

本章教学内容的学习评价主要采用伸缩棍会操展示的方式进行综合实操演练,旨在全面提高学生武术运动能力和格斗技击水平。现针对不同教学内容制定相应的考核评价标准,明确考核要点,为教师全面把握学生学习情况,调整教学方法和制订教学计划提供参考依据。

(一)考核标准

客舱执勤器械伸缩棍考核标准,见表6-1。

表6-1 执伸缩棍考核评价标准

得 分	评 价 要 点
90分以上	动作正确、协调,击打目标明确,速度快,爆发力强,攻防意识强,功力基础扎实,精神面貌好
80~89分	动作正确、协调,击打目标明确,速度快,爆发力好,攻防意识较强,功力基础好,精神面貌好
70~79分	动作正确、协调,击打目标明确,有速度,攻防意识明显,功力基础较好,精神面貌较好
60~69分	动作基本正确,基本协调,击打目标基本明确,有攻防意识,有功力基础,精神面貌一般
60分以下	动作错误,不协调,击打目标不明确,无攻防意识,无功力基础,精神面貌差

（二）考核评分

客舱执勤器械伸缩棍会操演练考核评分表如表 6-2 所示。

表 6-2　执勤器械伸缩棍会操演练考核评分表

班级			组别		
项目	评分标准	配分	评分人		得分
仪容仪表	服装按要求穿着整齐；头发、面容整洁大方	5 分	学生		
			教师		
精神面貌	队列整齐、纪律良好	10 分	学生		
			教师		
伸缩棍会操演练	动作要领	10 分	学生		
			教师		
	发力结构	10 分	学生		
			教师		
	目标明确	10 分	学生		
			教师		
	身体协调	10 分	学生		
			教师		
	攻防意识	10 分	学生		
			教师		
	功力基础	10 分	学生		
			教师		
处置后	设备归位整理	5 分	教师		
			学生		
团队协作	小组配合默契，分工明确	10 分	学生		
			教师		
学生评分（40%）			合计		
教师评分（60%）					
评语备注					
评分人					

第七章

匕首的应用技术

知识目标
(1) 了解和掌握匕首的基本使用方法和原理;
(2) 熟练掌握匕首攻击的人体要害部位;
(3) 了解匕首使用的情境和原则。

技能目标
(1) 熟练掌握匕首的基本攻防技术并掌握不同技术在不同情境中的应用;
(2) 掌握匕首和徒手格斗技术的配合使用方法。

职业素养目标
(1) 提高学生的客舱执勤能力;
(2) 培养学生担当、果敢的精神品质;
(3) 培养学生的职业意识与职业素养。

 课堂导入

2012年6月29日,天津航空公司GS7554航班机组执行新疆维吾尔自治区和田至乌鲁木齐飞行任务时,起飞10分钟,遭遇6名歹徒暴力劫机,歹徒以伪装的拐杖为武器,意图进入驾驶舱。在一名安全员率先被袭击的情况下,另一名安全员使用匕首在机组成员和旅客的协助下成功制服歹徒。

在事件处置过程中,机组临危不惧、果断处置,2名安全员、2名乘务员光荣负伤;飞行人员沉着冷静、妥善应对,驾驶飞机安全返航。多名旅客见义勇为,挺身而出,体现了公民的正义感和责任感。他们在危急时刻发挥了关键作用,为维护国家安全和人民群众生命财产安全作出了突出贡献。

第一节 匕首基本技术

一、匕首持握方法

(一) 正握
正握,即刀尖在虎口一侧的握刀手法,如图7-1所示。

(二) 反握
反握,指的是刀身在小指一侧的握刀手法,如图7-2所示。

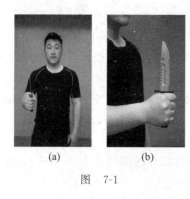

　　(a)　　　(b)　　　　　　　　(a)　　(b)
　　　图 7-1　　　　　　　　　　图 7-2

二、匕首实战戒备姿势

参照格斗式，一手持刀（正反握），另一只手稍上抬保护心脏和头颈部，如图 7-3 所示。

三、刺的基本技术

正如徒手技击中直拳是最基本的拳法一样，刺是匕首进攻技术中最基本、最重要也是杀伤力最大的技法。刺近似一种直线（虽然有时是弧线）加速运动，它的速度由初始的零加大到极点时的最高速度，这个过程其实就是一个爆发力的蓄劲、发力过程。由于匕首尖端的作用面积很小，加之强大的爆发力量，使得匕首的尖端刺击强度瞬间增加数倍。因此普通人的身体是无法抵挡匕首的刺击。

图 7-3

（一）正握刀刺的技术

1. 挺刺

预备式：格斗式（反架），右手正握刀。

动作过程：后脚推地，身体前移，前脚向前迈出的同时，上体微前推，推动右手。右手正握刀向前刺出，高度与胸平或腹平，右手腕前挺，使刀身和小臂成为一条直线。在右手握刀刺击到位的同时，前脚落地反推，上体后拉。右手握刀自然弹回，同时重心后移，前脚向后脚（或侧方）处回跳，后脚随即后跳，离开原位，恢复成预备式。也可前脚推地回收，右手刀回收，重心后移成预备式，如图 7-4～图 7-7 所示。

　图 7-4　　　图 7-5　　　图 7-6　　　图 7-7

动作要领：挺刺有一个明显的技术标志，即右手腕挺起，使刀身和小臂成一条直线。总的要求是左脚把身体推出去，右脚让身体止住，两脚做到突发、立至；身体把手送出去，又把手拉回来，这样右手刀就会像灵蛇吐信一样一伸即缩，速度极快。

练习方法：初步阶段主要练习挺刺的发力路线和动作精准度为主，可以先进行空击练习，注意力集中,身体肌肉保持放松,再反复练习,做到动作协调一致、快速有力。接下来可以使用泥墙和悬吊的篮球进行精准度的练习,同时在练习过程当中注意距离的控制。

易犯错误:挺刺时刀身和小臂没有成一条直线,动作不迅速,拖泥带水。挺刺的落点精度不够是此动作中常见错误。

纠正方法:学生先认真观看教师的具体做法,再反复练习,掌握好细节后先进行分解动作练习再进行完整动作的练习。过程当中要注意严格按照动作要领练习,速度由慢到快,不断纠正和规范身体姿态。

客舱作用:挺刺主要用于在客舱中主动攻击歹徒胸腹部和颈部要害。

2. 正捅刺

预备式:格斗式(反架),右手正握刀。

动作过程:后脚推地,身体前移,前脚向前迈出,后脚跟进。要后脚落地的一瞬间,右手握刀由下向前上方捅刺,右腕微挺,刀身与小臂形成大于90°的方向,刀尖向上。右手匕首向上捅刺与胸同高后,迅速收回至原位,同时重心后移,两脚后滑回至预备式,如图7-8～图7-11所示。

图 7-8

图 7-9

图 7-10

图 7-11

动作要领:捅刺与上步同步,没有前后之分。捅刺时,大小臂形成的角度约135°,小臂与刀身形成的角度约120°。虽然如此,大小臂与刀身之间的弯曲状况并不固定,而是随机伸屈的。但是有一点必须把握,那就是刀尖必须向前上方刺击。刺击动作,一捅即回,不能到位后静止不动。捅刺胃部及其他腹部器官也可以通过调整角度和高度斜刺腰肋部以及背部。

练习方法:初步阶段主要练习捅刺的发力路线和动作精准度为主,可以先进行空击练习,注意力集中,身体肌肉保持放松,再反复练习,做到动作协调一致、有力、回收迅速、可连续进攻。接下来可以使用悬吊的篮球和木人桩进行精准度的练习,同时在练习过程中注意距离的控制。

易犯错误:捅刺时刀身和小臂角度掌握的不好,动作不迅速,容易拖泥带水,不能及时回撤是常见错误。

纠正方法:学生先认真观看教师的具体做法,再反复练习,掌握好细节后先进行分解动作练习再进行完整动作的练习。过程当中要注意严格按照动作要领练习,速度由慢到快,不断纠正和规范身体姿态。

客舱作用:正捅刺主要用于在客舱中主动攻击歹徒腹部。

3. 左平刺

左平刺即刀尖向左,刀身平置,握刀手手心向下的从右向左的水平刺击。

预备式:格斗式(反架),右手正握刀。

动作过程:右脚推动,身体斜进,右脚向右斜前方移进。同时上体左转,右手挥刀如击摆拳,从右向左平刺,刀尖朝左,刀刃朝前,右手掌心向下。随右手的挥刀,身体的左转,左脚按逆时针方向画一小弧。两脚后移,右手刀收回成格斗式,如图7-12～图7-14所示。

图 7-12　　　　　　图 7-13　　　　　　图 7-14

动作要领：左手放在胸腹前做拦截动作。右手刀左平刺，可分为上、中、下三盘，身体的沉浮也可以随机而行，不可死板。本技术步法一般是向右前方斜进，一边斜进一边让位。身体左旋，左脚逆旋，右手挥刀左旋，全身形如陀螺猛旋，借助旋转的力量挥刺。右臂的挥刀动作有如打摆拳，但大小臂之间的夹角随机而变，大小并不固定。下盘平刺大腿；中盘平刺肾区、后心、大臂；上盘平刺头颈。也可以调整角度进行斜刺，同时也可以借助转身动作进行平刺。

练习方法：初步阶段主要练习捅刺的发力路线和动作精准度为主，可以先进行空击练习，注意力集中，身体肌肉保持放松，再反复练习。做到动作协调一致、有力、回收迅速、可连续进攻。接下来可以使用悬吊的篮球和木人桩进行精准度的练习，同时在练习过程中注意距离的控制。

易犯错误：平刺时刀身和小臂角度掌握的不好，动作不迅速，容易拖泥带水，不能及时回撤是常见错误。

纠正方法：学生先认真观看教师的具体做法，再反复练习，掌握好细节后先进行分解动作练习再进行完整动作的练习。过程中要注意严格按照动作要领练习，速度由慢到快，不断纠正和规范身体姿态。

客舱作用：左平刺主要用于在客舱中主动攻击歹徒颈部。

4.后下刺

向后刺的动作多用于缠斗。后下刺是对付后抱腰的常用刺法之一。

预备式：格斗式（反架），右手正握刀。

动作过程：左手向上提起，抓住自己右肩；右臂曲肘，从前向后贴肘顶撞。接着右脚微向后退，同时，右手挥刀屈肘（大小臂夹角小于90°）举起，从右肩上方向左斜下方刺击，如图7-15～图7-18所示。

图 7-15　　　　图 7-16　　　　图 7-17　　　　图 7-18

动作要领：右手屈肘时要贴肋，贴肋撞肘杀伤力极强。左手要紧抓右肩。右手刀从左肩上方向后刺，要求手腕贴肩、小臂贴耳，这样才不会刺伤自己。

练习方法：初步阶段主要练习动作为主，身体肌肉保持放松，再反复练习，做到动作协调一致,上步、撤步自然。

易犯错误:动作不熟练导致手腕没贴耳,小臂没贴肩,拖泥带水是练习此动作时常见错误。

纠正方法:学生先认真观看教师的具体做法,再反复练习,掌握好细节后先进行分解动作练习再进行完整动作的练习。过程当中要注意严格按照动作要领练习,速度由慢到快,不断纠正和规范身体姿态。

客舱作用:后下刺主要用于在客舱中从背后攻击歹徒头颈部。

5. 转身后刺

凡用于正面攻击的刀法,都可以用于转身后攻。转身刺的作用有两个:一是刺击身后之敌,二是对付群攻。

预备式:格斗式,右手正握刀。

动作过程:格斗式基础上右步向前挺刺后,身体左转180°,以右脚为轴,左脚后退一大步,成为右脚在前面面对背后对手的格斗式。随着左脚的后退,身体的旋转,右手刀随机向后刺击,如图7-19~图7-23所示。

图 7-19　　　　　图 7-20　　　　　图 7-21　　　　　图 7-22

动作要领:身体的流畅与否是很重要的,这就要求一边转身一边后撤左脚,动作自然而流畅。转身、退步与右手刀的攻击要视为一个完整的动作,不可分割开来。

练习方法:初步阶段主要练习动作为主,身体肌肉保持放松,反复练习,做到动作协调一致,上步、撤步自然。

易犯错误:转身动作不迅速,左手防御不到位是学生练习此动作时常见的错误。

图 7-23　　**纠正方法**:学生先认真观看教师的具体做法,再反复练习,掌握好细节后先进行分解动作练习再进行完整动作的练习。过程当中要注意严格按照动作要领练习,速度由慢到快,不断纠正和规范身体姿态。

客舱作用:转身后刺主要用于在客舱中主动攻击多名歹徒。

(二)反握刀刺杀技术

1. 正下刺

预备式:格斗式(反架),右手反握刀。

动作过程:在反架的基础上,左脚推地,右脚前迈一步落地,左脚跟进,同时右手反握刀从上向下正刺,如图7-24~图7-26所示;也可在正架的基础上,左脚向左前方滑进,右脚跟进,同时右手反握刀正下刺,如图7-27~图7-29所示。特殊的正下刺用于攻击倒地的对手:左脚向左前方斜滑而进,右膝向下跪地的同时,右手反握刀向下正刺到底。所有攻击到位后必须立即收刀,身体离开原位,恢复成格斗式。

第七章 匕首的应用技术

图　7-24　　　　　　　图　7-25　　　　　　　图　7-26

图　7-27　　　　　　　图　7-28　　　　　　　图　7-29

动作要领：右脚在前的反握刀攻击，以前滑步为基本的配合步法，即滑进的同时向下扎刺，随后收刀回势。左脚在前的右手反握刀，一般先用左手开路。在步法配合上，左脚的前进并非直进，而是斜进，斜进的步态给右刀的下刺提供了方便。跪地的正下刺专门用于击刺倒地的对手，左脚的滑进和右膝的下跪都有其技击意义，不可忽视。同时也可以调整角度进行斜刺。

练习方法：初步阶段主要练习动作为主，身体肌肉保持放松，反复练习，做到动作协调一致，上步、撤步自然。

易犯错误：动作落点不精准，动作不迅速，容易拖泥带水，不能及时回撤是常见错误。

纠正方法：学生先认真观看教师的具体做法，再反复练习，掌握好细节后先进行分解动作练习再进行完整动作的练习。过程当中要注意严格按照动作要领练习，速度由慢到快，不断纠正和规范身体姿态。

客舱作用：正下刺主要用于在客舱中主动攻击歹徒颈部。

2. 左平刺

左平刺即从右向左的水平刺击。

预备式：格斗式（反架），右手反握刀。

动作过程：右脚向右斜前方滑进，左脚跟进，同时身体微左旋，右手反握刀从右向左水平刺击，右手心朝上，一般与颈、心脏同高。两脚后滑，右手收刀成格斗式，如图 7-30～图 7-32 所示。

图　7-30　　　　　　　图　7-31　　　　　　　图　7-32

动作要领：两脚旨在斜进。右刀的左平刺，一般较适合用于刺击对手的心脏，因而刀身要放平。刺击正面的颈、喉、心脏和背面的后心。也可以调整方向进行右平刺，转身平刺。

练习方法：初步阶段主要练习动作为主，身体肌肉保持放松，反复练习，做到动作协调一致，上步、撤步自然。

易犯错误：动作落点不精准，动作不迅速，拖泥带水，不能及时回撤是较常见的错误。

纠正方法：学生先认真观看教师的具体做法，再反复练习，掌握好细节后先进行分解动作练习再进行完整动作的练习。过程中要注意严格按照动作要领练习，速度由慢到快，不断纠正和规范身体姿态。

客舱作用：左平刺主要用于在客舱中主动攻击歹徒头颈部。

3. 后刺

后刺包括后直刺、后上挑刺、后斜挑刺等多种形式。

预备式：格斗式，右手反握刀。

动作过程：正架时，后刺用于攻击身后之敌；反架时，后刺用于攻击前方之敌。在正架的基础上，右手反握刀向后直刺、挑刺或斜挑刺。可配合后滑步，如图7-33～图7-35所示。在反架的基础上，上体左转约180°，随即右手反握刀向前直刺、挑刺或斜上刺，配合前滑步，如图7-36～图7-38所示。滑步回身，收刀恢复成格斗式。

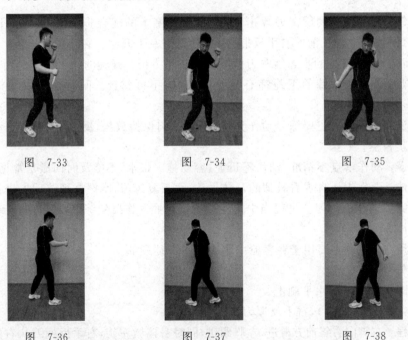

图 7-33　　　　　图 7-34　　　　　图 7-35

图 7-36　　　　　图 7-37　　　　　图 7-38

动作要领：后刺多从下往上刺，动作简洁，迅速自然，令敌防不胜防。

练习方法：初步阶段主要练习动作为主，身体肌肉保持放松，反复练习，做到动作协调一致，上步、撤步自然。

易犯错误：动作落点不精准，动作不迅速，容易拖泥带水，不能及时回撤练习是此动作较常见的错误。

纠正方法：学生先认真观看教师的具体做法，再反复练习，掌握好细节后先进行分解动作练习再进行完整动作的练习。过程当中要注意严格按照动作要领练习，速度由慢到快，不断纠正和规范身体姿态。

客舱作用：后刺主要用于在客舱中主动攻击身后歹徒的胸腹部。

四、划的基本技术

划是刀法中最轻巧最灵活的技法。划是以整个刀刃为力点，进行拖击，因而随划随效。用匕首进行划击则能轻易划破体表皮肉。刺是直入体内深处的攻击。与刺不同，划是作用于身体浅表的攻击，它一般不能危及内脏，因而用划刀来攻击不太会出人命。它的攻击效果是加大伤口长度，加大出血量。胡乱挥刀就有可能拉成长长的一道伤口，因而要注意切莫对着颈动脉乱挥乱划，颈总动脉如果划破是无法急救的。

正握刀除惯于挺刺、捅刺外，还惯于平划、斜划，其灵巧性极高。

1.左平划

左平划即向左平划的技法。

预备式：格斗式反架，右手正握刀。

动作过程：左脚推地，右脚向前或向右斜前方进一步，左脚跟进，右手正握刀从右向左平划击，上中下三盘都可取用。右脚向后推地，两脚后移，离开危险区，右手刀收回成格斗式，如图7-39～图7-41所示。

图 7-39

图 7-40

图 7-41

动作要领：滑步左平划刀的技术，其速度之快，可以用"黑夜中的闪电"来比喻。要求右手刀一挥即没，上中下三盘随即攻击。上盘划颈；中盘划胸腹及手臂；下盘划击大小腿；同时也可以进行右划。组合起来，一般第一刀横划对方手脚，第二刀攻击其身体。

练习方法：初步阶段主要练习动作为主，身体肌肉保持放松，再反复练习，做到动作协调一致，上步、撤步自然。

易犯错误：动作落点不精准，动作不迅速，容易拖泥带水，不能及时回撤是此动作较常见错误。

纠正方法：学生先认真观看教师的具体做法，再反复练习，掌握好细节后先进行分解动作练习再进行完整动作的练习。过程当中要注意严格按照动作要领练习，速度由慢到快，不断纠正和规范身体姿态。

客舱作用：左平划主要用于在客舱中主动攻击歹徒颈部以及手臂上身体表位置。

2.左斜下划

左斜下划即从右上方向左下方斜划的技法，多用于以攻对攻，拦截直进之敌的手或脚。

预备式：格斗式反架，右手正握刀。

动作过程：右脚向前滑进一步，左脚跟上，同时右手握刀从右肩上方向左下方斜下划击。两脚后滑退回，收刀成反架，同时也可以右脚向右横挪一步，左脚跟滑，完成左下斜划刀动作，如图7-42～图7-44所示。

图 7-42　　　　　　图 7-43　　　　　　图 7-44

动作要领：左下斜划刀的要点就是一个"斜"字。不但可以斜线直接攻击,而且可以以斜破直,封住敌人的正面攻击。当用匕首进行主动进攻时,用前滑步;当用匕首做正面拦截封锁时,用右滑步;当然,无论用于直接攻击还是拦截封锁,都可用斜进步。主动攻击,划割颈动脉、手臂、身体、大腿。拦截封锁,当对方用拳脚攻击时,用斜划刀划击其手和脚。也可以变换线路左斜上划、右斜下划划割攻击自己上盘的拳脚。

练习方法：初步阶段主要练习动作为主,身体肌肉保持放松,再反复练习,做到动作协调一致,上步、撤步自然。

易犯错误：动作落点不精准,动作不迅速,拖泥带水,不能及时回撤是常见错误。

纠正方法：学生先认真观看教师的具体做法,再反复练习,掌握好细节后先进行分解动作练习再进行完整动作的练习。过程中要注意严格按照动作要领练习,速度由慢到快,不断纠正和规范身体姿态。

客舱作用：左斜下划主要用于在客舱中主动攻击歹徒颈部和胸腹部体表。

3. 下划刀

在街头打斗过程中,下划刀多用来划割对方的脸,旨在破相。但在真实对抗中,下划刀多用于虚晃,攻击被砸刀代替。

预备式：格斗式反架,右手正握刀。

动作过程：右脚前滑一小步,左脚跟进,同时右手握刀从上向下做小幅度地划击,接着继续用其他刀法攻击,如图 7-45～图 7-47 所示。

图 7-45　　　　　　图 7-46　　　　　　图 7-47

动作要领：幅度要小,划刀的幅度也要小。

练习方法：初步阶段主要练习动作为主,身体肌肉保持放松,再反复练习,做到动作协调一致,上步、撤步自然。

易犯错误：动作落点不精准,动作不迅速,拖泥带水,不能及时回撤是常见错误。

纠正方法：学生先认真观看教师的具体做法,再反复练习,掌握好细节后先进行分解动作练习再进行完整动作的练习。过程中要注意严格按照动作要领练习,速度由慢到快,不断纠正和规范身体姿态。

客舱作用：下划刀主要用于在客舱中主动攻击歹徒面部和肢端。

五、砸的基本技术

砸指的是以匕首尖突为力点的攻击。对于善用刀者而言，砸，无疑是对刺与划的最方便的补充。某些地方，用刺或划的技法会觉着勉强，用砸法就比较顺手。比如：当右手正握刀对敌时，敌用脚踢，这时，用刺用划不如用砸，刀柄尖突顺势一击，其腿必废，如再顺势攻击，则效果极佳。无论正握刀反握刀，无论运动轨迹如何走向，凡以刀柄尖突为力点的攻击，一律命名为"砸"。

（一）正握刀的技术

1. 下砸

下砸即从上向下的砸击。

预备式：格斗式，右手正握刀。

动作过程：左脚向左横挪半步，右膝下沉，身体下沉同时，右手握刀用刀柄尖突从上向下狠狠敲砸，一砸即收，如图7-48～图7-50所示；或者左脚向后退一步，上体左转同时，右手握刀从上向下砸击，继用其他刀法攻击。

图 7-48　　　　　　　　图 7-49　　　　　　　　图 7-50

动作要领：下砸步法的配合有三种。第一种步法是左挪步，左挪步即左脚向左横挪，横挪加沉身（右膝下沉），在让开对手攻击的同时，用砸刀。第二种步法是左退步，退步一般用于对付敌人长驱直入的攻击，比如敌人用纵深性的腿法进攻时，就非得用退步不可。第三种步法是随机调节的，当用反架时，事实上敌人是无法用腿攻入的，尖突的砸击胜过一把铁锤。砸击主要攻击对方攻过来的腿以及砸击锁骨。

练习方法：初步阶段主要练习动作为主，身体肌肉保持放松，再反复练习，做到动作协调一致，上步、撤步自然。

易犯错误：动作落点不精准，上步和砸击配合不熟练，拖泥带水，不能及时回撤是常见的错误。

纠正方法：学生先认真观看教师的具体做法，再反复练习，掌握好细节后先进行分解动作练习再进行完整动作的练习。过程当中要注意严格按照动作要领练习，速度由慢到快，不断纠正和规范身体姿态。

客舱作用：下砸主要用于在客舱中防反攻击歹徒攻来的手脚。

2. 斜砸

斜砸是指从右上向左下的砸击。

预备式：格斗式反架，右手正握刀。

动作过程：右脚向右前方斜进一步，左脚跟进，上体微左转，同时右手握刀柄从右上方向左下方斜砸，如图7-51～图7-53所示。

图 7-51　　　　　　　图 7-52　　　　　　　图 7-53

动作要领：身步要斜进；砸刀要脆，一砸即回，这一点与划刀完全不同。主要砸膝关节、肘关节、太阳穴等。

练习方法：初步阶段主要练习动作为主，身体肌肉保持放松，再反复练习，做到动作协调一致，上步、撤步自然。

易犯错误：动作落点不精准，上步和砸击配合不熟练，拖泥带水，不能及时回撤是常见的错误。

纠正方法：学生先认真观看教师的具体做法，再反复练习，掌握好细节后先进行分解动作练习再进行完整动作的练习。过程当中要注意严格按照动作要领练习，速度由慢到快，不断纠正和规范身体姿态。

客舱作用：斜砸主要用于在客舱中主动攻击歹徒颈部和持械手臂。

3. 横砸

横砸指由右向左的水平或微斜的砸击。

预备式：格斗式反架，右手正握刀。

动作过程：右脚微向左移（或向前挪），同时，右手握刀由右向左横砸，上、中、下三盘随意取用，如图7-54～图7-56所示。

图 7-54　　　　　　　图 7-55　　　　　　　图 7-56

动作要领：横砸刀的手法与身法要密切配合，下盘的横砸身体必须下沉，上盘的横砸身体必须拔高。多用于砸膝、肘等关节及太阳穴等。

练习方法：初步阶段主要练习动作为主，身体肌肉保持放松，再反复练习，做到动作协调一致，上步、撤步自然。

易犯错误：动作落点不精准，上步和砸击配合不熟练，拖泥带水，不能及时回撤是常见的错误。

纠正方法：学生先认真观看教师的具体做法，再反复练习，掌握好细节后先进行分解动作练习再进行完整动作的练习。过程当中要注意严格按照动作要领练习,速度由慢到快,不断纠正和规范身体姿态。

客舱作用:横砸主要用于在客舱中主动攻击歹徒关节部位等。

(二)反握刀砸的技术

1.左平砸

左平砸即从右往左的平砸动作。

预备式:格斗式,右手反握刀。

动作过程:左脚尖外摆,右脚弧线上步于正前方,脚尖朝左,脚后跟上翘,同时身体左转约180°,借转身的时机,右手握刀从右向左横摆,如图7-57~图7-59所示。

图 7-57

图 7-58

图 7-59

动作要领:左脚尖外摆,上体左转约180°,右脚弧线上步于前方,身体陀螺旋转;身法的旋转带动右手的摆击,右手摆动如格斗中的"摆拳",其作用点在刀柄尖突,攻击对方后脑、后腰。

练习方法:初步阶段主要练习动作为主,身体肌肉保持放松,再反复练习,做到动作协调一致,上步、撤步自然。

易犯错误:动作落点不精准,上步和砸击配合不熟练,拖泥带水,不能及时回撤是常见的错误。

纠正方法:学生先认真观看教师的具体做法,再反复练习,掌握好细节后先进行分解动作练习再进行完整动作的练习。过程当中要注意严格按照动作要领练习,速度由慢到快,不断纠正和规范身体姿态。

客舱作用:左平砸主要用于在客舱中主动攻击歹徒后脑等背面部位等。

2.左斜上砸

左斜上砸即从右下向左上的砸击。

预备式:格斗式,右手反握刀。

动作过程:左脚向左前方斜挪一步,右脚跟进,同时,右手握刀从右下方向左上方挥击,力点在刀柄尖突,如图7-60~图7-62所示。

图 7-60

图 7-61

图 7-62

动作要领:挥砸幅度宜小不宜大。当对方格斗式反架时,用左斜上砸法攻击敌人裆部、心脏、下颚等。

练习方法：初步阶段主要练习动作为主，身体肌肉保持放松，再反复练习，做到动作协调一致，上步、撤步自然。

易犯错误：动作落点不精准，上步和砸击配合不熟练，拖泥带水，不能及时回撤是常见的错误。

纠正方法：学生先认真观看教师的具体做法，再反复练习，掌握好细节后先进行分解动作练习再进行完整动作的练习。过程中要注意严格按照动作要领练习，速度由慢到快，不断纠正和规范身体姿态。

客舱作用：左斜上砸主要用于在客舱中主动攻击歹徒下颚、裆部等。

3. 左斜下砸

左斜下砸即从右上向左下的砸击。

预备式：格斗式，右手反握刀。

动作过程：左脚尖外摆，右脚向右前方斜上一步，身体左转约90°，左脚微逆旋，同时右手握刀从右上方向左下方斜砸，如图7-63～图7-65所示。

图 7-63　　　　　　图 7-64　　　　　　图 7-65

动作要领：上步、转身与挥砸动作协调一致。主要用于砸击敌人后脑、耳后等。

练习方法：初步阶段主要练习动作为主，身体肌肉保持放松，再反复练习，做到动作协调一致，上步、撤步自然。

易犯错误：动作落点不精准，上步和砸击配合不熟练，拖泥带水，不能及时回撤是常见的错误。

纠正方法：学生先认真观看教师的具体做法，再反复练习，掌握好细节后先进行分解动作练习再进行完整动作的练习。过程中要注意严格按照动作要领练习，速度由慢到快，不断纠正和规范身体姿态。

客舱作用：左斜下砸主要用于在客舱中主动攻击歹徒头颈部等要害。

4. 提撞

提撞即撩，是从下向上的砸击。

预备式：格斗式反架，右手反握刀。

动作过程：右脚微上步，左脚跟上，同时右手握刀从下向上短促提撞，如图7-66～图7-68所示。

动作要领：右刀的提撞要短促有力。提撞敌肘关节、裆部及下颚等。

练习方法：初步阶段主要练习动作为主，身体肌肉保持放松，再反复练习，做到动作协调一致，上步、撤步自然。

易犯错误：动作落点不精准，上步和砸击配合不熟练，拖泥带水，不能及时回撤是常见的错误。

图 7-66　　　　　　图 7-67　　　　　　图 7-68

纠正方法：学生先认真观看教师的具体做法，再反复练习，掌握好细节后先进行分解动作练习再进行完整动作的练习。过程当中要注意严格按照动作要领练习，速度由慢到快，不断纠正和规范身体姿态。

客舱作用：提撞主要用于在客舱中主动攻击歹徒裆部下颚等人体要害以及防反对方攻来的持械手。

 提升与拓展

动作名称：推刀。

预备式：格斗式（正架），右手握刀。

动作过程：右手将刀竖起，刀尖向上，刀刃朝前，以刀刃根部为力点向前快速推击；如反握刀，右手将刀竖起，刀尖向下，刀刃朝前，以刀刃根部为力点向前快速推击，然后快速收刀，如图7-69～图7-72所示。

图 7-69　　　　图 7-70　　　　图 7-71　　　　图 7-72

动作要领：推是极为特别的技术，主要由手臂的屈伸完成。推刀在于抢攻，因而重在速度，一记快速的推刀，可以抢在对手之前封锁它的攻击，这是独特的技法。为了保障推刀技术的完成，推的着力点在刀刃的根部近护手盘的部位。

练习方法：初步阶段主要练习动作熟练度和准确度为主，学生面对镜子站立，身体肌肉保持放松，反复练习，做到动作协调一致，也可以借助泥墙、悬挂的篮球和木人桩来进行辅助练习，后面可以借助搭档配合辅助练习。

易犯错误：身体肌肉僵硬，动作不自然、精准度不够是学生在练习动作时比较常见的错误。其主要表现为动作不协调，着力点不明确，动作精度不高。这类错误多是由于学生精神紧张，刻意发力引起的。

纠正方法：学生面对镜子进行自我纠正，过程中首先要克服刻意发力、戒备的心理，要求身体自然放松，松而不懈。

客舱作用：推刀是航空安全员在客舱内进行巡视时遇到突发状况时可以采取的常用动作，主要用于主动攻击、迎击及阻击。

组织与训练

（一）空击练习

空击练习可分为定点空击练习和移动空击练习两种。通过定点空击练习重点使学生逐步了解和掌握每单个攻击技术的运行路线和上下肢的协调配合。通过移动空击练习重点使学生了解移动下的攻击特点，掌握如何在步法的基础上运用各种攻击技术，使之逐步转变为比较贴合实战对抗的技能。

进行空击练习，学生可在实训场馆内由教师统一组织进行，可以集体练习。也可以分组循环练习。

（二）定点空击练习

学生从格斗戒备式站立准备开始，教师规定练习内容，学生根据教师的口令或哨音进行的单个技术动作的单击或连击练习。练习过程中，可以对照镜子进行动作的分解练习以达到对动作细节的强化，使之形成正确稳固的技术定型。

（三）移动空击练习

学生从格斗戒备式站立准备开始，教师规定练习内容，学生根据教师的口令或哨音进行攻击技术和步法的结合练习。例如，前滑步1次挺刺，后滑步1次右砸击，8～10次为一组，练习三组。练习过程中，注重强调攻击技术和拳法的衔接连贯性，学生要做的肌肉松而不懈，紧而不僵，不要刻意强调出击的力量和速度，使其能手脚协调配合，发力自然即可。

第二节　匕首组合技术

一、主动进攻技术

（一）点—刺

点刀之后的长刺是最常见的主动攻击技术。

预备式：格斗式，右手正握刀。

动作过程：在格斗式的基础上，先手上下左右频频点击，趁对手手忙脚乱无所适从的时候，抓住对方漏出的空档，忽然一记挺刺或捅刺，虚实结合，直接击中对手，如图7-73和图7-74所示。

图 7-73

图 7-74

动作要领：先手的点刀攻击一定要连续，虚实结合，能点到对方的情况下可以直接点刺对方，同时注意观察对方的身体反应，点不是目的，抓空档长刺才是最终的目的，同时注意把握时机。

练习方法：初步阶段主要练习动作熟练度和准确度为主，两人配合练习，操作手主动攻击，身体肌肉保持放松，练习抓空档和时机的能力，配手戴好护具。然后进行交换练习。

易犯错误：刺的动作出手时机和距离把握不好，动作落点不精准，拖泥带水是常见错误。

纠正方法：学生先认真观看教师的具体做法，再反复练习，掌握好细节后先进行分解动作练习再进行完整动作的练习。过程当中要注意严格按照动作要领练习，速度由慢到快，不断纠正和规范身体姿态。

客舱作用：点—刺主要用于在客舱中主动攻击歹徒。点为虚，刺为实。

（二）点—划

中下盘的连续点击后接一个上盘的划刀也极为有效。

预备式：格斗式，右手正握刀。

动作过程：在格斗式的基础上，先手往中下盘频频点击，气势和声势要足，自己控制好点的节奏，吸引对方注意力，然后不经意地随手往上盘来个划刀，攻击对方颈部，也可以攻击对方手臂手腕等部位（图7-75~图7-77）。

图 7-75

图 7-76

图 7-77

动作要领：先手的点刀攻击一定要连续，虚实结合，能点到对方的情况下可以直接点刺对方，要把对方的注意力放在下盘上，点不是目的，抓空档划刀才是最终的目的，同时注意把握时机。

练习方法：初步阶段主要练习动作熟练度和准确度为主，两人配合练习，操作手主动攻击，身体肌肉保持放松，练习抓空档和时机的能力，配手戴好护具。然后进行交换练习。

易犯错误：划的动作出手时机和距离把握不好，动作落点不精准，拖泥带水是学生练习此动作常见的错误。

纠正方法：学生先认真观看教师的具体做法，再反复练习，掌握好细节后先进行分解动作练习再进行完整动作的练习。过程当中要注意严格按照动作要领练习，速度由慢到快，不断纠正和规范身体姿态。

客舱作用：点—划主要用于在客舱中主动攻击歹徒，点为虚，划为实。

（三）点—回防—连攻

先用刀子点击，然后回身挡击，再攻击。

预备式：格斗式，右手正握刀。

动作过程：当敌我对峙，双方防守严密，谁也难以直接攻入。你的对手正考虑着打反击，这时你上体前探，向前方虚点刺。你向前一点，对手向后一让；随即对手想挥刀扎刺，你迅速向前推刀，推割他的小臂；或你向前一点，对手向后一让；随即对手上步，用刀子左平划你的颈动脉；你向左推刀推在他手腕上，继用其他刀法攻击，如图7-78~图7-83所示。

动作要领：先用刀子点击，然后回身挡击，再攻击。其精髓就在于点刀。虚的点击与实的刺杀不同，点刀不用力，意在引诱，长刺要用力，意在攻杀。用其他刀法代替点刀是行不通的，因为其他刀法必须到位，点刀却是不定点不定位；其他刀法的回防能力差，而点刀意在回防。另外回防之后必须连攻，只有回防远远不够，连攻才是克敌制胜之策。

图 7-78

图 7-79

图 7-80

图 7-81

图 7-82

图 7-83

练习方法：初步阶段主要练习动作熟练度和准确度为主，点刀引诱之后的回防必须非常熟练。两人配合练习，操作手主动攻击，身体肌肉保持放松，练习抓空档和时机的能力，两人都需要戴好护具。然后进行交换练习。

易犯错误：点刀的回防不到位，不能有效挡住对方反攻并进行回击。

纠正方法：学生先认真观看教师的具体做法，再反复练习，掌握好细节后先进行分解动作练习再进行完整动作的练习。过程当中要注意严格按照动作要领练习，速度由慢到快，不断纠正和规范身体姿态。

客舱作用：点—回防—连攻主要用于在客舱中引诱歹徒攻击然后防守反击。

二、迎击技术

匕首迎击技术是指敌人率先发动攻击，我进行抢攻的技法。当敌人发动进攻时，我不能一而再再而三地退让，无休止地退却不如抛刀投降。因此，短刀间的对抗不提倡一味防守，而是提倡迎击抢攻。

迎击抢攻就是迎着敌人的攻击进行抢攻，也就是说以攻对攻，以快制敌。所以想在保护自身安全的条件下有效制杀对手，必须明了迎击刀法的对抗要素。保持间距是保证自身安全的基础。攻击首先要破坏间距，斜角度让位切入是制杀对手的最安全方法。发挥左手的作用自始至终要守护在心脏处，用左手去拍、去拦、去挨、去挡，以攻对攻，以快制敌。先破坏敌人的防护系统，保证连续的攻击。

（一）让位迎击（刺、划、砸）

预备式：格斗式反架，右手正握刀。

动作过程：敌我对峙，敌右脚进步右刀直线攻击我中线。我左脚向左斜前方让位进步，同时右手刀从敌体右侧斜攻而入，刺击敌右腰。我右脚向右斜前方进步，在左转体的同时，右手刀刺敌人心窝或咽喉。敌若刺我上盘，我右脚向右后横挪成伏步，右手刀迎刺敌右肋，如图 7-84～图 7-89 所示。

动作要领：最重要的就是反复训练。敌攻中间，我走两边；敌攻上，我攻下；敌扑进，我缩回；实碰实地迎击，一个照面见效果。

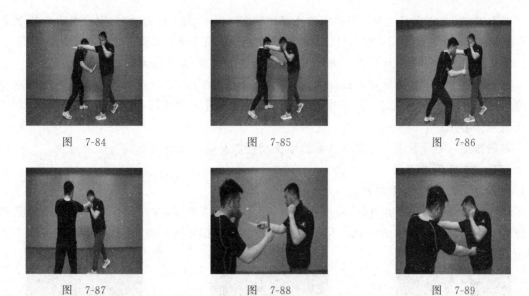

图 7-84　　　　　　　图 7-85　　　　　　　图 7-86

图 7-87　　　　　　　图 7-88　　　　　　　图 7-89

练习方法：初步阶段主要练习动作熟练度和准确度为主，两人配合练习，配手主动攻击，操作手身体肌肉保持放松练习抓空当和时机的能力，精准迎击。配手戴好护具。然后进行交换练习。

易犯错误：迎击时机和距离把握不好，动作落点不精准，拖泥带水。

纠正方法：学生先认真观看教师的具体做法，再反复练习，掌握好细节后先进行分解动作练习再进行完整动作的练习。过程当中要注意严格按照动作要领练习，速度由慢到快，不断纠正和规范身体姿态。

客舱作用：让位迎击主要用于在客舱中主动迎击歹徒。把握时机让位，然后攻击。

（二）矮身下攻

预备式：格斗式，右手握刀。

动作过程：当敌我对峙时，敌平划刀或平刺刀攻我上盘。我下伏身，用刀子刺扎敌脚背。我下伏身，反握刀斜扎敌右大腿。我下伏身，平划其大腿内侧，如图 7-90～图 7-95 所示。

图 7-90　　　　　　　图 7-91　　　　　　　图 7-92

图 7-93　　　　　　　图 7-94　　　　　　　图 7-95

动作要领：最重要的就是反复训练。敌攻上，我攻下；实碰实地迎击，一个照面见效果。

练习方法：初步阶段主要练习动作熟练度和准确度为主，两人配合练习，配手主动攻击，操作手身体肌肉保持放松练习抓空档和时机的能力，精准迎击。配手戴好护具。然后进行交换练习。

易犯错误：迎击时机和距离把握不好，动作落点不精准，拖泥带水。

纠正方法：学生先认真观看教师的具体做法，再反复练习，掌握好细节后先进行分解动作练习再进行完整动作的练习。过程中要注意严格按照动作要领练习，速度由慢到快，不断纠正和规范身体姿态。

客舱作用：矮身下攻主要用于在客舱中主动迎击歹徒。躲开对方攻击后再进攻。

（三）转身后刺

预备式：格斗式，右手握刀。

动作过程：当敌我双方对峙，敌平刺刀攻我上盘。我左转身180°，伏身，右刀上划敌裆。我左转身180°，伏身，右刀上刺敌腹。我左转身180°，伏身，右刀柄上撞敌裆，如图7-96～图7-98所示。

图 7-96

图 7-97

图 7-98

动作要领：最重要的就是反复训练。敌攻中间，我走两边；绕过对方的攻击中线。实碰实的迎击，一个照面见效果。

练习方法：初步阶段主要练习动作熟练度和准确度为主，两人配合练习，配手主动攻击，操作手身体肌肉保持放松练习抓空档和时机的能力，精准迎击。配手戴好护具。然后进行交换练习。

易犯错误：迎击时机和距离把握不好，动作落点不精准，拖泥带水。

纠正方法：学生先认真观看教师的具体做法，再反复练习，掌握好细节后先进行分解动作练习再进行完整动作的练习。过程中要注意严格按照动作要领练习，速度由慢到快，不断纠正和规范身体姿态。

客舱作用：转身后刺主要用于在客舱中主动迎击歹徒，攻击对方腹部。

（四）左手截击

预备式：格斗式，右手握刀。

动作过程：当敌我双方对峙，敌用直进刀法攻击我。我用左手下劈截敌小臂。我用左手向右掖敌右肘，同时右脚踢其裆部。我用左平勾拳从左向右平击对方右腕，继而用其他刀法攻击，如图7-99～图7-104所示。

图 7-99

图 7-100

图 7-101

图 7-102　　　　　　　　图 7-103　　　　　　　　图 7-104

动作要领：用手截击的时候，最好让位。让位是为了保障自身安全。一招凶狠的下劈下去，敌人是绝对没办法再握住刀的，柔和的掖手可使敌人偏转身，把右肋及后背暴露给我；凶猛的左平勾拳猛击敌人右手腕，虽冒险但效果绝佳，另外用手截击的时候，最好同时用脚踢，上下同攻，效果比单纯的手截要好。

练习方法：初步阶段主要练习动作熟练度和准确度为主，两人配合练习，配手主动攻击，操作手身体肌肉保持放松练习抓空档和时机的能力，精准迎击。配手戴好护具。然后进行交换练习。

易犯错误：迎击时机和距离把握不好，动作落点不精准，拖泥带水。

纠正方法：学生先认真观看教师的具体做法，再反复练习，掌握好细节后先进行分解动作练习再进行完整动作的练习。过程当中要注意严格按照动作要领练习，速度由慢到快，不断纠正和规范身体姿态。

客舱作用：左手截击主要用于在客舱中主动迎击歹徒，先截击后抓空档进攻。

（五）缠杀

预备式：隐蔽戒备，不要让对方发现你的刀。

动作过程：右手握刀接近敌人，以左手来缠住对方，可以抓住敌人的手腕、肘、头发、衣领等容易抓的部位，也可以抢先阻击封挡敌人，也可左手去拨推对手使其露出空档，然后用右手去攻杀。

动作要领：主动地缠杀，先隐蔽刀身，然后以左手来开路去缠去创造机会创造空档，然后以右手去缠杀。

练习方法：初步阶段主要练习动作熟练度和准确度为主，两人配合练习，操作手主动缠杀，身体肌肉保持放松，再反复练习，做到缠到位，杀到位。

易犯错误：动作僵硬不自然、精准度不够是学生在练习动作时比较常见的错误。这类错误多是由于学生精神紧张，刻意发力引起的。

纠正方法：学生先以慢动作进行，过程当中首先要克服刻意发力、戒备的心理，要求身体自然放松，松而不懈。

客舱作用：缠杀是航空安全员在客舱内进行巡视时遇到突发危险状况时可以采取的动作，主要用于击伤击杀敌人。

 组织与训练

（一）空击练习

空击练习可分为定点空击练习和移动空击练习两种。通过定点空击练习重点使学生逐步了解和掌握每个组合攻击技术的运行路线和上下肢的协调配合。通过移动空击练习重点使学生了解移动下的攻击特点，掌握如何在步法的基础上运用各种攻击技术，使之逐步转变为比较贴合实战对抗的技能。

进行空击练习,学生可在实训场馆内由教师统一组织进行,可以集体练习,也可以分组循环练习。

1. 定点空击练习

学生从格斗戒备式站立准备开始,教师规定练习内容,学生根据教师的口令或哨音进行的组合技术动作的练习。练习过程中,可以对照镜子进行动作的分解练习以达到对动作细节的强化,使之形成正确稳固的技术定型。

2. 移动空击练习

学生从格斗式站立准备开始,教师规定练习内容,学生根据教师的口令或哨音进行攻击技术和步法的结合练习。例如,上步点—回防—连攻,8~10次为一组,练习三组。练习过程中,注重强调回防连攻的衔接连贯性,学生要做的肌肉松而不懈,紧而不僵,不要刻意强调出击的力量和速度,要求落点精准、动作连贯流畅。

(二)配合练习

配合练习分为定点和移动练习两种。在空击练习的基础上,通过定点练习重点使学生掌握完整流畅的连贯动作。通过移动练习重点使学生掌握高度和角度的变化和精准度。

1. 定点练习

学生成体操队形散开后,从格斗式站立准备开始,由教师统一组织将学生分为两人一组,一人为配手,一人为操作手。教师规定训练内容,各组根据教师的口令或哨音进行单个技术的练习,10~12次为一组,然后两人进行交换练习。

2. 移动练习

学生成多路纵队,从格斗戒备式站立准备开始,两人一组,结合步法练习各种组合技术。教师规定练习内容,每路纵队的第一组学生听到口令后朝一个方向连续进行移动练习,10~20次为一组进行组内循环练习。

思考与练习

1. 匕首的使用情境和应用程度如何来界定?
2. 通过本章的学习和练习,你认为成为一名合格的航空安全员,你需要在匕首上的学习花费多少时间和精力?

综合实施与考核

一、任务实施

(一)任务目标

通过实操演练,检验学生客舱执勤器械匕首掌握程度与训练水平,激发学生的学习热情,提高学生的武术运动能力和格斗技击水平,增强学生应对客舱突发事件的能力。通过实操演练增强学生自我防范意识,培养学生机智勇敢、沉着冷静的意志品质。

(二)任务背景

此模块综合实训主要以会操演练的形式来检验学生匕首的掌握水平。

（三）实施步骤

步骤1：地点是实训场馆场地内。教师根据班级学生人数进行分组，8~12名同学为一组，指定一名同学担任小组长，负责本组演练内容编排统筹工作。

步骤2：教师安排组织学生进行热身活动，强调演练注意事项。

步骤3：按照编排顺序逐组上场进行会操演练。

步骤4：教师现场指导，针对学生实操训练中存在的问题及出现的错误，教师在纠错的同时进行示范并讨论分析，最后对学生的练习情况给予总结和评价。

二、任务考核

本章教学内容的学习评价主要采用客舱执勤器械匕首会操展示的方式进行综合实操演练，旨在全面提高学生武术运动能力和格斗技击水平。现针对不同教学内容制定相应的考核评价标准，明确考核要点，为教师全面把握学生学习情况，调整教学方法和制订教学计划提供参考依据。

（一）考核标准

客舱执勤器械匕首考核标准，见表7-1。

表7-1 执勤器械匕首考核评价标准

得分	评价要点
90分以上	动作正确、协调，击打目标明确，速度快，爆发力强，攻防意识强，功力基础扎实，精神面貌好
80~89分	动作正确、协调，击打目标明确，速度快，爆发力好，攻防意识较强，功力基础好，精神面貌好
70~79分	动作正确、协调，击打目标明确，有速度，攻防意识明显，功力基础较好，精神面貌较好
60~69分	动作基本正确，基本协调，击打目标基本明确，有攻防意识，有功力基础，精神面貌一般
60分以下	动作错误，不协调，击打目标不明确，无攻防意识，无功力基础，精神面貌差

（二）考核评分

客舱执勤器械匕首会操演练考核评分表如表7-2所示。

表7-2 执勤器械匕首会操演练考核评分表

班级		组别		
项目	评分标准	配分	评分人	得分
仪容仪表	服装按要求穿着整齐；头发、面容整洁大方	5分	学生	
			教师	
精神面貌	队列整齐、纪律良好	10分	学生	
			教师	

续表

项目	评分标准	配分	评分人	得分
匕首会操演练	动作要领	10分	学生	
			教师	
	发力结构	10分	学生	
			教师	
	目标明确	10分	学生	
			教师	
	身体协调	10分	学生	
			教师	
	攻防意识	10分	学生	
			教师	
	功力基础	10分	学生	
			教师	
处置后	设备归位整理	5分	教师	
			学生	
团队协作	小组配合默契,分工明确	10分	学生	
			教师	
	学生评分(40%)		合计	
	教师评分(60%)			
	评语备注			
	评分人			

第八章

格斗体能训练理论与方法

知识目标
(1) 了解和掌握体能训练的相关理论知识。
(2) 熟练掌握体能训练中的基本方法。
(3) 了解和掌握体能训练中的注意事项。

技能目标
(1) 熟练运用体能训练中的基本技术动作。
(2) 能将训练方法与基本技术动作有机结合起来。

职业素养目标
(1) 培养学生的体能训练意识。
(2) 培养学生科学训练、吃苦耐劳的精神品质。
(3) 培养学生职业意识和职业素养。

 课堂导入

航空安全员是指在民用航空器中执行空保任务的空勤人员。在执行任务的过程中,他们往往需要在快速移动的同时保持身体灵活,在对外界施加强大力量的同时产生高效的爆发力,并且有足够的耐力维持长时间的技战术执行效果。因此,航空安全员进行体能训练时必须从功能性动作、力量、速度、耐力、灵敏、柔韧、爆发等多方面素质入手,且应覆盖人体的基本动作模式。而在训练的中后期,还需通过引入各种复杂训练环境,进一步检验和强化身体素质,发展专项化运动能力以及完成各种任务的技战术能力。

第一节 力量素质训练的基本理论与方法

一、力量素质的概念

从传统角度出发,力量被理解为是一种素质,并认为这是从事各类运动项目的基础。伴随着运动训练实践与理论的发展,人们对"力量"产生了一种新的认识,并对其所包含的内容赋予了新的含义。

力量素质是指人体神经肌肉系统在工作时克服或对抗阻力的能力。肌肉力量是人们完成各种动作的动力来源,特别是以体能为主导因素的运动项目中,大部分都把力量素质视为决定运动成绩的关键因素。

肌肉工作时以收缩产生的拉力克服阻力。肌肉工作所克服的阻力包括外部阻力和内部阻力。外部阻力如物体重量、摩擦力以及空气的阻力等；内部阻力如肌肉的黏滞性，各肌肉间的对抗力，主要来源于运动器官，如骨骼、肌肉、关节囊、韧带、键膜、筋膜等组织的阻力。

二、力量素质的分类

依据力量素质与运动专项的关系，可分为一般力量与专项力量；依据力量素质与运动员体重的关系，可分为绝对力量和相对力量；依据完成不同体育活动所需要力量素质的不同特点，可分为最大力量、快速力量和力量耐力。

三、力量素质训练的基本方法

（一）静力性等长收缩训练

通过改变紧张度克服阻力的练习方法，称为静力性等长收缩训练。在身体固定姿势下，固定肢体环节，保持肌肉长度不变。肌肉在做静力收缩时，能调动更多的肌纤维参与到工作中来，显示出力量大，力量增长也快，训练时间也节省下来了。但由于肌肉紧绷，血管闭塞，因而工作不能持久，因此可以不同程度地暂时中断肌肉中的血液循环，它主要是作为辅助力量练习的手段，可以按照1∶5的比例安排静力练习和力量练习相结合。

由于这种训练方式对增加特别部位力量很难适用，因此在某一特定关节角度的训练中所获得的力量的成长效果也只适合于这种关节角度，而能迁移到关节其他角位置的力量只占很小的一部分。另外，这类运动常有憋气的情况，尽管憋气有利于最大力度的表现，但也容易造成缺氧、肌肉酸痛，在完成改进技术练习后，应进行静力练习，每次练习后要做充分的放松练习。

（二）动力性等张收缩训练

发展力量训练的速度和爆发力，需要把力量练习运用到训练中，这在很早以前就被人们所普遍接受。可以说，在目前的力量训练中，以动态力量练习为主。肌肉张力保持不变的人体相应的环节运动，改变训练为力量等张收缩训练而产生收缩力以克服阻力的长度。动力性等张收缩训练分为向心克制性和离心退让性两类工作形式。

（1）向心克制性工作：肌肉在做向心工作时，肌肉的长度逐渐缩短，随着关节角度的变化，所产生的张力也会随之改变。所以在练习时可以掌握关节的角度，根据专项运动的需要，最大限度地发挥肌肉的力量，可以起到事半功倍的训练效果。

由于训练目的不同，力量向心收缩练习又分为以下几种：一种是"强度训练法"，重量较大。一般练习都采用85%以上的最大重量，甚至是极限强度。每组重复进行1~3次，3~6组，这种训练方法目的是练就绝对的力量。另一种是适中训练法。采用每组4~7次最大重量75%~80%，重复4~8组的方法，以增加肌纤维横断面最大力度发展为主。第三种，重量小次数多的训练方法。Hertinger研究发现，在力量训练中，强度低于球员最大力量的30%是缺乏锻炼作用的。所以，开始训练的时候，以30%~40%的重量，每组15次以上，随着力量增加到40%~50%，重复6~10组，再开始增加重量，重新回到30%的重量，如此循环往复。

发展局部小肌肉群的基本训练方法，是一种快速增加力量耐力和快速增加肌肉体积的方法。

（2）离心退让性工作：有试验表明，与向心收缩时肌肉的张力比较，离心收缩时肌肉的张力应大于40%。当离心收缩时，股四头肌承受的负荷是肌肉张力的2倍。于是，人们就利用离心收缩的原理，独创了"退让训练法"。

肌肉退让工作是指肌肉在紧张状态下受外力作用而逐渐拉长,即肌肉的起止点在彼此分离的方向上运动,所以也叫离心作用。例如,利用杠铃做的两臂屈举时,在用手抵挡回降动作缓慢放下杠铃之前,手臂积极用力向上举起杠铃,就属于这样的工作性质。相对于向心力量训练,退让训练由于离心收缩可以调动更多的运动单位参与工作,因此可以克服更大的阻力,更有效地发展"制动力"。做离心收缩时,动作要缓慢,而且要比向心收缩的时间长出一倍以上的时间才能做离心收缩。

(三) 等动收缩训练

美国人李斯特尔等动收缩训练系统建立,它是在特制的等动练习器上进行等动力训练,有利于避免肌肉的损害,骨骼不易变形。在练习过程中,维持肢体的运动速率不变,肌肉总是采用大张力来完成练习,等动练习集了等长和等张两种训练的长处,有利于最大限度地提高。在练习中,美国霍西斯尔对等动力量训练的影响一直保持在训练8周后,等动力量组的最大力量会增加47.2%,与等长力量组相比,等张力量组和等长力量组仅会增加28.6%和13.1%。

(四) 超等长收缩训练

超等长练习时,先让肌肉做离心性收缩,再接着做向心性收缩,利用肌肉的弹性,通过牵张反射,如跳深等练习,使肌肉收缩的力量增加。超等长收缩的好处是在做离心收缩工作时,肌肉被迅速拉长,它所受到的牵张是突然而短促的,刺激肌肉各牵张感受器同步,产生的兴奋是高度同步的,强度大而集中,能同时调动更多的运动单位参与到工作中来,使肌肉产生短促而有力的收缩。在做离心收缩工作时,肌肉在完成超等长练习时,肌肉最终收缩力量的大小主要是由肌肉在离心收缩中被拉长的速度的快慢决定的,而不是单纯地由肌肉被拉长的长度决定的,它比被拉长的长度更重要的是肌肉被拉长的速度的快慢。

(五) 循环式训练

循环式训练是在训练过程中,教师将练习手段按训练的具体任务设置为若干练习点,学生按规定的顺序或路线逐步完成各站点练习任务的一种训练方法。循环式训练法的使用,能让学生在训练中提高积极性,让训练动作产生肌肉记忆,训练效果也会增加。根据各组练习之间间歇的符合特点,可将循环训练法的基本类型主要分为三种,即循环重复训练、循环间歇训练和循环连续训练。三种类型训练方法各有所长,在训练过程中,我们可以根据自身训练实际情况进行选择。

四、力量素质训练的技术动作

(一) 屈腕

训练目的:发展桡侧屈腕肌、尺侧屈腕肌的力量。

训练方法:起始姿势,坐在凳子一端,采用闭锁式反握杠铃,握距20~30厘米(8~10英寸),两腿、两脚互相平行,脚尖向前;躯干前倾,肘及前臂放在大腿上,向前移动腕关节直到稍微超过髌骨,手腕伸展、打开手掌使手指能握住杠铃。向上运动阶段,先弯曲手指再弯曲手腕上提横杠,尽可能弯曲手腕且不能移动手肘和前臂,不能借助身体用力或摆动横杆上提。向下运动阶段,手腕和手指应缓慢延伸回到起始位置,保持躯干和手臂位置固定,如图8-1和图8-2所示。

(二) 伸腕

训练目的:发展桡侧伸腕肌、尺侧伸腕肌的力量。

训练方法:起始姿势,坐在凳子一端,采用闭锁式正握杠铃,握距20~30厘米(8~10英寸),两腿、两脚互相平行,脚尖向前;躯干前倾,肘及前臂放在大腿上,向前移动腕关节直到稍微超过髌骨,紧握杠铃,手腕朝向地面弯曲。向上运动阶段,伸展手腕使杠铃上提,尽可能伸展手腕且不能移动手肘与上臂,不能借助身体用力或摆动杠铃上提。向下运动阶段,手腕和手指应缓慢屈曲回到起始位置,保持躯干和手臂位置固定,保持闭锁式握法,如图8-3和图8-4所示。

图 8-1　　　　　图 8-2　　　　　图 8-3　　　　　图 8-4

(三) 俯卧撑

训练目的:发展胸大肌、三角肌前束、肱三头肌的力量。

训练方法:起始姿势,从俯卧撑支撑动作开始,两手间距与肩同宽或略比肩宽,身体保持平板姿势准备。向下运动阶段,双臂屈曲,大小臂的夹角明显小于90°,肘关节指向斜后45°。向上运动阶段,双臂伸直,如图8-5和图8-6所示。

(四) 卧推

训练目的:发展胸大肌、三角肌前束、肱三头肌的力量。

训练方法:起始姿势,训练者水平仰卧在长凳上,身体与凳子及地面保证"五点"接触(头、背、臀、双足);身体在凳子上的位置调整到眼睛正好在支架下方;双手正握,闭锁式抓杠,握距略宽于肩;训练者将杠铃由支架上取下,肘关节伸直,保持杠铃位于胸部上方。向下运动阶段,向下移动杠铃,接近胸部乳头水平;手腕要牢固,大臂与地面平行,两侧前臂平行;保持身体和器械与地面"五点"接触。向上运动阶段,训练者向上推杠,直到肘关节完全伸直;手腕紧张、稳定,两侧前臂平行,以及与地面均平行,如图8-7和图8-8所示。

图 8-5　　　　　图 8-6　　　　　图 8-7　　　　　图 8-8

(五) 仰卧收腹举腿

训练目的:发展下腹部肌群的力量。

训练方法:起始姿势,仰卧在瑜伽垫上,双手抓握配手脚踝(或固定物体),双腿并拢伸直绷脚尖准备;动作向上阶段,收腹上举双腿与地面成垂直位,脚背触及配手掌心(位于肚脐正上方);动作向下阶段,还原下放双腿,脚部悬空不触及地面,如图8-9和图8-10所示。

(六) 卷腹

训练目的:发展上腹部肌群的力量。

训练方法:起始姿势,仰卧在地面的垫子上,双小腿和双脚放在垫子上,屈髋、屈膝90°,保持双臂交叉于胸前或腹前,每次动作的开始位置相同。向上运动阶段,屈颈、下巴靠近胸部,保持臀部及小背部平稳贴在垫子上,躯干屈向大腿方向,直到上背部离开垫子。向下运动阶段,打开弯曲的躯干,然后颈部伸展,回到起始姿势,保持脚、臀部、腰、臂姿势不变,如图8-11和图8-12所示。

图 8-9　　　　　图 8-10　　　　　图 8-11　　　　　图 8-12

(七) 深蹲

1. 徒手深蹲

训练目的:发展股直肌、臀大肌、腘绳肌群的力量。

训练方法:起始姿势,以站立姿势准备,两脚间距与肩同宽,要求两手前平举于身前或交叉放于双肩;动作向下阶段,身体屈髋屈膝向下移动,下蹲时大小腿夹角明显小于90°,腰背挺直;动作向上阶段,身体呈直立姿势,髋、膝关节伸直,如图8-13~图8-15所示。

图 8-13　　　　　图 8-14　　　　　图 8-15

2. 负重深蹲

训练目的:发展股直肌、臀大肌、腘绳肌群的力量。

训练方法:起始姿势,以闭锁式正握抓杠(杠宽取决于杠的位置),身体立于杠下,双脚互相平行,将杠置于上背部和肩部,上抬肘部,利用上背部与肩部肌群形成向上的作用力来支撑杠铃;身体注意保持胸部上挺,且充分打开,头部微微往上倾斜;固定位置后伸髋伸膝将杠移出支架,两脚分开与肩同宽(或更宽),脚尖微指向外侧。向下运动阶段,保持背部挺直、肘关节抬高,挺胸并充分打开的姿势;在保持躯干和地面角度固定情况下,缓慢屈髋屈膝,保持脚跟在地面上,膝关节不要超过脚尖,持续屈髋、屈膝直到大腿与地面平行。向上运动阶段,保持背部平直,抬高肘部,挺胸并充分打开,以相同速率伸髋伸膝(保持躯干和地面角度固定),保持脚后跟在地面上,膝部在脚的正上方,切勿躯干前屈或弓背,继续伸髋、伸膝直到起始姿势,如图8-16~图8-18所示。

(八) 硬拉

训练目的:发展股直肌、臀大肌、腘绳肌群的力量。

训练方法:起始姿势,双脚平行站立,站距介于髋宽与肩宽之间,脚尖稍微向外,髋部下蹲略低于肩,以闭锁式正反握法抓杠,握距略大于肩宽,肘关节完全伸展,杠铃离胫骨大约3厘米(1英寸),位于脚背之上;身体背部平直或微微反弓,挺胸并充分打开,头部与脊柱呈一直线

图 8-16

图 8-17

或微微后伸,全脚掌着地,肩部在横杠上方或稍微前方,眼睛注视前方或稍微往上;所有持续反复动作皆由此开始。向上运动阶段,靠伸髋、伸膝让杠铃离地,保持躯干与地面角度固定,勿在肩部之前升高髋部,保持背部平直姿势,尽可能靠近胫骨拉起杠铃;当杠铃刚刚超过膝关节时,髋部往前移动带到大腿向前,膝关节处于杠铃的下方;当膝关节与髋关节完全伸展后,形成一个垂直的身体站立姿势。向下运动阶段,让膝关节和髋关节缓慢屈曲,放杠铃于地面上,保持背部平直的姿势,躯干不能前屈,如图8-19和图8-20所示。

图 8-18

图 8-19

图 8-20

(九) 杠铃快挺

训练目的:主要发展人体快速爆发和全身协调运动的能力。

训练方法:起始姿势,训练者两脚左右开立,屈膝双手正握杠准备(杠铃不能离地)。向上运动阶段,训练者双手迅速将杠铃提拉至颈前翻举,双脚前后开合,配合两臂向前上方快速挺举,上举时,双臂完全伸直且高于肩。向下运动阶段,收回时,双臂完全折叠,杠杆处于锁骨附近,上下肢动作协调,收放动作要连贯,如图8-21~图8-23所示。

图 8-21

图 8-22

图 8-23

(十) 单杠引体向上

训练目的:发展背阔肌、肱二头肌、斜方肌中下枢的力量。

训练方法:起始姿势,双手正握杠,握距略比肩宽(约为肩宽1.25倍),直臂悬垂。向上运动阶段,双臂同时用力向上引体背部发力(身体不能有附加动作),上拉到下颌超过单杠上缘。

向下运动阶段,稍作停留后下放还原,双臂完全伸直至起始位置,全程尽量保持身体稳定,如图 8-24～图 8-26 所示。

图 8-24

图 8-25

图 8-26

五、力量素质训练的基本要求

(一) 要掌握正确呼吸方法

由于憋气有利于固定胸廓,提高腰背肌紧张程度,因而可以提高练习时的力量。所以极限用力往往要在憋气的情况下才能进行。

有人进行背力测定研究发现,憋气时的背力最大,为 133 千克;在呼气时为 129 千克;而在吸气时力量最小,为 127 千克。虽然憋气可提高练习时的力量,但用力憋气会引起胸廓内压力提高,使动脉的血液循环受阻而导致脑贫血,甚至会发生休克。

为避免产生不良后果,力量练习时必须注意以下四点。

(1) 当最大用力地时间很短,但有条件不憋气时就不要憋气。尤其在重复做不是用力很大的练习时,应尽量不憋气。

(2) 为避免用憋气来完成练习,对刚开始训练的人,所给予的极限和次极限用力地练习量不要太多,并让其学会在练习过程中完成呼吸。

(3) 在完成力量练习前不应做最深吸气,因为力量练习的时间短暂,吸的气并不会立即在练习中产生作用。相反,深度吸气增加了胸廓内的压力,此时如再憋气,就可能产生不良变化。

(4) 由于用狭窄的声门进行呼气几乎可达到与憋气类似的同样大的力量指标,因此做最大用力时,可采用慢呼气来协助最大用力练习的完成。

(二) 要系统安排力量训练

根据用尽废退原理,力量训练应全年系统安排。研究表明,力量增长得快,停止训练后消退得也快;如果停止力量训练,已获得的力量将会按增长速度的三分之一消退(海丁·格尔,1961)。训练获得的力量,停止后虽然会逐渐消退,但一部分力量会保持很久,甚至会永远保持下来。根据优秀运动员的训练经验,每周进行 1～2 次力量训练,可保持已获得的力量。每周进行 4～6 次力量训练,力量可望获得增长;每周进行 3～4 次力量训练,力量可获得显著增长(万德光,1988)。力量训练不宜在疲劳状态下进行,否则就不是发展力量,而是发展耐力了。

(三) 运用"超负荷训练"以获得超量恢复

优秀运动员的力量训练是建立在"超负荷训练"的基础之上。所谓"超负荷"训练就是指要求肌肉完成超出平时的负荷。"超负荷训练"通常会引起肌肉成分特别是肌蛋白的分解。"超负荷训练"会导致超量恢复的产生。在超量恢复的整个过程中,肌肉的成分会重新组合,肌蛋白含量得到提高,从而使肌肉更加粗壮有力。因此,要经常不断地安排"超负荷"训练,以引起超量恢复,达到迅速发展力量素质的目的。

(四) 力量训练手段和专项动作应力求一致

大多数运动项目的动作结构、用力方向、参与肌肉的用力形式及其工作方式、关节角度等均不相同,各有其自身的特点。因此,发展力量时要努力做到一般力量训练和专项力量训练相结合。在安排力量练习时,必须对所从事的专项进行全面深入的分析研究。例如:通过对专项技术分析,了解专项动作结构、关节角度、关节运动的幅度;通过肌电研究了解主要肌群的用力特点、工作方式;通过计算了解采用什么负荷最有利于发展专项力量和一般力量。

(五) 要针对训练者个人特点进行训练

由于训练者的年龄、训练程度、健康状况、技战术风格、训练水平、身体素质等均存在鲜明的个体差异性,因此力量训练的安排必须根据训练者的个人特点因人而异,区别对待。另外,青少年时期脊柱正处于生长发育阶段,因此力量训练必须根据渐进性和适应性原则进行科学合理的安排,以促进力量水平的迅速提高。

(六) 要针对女子生理特点进行训练

女子肌纤维比男子纤细,肌肉重量约占体重的35%,而男子大约为43.5%;女子单位面积肌肉为男子的96%,但肌肉绝对力量仅为男子的60%～80%,爆发力为男子的42%～54%。此外,女子的骨骼也比男子纤细,骨重量为男性的60%左右,骨骼的抗断、抗压、抗弯能力均比男子差。这些特征决定了在力量项目上女运动员难与男运动员相比,因此在力量训练时应当考虑女子的生理特点,制订切实可行的训练计划,特别注重肩带、上肢、腹部和骨盆等薄弱环节的肌肉力量训练。

六、力量素质训练时的注意事项

(1) 合理安排负荷强度是力量训练的关键。应根据力量训练的不同需要,合理地安排练习的负荷与重复次数的搭配方式。

(2) 应根据不同运动项目的负荷特征,使不同肌群的力量得到协调的发展。

(3) 应使在一般性力量训练中得到发展的力量素质及时转换到专项的技术中来,紧密结合专项技术动作来发展所需要的力量素质。

(4) 力量训练应遵循循序渐进的原则,初级训练者可采用较小负荷的力量练习,适应后逐渐增加负荷。

(5) 通过训练,力量素质增长较快,但停止训练后消退也较快。因此,力量训练应保持长期性、系统性。

(6) 力量训练后应特别注重肌肉的放松,力量训练应与放松训练、柔韧训练等其他练习交替进行,以提高肌肉的弹性,防止肌肉僵化。

第二节 速度素质训练的基本理论与方法

一、速度素质的概念

速度素质是指人体快速运动的能力,包括人体快速完成动作的能力和对外界信号刺激快速反应的能力,以及快速位移的能力。

二、速度素质的分类

速度素质包括反应速度、动作速度和位移速度。

反应速度是指人体对各种信号刺激(声、光、触等)快速应答的能力。动作速度是指人体或人体某一部分快速完成某一个动作的能力。移动速度是指人体在特定方向上位移的速度,以单位时间内机体移动的距离为评定指标。

三、速度素质训练的基本方法

(一)反应速度常用的训练方法

(1)信号刺激法。利用突然发出的信号,提高训练者对简单信号的反应能力。

(2)运动感觉法。运用运动感觉法一般要经历三个阶段。第一阶段是让训练者以最快的速度对某一信号做出应答反应,然后教练员把所花费的时间告诉训练者;第二阶段是先让训练者自己估计做出应答反应花费的时间,然后教练员再将其与实际所用的时间进行比较,目的在于提高训练者对时间感觉的准确性;第三阶段是教练员要求训练者按事先规定的时间去完成某一反应的练习。这种练习可以提高训练者对时间判断的能力,促进反应速度的提高。

(3)移动目标的练习。训练者对移动目标能迅速地做出应答,一般要经过看(或听)到目标移动所发出的信号,判断目标移动的方位及速度,训练者选择自己的行动方案和实现行动方案的四个步骤。其中判断目标的移动方位及速度准确性与否,会导致所选择行动方案的正误,因此,这是训练的重点。

(4)选择性联系。具体的做法:随着各信号复杂程度的变化,让训练者作出相应的应答动作。如教练员喊蹲下同时做下蹲动作,训练者则站立不动;教练员喊向左转,训练者则向右转;或教练喊一、二、三、四中某一个数字时,训练者应及时做出相应(事先规定)的动作等。

(二)动作速度常用的训练方法

(1)利用外界助力控制训练者的动作速度。在使用助力手段时,必须掌握好助力的时机及用力的大小,同时还应让训练者很好地感觉助力的时间及大小,以便使他们能独立及早地达到动作速度的要求。

(2)减小外界自然条件的阻力。如顺风跑等。

(3)利用动作加度或利用器械重量变化而获得的后效作用,发展动作速度。如格斗项目训练者练习拳法或腿法时可利用沙袋捆绑训练,然后训练者解除沙袋获得加速后效作用;利用下坡跑至平地继续快跑,可获得加速后效作用。

(4)借助信号刺激提高动作速度。如利用同步声音的伴奏,使训练者伴随着声音信号的快节奏作出协调一致的快速动作。

(5)缩小完成练习的空间和时间界限,可以限制活动的时间及活动范围,从而提高训练者完成动作的速度。

(三)位移速度常用的训练方法

(1)发展最高位移速度。每次练习的持续时间不能过长,应以使每次练习均以高能磷酸原代谢为主要供能途径,一般而言应保持在20秒以内。多采用85%~90%的负荷强度,练习的重复次数不应过多,以免训练强度下降。确定间歇时间的长短,应能使训练者机体得到充分的恢复,以保证下一次练习的进行。休息时,可采用放松慢跑做伸展练习。

(2)各种爆发力练习。

（3）高频率的专门性练习,如格斗训练者的出拳速度、踢腿速度等。

（4）利用特定的场地、器械进行加速练习,如斜坡跑和骑功率自行车等。

四、速度素质训练的技术动作

（一）反应速度训练

由于体育运动中人体的反应主要是对外界信号刺激做出有意识的应答行动,所以信号刺激法是提高反应速度的基本训练方法。在格斗运动中,各种信号刺激主要表现为视觉信号刺激、触觉信号刺激和听觉信号刺激。因此,在训练中就应以这三种信号的不同表现形式,对训练者进行反应速度的训练。

（1）示靶击打:教练员事先规定好几个出靶的位置和靶面以及训练者的相应击打动作,教练员不规律地出靶,要求训练者快速、准确地用相应的动作击打。

（2）打移动靶:教练员或同伴拿靶,在移动中突然出靶,要求训练者根据不同的情况,立即进行击打或组合击打。陪练人员也可用靶进行反击,要求训练者迅速做出防守反击的动作。

（3）防反练习:规定一方主动进攻,一方防守反击。防守方根据进攻方的动作立即进行相应的防守反击。既可采用接触式练习,也可采用不接触式练习;既可事先规定好进攻动作和防守动作,也可进行任意的进攻和防守反击。

（4）揉摔练习:主要培养训练者在摔法中的触觉反应速度。双方先抱缠住,一方使用轻快的摔法动作,控制住力度,要求训练者迅速作出相应的防摔和反摔动作,陪练者也可不控制力度,双方进行真是真摔实练。

在训练的实践过程中,还有许多途径和手段可以选择利用,广大训练者也可以发挥自己的聪明才智,创新出富有成效的方法进行训练。由于在格斗训练中训练者都必须不断地做出各种选择性反应,因此,训练中应分别在训练者体力充沛时、疲劳时和非常疲劳时都安排相应的信号刺激训练。

（二）动作速度训练

由于动作速度总是寓于某一个技术动作或动作组合之中,如出拳的速度、出腿的速度、使摔的速度以及拳、腿、摔之间的任意组合的速度等。因此,提高动作速度与掌握和保持正确的技术性动作紧密结合在一起,选择专项动作或对掌握、完善专项动作有积极作用的亲缘性、过渡性练习。

另外,由于神经系统发出指令的强度越大,动作速度越快。因此,在进行动作速度的训练以及平时训练课中基本功和基本动作的练习时,训练者思想必须高度集中,每一个动作都要求自己以最快的速度完成,并力求超过自身的最大速度。

动作速度的能量物质基础是高能磷酸盐系统和糖酵解的能量释放速率。因此,发展训练者动作速率最主要的方法就是最大强度的重复训练。其原则是每一组训练以速度不至于降低为准,间歇充分。其手段是采用无负荷或轻负荷的技术动作练习。在训练实践中可以采用下面具体的练习手段。

（1）分解练习:把某一完整技术动作分解后进行大强度的重复训练。

（2）减阻训练:在进行动作速度训练之前,对所要训练的肢体或部位先进行1~2组的阻力爆发练习,利用肌肉的后效作用,再进行速度练习。

（3）变换练习:无负荷—轻负荷—无负荷—轻负荷的交替练习。如加上沙袋与除去沙袋的拳法或腿法的交替速度练习。

（4）助力练习:利用外界的助力提高速度。如教练在训练者出拳时拍击其肩部,使其提高出拳速度。

（5）声响刺激：在进行速度训练时。教练员可以利用高频率的声音节奏来刺激训练者，以提高动作速度和频率。

发展动作速度的方法手段还有很多，如游戏和比赛法。不仅行之有效，而且趣味盎然。在动作速度的训练过程中，要注意防止训练者"速度障碍"的产生。因此，训练时要注意培养训练者体会不同的速度感知能力，可以利用牵引或外界的助力打来打破原有的速度定型，突破速度障碍。另外，训练者疲劳时最好不要进行动作速度的训练，否则容易出现速度障碍。

（三）位移速度训练

拳谚讲："步不快则拳慢，步不稳则拳乱。"这强调了格斗运动中下肢移动速度和身体重心转换稳定的重要性。而要达到这一要求，一要提高中枢神经系统兴奋与抑制的转换速度，二要提高腿部肌肉的力量，这是提高位移速度的最主要途径。

格斗项目的位移速度与田径运动的直线平跑特点不同，具有一次性、间断性、多元性以及多向性的特征，需要在上、下、前、后、左、右不停地调整自己的身体重心。因此，格斗运动的位移速度训练有其自身的特点。在训练实践中，可以采用以下方法和手段。

（1）高频率步法移动练习，如短距离冲刺、高频率的小步跑、高抬腿、侧滑步、后滑步、往返跑以及高速的单摇跳绳等。

（2）高频率步法转换练习，如各种步法的前进、后退、左右移动的快速转换练习，也可以结合口令或手势的练习。不仅练习移动速度，还可练习反应速度。

（3）腿部爆发力练习，如快速地单独跳、蛙跳、纵跳、冲台阶、跳绳等。

五、速度素质训练的基本要求

（1）速度训练应结合训练者所从事的运动专项进行。如短跑运动员则应着重提高听觉的反应能力；对体操运动员则应着重提高皮肤触觉的反应能力。对人的视、听、触觉反应能力而言，一般是触觉最快，听觉次之，视觉反应较慢。如18～25岁男子对声的反应需要0.14～0.31秒，对光的反应需要0.20～0.35秒，可触觉反应只需要0.09～0.18秒。[①]

（2）速度素质训练应在训练者精力充沛，精神饱满，运动欲望强的情况下进行，只有这样才有利于形成快速能力的动力定型。

（3）由于速度素质的发展与力量、柔韧性、灵敏性等素质的发展水平有关，因此，速度训练应注意适当采用发展其他有关素质（如力量、柔韧等）的方法，以促进运动素质间的良好迁移。

（4）速度素质训练是以高强度无氧代谢为主的活动，需以有氧代谢训练为基础。

（5）要考虑女子的身体形态特点。女子身体形态与男子相比，四肢偏短，躯干相对偏长，重心低，身体各部分的维度相对较小等。这些虽有利于平衡，但对速度和跳跃能力的提高不利，女子力量和爆发力相对较小，反应时间较长，这也决定了女子在进行速度训练时应首先注意发展反应能力和快速力量，以保证反应速度和动作速度的提高。此外，女子下肢相对较短，可使用快频率来弥补力量和步幅的不足，以发展移动速度。

六、速度素质训练时的注意事项

（1）要紧密结合格斗项目的速度特征进行训练，反应速度以嗅觉、触觉和听觉为主，动作

---

① 田麦久.运动训练学[M].北京：高等教育出版社，2017.

速度应结合技术动作练习,位移速度结合各种步法练习。

(2) 除反应速度的训练可安排在训练者疲劳时外,动作速度和位移速度的训练都应安排在训练者兴奋性高,情绪饱满时进行。

(3) 防止训练者"速度障碍"的产生。出现速度障碍时可以采用牵引性的外加助力练习突破训练者的速度心理感知定型。

(4) 速度训练的负荷强度应采用极限强度或次极限强度,持续时间应不降低每一次练习的速度为准,通常为15～30秒,间歇充分。

(5) 速度素质要和其他素质结合训练。格斗运动尤其应注重训练者速度耐力的练习。

(6) 在进行速度练习时,应注重肌肉的放松与协调。

第三节　耐力素质训练的基本理论与方法

一、耐力素质概念

耐力素质是指机体在长时间进行工作或运动中克服疲劳的能力,也是反映人体健康水平或体质强弱的重要标志之一。目前,大多数专家和学者认同耐力素质主要包括有氧耐力和无氧耐力两种。

疲劳是指机体生理过程不能将其机体机能持续在一定水平或各器官不能维持其预定的运动强度。连续的体力或脑力疲劳使工作效率下降,这种状态就是疲劳,出现倦怠、不舒服、烦躁或乏力等不良感觉。疲劳是一种正常的生理现象,在运动过程中出现了机体工作能力暂时性降低,但经过适当休息和调整以后,可以恢复原有机能水平的一种生理现象。在机体经过长时间的活动,消耗大量的能量,必然导致工作能力下降,产生疲劳,疲劳的产生限制了运动的时间及水平的发挥,这是有机体的一种自我保护。但是,疲劳又是提高有机体工作能力所必需的,它是有机体机能恢复与提高的刺激物,没有疲劳的刺激,机体机能就不会得到提高。根据不同的工作特征,疲劳可分为脑力疲劳、体力疲劳和混合性疲劳。

二、耐力素质的分类

(1) 按运动时的外部表现,耐力素质可分为速度耐力、力量耐力和静力耐力等。

(2) 按该项工作所涉及的主要器官,耐力素质可分为呼吸循环系统耐力、肌肉耐力及全身耐力等。

(3) 按参加运动时能量供应的特点,耐力素质可分为有氧耐力和无氧耐力。

(4) 按运动的性质,耐力素质可分为一般耐力和专项耐力。

三、耐力素质训练的基本方法

(一) 有氧耐力训练方法

由于有氧耐力水平高低取决于最大摄氧量的大小,而最大摄氧量数值实际上就标志着人体吸进氧、运输氧以及利用氧的能力。所以,凡能迅速有效地提高训练者上述机能的训练方法都属于有氧训练的范畴。目前,国内外广泛采用的发展有氧耐力的方法主要有持续负荷法、间断负荷法和高原训练法。

(二) 无氧耐力训练方法

发展乳酸供能无氧耐力主要采用间歇训练法和重复训练法。非乳酸供能无氧耐力主要采用间歇训练法,高原训练法对发展非乳酸供能无氧耐力也有一定效果。

(三)一般耐力训练方法

发展一般耐力的方法有很多,这里着重介绍两种方法。

1. 法特莱克训练

法特莱克训练法又叫速度游戏,是斯堪的纳维亚半岛国家和德国运动员在20世纪20年代创造的一种训练方法。训练时训练者可以充分发挥主观能动性,随自己的意愿进行练习。法特莱克训练法要求训练者在自然条件下(如在草地、树林、小丘、小路等地),把快慢间歇跑、重复跑、加速跑和走等练习不规则地混合在速度游戏练习中。跑的距离一般为5~15千米,跑的速度、休息时间、练习方式由训练者的身体感觉和训练任务来决定。多赫蒂指出,法特莱克训练是一种严谨的身体训练体系,可以使训练者充满信心,足智多谋。练习不需要计时和规定距离,可自由选择地形以及确定速度、距离和路线。因此,可使训练者不受限制地发展智力、一般耐力水平和体能。

2. 循环训练

循环训练是根据训练的具体任务,有目的地建立几个或多个练习"站",每个"站"由一个或几个与发展一般耐力有关的练习组成,使训练者按规定的顺序、路线,每站所规定的练习数量、方法和要求,一站一站地进行练习,可循环一周或几周。由于循环训练中的下一个站的练习是在上一个站练习对身体刺激留下的"痕迹"的基础上进行的,所以从第二个练习站起,每站练习几乎都超过前站练习的负荷。因此,循环训练对改善和发展血液循环系统、呼吸系统的功能有显著作用,同时还可以使训练者各部位肌肉受到全面的影响,局部肌肉负荷与休息得到交替,训练者的练习兴趣得到提高,故循环训练对促进一般耐力发展具有积极作用。

此外,其他各种综合性的速度游戏、轻重量多次数的负重练习等也是发展一般耐力的有效方法。

(四)专项耐力

专项耐力训练的内容是那些在动作形式、结构和对机体功能系统所起作用方面,最大限度接近专项动作的练习。专项耐力训练的任务是充分利用专项运动负荷的增长来发展专项耐力,建立必要的专项耐力储备,为建立稳定的比赛能力打下良好的基础。不同的运动项目对专项耐力有不同的要求,不同的运动项目对专项耐力的表现又具有不同的特点。因此,为了发展专项耐力,就必须根据各个项目的专项特点,选择适宜的训练内容、方法和手段。此部分主要用于竞技体育层面,在此不作过多赘述。

四、耐力素质训练的技术动作

众所周知,格斗类项目训练时运动负荷的强度大,是以无氧代谢功能为主,以无氧和有氧混合功能为辅的方式进行。不停地移动、强烈的对抗、长时间的拼搏决定了格斗运动的专项耐力是以无氧耐力为主的无氧与有氧混合功能形式的耐力。格斗类项目专项耐力的训练,通常采用专项或接近专项的训练手段来发展。在实践训练实践中,可以采用下面一些具体的方法和手段。

(1)空击练习:拳、腿、摔各种技术及其组合技术动作的进攻与防守练习。若发展速度耐力,要求快速连续不断地练习,持续40~60秒,间歇20~40秒,重复三到五组;若发展比赛特有的耐力,则应按照格斗项目比赛的负荷特征进行训练,持续3~5分钟,间歇40~60秒,重复4~6组。

(2)打沙包练习:方法和要求同空击练习。

(3) 打靶练习：方法和要求同空击练习。但在发展比赛耐力时，可以和发展反应速度的练习结合起来。如持靶者可以不规律地突然亮靶，要求击靶者迅速准确地击打。持靶者还可以进攻或反击，要求击靶者根据不同的情况进行进攻或防守反击。

(4) 对抗训练：进行比比赛局数多1～3局的条件实战或实战练习。

(5) 坐庄练习：由练习者坐庄，3～5人轮流与之模拟实战或实战，进行比赛局数多1～3局的练习。

五、耐力素质训练的基本要求

(1) 耐力训练应循序渐进。耐力训练应以一定的训练时间、距离和数量为起点，逐步加长时间和距离，再提高到接近"极限负荷"。

(2) 应注意呼吸。呼吸能力对耐力训练十分重要，机体通过呼吸摄取坚持长时间工作必需的氧气，摄取氧气是通过提高呼吸频率和加深呼吸深度实现的。在训练中应培养训练者以加深呼吸深度供氧的能力，并注意培养训练者用鼻呼吸的能力。同时还应加强呼吸节奏与动作节奏协调一致的训练。呼吸节奏紊乱，必定会导致节奏的破坏，使能量物质的消耗增加，不利于耐力水平的提高，从而影响运动成绩。

(3) 无氧耐力训练应以有氧耐力为基础。无氧耐力的发展是建立在有氧耐力的提高基础之上的。这是因为通过有氧耐力训练，训练者心腔增大，每搏输出量提高，从而为无氧耐力的发展打下坚实的基础。如果一开始便是无氧耐力训练，那么心肌壁就会增厚，这样虽然心脏收缩能力强而有力，但是每搏输出量难以提高，从而影响到全身血液的供给，对今后发展不利，所以，在发展无氧耐力之前或同时，应先进行有氧耐力训练。在具体训练过程中，则应根据各方面的情况对两者的比例进行科学、合理的安排。

(4) 要加强意志品质培养。耐力训练不仅是身体方面的训练，也是意志品质的培养过程。温度过高、气压过低，对一个人的耐力也会产生较大的影响，抵抗这些不利因素也需要训练者有坚强的意志品质。因此，在耐力训练中除了应注意提高训练者的练习兴趣外，还应注意培养刻苦耐劳、坚忍不拔的意志品质。

(5) 对运动技术应严格要求，并适当控制体重。发展耐力素质应对技术提出严格要求，并对训练者体重进行适当控制。脂肪过多就会增大肌肉内阻力，摄氧量的相对值也会因体重的增加而下降，体重过重，消耗的热量也必然会增加，这都会影响耐力素质的发展。

六、耐力素质训练时的注意事项

(1) 格斗运动的耐力训练要以有氧耐力训练为基础，以速度耐力和快速力量耐力训练为重点。

(2) 训练时要注意加强呼吸节奏与动作节奏协调一致的训练。在疲劳时，要强调训练者进行腹式呼吸。

(3) 要加强训练者意志品质的培养。顽强的意志品质可以使训练者克服很多困难，对提高耐力素质效果明显。

第四节 灵敏素质训练的基本理论与方法

一、灵敏素质概念

灵敏素质是指在各种突然变换的条件下，训练者能够迅速、准确、协调地改变身体运动的空间位置和运动方向,适应变化着的外环境的能力。它是人的运动技能、神经反应和各种身体素质的综合表现。良好的灵敏素质对格斗项目训练者的重要性是不言而喻的。

灵敏素质建立在力量、速度(反应速度、动作速度)、耐力、柔韧、协调性、节奏感等多种素质和技能之上,这些素质和技能取决于神经系统的灵活性和可塑性以及已建立的动作的储备数量。如果训练者的身体素质在某一方面(或更多方面)得到了发展,并熟练掌握另外运动技能,灵敏素质就能得到充分发展和提高。

衡量灵敏素质的标志是训练者在各种复杂较变换的条件下,能够迅速、准确、协调地做出应答动作。这就要求训练者必须具有良好的判断能力及反应速度,要求训练者随机完成的应答动作在空间、时间以及用力特征上相互吻合,组配协调。

二、灵敏素质的分类

根据灵敏素质与运动专项的关系,灵敏素质可分为一般灵敏素质与专项灵敏素质。一般灵敏素质是指训练者在各种运动活动中,在各种突然变幻的条件下,迅速、合理、准确地完成各种动作的能力。它是专项灵敏素质发展的基础。专项灵敏素质是指训练者在专项运动中,迅速、准确、协调地完成专项运动各种动作的能力。它是在一般灵敏素质的基础上,多年重复专项技能和技术环节训练的结果。

灵敏素质的发展水平主要从以下三个方面进行衡量。

(1) 是否具有快速的反应、判断、躲闪、转身、翻转、维持平衡和随机应变。

(2) 在完成动作时,是否能自如地操纵自己的身体,在任何不同的条件下是否都能准确熟练地完成动作。

(3) 是否能把力量(爆发力)、速度(反应速度)、耐力、柔韧、协调、节奏感等素质和技能通过熟练的动作表现出来。

三、灵敏素质训练的基本方法

由于衡量灵敏素质的标志是训练者在各种复杂变化的条件下,能够迅速、准确、协调地做出动作。因此,发展灵敏素质主要从以下这三个方面着手训练。首先,迅速性,主要发展训练者的反应速度和启动速度;其次,准确性,主要从训练者的时空判断、肌肉的本体感觉和专门化知觉几个方面着手训练;最后,协调性,可以从训练者的模仿能力和运动技能的储备两方面进行培养,可以采用大量非专项的技术动作,甚至是根本不熟悉的动作进行训练。另外,在对这三种能力分别培养的同时,还应注重将它们有机地结合起来,进行综合训练。

(1) 让训练者在跑、跳当中迅速准确、协调地做出各种动作,如快速改变方向的各种跑、各种躲闪和各种突然启动的练习,各种快速急停和迅速转体的练习等。

(2) 各种调整身体方位的练习,如利用体操器械做各种较复杂的动作等。

(3) 专门设计的各种复杂多变的练习,如立卧撑、十字变向跑及综合变向跑等。

(4) 各种改变方向的追逐性游戏和对各种信号做出复杂反应的应答的游戏等。

四、灵敏素质训练的技术动作

灵敏素质的练习强度一般较大,要求神经的兴奋性较高。因此,练习的时间不宜过长,练习的次数不宜过多,组间休息时间要充分,以免影响训练的效果。可以采用下列一些具体的技术动作进行训练。

（一）移动中的躲闪练习

（1）前进中滑步绕行沙包练习：练习者利用前滑步及左右滑步躲过沙包向前快速绕行前进。

（2）后退中滑步绕行沙包练习：练习者利用向后滑步躲闪快速绕行沙包。

（3）躲闪穿越摆荡沙包的练习：将所有沙包尽力大幅度地摆荡起来，要求练习者在躲闪开沙包的同时利用前滑步快速前进。

（二）触摸练习

（1）摸肩练习：把练习者分为两人一组，规定在一定的范围内用手触摸对方肩部，可以利用步伐移动躲闪。

（2）全身触摸练习：同摸肩练习一样，可在练习中用手或脚触摸对方身体的任何部位。

（三）同侧身体不协调动作组合练习

（1）同侧上步拳法练习：要求练习者在上右步的同时打出右直拳或摆拳、勾拳，上左步的同时打出左手拳法，腰胯发力要协调一致。

（2）同侧拳腿练习：右边腿与右摆拳组合练习、左直拳与左侧蹬腿组合练习等。

（四）各种复杂动作组合连贯练习

左右手交叉直拳接右正蹬接右摆拳；提膝格挡然后手抱腿别腿摔等组合练习。

（五）空击及条件实战练习

可以通过想象模拟与对手格斗，进行各种格斗技术动作组合连贯空击练习，也可以两人在不发力的条件下进行对抗练习。

五、灵敏素质训练基本要求

（一）训练手段应多样化并经常变化

灵敏素质的发展与各种分析器和运动器官机能的改善有密切的关系。训练者能否在运动中表现出准确的定向、定时能力和动作准确、迅速变化的能力，都取决于各种分析器和运动器官功能的提高与否。一旦训练者对某一动作技能熟练到自动化程度时，再用该动作去发展灵敏素质的意义就不大了。因此，采用多种多样并经常变换的手段发展灵敏素质，可以提高训练者各种分析器和运动器官机体能，有利于灵敏素质的提高。

在具体训练过程中可采用以下方法。

（1）采用各种快速改变方向的跑，各种躲闪和突然起跑的练习，各种快速急停和迅速转体的练习，使训练者在跑跳练习中迅速、准确、协调地完成各种动作。

（2）采用各种调整身体方位的练习和专门设计的复杂多变的练习。如用体操器械做各种较复杂的动作，以及采用"躲闪跑""之字跑""穿梭跑"和"立握撑"等进行组合练习。

（3）各种变换方向的追逐性游戏和对各种信号做出快速应答反应的游戏或身体练习。

（二）掌握大量运动技能并提高多种运动能力

灵敏素质只有在动作技能掌握熟练后才能表现出来。动作技能的动力定型建立的数量越多，动作熟练性越强，做出的动作也就越灵活。因此，训练中应反复练习，尽快建立条件反射和合理的动力定型，并掌握大量运动技能。由于灵敏素质是人体综合能力的表现，发展灵敏素质还必须从培养训练者的各种能力入手。在训练中广泛采用发展其他运动素质的方法来发展灵敏素质，并培养训练者掌握动作的能力、反应能力、平衡能力等。

（三）结合专项要求进行训练

灵敏素质具有专项化的特点。例如，一个体操运动员在专项练习中表现出良好的灵敏素质和协调性,但是在球类练习中就不一定能表现出来。所以,在训练中应根据训练者所从事的专项要求和特点,采用不同的训练手段与方法,使训练效果与专项要求相一致。如体操、技巧等可多做一些移动身体方位的练习,球类项目可多做一些脚步移动的躲闪练习。

(四)合理安排训练时间

在整个灵敏素质训练中都应适当安排,使之系统化,但训练时间不宜过长,练习重复次数不宜过多。因为机体疲劳时训练者力量水平会下降,速度将减慢,节奏感被破坏,平衡能力会下降,这些情况都不利于灵敏素质的发展。此外,在具体训练过程中,通常将灵敏素质的训练安排在训练课的开始部分,使训练者处在体力充沛、精神饱满、运动欲望强的状态下进行练习。

(五)消除紧张的心理状态

在进行灵敏素质训练时,应采用各种有效的方法与手段,消除训练者紧张的心理状态和恐惧心理。因为训练者心理紧张时,肌肉等运动器官也必然紧张,从而反应迟钝,动作的协调性下降,影响训练效果。

六、灵敏素质训练时的注意事项

(1)由于灵敏素质对训练者的神经系统兴奋性要求较高,因此,练习多安排在训练课的前半部分,在训练者体力充沛、精神饱满时进行。但格斗项目训练的后期也要求训练者具有较高的灵敏性,因此,也应适当在训练课结束之前,训练者疲劳时安排一定的灵敏素质训练。

(2)根据训练者的年龄特点,训练时要注意灵活性和多样性,提高他们的练习兴趣。

(3)灵敏素质是一种复合素质,与力量素质、耐力素质有着紧密的联系。但是灵敏素质的训练不能代替其他素质的训练,必须在符合训练者身体素质发展规律的条件下,适当地安排耐力和力量训练,使训练者的身体得到全面的发展。

(4)灵敏素质的训练应注重和格斗项目专项的技战术训练有机结合起来,促进专项灵敏素质的发展。

第五节 柔韧素质训练的基本理论与方法

一、柔韧素质的概念

柔韧素质是指人体关节在不同方向上的运动能力以及肌肉、韧带等软组织的伸展能力。柔韧素质包括两个方面的含义,一方面是关节活动幅度的大小,另一方面是跨过关节的肌肉、肌腱、韧带等软组织的伸展性。关节的活动幅度主要取决于关节本身的装置结构,跨过关节的肌肉、肌腱、韧带等软组织的伸展性,则主要通过合理的训练获得。

柔韧性在运动中具有重要意义,它是有效改进技术的必要基础,也是保证提高运动技术水平的基本因素之一。如果柔韧性差,掌握动作技能的过程会立即缓慢下来,并变得复杂化,而其中某些对完成训练动作十分重要的关键技术往往不可能学会。关节柔韧性差,还会限制力量、速度及协调能力的发挥,使肌肉协调性下降,工作吃力,并影响到其他运动素质的发展,往往还会成为肌肉韧带损伤的主要原因。

二、柔韧素质的分类

柔韧素质可分为一般柔韧素质和专项柔韧素质。

一般柔韧素质是指机体中最主要的那些关节活动的幅度,如肩、膝、髋等关节活动的幅度,这对任何运动项目都是有必要的。

专项柔韧素质是指专项运动所需要的特殊柔韧性,专门的柔韧素质是掌握专项运动技术必不可少的重要条件。

三、柔韧素质的训练的基本方法

柔韧素质训练基本上采用拉伸法,分为动力拉伸法和静力拉伸法。在这两种方法中又都有主动拉伸和被动拉伸两种不同的训练方式。动力拉伸法是指有节奏地、通过多次重复同一动作的练习使软组织逐渐地被拉长的练习方法。静力拉伸练习时,先通过动力拉伸缓慢的动作将肌肉等软组织拉长,当拉伸到一定程度的时候要暂时静止不动,使这些软组织得到一个持续被拉长的机会。在训练中,通常把这两种方法结合起来,即在做拉伸练习时有动有静、动静结合。

格斗项目训练者的柔韧素质虽然在各项基本运动素质中处于较次要的位置,但不是说柔韧素质对格斗运动项目训练者不重要。如肩关节柔韧性差,拳法则不灵活;髋关节柔韧性差,腿法则没有威力。柔韧素质的发展不仅是训练者学习和掌握格斗技能的重要基础,而且还可以提高肌肉的收缩力量,加快动作速度,使运动器官内部的阻力减少,使动作完成变得更加轻松、省力。另外,柔韧素质的改善还可以降低运动损伤的发生率。

训练中常见的拉伸方法和手段有以下几种。

(一)主动性拉伸练习法

1. 主动的静力拉伸练习

主动的静力拉伸练习是指训练者在动作最大幅度的情况下,依靠自身肌肉力量保持静止姿势的练习。例如压肩、压腿、劈叉、下桥、体前屈、跪地后体前屈等。

2. 主动的动力拉伸练习

主动的动力拉伸练习是指训练者依靠自己的力量,将肌肉、肌腱、韧带等软组织拉长,提高其伸展性的方法。根据完成动作的特点可将其分为:单一的和多次的拉伸练习;摆动的和固定的拉伸练习;负重的和不负重的拉伸练习。如甩肩、肩部绕环、正踢腿、侧踢腿、摆腿、甩腰、翻腰等。运用该方法训练时,动作幅度应逐渐增大,速度也应由慢而快,以免肌肉拉伤。

(二)被动性拉伸练习法

1. 被动的静力拉伸练习

被动的静力拉伸练习是指由外力来保持固定姿势的练习,例如在同伴的助力下压肩、压腿、劈叉、体前屈、俯卧体后屈等,还可由同伴进行各种搬腿等。运用该方法训练时,应注意练习者的感受,用力不可突然、过猛。

2. 被动的动力拉伸练习

被动的动力拉伸练习是指依靠教练员和同伴的助力来拉长韧带和肌肉的练习。例如,依靠同伴的力量来保持体前屈的最大幅度。

被动性拉伸练习对于发展主动的柔韧性来说,其效果要比主动性拉伸练习小一些,尤其对被动的静力练习来说更是这样。但却可以达到更大的被动柔韧性指标,被动柔韧性的最大指标往往又决定主动柔韧性的指标。因此,在训练过程中,两者必须兼而有之。对于那些柔韧素质要求较高的运动项目来说,被动拉伸更是不可或缺,此方法在专业运动员中运用更为常见。

总之,采用上述方法发展柔韧性时,一是要逐渐增大动作幅度,使动作到位,肌肉、韧带尽量被拉长；二是要充分利用肌肉退让工作,使肌肉韧带逐渐地被拉长。

四、柔韧素质训练的技术动作

发展柔韧素质的技术动作很多,主要可分为徒手练习(包括单人徒手练习和双人徒手练习)、器械练习(包括肋木、体操棒、实心球、跳绳、倒立架)等多种练习方式。为了论述方便,下面根据身体部位简介一些发展柔韧素质的常用动作。

(一)肩部练习技术动作

肩部柔韧练习动作主要有压、拉、吊、转等几种方式。

1. 压肩

(1) 腿站立,体前屈,两手扶同髋高的肋木或跳马,挺胸低头(或抬头),身体上半部上下震动。教练员可帮助压肩,把肩拉开。练习时要求手臂伸直,肩放松。

(2) 背对横马,练习者仰卧在马上,另一人在后面扶着他的肩下压,要求把肩背部置于横马末端,压肩由轻到重。

(3) 体前屈,两手后面交叉握、翻腕,向上震动。要求两臂、两腿伸直,幅度由小到大。

2. 拉肩

(1) 背对肋木站立,两臂上举,两手握住肋木,抬头挺胸向前拉肩。要求胸部前挺,肩放松,幅度由小到大。

(2) 面对低的山羊做手倒立,另一人帮助前倒进行搬肩拉肩,要求手离山羊近一点,幅度由小到大。

3. 吊肩

肋木、单杠、吊环反调悬垂。要求开始可吊起不动,然后加摆动作,肩放松拉开。

4. 转肩

(1) 单杠、吊环收腹举腿,两腿从两臂间穿过,落下成后悬垂,又还原做正悬垂。要求后悬垂时沉肩放松到极限。

(2) 单杠悬垂,收腹举腿,两腿从两臂间穿地,落下成后悬垂,松一只手转体360°成悬垂,然后换另一只手做。要求转动时,肩由被动到主动转动,由逆时针到顺时针进行转动。

(3) 利用体操棍、竹竿或绳子、橡皮带做转肩练习,随着灵活性提高,两手握距逐步缩短,但要注意两臂同时转,不要先后转动。要求肩放松,主动练习和被动练习结合起来转肩。

(二)胸部练习技术动作

(1) 仰卧背屈伸。可自己独立做,也可一人压腿,练习者只抬上体。要求主动抬上体,挺胸。

(2) 虎伸腰。跪立,手臂前放于地上,胸向下压。要求主动伸臂,挺胸下压。

(3) 面对墙站立,两臂上举扶墙,抬头挺胸压胸部。要求尽量让胸贴墙,幅度由小到大。

(4) 背对鞍马头站立,身体后仰,两手握环使胸挺出。要求充分伸臂,顶背拉肩,挺胸。

(三)腰部练习技术动作

1. 甩腰

练习者做体前屈和体后屈的甩腰动作。要求幅度由小到大,充分伸展背和腹肌。

2. 仰卧成桥

仰卧开始,两手反掌于肩后撑垫挺起胸腹,两臂伸直顶肩,拉开肩成桥。也可由同伴帮助,逐步过渡到独立进行。随着训练水平提高,手和脚的距离逐步缩小。练习时腿要伸直,腹部上升,挺胸拉肩。

3. 体前屈

体前屈练习方法很多,这里介绍以下几种。

(1) 腿伸直并拢体前屈,两臂在两腿后抱拢,静止不动,停止一定时间。要求胸贴大腿。

(2) 坐垫子上,两腿伸直,同伴助力扶背下压。还可将两腿垫高,加大难度。要求下压一定时间后,再停留一定时间抱腿。

(3) 分腿站立体前屈,上体在两腿中间继续甩动。要求肘关节甚至头部应该向后伸出。

(4) 练习者坐垫子,两腿分开置于30~40厘米高长凳上,练习者钻入板凳下,教练员两手按其背下压。要求两腿伸直,挺胸抬头。

(5) 训练者面对。臀部与肋木间垫实心球,两臂向上伸直握肋木,教练员在练习者背后半蹲,两手握练习者两足前摆。要求腿要伸直,不能对抗用力。

(四) 腿部练习技术动作

腿部柔韧训练主要发展腿部前、侧、后的各组肌群伸展和迅速收缩的能力,以及髋关节的灵活性。腿部柔韧训练主要采用压、开、踢、控和劈腿等动作方式。

(1) 压腿分正压、侧压和后压三个方向,将腿放一定高度进行练习,要求正压时髋正对腿部,侧压和后压将髋展开。

(2) 开腿分正、侧、后三个方向,可由同伴把腿举起加助力按,要求肌肉放松,不要主动对抗用力。

(3) 踢腿可扶把踢,也可进行中踢。常用踢腿方法有正、侧、后踢腿。还可采用两腿分别向异侧45°方向踢出的十字踢腿。要求上体正直,踢腿时腿要伸直。

(4) 踹腿要领同正踢腿。踢左腿时,左腰要向异侧45°方向踢起,并自右经前至左划一弧形,到左侧时用右手击打脚面,踢右腿时同上法,相反方向也可做。要求每次踢腿时,膝关节一定要伸直,支撑腿伸直,上体不能后仰。

(5) 控腿按舞蹈基本功姿势,腿在三个方向上举,并控制在一定高度上。包括以下三种方式。

① 前控腿。有两种方法,一种是直腿抬起地向前控腿,另一种是膝盖先抬起来然后再伸直控腿。

② 侧控腿。要求上体正直,抬起的腿髋关节必须展开,脚掌对准体侧,臀部不能向后突。

③ 后控腿。要求上体正直,后举腿的髋关节不能外旋,脚掌向上。

(6) 弹腿,先将大腿向上提起,控制不动,然后小腿迅速有力地前踢伸直膝关节。

(7) 劈叉前后劈腿,同伴帮助压后大腿根部。左、右劈腿时应将两脚垫高,自己下压或由同伴扶髋关节下压。

(五) 踝关节和足背练习技术动作

增强踝关节的柔韧性,可以提高弹跳力,因为小腿非常肌和比目鱼肌以及跟腱的韧带拉长后,再收缩就更有力量。足背的柔韧性好,不但可以增加肌肉收缩力量,而且可以使动作姿态更加优美。

(1) 练习者手扶肋木,用前脚掌站在凳子边上,利用体重上下压动,然后在踝关节弯曲角度最大时停留片刻,以拉长肌肉和韧带。

(2) 练习者跪坐在垫上,利用体重前后移动压足背,也可以将足尖部垫高,使足部悬空做下压动作,这样强度更大一些。

(3) 练习者坐在垫子上,在足尖上面放置重物压足背。

另外,腕关节柔韧性可采用靠墙倒立、重心前后移动的俯撑,以及用左右手掌心相互压左右手四指的连续推压动作进行练习。

五、柔韧素质训练的基本要求

(一) 负荷强度

柔韧素质训练一方面反映在用力大小上，另一方面也反映在负重多少上。被动练习多是借助教练员或同伴的帮助，用力逐渐加大，其程度以训练者的自我感觉为依据。如采用负重柔韧练习，负重量一般不超过拉长肌肉力量所能达到的50%。负重量的确定也与练习的性质有关，在完成静力拉伸的慢动作时，负重量可相对大些，在完成动力性动作时负重量则应小些。

增加强度应当逐步进行，练习时不可用力过大、过猛。训练强度过大会造成练习者精神和肌肉紧张，必然会影响伸展能力，导致肌肉、肌腱和韧带等软组织挫伤。长时间中强度拉力练习所产生的柔韧效果优于短时间大强度的练习效果。

(二) 负荷量

在柔韧发展性阶段和保持柔韧性阶段中，不同关节为达到最大活动范围，其练习的重复次数是不相同的。柔韧训练中应根据不同关节活动范围的需要来确定发展柔韧性阶段和保持柔韧性阶段练习的重复次数。

柔韧练习的重复次数还取决于练习者的年龄和性别。少年练习者在一次课中练习的重复次数比成年练习者少，女性练习者练习的重复次数比男性练习者少。每个练习达到最大拉伸状态的持续时间可保持大约10秒，动作时间也可稍长。采用静力拉伸练习，当关节伸展到最大限度时，停留在相对固定位置的时间可控制在30秒左右。

(三) 间歇时间

柔韧训练间歇时间的基本原则是保证练习者在完全恢复的情况下完成下一组练习。恢复与否可根据练习者的自我感觉来确定，当其感觉已恢复并准备好做下组练习时便可开始。

此外，练习间歇时间还与练习的部位有关，做躯干弯曲动作后就应比做踝关节伸展动作后的休息时间要长。在间歇休息时间可安排一些肌肉放松练习，或进行一些按摩等。这样做能为下次练习加大关节活动幅度创造有利条件，使训练达到更好的效果。

(四) 动作要求

柔韧练习在进行动力拉伸时，一是要求逐渐加大动作幅度，使肌肉、肌腱、韧带等尽量被拉长；二是充分利用肌肉退让工作，使肌肉被逐渐地拉长。柔韧练习在动作的速度上，一是用缓慢的速度拉伸肌肉；二是用较快的速度拉伸肌肉。由于在训练时多采用缓慢速度拉伸肌肉，而比赛中又多是以急剧的方式拉伸肌肉，故在保持柔韧素质阶段可用一些速度较快的练习，以适应比赛需要。

六、柔韧素质训练时的注意事项

(1) 应根据格斗项目运动的特点，全面发展训练者的柔韧性，特别注重肩、胯部位的训练。同时，不能过分追求柔韧性而影响关节的稳固性。

(2) 在进行柔韧训练之前，应先进行一定的准备活动，使身体预热，练习幅度由小到大、由慢到快、由静到动，以避免肌肉拉伤。尤其在气温较低时，血液循环较慢，肌肉的黏滞性较大，弹性差，柔韧性自然就差。因此，在柔韧训练之前，采用慢跑与动态拉伸相结合的方式，可使血液循环加快，体温升高，从而降低肌肉黏滞性，对柔韧训练有利，而且不易拉伤。

(3) 发展柔韧素质见效快，但消退也较快，而且随着年龄的增大有逐步退化的趋势。因此，柔韧素质训练应保持经常性，每次课都应有一定的柔韧素质训练。通常把它与专项训练课的准备活动和基本功训练相结合。

（4）柔韧性训练应和力量训练相结合,可以有效地避免单一素质训练带来的不良后果,促进两者的协调发展。

（5）在做被动拉伸练习时,外力要逐渐加大,最后保持在一定限度内,以免拉伤。因为肌肉、韧带对外力有一个逐渐适应的过程,其伸展性也有一个逐渐提高的过程。切勿猛压、猛拉或猛踩,如果突然用力过大,就有可能拉伤肌肉或韧带。此外,身体任何关节的活动范围都有一个最大的限度,如果违背了关节的解剖结构特点,就会造成损伤。

思考与练习

1. 如何理解体能训练？
2. 体能训练和身体素质的关系？
3. 通过本章的学习和练习,你认为成为一名合格的航空安全员应该具备哪些体能素质？
4. 结合专业学习,请你为自己制订一个针对力量训练的周计划。

第九章 格斗运动训练常见损伤与预防

知识目标
(1) 了解运动损伤的基本概念和常见分类。
(2) 了解格斗运动训练中损伤的原因。
(3) 了解格斗运动训练受伤的影响因素。
(4) 掌握预防损伤的常见措施和方法。
(5) 掌握训练损伤后常见的恢复措施和方法。

技能目标
(1) 提高学生预防运动损伤的基本能力。
(2) 提高学生运动损伤后自我快速恢复的技能水平。
(3) 增强学生对常见运动损伤的处理能力。

职业素养目标
(1) 培养学生的职业意识和职业素养。
(2) 培养学生技能训练中自我保护的意识和能力。
(3) 培养学生的团队合作能力。

课堂导入

格斗运动训练作为航空安全员客舱执勤的重要技能,是一种规范、严格的格斗专项技能训练,其训练内容不仅包括踢、打、摔、拿、擒等徒手技术,也包括伸缩棍、匕首、手铐、警绳、约束带等器械技术。由于训练内容较多、训练强度较高的原因,受训者在训练过程中极易出现运动损伤。一旦出现损伤,不但会影响受训者的训练和学习进度,还会使生理和心理受到一定程度的影响,严重可能会造成受训者的肢体伤残,甚至危及生命。因此,航空安全员或专业学生在日常训练中应重视运动训练损伤的预防及恢复,掌握必要的理论知识,以达到理论指导实践的目的。

第一节 格斗运动损伤的概念与分类

一、定义

格斗运动损伤是指机体在格斗运动中身体机能在内力和外力的作用下引起的一系列急慢性损伤。

二、分类

（一）软组织损伤

软组织损伤具有较高发生率，应根据易发部位和类型有针对性地重点预防。

1. 擦伤

擦伤是指皮肤被物体或地面摩擦所致的表皮细胞脱落性损伤，不伤及深层组织，愈后不影响功能，是损伤中最轻但又常见的一种。伤后局部疼痛，外表皮肤有脱落、出血点及方向平行的摩擦痕迹，在沙石土地面受伤，伤处会有沙、石等异物镶擦入皮肤中。

2. 挫伤

挫伤是指外力打击作用于体表皮肤及软组织的损伤。

（二）肌肉肌腱损伤

1. 肌肉肌腱拉伤

由于肌肉主动的猛烈收缩，其收缩力超过了肌肉本身所承担的极限，或肌肉受力牵伸时，超过了肌肉本身特有的伸展程度，均可引起肌肉拉伤。拉伤可发生在肌腹或肌腱交界处或肌腱的附着处。除肌肉本身的拉伤外，同时肌肉周围的辅助结构，如筋膜、腱鞘和滑囊的损伤。

2. 肌肉和肌腱断裂

足踝部由于动作不规范或训练前热身运动不充分而导致跟腱瞬间承受的张力超过其抗拉强度而断裂。肌肉与肌腱断裂主要症状：断裂处局部疼痛、肿胀、压痛，并出现该肌腱暂时性或永久性的功能丧失。

3. 肌肉痉挛

肌肉痉挛俗称抽筋，是指肌肉不由自主地强直收缩。肌肉痉挛是肌肉遇寒冷刺激、精神过度紧张、身体过度劳累所引起的过度收缩所致，在一些长时间的运动中最为常见，热身准备不充分的时候也会出现。处理不当时会造成肌肉损伤。

（三）韧带损伤

关节韧带扭伤是由间接外力所致。即在外力作用下，使关节发生超常范围的活动。轻者发生韧带部分纤维的断裂，重者则韧带纤维完全断裂，引起关节半脱位或完全脱位，同时可能伴随关节囊、滑膜和软骨损伤。

（四）骨损伤

骨损伤一般指骨折类损伤。骨折是指骨的连续性遭到破坏，分为完全性骨折、不完全性骨折、开放性骨折和闭合性骨折四种类型。在格斗运动中比较常见的骨折部位有掌骨、鼻骨、手臂、胫骨等。

（五）关节损伤

在格斗运动中比较常见的关节损伤部位主要有颈部、肩关节、肘关节、膝关节、踝关节等

1. 颈部损伤

颈部是人体重要部位，在格斗比赛中是重点防护和攻击的部位。在格斗训练中颈部损伤主要是扭伤。当训练中出现颈部疼痛、肢体活动障碍时切不可麻痹大意，必要时请医务人员现场救治为妥。

2. 肩关节损伤

肩的主要功能是稳定肩关节，使肱骨头紧密靠着肩关节盂。肩关节常见的损伤是肩关节脱位和劳损。肩关节脱位常由学生训练中摔倒时，手臂外展或手肘着地发生。另外肩关节若受到突然外力的牵拉或旋拧，也可能造成损伤脱位。

肩劳损伤是由于肩关节反复超常范围运动,使肩受到肩峰、肱骨头与喙肩韧带的不断挤压、摩擦,或肌肉的反复牵拉,使肌腱、滑囊发生微细损伤而致的劳损病症。

3. 肘关节损伤

肘关节损伤常见为内侧软组织损伤。肘关节内侧软组织损伤是指尺侧腕屈肌群和旋前圆肌在肱骨内上髁附着处,及肘关节囊和尺侧副韧带的牵拉伤。在日常格斗训练中由于重心不稳或被摔时前臂外展、外旋撑地,或突然迅速直拳空击,极易造成肘关节肌群因受力不均匀而发生损伤。

4. 膝关节损伤

膝关节构造复杂,关节周围的肌肉和肌腱、内外侧副韧带,前后十字韧带,以及内外侧半月板等共同维持其稳定性,是格斗运动中比较容易发生损伤的主要关节之一。一般表现为膝关节疼痛、肿胀、压痛、活动障碍、半月板撕裂、十字韧带撕裂、内侧副韧带断裂等。

半月板承受膝关节的部分应力,可随膝关节的运动改变其位置和形态。其中最易受到损伤的动作是膝关节在屈曲位向伸直位运动的同时伴有旋转。主要原因是膝关节在半屈曲位时,由于关节周围的肌肉和韧带较松弛,关节处于不稳定状态,较易发生内收、外展和旋转活动,从而造成内外侧半月板损伤。

5. 踝关节损伤

在格斗运动损伤中,踝关节的软组织损伤发生率最高。以轻伤为主,依次为扭伤、摔伤、撞伤、关节创伤。当足部内翻、外翻或受到强力扭转时,即可发生韧带的撕裂或拉伸。临床表现为踝外侧痛、内侧痛、踝前痛、踝周痛。局部表现为肿胀、酸痛,活动受限,甚至会出现疼痛加重。检查时可见伤处肿胀,轻伤时足部畸形不明显,一般在损伤12小时出现皮下瘀斑。损伤部位有压痛点,踝关节内翻时疼痛加重,外侧副韧带损伤伴有骨折的X线片显示,外踝斜向骨折,无移位。

(六)腰部损伤

1. 急性腰部损伤

急性腰部损伤一般指腰部急性扭伤,或称"闪腰"。在运动训练中由于腰肌的强力收缩,使脊柱急骤屈曲扭转而引起。可能致骶棘肌与腰背筋膜结合部撕裂伤。当肌力不足而外力使脊柱急骤屈曲,容易造成棘间韧带、横突间韧带或髂腰韧带的断裂伤。扭伤暴力可引起腰骶关节和椎间各关节囊、关节韧带、关节软骨的损伤或关节半脱位等,以上损伤可单独发生,亦可复合存在。扭伤后腰部会突然剧痛,腰肌痉挛时腰部会僵硬,活动时疼痛加重。

2. 慢性腰部劳损

由长期超负荷活动致使腰骶部各种组织、椎间盘或脊柱骨关节的慢性损伤或急性腰扭伤迁延而成。当休息时疼痛减轻,但休息过久又加重;多无明显的固定压痛点;少数可向臀部发散,个别病人直腿抬高试验为阳性,但加强试验为阴性。

(七)脑震荡

脑震荡,是格斗运动中比较常见的一种损伤,是一种颅脑急性闭合型损伤。训练或比赛中当脑部受到外力暴力击打后脑部神经组织受到剧烈震荡而引起脑部系统紊乱,出现暂时性意识和机能障碍。脑震荡一般没有器质性病变,但会伴有头晕、恶心、昏迷等症状。

第二节 影响格斗运动训练损伤的因素

运动损伤在不同的技术技能训练中都会发生。这些损伤有一些共同原因,例如身体素质及动作协调性差、热身不充分、训练注意力不集中等。但是不同的技能训练会有不同的运动损伤的原因。格斗运动训练损伤方面不同于其他项目,作为民航院校开设的职业技能必修课,教学内容多数为紧张、激烈的徒手防卫与突袭动作,涉及控制关节、击打要害部位,教学中学生身体活动频繁,对抗性强,容易加大受伤率。

运动损伤与运动训练有密切的关系,带有运动专业和技术动作特征,运动损伤的发生给学生的学习、训练和生活带来诸多不便,严重的会造成终身遗憾。通过积极预防不但能使运动损伤的发生率减少到最低,而且有利于老师按时、按量完成训练计划和任务,提高学生的技战术水平,促进学生的健康发展。总结多年的训练经验和资料收集,发现在格斗运动训练过程中受伤因素有以下几方面:

一、缺乏合理的准备活动

在日常训练中学生对课前准备活动认识不够深刻,对准备活动往往比较敷衍,缺乏合理、充分的准备活动。首先,准备活动的目的是进一步提高中枢神经系统的兴奋性,增强各器官系统的功能活动,使人体从相对的静止状态过渡到紧张的活动状态。其次,通过准备活动提高身体内部的温度,同时亦提高肌肉的温度。肌肉温度的提高有助于使肌肉变得放松、柔软并有韧性。一次有效的热身活动还可以加快心率和呼吸频率,进而加快血液流动,促进氧和营养物质向工作肌的运送。因此,缺乏科学合理的准备活动是引发运动损伤的主要原因。

若准备活动不充分,肌肉、内脏、神经系统不兴奋,肌肉供血量不足,在这样的身体状态下进行活动,动作僵硬、不协调,极易造成损伤。

二、技术动作不规范

技术动作的错误或不规范,违反了人体结构功能的特点及运动时的力学原理而造成的损伤,是初次参加运动训练的学生发生损伤的主要原因。

普通学生在接触格斗运动训练这门课程之前,多数没有接触过散打基础训练、格斗运动训练等专业技能的训练。这种没有格斗运动训练技术基础或训练水平不够的情况,就会造成学生没有形成基本的攻击距离感和防守意识。在技术要领不能正确把握方面,初学学生更容易在训练过程中受到损伤。由于缺乏相关的经验、技术动作,不能准确地把握格斗运动训练技术动作要领,学生自身技术上的缺点和错误,都会造成运动损伤。

三、运动训练负荷过大

在格斗训练过程中合理、科学的训练强度和负荷安排对预防运动损伤有着非常重要的作用。在安排运动负荷时,如果没有充分考虑到学生的生理特点,运动负荷超过其可以承受的生理负担量,容易引起过度疲劳。身体机能过度疲劳会致使肌肉弹性、伸展性、力量和协调性降低,从而造成运动损伤。因此,在格斗运动训练中应根据学生特点制订较为合理训练计划,科学安排训练负荷,精准把握运动强度。

四、学生心理状态不稳定

格斗运动训练技术训练要求实战性。学生在接触格斗运动训练技术训练之前,没有经历过相关的技能基础训练和实战训练。战术训练水平与心理状态有着密切的关系,良好的体技能是战术实施的保障,而稳定的心理状态是前提和关键。相反,心理状态不稳定容易出现紧张、胆怯心理,造成攻防动作或控制动作错误和变形,从而引起运动损伤的发生。

五、训练中注意力不集中

格斗运动训练是激烈的对抗性运动项目,需要学生全心全意、毫无保留地投入训练,稍有不慎就会造成运动损伤。格斗运动训练或比赛不仅依靠精湛的技术,也需要能快速分析的头脑。学生在训练过程中,若受到外界的干扰会影响到训练状态,使注意力难以集中,容易造成技术动作错误,而造成损伤。

六、身体素质不达标

良好的身体素质是进行格斗运动训练的基础和前提。格斗运动训练在力量、速度、耐力、灵敏和柔韧性上有着较高的要求,它是一项实战性较强的对抗运动。身体素质不达标是引起格斗运动训练中损伤的主要原因之一。民航空中安全保卫专业的学生身体素质普遍较弱,主要表现在肌肉力量、弹性、动作反应、协调性等方面。

七、自我保护意识差

格斗运动训练的主体是学生,绝大部分没有格斗练习或比赛的经验,自我保护能力和意识较弱,训练中极易出现运动损伤的现象。尤其是初学者,由于基础技能薄弱,缺乏经验累积,容易在训练过程中造成肢体和关节损伤。

八、训练条件差

自然环境中温度、湿度不宜和人工环境中场地设备不良也是发生损伤的主要原因。有条件的院校,格斗训练会安排在训练馆里进行,而更多的学生则在露天的操场中进行训练,尤其是在冬天和夏天里,寒冷和酷热容易导致学生受伤。

在日常训练中,学生应充分考虑季节气候变化和天气因素,充分做好运动生理和心理的适应。上课前应确保运动场地没有障碍且运行状态良好。科学运用各种有效的训练器械、有效的训练手段和方法能有效地预防伤病、提高技能水平。

第三节 预防格斗运动训练损伤的措施

如何预防格斗运动训练的受伤,降低受伤率,值得我们去探讨和学习。加强对训练受伤的预防知识的学习,对增强受训者的安全意识,正确预防与处理训练受伤具有现实意义。

一、思想上充分重视

首先,教师和学生都应在思想上引起重视。深刻认识到格斗运动训练受伤的危险性与危害性,端正态度,增强安全意识。其次,在日常训练过程中要积极认真地对学生开展预防运动损伤的宣传和教育工作,使其在运动训练中克服麻痹大意思想。最后,帮助学生掌握更多的预防运动损伤的知识,采取各种行之有效的预防措施。

二、遵守格斗运动教学与训练原则

对于教师来说,要合理安排训练内容,有的放矢进行教学,遵守教学与训练的原则。在教学与训练的每一个环节上都要采取切实有效的措施加以防范,真正把防止运动损伤的发生落到实处,最大限度地减少或避免损伤。

训练过程中,针对技术特点加强易伤部位的训练,是积极预防运动损伤的一种有效手段。根据个体训练水平和身体条件,采取因材施教原则,合理安排训练内容,同时关注学生的身体和心理的反馈信息及时调整训练内容、训练方法和手段。

三、细化动作内容,规范动作要领

在日常教学过程中应重视学生"学"的过程和质量,加强学生技术动作要领及攻防含义的理解。

日常教学中经常出现由于学生对格斗技术动作要领不理解,造成运动训练损伤的情况。因此,在进行技术动作的学习过程中,应根据技术动作的难易程度和学生的接受程度,通过细化动作内容,按部、逐步教授动作技术,过程中要注意强调动作要领的规范性,以免出现动作不规范,而造成运动损伤的发生。

四、提高准备活动的科学性

热身运动是教学过程中必不可少的重要环节,必须从思想上加以重视。人体从安静状态进入到剧烈的运动状态,需要一个适应的过程,科学的热身活动可以使学生的关节、肌肉充分活动开,从而减少训练过程中受伤的可能性与受伤程度。

热身的时间和量要适宜,动作内容的选择要有针对性,动作安排要科学。准备活动的量要根据学生的特点、气候环境和教学训练及比赛的情况而定。一般认为,兴奋性较低、天气寒冷时,准备活动的时间可稍长些。相反,兴奋性较高、天气炎热时,准备活动的时间可稍短些。

对于已伤部位的准备活动要谨慎小心,准备活动要循序渐进。准备活动的量应以身体感到发热并微微发热出汗为宜。

五、合理设置与安排训练计划和训练负荷

技术动作的掌握和技能水平的提升,是一个长期的过程。在这一过程当中,应该有目的、有组织、有步骤地进行科学化训练和教学,制订较为科学、合理的教学训练计划。在日常教学与训练中应严格遵守训练"循序渐进"的原则,要按照由浅入深、由易到难的学习与训练,每次训练课中,既要突出格斗技术动作要领,还要考虑身体的承受力,动作的练习数量和密度应逐步增加,不能操之过急。

六、注重训练后的放松

运动训练后通过放松训练活动,可以使身体快速消除疲劳,及时调整身体状态,对运动损伤预防具有良好的作用。消除疲劳的方法主要包括主动放松和被动放松两种。主动放松可通过缓慢地伸展、转拧肢体、摇摆、抖动肢体、慢跑、散步等手段。采用深长细匀的腹式呼吸,消除训练负荷造成的急促呼吸,主动使呼吸系统得到放松。被动放松可通过同伴帮助按捏、揉搓肢体,体重相近的两人,一个俯卧舒肢,另一人帮助踩其躯脊部、臂腿部等大块肌群部位。有条件的也可以冲热水澡。

七、加强医务监督

加强医务监督能够对训练参加者的健康进行监护、预防锻炼中各种有害因素可能对身体造成的危害,督导和协助科学地锻炼和训练以及处理与恢复,使之符合人体生理和机能发展规律。对于格斗运动训练课,加强医务监督十分必要,它能够及早发现隐患,并在出现情况的时候及时采取措施。首先要求禁止损伤患者或身体不合格的人参加剧烈运动或比赛。做好自我监督,身体若出现不良反应时,应认真分析原因,必要时请医生做医学检查。其次要认真做好场地、器材的管理和安全卫生检查,对已损坏的场地和设备要及时维修。最后,平时要加强体育保健知识的宣传和教育,增强自我保护意识,提高遵守体育卫生要求的自觉性。

第四节 常见损伤的处理与运动恢复

一、常见损伤及处理方法

(一)一般急救方法

(1)擦伤,是运动中最常见的损伤。

处理方法:用温水将伤口的脏物和血液擦洗干净即可,不用包扎。只是在受伤较重时才需要给伤口消毒,并贴上药贴或膏药。

(2)伤筋,这种伤痛是肌肉负担过重造成的。

处理方法:马上给受伤部位降温(最好冰敷30~60分钟)。耽误1小时意味着多增加数天的伤后处理。伤者至少要停止运动1周。

(3)青肿,青肿是撞击、磕碰所致。受伤后皮下血管破裂,血液流到周围组织里从而出现紫斑。

处理方法:马上给受伤部位降温、可能的话用有弹性的绷带包扎。

(4)扭伤,关节面相互碰撞会发生扭伤,例如踝关节扭伤。

处理方法:给关节降温、通过绷带使关节保持稳定。一定要避免反复。

(5)骨膜炎,跑步者的胫骨棱角比较容易患骨膜炎,症状是局部疼痛难受。鞋不合适、脚变形或者负荷过重都会引起骨膜炎。

处理方法:降温、涂上消炎软膏、休息数周。此外,到医院照X光片,让外科医生检查是否发生骨折。

(二)急性开放性损伤

病理变化:伤处皮肤或黏膜的完整性遭到破坏,有伤口与外界相通,称为开放性损伤。训练中常见的开放性损伤主要有擦伤、裂伤、刺伤、切伤等。

处理方法:开放性损伤的一般处理程序是止血、清创、消毒和包扎。常用的外出血临时止血法有以下几种。

1. 加压包扎止血法

用生理盐水冲洗伤部后用厚敷料覆盖伤口,外加绷带增加血管外压,促进自然止血过程,达到止血目的。此法用于毛细血管和小静脉出血。

2. 抬高伤肢法

用于四肢小静脉和毛细血管出血。方法是将伤肢抬高,使出血部位高于心脏,降低出血部位血压,达到止血效果。此法在动脉或较大静脉出血时,仅作为一种辅助方法。

3. 屈肢加压止血法

前臂、手或小腿、足出血不能制止时,如未合并骨折或脱位,可在肘窝和腘窝高处加垫,强力屈肘关节和膝关节,并以绷带"8"字形固定,可有效控制出血。

4. 指压止血法

这是现场动脉出血常用的止血措施。用手指压迫身体表浅部位的动脉与相应的骨面,可暂时止住该动脉供血部位的出血。根据全身动脉的分布,在体表有一些动脉搏动点,即压迫止血点。

指压法简便易行,但因手指容易疲劳不能持久,只能作为临时止血,随后应改用其他止血方法。

(三)急性闭合损伤

1. 早期:伤后 24~72 小时以内

病理变化:当软组织损伤(扭伤、拉伤或挫伤)发生时,会出现细胞和软组织结构破裂、肿胀和血管损伤。破损组织内和周围区域瘀血引起连锁的炎症反应,表现为疼痛、肿胀、发红和局部温度上升,并出现水肿和渗出物堆积。在肌肉肌腱损伤中,会发生肌丝破坏和在两个小时之内的外周肌纤维收缩。水肿和缺氧会导致前 24 小时之内细胞破坏和死亡,从遭破坏细胞中释放出的蛋白质破碎产物会导致进一步水肿、组织缺氧和细胞死亡。

处理方法:根据这个阶段的病理学的变化,其处理原则是制动、止血、防肿、镇痛、减轻炎症、防止进一步受伤。

该阶段使用的最重要的物理治疗方式是低温疗法(冰疗),通常结合休息、加压和架高,这种组合常被称为 RICE 治疗。它能帮助降低组织温度、减少流血和肿胀、促进血管收缩、减轻疼痛和痉挛。

2. 中期:2~3 天至几周

病理变化:在此阶段肉芽组织开始萌生,毛细血管为受伤部位带来营养,并消除坏死的组织。肌纤维细胞开始合成瘢痕组织。胶原在 4 天左右出现,但其纤维组织无规则且不成熟。随着这个过程的继续,肌纤维细胞数量开始减少,但却出现更多的胶原,其边缘区域也在缩小,发生组织结构重建和再生。

处理方法:改善伤部的血液和淋巴循环、促进组织的新陈代谢、促进瘀血及渗出物的吸收、加速再生与修复。

(四)慢性闭合损伤

病理变化:慢性损伤,一是急性损伤未能及时治愈转变为慢性;二是反复微细损伤不断累积形成的慢性劳损。其病理变化主要为组织细胞的退行性改变与增生性改变,有的可发生钙化、骨化等。故局部组织弹性差、发硬,伴有硬结、索条等状态改变。其处理原则是增进血液及淋巴循环,促进组织代谢,促进瘀血、炎症吸收,加速再生修复,松解粘连,加强功能锻炼。

处理方法:治疗闭合性软组织损伤的方法很多,有外用药、内服药、理疗、针灸、按摩和注射疗法,效果不一。

二、运动恢复

(一)放松活动

放松运动是清除疲劳、促进体力恢复的一种有效措施。进行放松练习,能使人更好地由紧张的运动状态过渡到安静状态。运动后内脏器官还得继续高水平地工作,以补充运动时缺少的氧,如果不做整理活动,而突然停止,身体的静止姿势会妨碍呼吸,影响氧的补充;同时因为影响了静脉回流,心排血量骤然减少,血压急剧下降,会造成暂时的脑贫血,产生一系列的不舒适感,甚至出现重力性休克。放松活动能促进肌肉放松,消除乳酸堆积,所以它是非常重要的。体育运动的放松活动以呼吸体操和伸展练习为主,可消除肌肉痉挛、减轻肌肉酸痛和僵硬程度,对预防运动损伤的发生也有良好效果。

(二)物理疗法

1. 水浴

水浴一般分为温水浴和桑拿浴。

温水浴是简单易行的消除疲劳的方法,可促进全身的血液循环,调节血流,加速体内营养物质的运输和机体代谢废物的排出。水温为42℃左右,时间10～15分钟。在训练半小时后,可以进行冷热水浴,冷水洗浴时间约1分钟,热水洗浴约2分钟,交替进行。

桑拿浴是有镇静,使肌肉、组织、关节充血的作用,还可大量排汗。具体做法是在60～80℃环境中,停留10～20分钟。但是桑拿浴不适合在剧烈运动后即可进行,高温干燥的环境能加速身体水分的流失,容易造成身体脱水,出现运动疲劳加重的现象。

2. 按摩

按摩是消除疲劳的重要手段,可分为人工按摩、机械按摩、水力按摩和气压按摩。一般在训练后进行,按摩部位应根据项目特点和疲劳情况而定。在进行肌肉人工按摩时,应以揉捏为主,适当配合搓、抖、扣打和踩法。先按摩大肌肉,再按摩小肌肉,一侧按摩后,再按摩另一侧。臀部、大腿后侧等肌肉丰厚的部位,可重按压。在环跳、足三里、三阴交等处点穴,有助于减轻肌肉的酸痛反应。

3. 睡眠

睡眠能消除疲劳,促进体力恢复。睡眠时大脑兴奋降低,体内代谢较低而合成较高,有利于能量的积蓄。

(三)心理恢复

对于心理疲劳,应调节大脑的机能从而达到消除疲劳的目的,如意念疗法、放松练习、欣赏舒缓的音乐、练习瑜伽等。

(四)营养和药物

运动时所消耗的物质要靠饮食中的营养物质来补充,安排好膳食有助于恢复过程。在运动训练之后,身体消耗较大,应及时补充糖和蛋白质、无机盐和维生素。

思考与练习

1. 格斗运动训练中的运动损伤主要包括哪些?
2. 格斗运动训练时骨、关节损伤有哪些?如何判断与预防?
3. 格斗运动训练时常见损伤的因素有哪些?
4. 训练出现运动损伤如何进行恢复?恢复措施有哪些?

参 考 文 献

[1] 翟东波.民航客舱防卫与控制[M].北京:清华大学出版社,2021.
[2] 刘光春,潘俊祥.客舱徒手武力处置技术[M].成都:西南交通大学出版社,2020.
[3] 何剑.防卫与控制[M].北京:中国人民大学出版社,2015.
[4] 高岭.防卫制敌术[M].北京:中国民航出版社.2003.
[5] 杨明,朱斌.警察防卫与控制[M].武汉:武汉大学出版社,2015.
[6] 周争蔚.散打教学与训练[M].北京:人民体育出版社,2021.
[7] 王向宏.体能训练理论与方法[M].北京:北京航空航天大学出版社,2014.
[8] 康戈武.中国武术实用大全[M].修订本.北京:中华书局,2014.
[9] 杜振高.格斗与控制[M].北京:北京体育大学出版社,2018.
[10] 赵华.伸缩短棍实战技法[M].北京:人民体育出版社,2018.
[11] 顾明.警务实战技能与战术教学研究[M].北京:知识产权出版社,2016.
[12] 邵发明.短刀神功[M].北京:北京体育大学出版社,1996.